普通高等教育交通运输专业教材
国家级一流本科课程配套教材

交通运输工程学

胡大伟　主　编
马壮林　副主编

人民交通出版社
北京

内 容 提 要

本书为国家级一流本科课程配套教材。全书分为九章,主要介绍交通运输和交通运输系统、交通运输需求与服务、交通运输调查与需求预测、公路运输系统与组织、城市交通运输系统及组织、铁路运输系统及组织、水路运输系统及组织、航空运输系统及组织和集装箱运输组织,涉及交通运输基本概念、需求与供给、系统构成、客货运组织方法、运输效率指标及运营管理等基础理论、专业知识和相关基本技能。

本书适合普通高等教育交通运输专业的专业课教学使用,也可供交通运输类专业、物流类专业、汽车类专业等相关专业学生使用,还可供交通运输领域的工程技术人员、管理人员学习参考。

图书在版编目(CIP)数据

交通运输工程学/胡大伟主编. —北京:人民交通出版社股份有限公司,2024.8. —ISBN 978-7-114-19614-0

Ⅰ.U491

中国国家版本馆 CIP 数据核字第 2024CM9613 号

书　　名:	交通运输工程学
著 作 者:	胡大伟
责任编辑:	时　旭
责任校对:	刘　芹
责任印制:	刘高彤
出版发行:	人民交通出版社
地　　址:	(100011)北京市朝阳区安定门外外馆斜街 3 号
网　　址:	http://www.ccpcl.com.cn
销售电话:	(010)59757973
总 经 销:	人民交通出版社发行部
经　　销:	各地新华书店
印　　刷:	北京市密东印刷有限公司
开　　本:	787 × 1092　1/16
印　　张:	21.25
字　　数:	502 千
版　　次:	2024 年 8 月　第 1 版
印　　次:	2024 年 8 月　第 1 次印刷
书　　号:	ISBN 978-7-114-19614-0
定　　价:	59.00 元

(有印刷、装订质量问题的图书,由本社负责调换)

前言

交通运输是国民经济的动脉,它能够将社会的生产、交换、分配、消费等众多环节联系在一起,是保障人们在政治、经济、文化、军事等方面联系交往的沟通手段,是人类社会生产和生活活动中不可或缺的重要组成部分。进入21世纪以来,我国经济建设在取得巨大成就的同时,也呈现出新的阶段性发展特征,在全面建成小康社会、实现第一个百年奋斗目标的基础上,到21世纪中叶中华人民共和国成立100周年时,把我国建成富强、民主、文明、和谐、美丽的社会主义现代化强国成为未来中华民族伟大复兴的梦想。在新的征程上,交通运输面临着"交通强国"建设的新目标和新任务,贯彻新发展理念、实现交通运输高质量发展对人才培养提出了新的要求。

本教材根据国家级一流线下课程交通运输工程学的建设要求进行编写。《交通运输工程学》教材前身为《汽车运输学》,是原汽车运用工程专业的一门专业课教材。1988年,吉林工业大学陈唐民教授主编的全国统编教材《汽车运输学》出版,之后于1996年,调任武汉汽车工业大学的陈唐民教授重新编写的《汽车运输学》教材出版。1998年,教育部对本科专业进行了优化调整,汽车运用工程专业与相关专业合并为交通运输专业,该课程更名为交通运输工程学,为此,长安大学郭晓汾教授于2006年编写的全国统编教材《交通运输工程学》出版。此后,为配合教育部颁布的交通运输类专业国家标准的实施,进一步拓展该教材的使用范围(如交通工程专业),2011年,北京交通大学胡思继教授主编的《交通运输学》教材出版。2017年,教育部为应对新一轮科技革命和产业变革的挑战,主动服务国家创新驱动发展,倡导开展新工科研究与实践的教改研究。2019年,教育部提出了一流本科课程建设的实施意见,强调提升课程内容的高阶性、突出课程内容的创新性、增加课程内容的挑战度(简称"两性一度")。本次教材的编写工作是在教育部提出新工科建设和一流课程建设的背景下重新编写的,希望把当前教学研究成果内容能及时充实到教材之中。教材编写工作由长安大学胡大伟教授负责组织实施。

本教材主编胡大伟教授于2018年主持的教育部首批新工科研究项目"道路

交通运输类专业新工科建设研究与实践",已于2020年完成结题工作,其部分研究成果已充实到本次教材编写中。2020年,胡大伟教授获得教育部首批国家级一流线下课程——交通运输工程学的建设任务,通过三年的建设,将以上"两性一度"的课程要求落实在本次教材的编写过程中。

与已有相关教材相比,本教材内容突出体现了交通运输基本知识和理论的"高阶性、创新性和挑战度"特点,同时融入了交通运输专业课程思政元素内容,具体如下。

1. 教材内容的高阶性

教材内容的组织注重培养学生解决交通运输复杂问题的综合能力和高级思维,内容强调广度和深度。如补充了人工神经网络模型预测运输量方法、TSP和VRP运输路径优化数学模型、水路运输船舶调度问题数学模型、航空运输机队规划数学模型、多式联运网络优化数学模型等理解和构建,体现了通过知识的传授,促进学生在解决复杂问题时思维能力的提升。

2. 教材内容的创新性

教材内容的组织体现交通运输发展的前沿性与时代性。如补充了"交通运输出行链"概念、班车定制客运组织、定制公交组织方法、网络预约出租汽车管理、城市共享单车供给和管理等内容,体现了"互联网+运输"新质生产力发展新业态的时代前沿性。

3. 教材内容的挑战度

教材内容的组织体现交通运输基本理论的研究性、综合性内容,引导学生对解决运输问题采用算法的理解和兴趣投入,让学生体验"跳一跳才能够得着"的学习挑战,增强学生经过刻苦学习能够收获技能提高的成就感。如补充了求解运输问题的精确解法和启发式算法理解和编程训练、船舶调度问题求解方法设计等内容,介绍了如Lingo、CPLEX优化求解器的运用方法等。交通运输专业知识和计算机知识的综合化运用研究特色对于本科生具有一定的挑战度。

4. 教材内容的课程思政建设

教材内容的组织体现了交通运输课程思政的元素。如补充了《交通强国建设纲要》主要目标、重点建设内容、分阶段任务等,同时介绍了我国交通运输发展阶段性特征,即综合交通、智慧交通、绿色交通、平安交通的"四个交通"发展的要求。通过学习可增强学生的历史使命感、时代责任感,教育和引导学生把个人的命运和国家的命运联系在一起。

5. 教材内容的全面包容性

本教材在保持原《交通运输工程学》教材以道路运输为主要内容的基础上,拓展了铁路运输、水路运输、航空运输、多式联运等相关内容和深度,各校可根据专业办学特色增减不同的授课内容。

本教材内容信息量大，涉及公路运输、城市交通运输、铁路运输、水路运输、航空运输和管道运输以及集装箱多式联运等内容，不仅介绍了各种运输方式的主要设施、设备、技术要求，而且还阐述了各种运输方式的适用特点、组织与管理、系统协调、运输安全管理、新技术使用、未来发展趋势等。

本教材由长安大学胡大伟教授任主编，马壮林教授任副主编。长安大学胡大伟编写第一章、第三章和第四章；长安大学马壮林编写第二章和第五章；长安大学张锐编写第六章；大连海事大学郑建风编写第七章；长安大学卫东选编写第八章；长安大学王茵编写第九章。

本教材适用于交通运输专业的专业课教学使用，一般课时应在36学时以上。因各校办学特色不同，教学计划学时也存在差异，可根据具体需要选择章节内容授课，并适当安排上机编程计算实验。除交通运输专业外，本教材也可供交通运输类专业、物流类专业、汽车类专业等相关专业学生使用，同时可供从事交通运输领域的工程技术人员、管理人员学习参考。

在本教材编写过程中，感谢长安大学硕士研究生赵思源、亢晓婷、霍玉启、郭敏、韩俊俊、刘泽栋、牛路明、马颖、张翠华，博士研究生刘慧甜、高天洋在资料查询、外文文献翻译、文字编辑、图表绘制等方面的工作贡献，也感谢引用的参考文献作者们的贡献。

由于本教材是力求第一次突出"两性一度"目标特点，因此，在内容的广度和深度把握上、在表达方式方法上尚在探索之中，难免存在不妥之处，敬请广大读者批评指正。

编　者

2024年3月

目录

第一章　交通运输和交通运输系统 ... 1
- 第一节　交通运输的基本概念 ... 1
- 第二节　交通运输发展史 ... 3
- 第三节　交通运输系统及构成要素 ... 13
- 第四节　交通运输发展趋势 ... 26
- 第五节　我国交通运输发展趋势 ... 28
- 复习思考题 ... 31

第二章　交通运输需求与服务 ... 32
- 第一节　交通运输产品及市场 ... 32
- 第二节　交通运输需求及基本特征 ... 37
- 第三节　交通运输供给及基本特征 ... 44
- 第四节　交通运输服务及其特征 ... 48
- 第五节　交通运输资源的配置 ... 59
- 复习思考题 ... 65

第三章　交通运输调查与需求预测 ... 66
- 第一节　交通运输调查内容 ... 66
- 第二节　交通运输调查方法 ... 72
- 第三节　交通运输需求预测方法 ... 73
- 复习思考题 ... 88

第四章　公路运输系统及组织 ... 89
- 第一节　公路基础设施 ... 89
- 第二节　公路运输车辆 ... 96
- 第三节　车辆利用指标体系 ... 100
- 第四节　公路客运组织 ... 110
- 第五节　公路货运组织 ... 120
- 第六节　公路运输安全管理 ... 145
- 复习思考题 ... 152

第五章　城市交通运输系统及组织 ... 153
- 第一节　城市交通运输系统及其特征 ... 153

  第二节 城市道路交通系统 ··········154
  第三节 城市轨道交通系统 ··········158
  第四节 城市公共汽电车运行组织 ··········169
  第五节 城市出租汽车服务与管理 ··········182
  第六节 城市公共自行车系统及组织 ··········186
  复习思考题 ··········190

第六章 铁路运输系统及组织 ··········191
  第一节 铁路基础设施 ··········191
  第二节 铁路运输车辆 ··········199
  第三节 铁路客运组织 ··········204
  第四节 铁路货运组织 ··········211
  第五节 列车运行图 ··········217
  复习思考题 ··········228

第七章 水路运输系统及组织 ··········229
  第一节 水路运输概述 ··········229
  第二节 水路运输基础设施 ··········230
  第三节 船舶与装卸机械 ··········233
  第四节 水路运输组织管理 ··········238
  复习思考题 ··········250

第八章 航空运输系统及组织 ··········251
  第一节 航空运输系统组成 ··········251
  第二节 商用飞机 ··········253
  第三节 民航运输机场及设施 ··········259
  第四节 航空运输组织 ··········272
  第五节 民用航空管理体系 ··········295
  复习思考题 ··········302

第九章 集装箱运输组织 ··········303
  第一节 集装箱及集装箱运输 ··········303
  第二节 集装箱多式联运组织 ··········312
  第三节 集装箱陆桥运输 ··········319
  第四节 集装箱多式联运管理体系 ··········322
  复习思考题 ··········327

参考文献 ··········328

第一章

交通运输和交通运输系统

第一节　交通运输的基本概念

一、运输

从古至今,"运输"一词都在被各行各业广泛使用。汉司马相如《喻巴蜀檄》:"今闻其乃发军兴制,惊惧子弟,忧患长老,郡又擅为转粟运输,皆非陛下之意也。"其运输一句意为州县又擅自派人去转运粮食。宋张齐贤《洛阳缙绅旧闻记·张太监正直》:"今上方知其有才,力欲擢用之,忽遘疾于路,时自荆湖运输旋也。"大意为皇上想重用他时,却不幸在路上生病了,只好从荆湖返回。《南皮县志·风土志下·歌谣》中提到:"兵马不动,粮草先行。"意指作战时兵马还没出动,军用粮草的运输要先行一步。可见,运输这一活动自古便已开展。以洛阳为中心的隋唐大运河以及南自余杭(今杭州)、北到涿郡(今北京)的京杭大运河等人工运河的历史变迁,更能说明运输的重要性。

《辞海》中对运输(Transportation)的解释为:"人和物的载运和输送。"《不列颠百科全书》中对运输的解释为:"将物品与人员从一地运送到另一地及完成这类运送的各种手段。"(17卷181页)《简明大英百科全书》中对运输的解释为:"将货品与人从一地运送到另一地及完成这类运送的各种手段。"(18卷156页)《大美百科全书》中对运输的解释为:"运输即把人或物体从一地方搬运到另一地方。"(27卷46页)

综上各项相类似的解释,可以说,运输是指借助运输网络及其设施和运载工具,通过一定的组织管理技术,实现人与物的空间位移的一种经济活动和社会活动。可见,运输作为一项经济活动和社会活动的四要素是:运输网络及其设施、运载工具、组织管理技术和运输对象——人或物。在经济和社会生活中发生的人与物的空间位移几乎无所不在,但运输只能指具备相关要素的人与物的空间位移。

二、交通

《管子·度地》:"山川涸落,天气下,地气上,万物交通。"其意为山河干涸水少,天气渐暖,寒气渐消,万物开始活动。晋陶渊明《桃花源记》:"阡陌交通,鸡犬相闻。"其意为田间小路交错相通,鸡鸣狗叫随处可以听到。可见,交通有意为彼此相通或往来通达。

交通(Traffic)在《辞海》中的解释为:"各种运输和邮电通信的总称,即人和物的转运和输送,语言、文字、符号、图像等的传递和播送。"我国第一部大百科全书《中国大百科全书·交通卷》对交通的解释为:"交通包括运输和邮电两个方面。运输的任务是输送旅客和货物。邮电是邮政和电信的总称,邮政的任务是传递信件和包裹,电信的任务是传送语言、符号和图像。"《不列颠百科全书》中没有独立的交通条目,采用 Transportation 的解释为:"人员和货物从一个地点到另一个地点的移动。这种移动通常沿着特定的设施或者路径发生。它可以是例如铁路一样的实体路径,或者可能是一条公认的或指定的路线,也可以是例如航空中的航线路径或者航海中的地理路径。"

由此看出,随着科学技术的发展,伴随而来的专业化物质传输系统的形成,使得人们对交通这一概念的认识逐步深化,不仅已经不把输电、供电、供暖、供气等形成的物质位移列入交通的范围,而且也不再把语言、文字、符号、图像等形式的信息传输列入交通的范围。据此,从专业角度出发,一般可以认为交通是指"通过一定的组织管理技术,实现运载工具在交通网络上流动的一种经济活动和社会活动"。可见,交通作为一项经济活动和社会活动的三要素是:交通网络及其设施、运载工具和组织管理技术。需要指出,在这里,运输对象人或物融合于运载工具之中。事实上,随着社会的进步、经济的发展、物资的位移、人员的流动,运载工具(交通工具)也越来越多地被使用,因此,"交通"的含义习惯于特指"交通工具在交通网络上的流动"。

三、交通与运输

从对交通与运输两个概念的论述中可以看出,交通强调的是运载工具(交通工具)在交通线网(交通网络)上的流动情况,而与交通工具上所运载人员与物资的有无和多少没有关系。运输强调的是运载工具上运载人员与物资的多少、位移的距离,而并不特别关心使用何种交通工具和运输方式。交通量与运输量这两项指标的概念最能说明这一点。例如,在公路运输中,公路交通量是指单位时间内(例如 1 昼夜或 1h)通过某路段道路的车辆数,它与运输对象无关,若说某路段的昼夜交通量是 5000 辆车,这 5000 辆车都是空车或都是重车,或空重都有,都不会使交通量有任何改变。运输量则不同,它是指一定时期内运送人员或物资的数量。空车行驶不产生运输量,即使都是重载,也存在满载率的大小影响运输量。在铁路运输中,行车量与运输量的关系也是如此。

显然,交通与运输反映的是同一事物的两个方面,或者说是同一过程的两个方面。这同一过程就是运载工具在交通线网上的流动;两个方面指的是交通关心的是运载工具的流动情况(流量的大小、拥挤的程度),运输关心的是流动中运载工具上的运载情况(载人与物的有无与多少,将其输送了多远的距离)。在有载时,交通的过程同时也就是运输的过程。从这个意义上讲,由交通与运输构成的一些词语中,有一部分是可以相互替换使用的,如交通线与运输线,交通部门与运输部门,交通系统与运输系统等。因此,可以说,运输以交通为前提,没有交通就不存在运输;没有运输的交通,也就失去了交通存在的必要。交通仅仅是一种手段,而运输才是最终的目的。交通与运输既相互区别,又密切相关,统一在一个整体之中。

四、交通运输与交通运输系统

根据交通、运输的概念及交通与运输关系的分析,可以将交通运输(Communication and Transportation)这一概念的意义概括为:运载工具在交通线网上流动和运载工具上运载人员与物资在两地之间位移这一经济活动和社会活动的总称,以及语言、文字、符号、图像等的传递和播送。随着对交通与运输及两者相互关系认识的深化，人们看到交通与运输既相互区别又密切联系，认识到其中任一概念都不能包括交通和运输的全部内容，而交通运输同时表明了同一过程的两个方面。

应该指出，交通运输业的产品是在一定的时间期限内，利用一种或多种交通运输工具，实现顾客所需要的人与物的空间位移。每一个位移都有起点和终点，只有实现了从起点到终点的全部运输过程，才算完成一次完整的运输。当社会对交通运输业的需求超过任何一种交通运输方式单独具有的优势领域时，就难以由其中一种交通运输方式来实现完整的运输过程，这就要求两种或两种以上的交通运输方式进行协作。通过联合运输组织管理技术，实现交通运输方式之间的协调配合，以达到比单独由一种交通运输方式来实现运输过程更好的效果。因此，交通运输也可以定义为以交通网络及设施和运载工具为依托，以现代联合运输组织管理技术和信息技术为基础，以便捷、安全、高效和经济为目标，通过一种或多种交通运输方式协调配合，组织实现客货运输过程的经济活动和社会活动。当运输过程通过多种交通运输方式的协调配合组织实现时，也可以称之为综合交通运输。

以交通网络及设施和运载工具为依托，以现代联合运输管理技术和信息技术为基础，以便捷、安全、高效和经济为目标，通过一种或多种交通运输方式的协调配合，组织实现客货运输过程的运输组织管理系统称为交通运输系统。

第二节　交通运输发展史

一、世界交通运输发展简史

自有人类以来即有运输。因运输乃是人类获取食物、衣服、居室材料、器具以及武器的手段，故交通运输发展的历史与人类文明的发展史密切相关。早期的人类，在进入文明时期之前，以其本身作为运输的工具，即以肩扛、背驮或以头顶作为运输方式。其后，随着时间的推移，人们方知驯养牛、马、骆驼、狗、象等动物可以驮运或拉拽重物，以减轻人类自身的负担。图 1-1 所示为畜力车。其后，人们进而发明了马鞍、牛轭等器具，因之能充分利用动物的力量以增进运输的效能，使运输的发展进入文明时代。随后，轮轴的发明、车辆的出现更是揭开了现代陆路运输发展的序幕。

纵观世界范围内交通运输的发展历史，按照不同运输方式在不同时期所起的主导作用，交通运输可以划分为 5 个发展阶段：水路运输阶段、铁路运输阶段、公路运输阶段、航空运输阶段、管道运输阶段。下面分述水路运输、铁路运输、公路运输、航空运输和管道运输的发展简况。

1. 水路运输

水路运输是一种历史最悠久的运输方式，同时又是一种现代化的运输方式。

在水路运输方面，木筏是早期人类使用的工

图 1-1　畜力车

具。由此可知，人类从一开始就知道，水路是最方便的运输方式，木头的浮力可以为运输所用。美洲的印第安人与北美洲的爱斯基摩人甚至知晓挖空木头可以增加浮力的道理，因而曾制造出十分精良的独木舟作为水上运输工具(图1-2)。在我国周朝或其前就已出现了独木舟，春秋时期的吴国已能制造出乘载92人的中型木船，到了汉武帝刘彻时期，还建造了能乘载千余人的大木船。而后，人类又逐渐认识到，在独木舟之上，立面竖起装上动物的皮可以利用风力作为航行的助力，于是就有了帆船的雏形。进入文明时期之后，帆船首先得到改良。船帆改用编织物制造，船身也有了较佳的设备，在船身之下还有骨架结构作为支撑(图1-3)。同时，船具的装置方法也有了改进。到了希腊、罗马时代，帆船在性能与尺寸方面都有了更进一步的发展。罗马的运货船可以装载400t以上的货物，可以自埃及的尼罗河谷远航至罗马，这种情况一直持续到19世纪才有突破。

图1-2　独木舟

图1-3　帆船

1405—1433年，郑和率使团于明代永乐、宣德年间完成七次航行活动，从南京出发，远航西太平洋、印度洋，最远到达东非和红海。据《明史·郑和传》以及《瀛涯胜览》(马欢著)记载，郑和航海宝船共62艘，最大的船长148m、宽60m，是当时世界上最大的木帆船。船有四层，船上9桅可挂12张帆，锚重有几千斤，要动用二三百人才能启航。

1765年，詹姆士·瓦特发明了蒸汽机，19世纪初其被应用于水路运输，从此开始了海上运输的机械化时代。1807年，美国人罗伯特·富尔敦提出用蒸汽机作船舶动力的方案，他所发明的"克莱蒙脱"号展示于哈德逊河，证明使用蒸汽机的汽船可以在海上及内河航行(图1-4)。其后的50年内，汽船的发展一日千里。船身由木制变成铁造，进而又变钢制，早期的明轮推进器于19世纪中叶被螺旋桨推进器所取代。1854年、1897年，第一个往复式蒸汽机及蒸汽涡轮机先后均由英国人首次成功地应用于轮船航行。进入20世纪，蒸汽涡轮机取代了蒸汽机，先应用于客轮，然后又用于货轮。

另外，运河的开凿，沟通陆地上原来分离的各个水系，延长了通航水道，并且组成了联系广泛的内陆水运网。轮船和运河的出现，使水路交通运输得到了快速的发展。我国隋唐大运河和京杭大运河就是运河发展史的典型代表，在后人的不断努力下，也逐步形成了更大的建设规模。在铁路和汽车出现以前，以船舶和运河为基础的水上运输是运人、运货的大动脉，它使社会经济中人和货物的位移达到了当时允许的最高水平。因此，在运输业早期发展阶段，水路运输起着主导作用，成为这个阶段的标志。

2. 铁路运输

17世纪开始,英国的煤矿开始用木轨(图1-5)和有轮缘车轮的车辆运送煤和矿石。后因为木轮在行驶中与路面铺板摩擦,磨损严重,遂改用铁车轮。可是,铁车轮又损伤铺板,所以又把铺板改为铁板,而后又发展成棒形,这就是最初的铁轨。1776年,英国的雷诺兹首次制成凹形铁轨。1789年,英国的杰索普提出在车轮上装上轮缘的方案,这样就不用防备脱轨的铁轨凸缘了。这时的铁轨形状已接近I字形。

图1-4 汽船

图1-5 木轨

促使铁路获得巨大发展的是蒸汽机的发明和锻铁铁轨的出现。1804年,英国的特里维西克制成了牵引货车在铁轨上行驶的蒸汽机车。1825年,英国的乔治·斯蒂芬森在斯克顿和达林顿之间铺设了世界上第一条客货两用的公共铁路,标志着铁路运输时代的开始。1830年,英国开始使用双头轨,即当一面磨损后,还可以反过来继续使用。1831年,美国人设计了现在使用的平底铁轨,并在英国首次制造。到了1855年,已经能用钢来制造钢轨了(图1-6所示为在钢轨上运行的蒸汽机车),其形状和长度与现在的钢轨相似,对铁路的发展起到了很大作用。

到了19世纪,英国、美国和西欧各国都进入了铁路建设高潮期,横贯美国大陆的铁路就是在这个时期建成的。这种形势也影响到其他一些国家,到19世纪后半期,已扩展到非洲、南美洲和亚洲各国。从此,铁路成了陆地重要的交通方式。但美国早期的铁路运输,由于铁路线不长且资本金不足,只起到弥补水路运输不足的作用,直到1850年左右,美国人才清楚地意识到唯有铁路运输才能确保美国大量资源的运输,其后广借外债,兴建铁路。40年后,全美国境内,由东到西、由南到北,已为铁路网所密布。

在第二次世界大战以前,蒸汽机车在动力与效能两方面都获得了长足的进步,直到战后它才被柴油动力所取代。但除了内燃机车外,铁路的发展还受自动车钩、空气制动机及是否采用标准轨距等因素的影响。1913年,世界上第一台内燃机车开始运营,随后,各国相继研发内燃机车并投入使用,如图1-7所示。19世纪末20世纪初,沙皇俄国为攫取中国东北资源,称霸远东地区,修建了一条以哈尔滨为中心,西至满洲里,东至绥芬河,南至大连,路线呈"丁"字形,全长约2400km的铁路,名为中东铁路。

中华人民共和国成立后,我国第一台电力机车于1958年在湖南株洲诞生,命名为"韶山"号,如图1-8所示,为中国铁路步入电气化奠定了基础。进入20世纪后,铁路运输完成的改进技术包括焊接的无缝钢轨、机械化养路设备、电子中央控制系统、闭塞信号系统以及自动化的列车运行控制系统等。尽管有了这一系列技术上的重大进步,但自第一次世界大战之后,铁路运输还是无法避免来自公路运输的小汽车与货车的冲击。

图1-6 钢轨上运行的蒸汽机车

图1-7 内燃机车

为提高与公路运输竞争的优势,在长途城际铁路旅客运输方面,日本于1964年首先推出了运行速度200km/h以上的高速铁路系统——新干线高速铁路,当时的东海道新干线最高速度为210km/h。随着高速铁路网的扩展,列车速度随后又提高到300km/h。法国高速列车(TGV)是欧洲最先发展的高速铁路系统,自1981年起陆续改进,第二代TGV车速可达310km/h。联邦德国自1988年开始运营高速铁路系统,运行速度为250~280km/h。此外,西班牙、意大利等国也相继建成了部分高速铁路。世界上一次建成线路最长(全长1318km)、标准最高(设计速度350km/h)的我国京沪高速铁路于2008年4月5日全线开工修建,于2011年建成,京沪间行程只需5h。2022年1月6日,京张高速铁路智能动车组,正线全长174km,实现世界首次每小时350km全自动驾驶,是复兴号的智能升级版(图1-9),实现了"坐着高铁看冬奥"的愿望。截至2022年,我国已有京沪高速铁路、京津城际、京张高速铁路、成渝高速铁路、京广高速铁路京武段率先建成安全标准示范线,并成功实现常态化按时速350km高标准运营,总里程达到近3200km。

图1-8 "韶山"号电力机车

图1-9 京张高速铁路动车组列车——复兴号智能动车组

3. 公路运输

1769年,法国陆军工程师N·T·Cugnot制造出了世界上第一辆蒸汽驱动的三轮汽车,如图1-10所示。这辆三轮车的车轮和车架均为木制,并且没有转向机构,使得这辆三轮车只能直线行驶,速度仅有4km/h(普通成年人的步行速度约为5km/h)。蒸汽锅炉放置在三轮车前方,由前轮驱动,车重达到 3t 左右。1807 年,人类第一台以氢气为燃料的内燃机诞生,1826 年,第一台用于工业的内燃机诞生。1833 年,欧根·朗根和尼古拉斯·奥托创建了人类历史上第一家发动机工厂,而直到 50 年后的 1986 年,世界上第一个完整的内燃机汽车正式诞生(图 1-11)。德国人于 1887 年首先将汽油发动机成功地应用于道路运输车辆,大约 8 年后,美国开始发展汽车。这种新型交通工具的问世,在实践中显示出了突出的优越性——机动、灵活、方便、快速、直达,因此,为人们广泛采用。它的发展速度远快于水路运输和铁路运输。自 2018 年起,新能源汽车逐渐出现在人们的面前,低能耗、低污染的优势使得其从 2021 年开始爆发式增长。

图 1-10　蒸汽机汽车

图 1-11　内燃机汽车

早期的道路是由人践踏而形成的小径。随后有夯土筑路,并利用石灰稳定土壤。之后出现有碎陶片和砾石铺筑的路面,并出现了大型的木桥。战国时期(公元前 475—前 221 年)在山势险峻之处凿石成孔,插木为梁,上铺木板,旁置栏杆,称为栈道,栈道是中国古代道路建设的一大特色。现代的道路有沥青和水泥混凝土路面,也出现过渣油路面。随着路面技术水平的不断提高,特别是高速公路的出现,使得公路运输逐渐取得了较大优势,也极大程度地便利了民生。

总体上,公路运输发展过程大体上经历了 3 个阶段。第一阶段,从 19 世纪末到第一次世界大战前是初期发展阶段。这一时期汽车数量不多,公路也不够发达,公路运输还只是铁路运输、水路运输的辅助手段,承担部分短途客货运输任务。第二阶段,两次世界大战期间是发展中期。第一次世界大战结束后,汽车生产和公路建设发展很快,道路网规模越来越大,质量不断提高。随着小客车的大量增长,汽车逐渐成为人们的主要交通工具。货运方面,由于运输条件的改善,公路运输的优越性逐渐显示出来,它不仅成为短途运输的主要工具,而且在长途运输中也开始具备了与铁路运输、水路运输竞争的实力。第三阶段,从第二次世界大战结束至今,是公路运输发展的新时期,高速公路、智能运输系统、自动驾驶车辆、车路协同等成为发展的主题。

4. 航空运输

在古代,人们曾尝试过模仿鸟类飞行,但是都以失败告终。最先把这一梦想变成现实的是 1782 年法国的蒙高菲亚兄弟。他们把羊毛、稻草和麦秆燃烧时产生的轻气体充进球形的袋子,利用气球的浮力飞了起来,如图 1-12 所示。1783 年,人类第一次成功地搭乘气球在巴黎郊外飞行了约 10km。

图 1-12　蒙高菲亚兄弟设计的热气球

法国的吉法尔在1852年研制了功率大、质量轻、可装在气球上的蒸汽机,往指定方向飞行得以成功。德国的利林塔尔研究了利用翼的升力在空中自由操纵的问题。根据对翼的正确认识,进而想到用重力和风力作动力,在1850年发明了没有发动机的飞机,这就是最初的滑翔机。

美国的莱特兄弟用双翼滑翔机实现了飞行的稳定性和操纵性(图1-13),积累了充足的飞行经验,并研制成功可装在滑翔机上的轻型汽油发动机,1903年第一次实现了用螺旋桨作动力飞行,这就是飞机的雏形。螺旋桨飞机如图1-14所示。此后,飞机不断改进,1914年在美国首次开辟了从坦帕到圣彼得斯堡的定期航班。在第一次世界大战后的1919年,又开设了从伦敦到巴黎的定期航班。此外,随着飞机以及飞机用的航空发动机技术的不断改进和完善,飞机的运载能力、航程和速度不断提高,也推进了世界范围航空网的形成。

图 1-13　莱特兄弟的双翼滑翔机

图 1-14　螺旋桨飞机

第二次世界大战后,基于在战争中军用飞机的发展技术,民航机也广泛采用了航程大的四发动机飞机,从而使横跨大西洋和太平洋的航线越加活跃,而且又开辟了从欧洲通过亚洲大陆南部沿岸直达远东的新航线。1959年,随着喷气式客机的应用(图1-15),又新辟了从欧洲经过北极飞往远东的航线,大幅度缩短了飞行时间。航空港的建设、大型喷气客机的应用和飞行技术的发展,对这一时期民航事业的发展起了很大作用。

5. 管道运输

在美国人开发宾夕法尼亚州油田后不久,人们于1865年开始利用管道来运输石油。但在此后50年间,美国油管运输的发展非常缓慢,主要是由于管道运输的发展影响了铁路运输企业以及载货汽车企业的利益,因此,铁路运输企业不允许在铁道之下埋设油管。进入20世纪之后,由于大量油田的发现,油管运输才成为一种重要的运输方式(图1-16)。从1971年后,油管运输的货物已不限于原油以及汽油等油类产品,甚至可采用煤浆管道来运送煤炭或石灰。

早期所使用的油管都是口径小、管壁厚的重铁管,它的缺点是容易腐蚀或破裂。第二次世界大战后,改用口径大、管壁薄的轻管,结果证实了轻管的实用性更好,轻管的应用使油管运输的输油量大大增加。此外,压油技术也日新月异,早期所用蒸汽推动的往复式压油机,后来改成柴油发动机推动的压油机。第二次世界大战以后,进一步采用可以遥控的、由电力推动的离心式压油机,不但节省了人力,同时也减少了管道上的加压站数量。

图1-15　喷气式飞机

图1-16　管道运输

我国从1987年开始,到21世纪初,建成兰—成—渝成品油管道、涩—宁—兰天然气管道、西气东输一线等24条长输管道,形成"西气东输""西油东进""川气出川"的运输格局,管道建设和运营水平跨入世界先进行列。2005年以来,我国又相继建设陕京系统、西气东输二线、西气东输三线、中俄原油管道及二线、中缅油气管道、中俄东线等一大批国家重点管道项目,管网覆盖31个省(自治区、直辖市)和港澳地区,形成"横跨东西、纵贯南北、连接海外""西油东送、北油南运、西气东输、海油(气)登陆"格局,成就了第五大运输体系。

二、发达国家交通运输系统

在发达国家,交通运输系统的形成由最初原始方式水路运输的出现开始,伴随着蒸汽机等现代动力装置的发明,经历了一个铁路、公路、航空和管道等交通运输方式逐步发展和部分替代的过程,并通过政府管制、运输市场的自由竞争和部分淘汰,构成了合理的综合交通运输系统。依据各国国情,具有合理结构的发达综合交通运输系统的形成,是快速增长的运输需求刺激的产物,是政府调控和运输市场生存竞争的结果。

发达国家是在多种现代交通运输方式得到发展、交通运输系统初步形成之后,才产生真正意义的综合运输概念。随着经济、社会和科学技术的发展,综合运输的概念不断被赋予新的形式,增加和补充新的内容。最早提出综合运输这一概念是在20世纪40—50年代,但真正被普遍使用则是20世纪90年代前后。期间,出现了大量有关交通运输的论文和专著,尤其是在政府文件中开始正式使用综合运输这一概念,而且概念的名称和内涵趋于一致。

美国较早提出综合运输概念是在20世纪40年代,使用的是"运输系统"这一名称。美国1940年的《运输条例》规定:运输系统具有多方面的性质,国家对各种运输方式实行平等待遇,承认和保护各种运输方式的内在优势,防止各种运输方式间的过度竞争;国家运输政策的目的是保持水路运输、公路运输、铁路运输及其他运输方式的协调和健康发展,并最终形成统一的国家运输体系,以满足美国商业、邮政及国防的需要。到了20世纪70~80年代,美国逐步放松对各种交通运输方式的管制,比较重视通过市场机制来促进各种交通运输方式在物理设施和营销业务上的协调发展和综合利用。20世纪90年代后,随着产业结构的高度化、经济的全球化和信息化以及资源环境的不断恶化,交通运输的发展在美国得到进一步重视,在理论和实践方面都有重大发展。例如,美国国会1991年通过的《综合地面运输效率法案》(又称"冰茶法案",*Intermodal Surface Transportation Efficiency Act*)指出:美国运输政策的目标是发展经济高效、环境友善的国家交通运输系统,为国家参与全球经济竞争奠定基础。美国长期从事交通运输研究的专家G·穆勒在其撰写的《综合货物运输(第3版)》1995年出版中指出:交通运输系统是一种客货运输系统,其运输过程的各个组成部分都有效地相互连接和相互协调,并具有较大的灵活性;当用于货物运输时,综合运输是货物在两种以上运输方式间进行的无缝和连续的"门到门"运输;其直达运输作业过程,通过一个货运单据,进行逻辑上的连接和处理;对于集装箱货物运输来说,货物在整个运输过程中一直保持在同一集装箱内;综合运输不仅包括硬件设施或设备,而且还包括有关的软件。

  西欧各国对综合运输的研究和发展也比较重视。20世纪60年代,英国运输理论家W·威廉斯等学者认为,综合运输是使两种或两种以上运输工具在最优利用的基础上相互结合,实现旅客或货物的直达运输。同时,信息技术和现代通信技术的迅速发展和广泛应用,也为建立和发展高质量的交通运输系统创造了有利的技术条件。因此,交通运输系统这个概念目前在西欧各国的应用已日益普遍,并在相关文件中作出了规定。如1993年,欧洲运输部长会议在其综合运输(Integrated Transport)术语规定中,对货物综合运输程序给出以下定义:"货物在同一个载货单元或运输工具中移动。载货单元或运输工具连续使用几种运输方式,在变更运输方式时其本身不进行货物装卸。"

  交通运输理论的研究与实践,如果以20世纪80年代前后为标志,一般可以分为两个阶段。第一阶段:20世纪80年代以前,以苏联为代表的计划经济体制下的交通运输系统的研究与实践,是在运网不发达、运能相对短缺、追求运输数量和运能充分利用的前提下展开的,是以计划作为配置运输资源的机制,旨在实现系统设计、建设、运营和发展整体优化。代表性的研究有《各种运输方式的协作和综合发展》(B. B. 波沃洛任科著,国家经委综合运输研究所译,1982),运输模型具有鲜明的技术经济比较和数量经济特征,主要根据运输方式的合理运距确定各种运输方式间的合理分工、分流运输以及运输过程的相互衔接与配合。而对运输需求的多样化、个性化特点,以及对于运输产品与服务的质量要求,则比较忽视且缺乏研究。由于对运输需求及其各种影响因素的简化理解和处理,造成交通运输系统缺乏内在的发展要求,特别是排斥竞争、片面强调"协作",导致理想化的最优系统缺乏可操作性和可实现性。而其系统管理也带有重数量、轻质量、粗放管理的色彩。以欧美等为代表的市场经济体制下的交通运输系统的研究与实践,是在运网比较发达、运能相对富余、重视运输质量和服务水平、追求运输成本最小化、运输效用最大化和市场占有率的保持和扩展的前提下展开的,是以市场作为配置运输资源的手段,旨在实现用户效用的最优化。在交通运输方式的竞争和协作的相互作用下,强调需求的多样化、个性化特点,运输质量、服务水平和用户效用最大化的方式选择、衔接与配合,同样隐含系统资源配置和利用的优化思想,且具有可操作性和可实现性的特点,其系统管理带有更加重视质量和集约化管理的色彩。应当承认,上述两种不同经济体制下交通运输系统的研究与实践,其运输技术和过程管理的理论有其共同性,这是运输产品具有共同的位移特征和运输活动的经济本质所决定的。然而其社会实践效果却大不相同,以欧美等为代表的研究与实践对运输活动的经济配置的认识更为深刻,原因是两者在经济环境、实现手段、运营机制、管理体制和各种支撑、保障条件上有差别。第二阶段:20世纪80年代以后,苏联的研究和实践基本处于停滞状态,而西方国家交通运输系统的研究与实践的成功,则随着世界经济一体化进程的加速,成为交通运输系统研究与实践的主流。欧盟近年来对交通运输系统给出的定义是:各种运输方式能够整合到"门到门"的运输链中,并显示出各自合理的内在经济特性和运营特性,以提高系统整体的效率。20世纪80年代后,随着计算机技术、信息和通信技术的迅速发展,发达国家的经济由工业化经济时代进入了知识经济时代。与此相应,交通运输则由快速、大容量交通时代,走向智能个性化交通时代。由于面临经济全球化、需求分散化和可持续发展的严峻挑战,信息和通信技术迅速发展提供的良好机遇,突破了制约交通运输发展的瓶颈问题,各国实施放宽运输市场管制的政策等,促进了各国对交通运输系统的进一步深入研究,并全面进入应用实施阶段,包括重点研究国家交通运输系统的功能要素、体系架构等,以及应用相关理论做指导,改革完善管理体制,落实具体政策措施,制订和实施全面的交通运输建设规划等。1992年,美国提出了《ITS战略计划》(*Strategic Plan for IVHS*),也就是著名的智能运输系统(Intelligent Transport System,ITS),指出在较完善的交通基础设施上,将先进的科学技术(信息技术、计算机技术、数据通信技术、传感器技术、电子控制技术、自动控制理论、运筹学、人工智能等)有效地综合运用于交通运输、服务控制和车辆制造,加强车辆、道路、使用者三者之间的联系,从而形成的一种保障安全、提高效率、改善环境、节约能源的综合运输系统。欧盟于1997年制定了欧洲统一的交通运输基础设施发展战略,加快推进全欧交通运输系统的规划和建设。

目前,国外一般倾向于将综合运输定义为:长途、全程、无缝、连续的运输过程。实现这种过程的经济、技术和组织系统,即所谓的交通运输系统。所谓"长途"是指其运距较长,可能是跨地方、跨区域、跨国家、跨大陆的,一般需要涉及两种以上的运输方式。而"全程"指的是一次托运或一次售票的"门到门"直达运输。"无缝"指的是运输的硬件和软件等实现无缝隙联结或对接等,包括技术装备、网络设施、运营方式、信息通信、组织管理和制度规范等。"连续"指的是运输生产作业和其他相关作业,实现不间断或不停顿运转或操作等。但是,从交通运输的开放性大系统的配置特征方面,从更多地引进和借鉴系统论、信息论、控制论等现代科学理论的角度,对交通运输系统的规划、建设、运营和发展进行更加深入的理论阐析,则明显落后于各种单一运输方式的研究。

综上所述,发达国家交通运输系统的发展过程实际上经历了发展阶段、调整阶段和提高阶段三个阶段。在世界经济发展历程中,伴随着工业革命而形成的经济大发展,导致运输需求激增,同时,工业革命也为交通运输提供了先进的现代高新技术,从而引导交通运输基础设施建设进入空前大发展时期。但是,以私人资本为主体、以追求利润最大化为经营目标、在不同时期进行的资本主义国家交通运输基础设施建设,不可避免地带有一定的盲目性,从而导致运输供给远超过运输需求的现象,同时,各种运输方式间、同种运输方式不同运输企业间的恶性竞争也导致运输企业的运输效益下降。为此,交通运输进入以政府运输管制相关政策和运输市场有序竞争为特征的运输结构调整时期。第二次世界大战以后,伴随世界经济的空前大发展和人们生活质量的进一步提高,社会对交通运输的需求进入了从数量向质量发展的时期,组织"门到门"直达运输,组织"无缝中转""零距离换乘"为核心的综合运输理念应运而生。因而,交通运输发展进入了提高阶段。

三、我国交通运输发展的新格局

中国自古以来就把衣、食、住、行列为人们生存的四大要素,虽然在历史早期的交通运输设施比较发达,例如驿道、运河,以及文明世界的"丝绸之路",还有郑和七下西洋的辉煌,但是,由于长期的封建统治,特别是遭受帝国主义列强侵略和瓜分,使得交通十分落后,运输线路少,技术标准低,设备不配套,门类不齐全,布局不合理,在中华人民共和国建立前,我国交通运输业处于停滞和落后状态,铁路运输、公路运输、水路运输、航空运输,绝大部分受帝国主义国家的操纵,为数不多的现代运输方式被官僚资本所掌握,民营资本家经营的只有少数轮船公司和汽车运输公司。

中华人民共和国成立以来,我国的交通运输系统经过70多年的发展,尤其是改革开放后40多年的建设,已经有了巨大进步和翻天覆地的变化,交通运输设施和装备数量、质量显著提高,运输能力和服务质量基本满足了社会经济发展的需要,运输效率不断提高,安全、绿色、智能化水平逐渐与世界接轨,构建结构合理的交通运输系统的技术条件得到了明显改善。2018—2022年,我国建成了全球最大的高速铁路网、全球最大的高速公路网和世界级的港口群。

截至2022年底,我国综合交通运输网络总里程达1278.68万km(表1-1)。

运网规模表(单位:万km)　　　　　　　　　　　　　　　　表1-1

年份	铁路		公路		内河航道	民航航线	管道	总计
	总里程	高速铁路	总里程	高速公路				
1952	2.29	—	—	—	1.31	—	—	3.60
1980	5.33	—	88.33	—	10.85	19.53	0.87	124.91
2000	6.87	—	140.27	1.60	11.93	150.29	2.47	311.83
2008	7.97	0.01	373.02	6.03	12.28	246.18	5.83	645.28
2016	12.40	2.20	469.63	13.10	12.71	634.80	12.00	1141.54
2022	15.49	4.20	535.00	17.70	12.80	699.89	15.50	1278.68

我国交通运输系统运输量结构(表1-2)及交通运输系统周转量结构(表1-3)的调整取得了成效,过度依赖铁路的传统运输结构有了明显改善。

交通运输系统运输量结构分析表　　　　　　　　　　　　　　表1-2

年份	旅客运输量构成(%)					货物运输量构成(%)					
	总计	铁路	公路	水路	航空	总计	铁路	公路	水路	航空	管道
1952	100	66.69	18.60	14.70	0.01	100	38.17	7.26	54.57	—	—
1980	100	27.00	65.20	7.70	0.10	100	20.361	69.903	7.808	0.002	1.926
2000	100	6.90	91.33	1.31	0.46	100	12.31	77.28	9.01	0.01	1.39
2008	100	5.10	93.52	0.71	0.67	100	12.73	74.16	11.39	0.01	1.70

续上表

年份	旅客运输量构成(%)					货物运输量构成(%)					
	总计	铁路	公路	水路	航空	总计	铁路	公路	水路	航空	管道
2016	100	14.81	81.19	1.43	2.57	100	7.60	76.17	14.55	0.01	1.67
2022	100	29.90	63.50	2.10	4.50	100	9.58	72.13	16.61	0.01	1.67

交通运输系统周转量结构分析表 表1-3

年份	旅客周转量构成(%)					货物周转量构成(%)					
	总计	铁路	公路	水路	航空	总计	铁路	公路	水路	航空	管道
1952	100	80.90	9.13	9.87	0.10	100	78.96	1.90	19.14	—	—
1980	100	60.63	31.98	5.66	1.73	100	47.54	6.35	42.02	0.01	4.08
2000	100	36.97	54.29	0.82	7.92	100	30.91	13.86	53.68	0.11	1.44
2008	100	33.28	54.07	0.32	12.33	100	23.80	12.32	61.81	0.11	1.96
2016	100	40.27	32.74	0.23	26.76	100	12.72	32.65	52.02	0.12	2.49
2022	100	50.90	18.63	0.18	30.29	100	15.51	29.75	52.21	0.11	2.42

从以上表中的统计数据可以看出,目前我国已经建立了一个较为庞大的交通运输网络,并且该网络呈现出不断扩展深化的趋势。但是,考虑到我国面积辽阔,人口众多,区域社会经济发展水平不均衡,人们对运输需求的日益增长要求不断提高,安全、效率、成本、资源、环保与发展的矛盾日益突出,运输供给的不稳定风险依然较高。为此,2019年我国发布了《交通强国建设纲要》,指出要牢牢把握交通"先行官"定位,适度超前,推动交通发展由追求速度规模向更加注重质量效益转变,由各种交通运输方式相对独立发展向更加注重一体化融合发展转变,由依靠传统要素驱动向更加注重创新驱动转变,构建安全、便捷、高效、绿色、经济的现代化综合交通运输体系,打造一流设施、一流技术、一流管理、一流服务,建成人民满意、保障有力、世界前列的交通强国,为全面建成社会主义现代化强国、实现中华民族伟大复兴中国梦提供坚强支撑。

第三节 交通运输系统及构成要素

交通运输系统是借以组织实现交通运输功能的运输管理系统,以交通网络及设施和运载工具为依托,以现代联合运输管理技术和信息技术为基础,以便捷、安全、高效和经济为目标,在一定空间范围(国家或地区)内由若干种运输方式,按照一定历史条件下的政治、经济和国防等运输需求构成的运输线路、运输枢纽、运输工具、组织控制和调度系统等综合体。

在交通运输系统中,各种运输方式各有其适用的速度范围(或称服务的速度范围)。有一种研究旅客运输速度的概念——速度链。这种概念将各种交通运输方式的最优速度范围(旅客运输速度)以链的形式连贯起来,认为公路运输的最优速度为 50~100km/h,铁路运输为 100~300km/h,磁浮列车速度为 300~500km/h,航空运输则为 500~1000km/h。

一、交通运输系统的构成要素

交通运输系统构成要素主要包括以下基本部分。

1. 运载工具

运载工具包括汽车、火车、船舶、飞机、管道等,作为旅客和货物的运送载体。

2. 交通运输场站(站场)

交通运输场站(站场)包括客运站、货运站、机场、港口等,作为运输的起点、中转点或终点,以供旅客和货物从运载工具上下和装卸。

3. 交通线路

交通线路包括有形的铁路、公路、管道、河道和无形的航路,作为运输的通道,供运载工具实现不同场站(站场)之间的行驶转移。

4. 交通控制和管理系统

交通控制和管理系统包括各种交通信号、交通标志、交通规则等,是为了保证运载工具在线路上和站场内安全、有效率地运行而制定的规则及设置的各种监控、管理装置和设施。

5. 设施管理系统

设施管理系统指保障各项交通运输设施处于完好或良好的使用或服务状况而设置的设施状况监测和维护(维修)管理系统。

6. 信息管理系统

信息管理系统是应用通信、电子信息等高新技术建立的为现代交通运输服务的系统。它通过建立一套完善的数据采集、处理与共享机制,构建交通信息平台,为交通运输的发展提供强有力的信息保障。

信息技术在交通运输系统中的具体应用包括以下几个方面。

(1)电子化的装备设施。电子付费得到普遍应用;交通监控管理实现实时化;车船装备实现自动化。

(2)数字化的行业管理。信息技术将广泛应用于各级交通管理部门,实现主要业务管理的数字化、网络化,行业内外相关管理系统无缝连接、协同处理,全方位地向社会提供优质、规范、透明、符合国际标准的管理服务。

(3)人性化的公众信息服务。用户可以全天24h、全年365天,在任何地方及时获取所需要的交通信息。

(4)信息化的企业管理。大型交通运输企业普遍开展电子商务;信息技术及其他新技术广泛应用于运输企业的生产、管理和销售。

(5)其他新兴的产品与服务。现在,以信息系统为基础的智能交通系统(ITS)正在加速促进交通运输产业的发展,未来的产品和服务将超出我们的想象。

7. 经营管理人员和经营机构

以上运载工具、场站、线路、交通控制和管理系统、设施管理系统和信息管理系统都属于交通运输的硬件要素。实际上,一切管理事务的原动力和中心都在于人,所以,交通运输系统的构成中,人是最重要的构成要素之一。驾驶人员、机械维修养护人员、运载工具上的服务人员(如列车员、飞机航班乘务员等),以及许多其他业务管理与经营人员参与运输服务过程,才能使交通运输系统的硬件要素或设施真正发挥作用。

二、交通运输各方式技术经济特征

按照运载工具和运输方式的不同,我国现代化的交通运输业由铁路运输、公路运输、水路运输、航空运输和管道运输这五种基本运输方式构成。

交通运输业的产品是位移,五种运输方式(铁路运输、公路运输、水路运输、航空运输和管道运输)的产品虽然都是客、货在空间上的位移,但是其技术性能(速度、质量、连续性、保证货物的完整和旅客的安全、舒适度等)以及对地理环境的适应程度和经济指标(如能源和材料消耗、投资、运输费用、劳动生产率等)都存在很大差异。从运输消费者(旅客和托运人、收货人)的角度看,交通运输业既要充分满足位移需要,又要具备安全、迅速、经济、便利和舒适的运输质量。因此,运输消费者会根据运输货物的特性和具体的运输要求,选择能够最好地满足需求又最经济的运输方式。

下面将从技术经济与运输生产组织和经营管理两个方面来论述五种交通运输方式的特征。

(一) 铁路运输

铁路运输是使用铁路列车运送货物和旅客的一种运输方式,如图 1-17 所示。铁路运输运距长,运量大,运费低,属于"线"的运输。

a) 客运列车

b) 货运列车

图 1-17 铁路运输

1. 铁路运输的技术经济特性

1) 适应性强

依靠现代科学技术,铁路几乎可以在任何需要的地方修建,可以全年全天候不停地运营,受地理和气候条件的限制很少,具有较好的连续性和可靠性,且适合于长短途旅客和各类不同质量与体积货物的双向运输,通用性很强。

2) 运输能力强

铁路运输是通用的可用于运输大宗货物的运输方式,能够承担大量的运输任务。铁路运输能力取决于列车装载质量和每昼夜线路通过的列车对数。每一列列车运载货物的能力远比汽车和飞机大得多;双线铁路每昼夜通过的货物列车可达百余对,因而其货物运输能力每年单方向可超过 1 亿 t,重载运煤专线甚至可实现更大的运输能力。

3）安全性好

随着先进技术的发展,铁路运输的安全程度越来越高。特别是在近20年,许多国家铁路广泛采用了电子计算机和自动控制等高新技术,安装了列车自动停车、列车自动操纵、设备故障和道口故障报警、灾害防护报警等装置,有效地防止了列车冲突事故和旅客伤亡事故,大大减轻了行车事故的损害程度。众所周知,在各种现代化交通运输方式中,按所完成客、货运输周转量计算的铁路运输事故率是很低的。

4）列车运行速度较高

过去常规铁路列车运行速度一般为60～80km/h,提速后运行速度达140～160km/h,高速铁路上运行的旅客列车速度可达210～310km/h。2007年,法国铁路公司在新建高速铁路铁轨上用TGVPRO号机车组载有司机科研人员,创造了574.8km/h的世界纪录。2014年,中国南车制造的CIT500在南车青岛四方机车车辆股份有限公司厂区试验台创造试验速度605km/h,保持了10min。目前,高速铁路商业化运行车速一般保持在300～350km/h。

5）能耗小

铁路运输轮轨之间的摩擦阻力小于汽车和地面之间的摩擦阻力,铁路机车车辆单位功率所能牵引的质量约比汽车高10倍,因而,铁路单位运量的能耗要比汽车运输小得多。

6）环境污染程度低

工业发达国家社会及经济与自然环境之间的平衡受到了严重的破坏,其中,交通运输业在某些方面起了主要作用。铁路运输对环境和生态平衡的影响程度相对较小,特别是电气化后铁路运输的影响更小。

7）运输成本较低

在运输成本中,固定资产折旧费所占比例较大,而且与运输距离长短、运量的大小密切相关。运距越长、运量越大,单位成本越低。我国铁路运输成本为公路汽车运输和航空运输的1/20和1/128,有的甚至比内河航运还低。

8）始发与终到作业时间长和短途运输平均成本高

铁路运输按列车组织运行,在运输过程中需要有列车的编组、解体和中转改编等作业环节,占用时间较长,因而增加了货物的在途时间。因为在单位运输成本中,始发和终到作业所占的比例与运输距离成反比,所以,对于50km以下的短途运输成本,铁路运输要比公路(汽车)运输高。

9）货损较大

铁路列车因行驶时的振动或货物装卸不当,容易造成所承载货物的损坏,并且由于运输过程需经多次中转,因而常常容易导致货物遗失。根据统计,美国铁路运输的货损比例高达3%,远高于公路运送所产生的货损比例,这使得货主不愿意将价值高的货物交由铁路承运。

2.铁路运输的生产组织和经营管理特征

1）车路一体

一般来说,铁路运输的线路与车辆同属于铁路运输企业。因而,投资额巨大的铁路建设,须自行购地、铺设铁路线路和修建站场,购置机车车辆与车站设备也远比其他交通运输方式复杂,而且铁路设施的保养与维护费用相当大。

2）以列车为客、货运输的基本输送单元，有效使用土地

铁路运输组织的基本输送单元为由若干客车或货车连挂而成的车列及机车组成的客运列车和货运列车。这种组织方式可在有限的土地上大大提高铁路的运输能力，构成大运输量的运输通道。与公路运输相比，可以节省大量的土地，使土地资源实现最有效的利用。

3）铁路具有优越的外部导引技术

铁路运输最初采用凸出的钢轨与轮缘，完全是出于设计上的需要，这种外部引导技术的发明，在当今仍被认为是交通运输界了不起的成就。

（1）自然的控制。由于运输需求随着各项活动的增加而增多，于是常常发生交通拥堵的现象，使得航空运输要规定航路，因而要发明导向设备；公路运输要建立规章，设置交通警察，并制定优先路线，以防止肇事。但是，铁路运输因钢轨特性而享有专用路权，仅凭一对钢轨的导引技术，列车便可沿既定线路行驶。

（2）自动的操作。近代工业发展的过程，第一步是以机械力代替人力，第二步是使用机器减轻人工作业的负担。但是铁路因导向原理，可以立刻进入第二步。铁路车轮的导向，只有一个变数（方向），而公路要两个变数（方向及转弯），航空要三个变数（方向、上下及转弯）。因此，铁路因最早使用导引技术，从而为实现自动化操作的发展提供了良好的条件，也促进了铁路运输自动化的发展。

4）铁路运输设备不能移转

铁路运输设备，如路基、站场、房舍，不仅用途专一，而且不能移转，一旦停业，其所耗资金不能转让或回收，从而成为沉没成本。

5）设备庞大不易维修，且战时容易遭到破坏

铁路的运输过程必须依赖所有设施协同配合。由于整个运输体系十分庞大，不易达到完善的维修，加上近年来传统铁路收入不佳，更使得铁路的维修情形每况愈下。此外，从历史中还可以发现，每次战争爆发，由于铁路设施具有国防价值，而且目标明显，总容易遭受严重破坏。

3. 铁路运输的适用范围

（1）适合于内陆地区大宗货物的中、长距离运输，如煤炭、矿石、钢材以及建筑材料等物资。

（2）适合于大批量、可靠性要求高的一般货物和特种货物的运输。

（3）适合于大批量一次高效运输以及散装、灌装货物运输。

（4）适用于大批量旅客的中长距离运输，都市与卫星及郊区间的通勤运输。

（二）公路运输

公路运输是使用汽车在公路上运送货物和旅客的一种运输方式，它在中短途运输中的效果比较突出，如图1-18所示。公路运输与国民经济建设和人民生活联系最为密切，其余几种运输方式均需通过公路运输才能达到目的地，属于"面"上可实现的"门到门"运输。

1. 公路运输的技术经济特性

1）技术经营性能指标好

由于不断采用新技术和改进汽车结构，汽车技术经济水平有很大提高，主要表现为动力

性能的提高和能源消耗的降低。动力性能提高,可以保证较高的行车速度和一定的爬坡能力。此外,为降低运输费用,目前世界各国普遍采用燃料经济性较好的柴油作为动力,柴油机的燃油消耗率比汽油机少30%～40%。据工业和信息化部统计,2015年,平均燃料消耗量实际值为7.04L/100km,2021年平均燃料消耗量实际值为5.10L/100km。随着汽车电动化的不断发展,汽车的能源消耗逐步降低,根据国务院印发的《新能源汽车产业发展规划(2021—2035年)》,到2025年,纯电动汽车将成为新销售车辆的主流,纯电动乘用车新车平均电耗从14.0kW·h/100km可降至12.0kW·h/100km以下。

a) 小汽车

b) 客车

c) 货车

d) 电动自动驾驶汽车

图1-18　公路运输

2) 货损货差小,安全性、舒适性不断提高

随着人民生活水平的提高,货物结构中高价值的生活用品,如家用电器、日用百货、鲜活易腐货物等的增加,对货物运输质量和送达及时性等提出了更高的要求。对于高价货物而言,汽车运价虽高,但在总成本中所占的比例较小,而且可以从减少货损货差、及时供应市场中得到补偿。随着公路网的发展和高速公路的建设,公路等级不断提高,混合交通的道路越来越少,而且汽车的技术性能与安全装置也大大改善。因此,公路运输的安全性也显著提高。此外,由于长途汽车结构不断改进,大大减缓了行驶中的振动与颠簸,而且普遍安装了空调设备,同时,网络服务质量不断提升,乘坐比较舒适。

3) 送达快

由于公路运输灵活方便,可以实现"门到门"的直达运输,一般不需要中途倒装,因而其送达速度快,有利于保证货物的质量和提高运输货物的时间价值,加速流动资金的周转。快速是乘客对于客运的一个重要要求。在短途运输中,汽车客运的送达速度一般高于铁路运输。在运距相同时,依托高速公路的长途汽车客运送达速度也往往高于铁路运输。

4)原始投资少,资金周转快,回收期短

汽车购置费用低,原始投资回收期短。美国有关资料表明:公路货运企业每收入1美元仅需投资0.72美元,而铁路运输则需要投资2.7美元。公路运输的资本每年周转3次,铁路运输资本则需3~4年才周转一次。

5)单位运输成本较高,且污染环境

公路运输,尤其是长途运输,单位运输成本要比铁路运输和水路运输成本高,且对环境的污染较铁路运输和水路运输严重。但随着电动汽车的普及,相对于传统的燃油汽车,电动汽车将极大减少对化石燃料的依赖,减少了交通对环境的直接污染。

6)运载量小

小汽车的载客量只不过3~4人,大型客车通常也仅能载运30~50人。货运汽车普通的载运量可达3~5t,即使使用挂车也不过数十吨,不能与铁路列车或轮船的庞大载运量相比。

2. 公路运输的生产组织和经营管理特征

1)车路分离

世界各国公路的建设与养护,通常都由政府列入预算,运输企业一般不直接负担其资本支出。

2)灵活机动

汽车行驶不受轨道的限制,且其一般以车为基本输送单元,故高度灵活,既可作为其他交通运输方式的接运工具,也可以组织直达运输。

3)可实现"门到门"的运输服务

汽车可进入市区、进入场库,既可承担全程运输任务,实现"门到门"运输,也可以辅助其他交通运输方式,实现"门到门"运输。

4)经营简单

若私人经营汽车运输业,可采用小规模方式,甚至一人一车也可以经营,即使经营失利,也可以出售车辆,不用承担较大的经营风险。

3. 公路运输的适用范围

1)与其他运输方式衔接

衔接是指承担其他运输方式之间或其起终点处的中短途接力运输。公路运输具有机动灵活和"门到门"直达运输的特点,使之可以完成各种运输方式之间的纽带作用,将其联结成为综合运输网络,最终将客货运输对象送到目的地。

2)承担中短途运输

中短途运输主要包括城间公路运输、城市市区与郊区客货运输及厂矿企业内部生产过程运输等。其中,短途运输是指运距在50km以内的运输;中途运输是指运距在50~200km之间的运输。

3)独立承担长途运输

由公路运输承担长途运输时,一般要求经济运距超过200km。根据国外有关资料,美国公路货运的平均运距为600km左右,而且近几年,运距达1600km左右的水果和蔬菜、油料及蛋品的大部分由公路运输承担。发展中国家公路运输的经济运距虽然低于200km,但是基于国家政治与经济建设等方面的需要,也常常由公路运输承担长途运输。

(三) 水路运输

水路运输是一种使用船舶(或其他水运工具)通过各种水道运送货物和旅客的运输方式,如图1-19所示。水运能耗小,运量大,成本低,但速度慢,也属于"线"的运输。按其航行的区域,水路运输可分为远洋运输、沿海运输和内河运输3种类型。远洋运输通常是指无限航区的国家间运输,沿海运输是指在国内沿海区域各港口间进行的运输,内河运输则指在江、河、湖泊及人工水道上从事的运输。前两种又统称为海上运输。

a) 客船

b) 油轮

图1-19 水路运输

1. 水路运输的技术经济特征

1) 运输能力大

目前,在海洋运输中,世界上最大的超巨型油船载重能力达56万t以上,矿石船载重能力达50万t,巨型客轮载重能力已超过8万t,集装箱船载重能力接近10万t。海上运输利用天然航道,若条件许可,可随时改造为最有利的航线,因此,其运输能力大。在内河运输中,美国最大顶推船队运载能力超过5万t。我国顶推船队的运载能力已达3万t,在运输条件良好的航道,通行能力几乎不受限制。

2) 运输成本低

尽管水路运输的站场费用很高,但因其运载量大,运程较远,因而单位成本较低。据美国测算,美国沿海运输成本只有铁路运输的1/8,密西西比河干流的运输成本只有铁路运输的2/5。

3) 投资少

海上运输航道的开发几乎不需要支付费用,内河运输虽然有时需要花费一定费用以疏浚河道,但比修筑铁路的费用少得多。据初步测算,开发内河航道每公里投资仅为铁路旧线改造的1/5或新线建设的1/8,而且航道建设还可与兴修水利和电站相结合,收到综合效益。

4) 劳动生产率高

由于船舶运载量大,配备船员少,因而其劳动生产率较高。一艘装载质量为20万t的油船一般只需要配备40名船员,平均每人运送货物5000t。

5) 航速低

由于大型船舶体积大,相应水流阻力也大,因此,航速一般较低。低速行驶所需克服的阻力小,能够节约燃料;航速增大所需克服的阻力直线上升。例如,航速从5km/h增加到30km/h,所受的阻力将增大35倍。一般船舶行驶速度只能达到30km/h左右(冷藏船可达40km/h,集装箱船可达40~60km/h)。

6) 适应性差

内河运输受自然条件的限制很大,在无水或水利资源不好的地方无法进行,有些河道通航质量不好,季节性缺水或冬季因冰冻而停航,无法保证全年通航。有些航道的走向和经济要求方向不一致,不便利用。海洋运输业受到港湾的水深、风浪等气候和水文条件的限制。

2. 水路运输的生产组织和经营管理特征

1) 便于利用

不论海洋、内河或湖泊,水路都是自然通路,便于利用。与水路运输相比,铁路、公路等其他交通运输方式修建与维护费用较高。

2) 不受海洋阻隔

在地理上,铁路列车和汽车遇到海洋一般无法越过,船舶则不受海洋阻隔。飞机虽可飞越海洋,但续航能力没有船舶大,成本也远比水运高。

3) 创办较容易

水路运输经营规模可小至1船,航路为天然水上道路,无须支付使用代价,一切岸上设备也都由政府投资修建;造船或购船,不但可分期付款,且可抵押贷款;运费可预先收取,故其营运及组织规模可采用逐次扩充方式,且许多国家对于航运业有各种支持奖励政策,故创办较容易。

4) 国际竞争激烈

海洋运输具有国际性,船舶航行于公海,可自由来往,故营运竞争十分激烈。

5) 差异性大

因海洋中航道的宽深不同,船舶大小因之而异,其性能亦各不相同。此外,物资的流通、船舶的往返与沿线停靠码头的顺序,都有变动的可能性。

6) 兴衰循环,运费收入不稳

海运市场同经济景气变化一样有其周期性循环,这对运费高低的影响很大,当世界经济景气,货物运输需求增加时,则运费上涨,进而刺激造船业发展;一旦船舶吨位增加,又逢世界经济趋于低迷,则立即反映于海运市场,运费必定趋于下跌,继而随之影响造船业萎缩,海运公司甚至不得不将船舶拆解以期吨位减少,运费回升。如此变化的结果,致使运费收入很不稳定。

7) 货物直达性较差

如果托运人或收货人不在航道上,就要依靠公路运输或铁路运输进行转运。

3. 水路运输的适用范围

(1) 承担大批量货物,特别是散装货物运输。

(2) 承担原料、半成品等低价货物运输,如煤、石油、矿石、建材、钢铁、化肥、粮食、木材、水泥、食盐等。

(3)承担国际贸易运输,是国际商品贸易的主要运输工具之一。

(四)航空运输

航空运输是一种使用飞机(或其他飞行器)运送人员、物资和邮件的运输方式,如图 1-20 所示。航空运输速度快,运量小,成本高,属于"点"的运输。

a) 客机

b) 轻型直升机

c) 无人机

图 1-20 航空运输

1. 航空运输的技术经济特性

1)高科技性

航空运输的运载工具主要是飞机,飞机本身就是高科技的象征。先进的飞机是先进的科学技术及其产品的结晶,航空运输系统的每个部门无不涉及高科技领域。可以说,航空运输的发展水平反映了一个国家科学技术和国民经济的发展水平。

2)高速性

高速性是航空运输与其他交通运输方式相比最明显的特征,现代喷气式飞机的速度一般为 900km/h 左右,比火车快 3~10 倍,比海轮快 20~25 倍。

3)高度的机动灵活性

航空运输不受地形地貌、山川河流的限制,只要有机场并有航路设施保证,即可开辟航线,如果使用直升飞机,其机动性更大。

4)安全可靠性和舒适性

随着科学技术的发展,空中飞机不如地面交通安全的错误认识正在逐渐被修正。据国际民航组织统计,航空运输人员伤亡飞行事故起数呈下降趋势,2010 年事故起数仅 8 起,2018 年全球共发生致命空难 15 起。全球每天有超过 300 万人乘坐民用飞机安全飞行,飞行已经成为或者将要成为世界上绝大多数地区人们长途旅行的主要方式,乘飞机出行也越来越安全。随着宽体飞机的使用,航空运输的舒适性也有了很大程度的提高。客舱宽敞、色调和谐、空气清新、噪声小、起降平稳,机内餐食供应质量不断提高,视听娱乐设备先进,地面服务周到,这些都为乘客创造了舒适的旅行环境。

5) 建设周期短、投资少、回收快

一般来说,修建机场比修建铁路和公路的周期短、投资少,若经营好,投资回收也快。

6) 运输成本高

在各种交通运输方式中,航空运输的成本最高。据中国民用航空局统计,2020年我国航空运输营业成本为4549.48亿元,2022年我国航空运输营业成本为5136亿元。通常航空运输成本比铁路运输成本要高出4倍以上。

7) 噪声污染严重

近代喷气式巨型飞机在起飞降落时发出的噪声在100dB以上,有的甚至高达120dB,远远超过了人们可以承受的60~70dB的范围。因此,噪声污染非常严重。

8) 受气候条件限制

因飞机飞行对气候条件要求很高,航空运输在一定程度上受到气候条件的限制,从而影响运输的准时性和正常性。

2. 航空运输的生产组织和经营管理特征

1) 飞行距离远

现代飞机已实现了超音速,且可飞越高山大洋,适于长距离的快速运输。

2) 直达性差

一般情况下,航空运输很难实现客货的"门到门"的运输,必须借助其他运输方式(主要以公路运输)转运。

3) 飞机与机场分离

供客、货上下的飞机场由政府修建设置,凡经营航空运输业者,只需购置飞机,即可营运。

4) 适用范围广泛

飞机,尤其是直升机,不但可为客、货运输提供服务,而且还可为邮政、农业、渔业、林业、救援、工程、警务、气象、旅游及军事等方面提供方便。

5) 具有环球性及国际性

航空运输业是属于环球多国籍的运输形式,且具有跨国服务的特性,故须考虑提供国际化的服务与合作关系。为此,国际民航组织制定了各种法规、条例、公约来统一和协调各国航空公司的飞行活动和经营活动。

3. 航空运输的适用范围

(1) 适合于担负各大城市之间和国际的快速客运。

(2) 适合于报刊、邮件等对时效性要求高和昂贵、精密、急需货物的运输。

(3) 除一般意义上的民用航空运输外,还有通用航空。通用航空包括航空摄影、航空遥感、航空探矿、海上服务、空中照相、农业播种、除草施肥、防止虫害、人工降雨、林业播种、防火护林、飞播牧草、侦察鱼群、抗灾救护等。

图 1-21 管道运输

（五）管道运输

管道运输是一种由大型钢管、泵站和加压设备等组成的运输系统完成运输工作的运输方式，如图 1-21 所示。管道运输是输送流体货物的一种运输方式，随着石油工业发展而兴起，并随着石油、天然气等燃料需求的增加而迅速发展，逐渐形成沟通能源产地、加工场所及消费者之间的输送工具。管道不仅修建在一国之内，还可连接国际甚至洲际，成为国际、洲际能源调剂的大动脉。

1. 管道运输的技术经济特征

1）运量大

一条管径为 720mm 的管道每年可以运送易凝高黏原油 2000 多万 t，一条管径 1200mm 的原油管道年输油量可达 1 亿 t。

2）占用土地少

管道埋于地下，只有泵站、首末站需占用一些土地，总体来说占地很少，并可从河流、湖泊、铁路、公路下部穿过，也可以翻越高山、横穿沙漠，一般不受地形与坡度的限制，易取捷径，因而也可缩短运输里程。此外，由于管道埋于地下，基本不受气候的影响，可以长期稳定运行。

3）投资少，自动化水平高，运营费用低

管道输送流体能源，主要依靠间隔 60～70km 设置的增压站提供压力能，设备比较简单，易于就地实现自动化和进行集中遥控。先进的管道增压站已可以做到完全无人值守，由于节能和高度自动化，用人较少，运营费用大大降低。管道沿线不产生噪声，漏失污染少，有利于保护环境。但一旦油田产量递减或干枯，则该段原油管道即报废，不能像其他运载工具那样可移往别处，且自管道投产之日起，管内即充满所运输的货物，直到停止运行之日止，有一部分货物将长期积存在管道中，其费用占去部分运输成本。

2. 管道运输的生产组织和经营管理特征

1）生产与运输一体化

管道运输属专用运输，其生产与运销浑然一体。如炼油厂的生产产品可经管道直接运送到消费者手中。

2）上门服务

管道运输可从工厂经干线、支线，直接运到用户，中间无须任何间接的搬运，可做到上门服务。

3）生产高度专业化

管道运输是在液体类货物运输中最具高度专业化的运输形式，需要装设专门的管道及相关设施。

4）作业自动化

管道运输的动力是引力及机械力，因此，其作业过程的操作均需实现自动化。

3. 管道运输的适用范围

(1) 管道运输主要负担单向、定点、量大的流体状货物（如石油、油气、煤浆、某些化学制品原料等)。

(2)在管道运输中利用容器包装运送固态货物(如粮食、砂石、邮件等),也具有良好的发展前景。

从以上分析可以看出,从线路建设投资看,从大到小依次是铁路运输、管道运输、公路运输、内河运输、航空运输、海运运输;从运输工具投资看,从大到小依次是飞机、轮船、火车、汽车;从运营成本看,从大到小依次是航空运输、公路运输、铁路运输、水路运输和管道运输。综上所述,铁路运输、公路运输、水路运输、航空运输和管道运输五种现代化的运输方式在运载工具、线路设施、营运方式以及技术经济特性等方面各不相同,因而各有优势,各有其不同的适用范围,这就说明五种不同的运输方式之间的关系应该是相互补充、相互协作的。各种运输方式的各种经济技术经济指标的综合评价见表1-4。

各种运输方式的各种经济技术经济指标　　　　　　　表1-4

运输方式	铁路运输	公路运输	水路运输	航空运输	管道运输
运输速度	较快	较快	慢	快	—
运输能力	较大	小	大	较小	与管径及泵速有关
运输成本	较低	较高	低	高	低
运输里程	适合中长途运输	适合中短途运输	适合长途运输	适合长途运输	—
投资	高	较高	低	高	较高
劳动生产率	较高	低	高	较高	高
受自然条件限制	小	较小	大	大	小
适用性	适宜于运送中、长距离、大运量、时间性强、可靠性要求高的一般货物和特种货物;且适宜于大批量旅客的中长距离运输	适宜于运输中短途旅客和货物,深入山区及偏僻的农村进行旅客和货物运输,在远离铁路的区域从事干线运输	较适用于担负大宗、低值、笨重各种散装货物的运输	适宜于长途旅客运输和体积小、价值高的物资如鲜活产品及邮件等运输	适合于流体能源的运输

随着科学技术的进步,社会运输需要的变化,各种运输方式的技术设备不断更新,其技术经济性能和使用范围也在不断变化。充分发挥各种运输方式的优势,就可以最大限度地节约运输建设投资和运输费用。同时,旅客的始发地和终点地,货物的生产地与消费地遍布全国,客、货运输的全过程往往要由几种运输方式共同完成。这就要求从货物的生产地到消费地,旅客的始发地到终点地,按照运输生产过程内在规律的要求建设运输线路,在一个地区和全国范围内需要形成各种运输方式相互衔接、协调配合的综合交通运输网。

第四节　交通运输发展趋势

交通运输是人类社会生产、经济、生活中一个必不可少的重要环节。随着社会和科技的发展,人们对交通运输的需求质量不断提高。面对如此强大的市场需求和激烈竞争,现代运输业的根本出路在于促进科学技术进步,用现代信息技术来改造和提升传统的运输产业,达到高服务质量、高运输效率和低运输成本,实现交通运输的全面现代化。在采用新技术实现现代化方面,各种运输方式虽有不同的特点,但却存在着共同的发展趋势,即提高速度、加大载重、走向智能化和保护环境。未来交通运输的发展着重体现出以下趋势性特征。

1. 专门化

专门化是效率的前提,是至今为止人类发展生产力的一大旋律。这一旋律在交通运输业主要体现在两个方面:一是运输工具专门化,二是运输方式专门化。

运输工具专门化是以运输工具为主体的运输对象专门化,早期表现为客货混载到客货分运,即旅客运输工具与货物运输工具的专门化,出现专门运输货物的货轮、货机、货车和专门运输旅客的客轮、客机、客车。近期表现为专用载货工具的发展,出现专门运输某一类货物的运输工具,如集装箱船、集装箱拖车、集装箱平车、液化气船、罐车、散货船等。

由混运到分运是以运输方式为主体的运输对象专门化。比较典型的是海运(河运的进程稍慢一点),它几乎在全世界放弃了客运,而专门从事货运。铁路的发展也已到了客货越来越不兼容的年代。从世界范围看,经济发展到较高水平之后,铁路货运与铁路客运的兼容性越来越差,一般的趋势是国土辽阔的大陆性国家铁路以货运为己任,正在放弃客运,如美国、加拿大、澳大利亚、俄罗斯等;国土较小或多岛屿国家的铁路则以客运为己任,逐渐放弃货运,如英国、日本等。但是在中国,因人口众多的因素,铁路运输仍然是中长途客运的主要运输方式之一,特别是高速铁路在客运中发挥了重要作用。

2. 大型化

大型化是规模经济在交通运输业的具体体现。在铁路货运中,大型化表现为重载化,这一倾向在美国、俄罗斯、加拿大、澳大利亚、南非表现得最为突出。世界上最大的运输工具应该是油轮,油轮的装载质量最大达 56.3 万 t。矿石船的装载质量最大的在 50 万 t 左右,液化气船的装载质量最大为 13 万 m³,集装箱船的装载质量目前已超过 1 万 TEU,似乎还没有逼近"极限",不时有更大的集装箱船出现。

大型化在公路运输和航空运输中也有诸多表现,客机已越来越大,载客 400 人的客机已十分普及,载客 1000 人以上的客机正在酝酿之中。从绝对量上讲,它们将永远无法与轮船相比。大型化是手段,不是目的。一般运输对象价值较低,对运输服务的质量要求较少,大型化的程度可以很高;反之,大型化将受到较大限制。因此,不可能出现像海船那样规模的汽车和飞机。

3. 高速化

运输速度的提高一直是各种运输方式的努力方向,这里所讲的高速化不仅仅是速度的一般性提高,更多的是常速"极限"的突破。在铁路运输中,高速的概念是时速 200km 以上,这种概念的高速列车出现在 20 世纪 60 年代。目前,正在发展的高速铁路有三种类型。一是传统型高速铁路,以日本、法国和中国的技术最具商业价值。日本于1964年投入使用,时速超过200km,商业时速在270～275km之间。法国于1981年开始使用高速铁路,商业时速在270～300km之间。中国于2008年开始使用高速铁路,其中,时速300～350km的高速铁路运营里程1.57万km,占比39%;时速200～250km的高速铁路运营里程2.44万km,占比61%。二是传统型普通铁路,习惯上称摇摆式高速铁路,以瑞典的技术最为成熟,商业时速在200～250km之间。三是磁浮铁路,日本、德国、美国对此都有着浓厚的兴趣,目前只有中国上海市浦东国际机场有一条商业运营的磁浮线,时速在400km左右。长沙磁浮快线属于中低速磁悬浮,连接长沙南站和长沙黄花国际机场,设计最高速度为100km/h。北京磁悬浮示范线是北京首条中低速磁浮线路,线路起于金安桥站,途经石景山区、门头沟区,贯穿门头沟、石景山,止于石厂站,列车运行最高速度可达120km/h。其他国家仍处于试验和试运行阶段。

在其他运输方式中,高速也有着特定的含义。在公路运输中,高速一般是指高速公路。目前,世界各国均努力建设高速公路网,作为公路运输的骨架。在航空运输中,高速是指超音速。目前,正在设想研制双音速的民用飞机。在水路运输中,速度提高较快的是小型客轮,水翼船最高时速超过110km,气垫船的时速更高,飞翔船的时速最高,每小时接近200km。

4. 环保化

从20世纪50年代开始,世界上许多国家开始了以电力机车和内燃机车取代蒸汽机车牵引动力的现代化步伐。欧洲各国以牵引动力电气化为主,美国、加拿大以内燃机化为主;日本是电气化和内燃机化并举。到20世纪70年代,这些国家基本上完成了牵引动力的现代化改造,而这一进程,我国在20世纪末才基本完成。牵引动力现代化的本意是提高牵引动力,更有效地利用能源,具有环保意义。汽车在比较发达国家普及到家庭的时候,交通运输(主要是汽车)给环境的破坏越来越大,逼近了人类忍受的极限,促使人们重新认识交通技术,并逐渐形成了两个趋势性的认识。一是环境污染较轻的运输方式再次引起人们的重视,如处在夕阳中的铁路重现曙光;环境污染严重的运输方式放慢了发展的速度,如日中天的汽车在不少国家和地区程度不同地受到了限制。二是环保型交通工具赢了人们的青睐,除铁路牵引动力现代化外,电动汽车、双燃料等新能源汽车已经成为汽车工业发展的主旋律。

注重环保,已不是某种运输方式的事,每一种运输方式都非常重视,只是有的显现,被人们认识较多;有些隐蔽,人们看到的较少而已。在航空运输中,为了减少场外噪声,设立试车区域,对噪声大的航空器的运行建立限制规定,根据噪声暴露量分区合理规划机场周边用地;考虑飞机的飞行密度,尽量避免过密的起降安排,从而减少飞机废气污染;种草植树是保护生态、改善区域环境质量的重要手段。

5. 智能化

随着经济的发展,世界各国的城市交通状况都面临着交通拥挤问题的困扰。解决交通拥挤的问题除了修建新的道路和控制行驶车辆以外,另一个主要途径就是发展智能交通系统(ITS)。目前,世界各国的智能运输系统主要集中在城市交通和高速公路的研究。当单一运输模式的智能化发展到一定程度时,进行综合运输系统的智能化设计和研究就成了必然的发展趋势。

凭借人类的直接判断和身体力量已无法适应运输工具日益大型化和高速化的发展需要,运输工具的驾驶更多地转向依靠仪表、信号和辅助驾驶系统,智能化程度越来越高。以往,对运输工具运行环境的判断,主要依靠目视信息,而现在更多地依靠仪表、传感器;以往,运输工具的操纵需要比较好的力量,现在则变得越来越轻便,甚至只是驾驭各种按钮;以往,运输工具的操纵必须亲临现场,现在则可以在远距离之外通过自动控制台来实现。铁路运输中,以铁路现代化技术设备为基础,利用信息采集装置收集列车运行的实时信息,由计算机自动进行列车运行追踪和管理,并根据未来运输变化的需要,自动制定列车运行计划,合理配备牵引动力、车辆及乘务员,传达列车运行调整信息,自动完成调度监督,自动进行列车运行轨迹的统计和分析。

第五节 我国交通运输发展趋势

中华人民共和国成立70多年以来,我国交通运输经历了从"瓶颈制约"到"初步缓解",再到"基本适应"的发展历程,取得了历史性的成就。尤其是改革开放以来,交通运输业作为经济社会发展的基础性、先导性、战略性和服务性产业,发挥着对经济社会发展的支撑引领作用。未来,我国交通运输的发展呈现出以下特征。

1. "四个交通"

"四个交通"是立足于交通运输发展的阶段性特征,更好地实现交通运输科学发展的当前和今后一个时期的战略任务,即集中力量加快推进综合交通、智慧交通、绿色交通、平安交通的发展,简称"四个交通"。总之,综合交通是核心,智慧交通是关键,绿色交通是引领,平安交通是基础,"四个交通"相互关联,相辅相成,共同构成了推进交通运输现代化发展的有机体系。

1) 综合交通

经过多年的建设,我国交通运输已经进入了各种运输方式融合交汇、统筹发展的新阶段。加快发展综合交通,是推进交通运输可持续发展的必由之路。

加快发展综合交通,要义是坚持适度超前、改革创新,做到量力而行、尽力而为,与区域协调发展和新型城镇化要求相适应,合理布局不同区域、不同层次、不同方式的运输网络,合理配置和优化整合交通运输资源,发挥各种运输方式技术经济优势和交通网络整体效能。

加快发展综合交通,核心是从基本国情和国家战略出发,顺应新型工业化、信息化、城镇化、农业现代化同步发展的新需求,统筹规划铁路、公路、水路、民航以及邮政行业发展,建立完善与综合交通相适应的制度体制机制,提升服务水平、物流效率和整体效益。

加快发展综合交通,关键是通过综合交通战略规划、政策法规、标准规范促进各种运输方式深度融合,优化交通运输主要通道和主要枢纽节点布局,统筹各种运输方式在区域间、城市间、城乡间、城市内的协调发展,发挥组合效率和整体优势,实现各种运输方式从分散、独立发展转向一体化、集约化发展,加快构建网络设施配套衔接、技术装备先进适用、运输服务安全高效的综合交通系统。

2) 智慧交通

信息化、智能化水平是衡量交通运输现代化发展水平的重要标志。加快发展智慧交通,是推进交通运输管理创新的重要抓手,是提升交通运输服务水平的有效途径,也是推动交通运输转型发展的重要支撑。

加快发展智慧交通,要义是坚持面向发展、开放协同,重点突破、全面提升,以信息化、智能化为牵引,推动现代信息技术与交通运输管理和服务全面融合,实现交通运输设施装备、运输组织的智能化和运营效率、服务质量的提升。

加快发展智慧交通,核心是以重大科技突破牵引交通运输转型升级,围绕支撑重大工程建设、提高存量资产使用效能和提升运输服务品质,抓好重大科技研发,协调推进原始创新、集成创新和引进消化吸收再创新,推动基础性、前瞻性和共性关键技术突破和工程化产业化发展,加快建设市场导向、企业主体、产学研结合的行业技术创新体系,促进科技成果转化为交通运输生产力。

加快发展智慧交通,关键是完善全行业开放协同创新机制,注重以信息化智能化引领提升交通运输管理效能,促进现代信息技术在行业监管、运行管理和服务领域的深度应用,全面提升交通运输供给能力、运行效率、安全性能和服务质量,实现交通运输持续创新发展。

3)绿色交通

交通运输是国家节能减排和应对气候变化的重点领域之一。加快发展绿色交通,是建设生态文明的基本要求,是转变交通运输发展方式的重要途径,也是实现交通运输与资源环境和谐发展的应有之义。

加快发展绿色交通,要义是坚持政府主导、法规约束,示范引领、制度创新,把绿色循环低碳发展理念贯彻落实到交通运输发展的各个领域和各个环节,在发展中保护、在保护中发展,加快建设资源节约型、环境友好型交通运输行业,实现经济效益、社会效益和环境效益的有机统一。

加快发展绿色交通,核心是以资源环境承载力为基础,以节约资源、提高能效、控制排放、保护环境为目标,加快推进绿色循环低碳交通基础设施建设、节能环保运输装备应用、集约高效运输组织体系建设,推动交通运输转入集约内涵式的发展轨道。

加快发展绿色交通,关键是在规划、建设、运营、养护等各个环节集约节约利用资源、保护生态环境,更加注重优化交通基础设施结构、运输装备结构、运输组织结构和能源消费结构,更加注重提升行业监管能力和企业组织管理水平,充分挖掘结构性和管理性绿色循环低碳发展潜力,提高交通运输设施装备节能环保水平,提高土地、岸线等资源利用效率,建成以低消耗、低排放、低污染、高效能、高效率、高效益为主要特征的绿色交通系统。

4)平安交通

防止安全事故"不可避免论",牢固树立加快发展平安交通,是实现交通运输科学发展的基础条件。

加快发展平安交通,要义是把安全发展理念贯穿于各领域、全过程,特别是基层和一线,坚持底线思维和红线思维并不断拧紧螺丝扣,把保障人民群众出行安全放在首位,坚决守住安全是底线、安全是红线的思想防线和责任防线,强化安全治理体系和治理能力建设,提高交通运输安全发展的防、管、控能力。

加快发展平安交通,核心是坚持管行业必须管安全、管业务必须管安全,重心下移、工作下沉,健全完善科学规范、运行有效的安全生产责任体系,焊牢企业主体和行业安全监管的责任链,加强督促检查、严格考核奖惩,对有章不循、有章不依的问题不放过、严查处,切实把安全责任落实到一线、落实到岗位、落实到人头。

加快发展平安交通,关键是坚持常、长二字,夯实基础、补强短板,大力提高交通运输安全应急处置能力,推进安全生产长效机制建设,建立隐患排查治理体系和安全预防控制体系,强化重点时段、重点地区、重点领域、重点环节的安全监管,不留死角、不留盲区,不打折扣、不走过场,确保安全监管全覆盖,安全隐患零容忍,有效防范和坚决遏制重特大事故的发生,实现交通运输持续安全发展。

2. 交通强国

为统筹推进交通强国建设,中共中央、国务院于2019年9月印发实施《交通强国建设纲要》。该纲要指出构建安全、便捷、高效、绿色、经济的现代化综合交通体系,打造一流设施、一流技术、一流管理、一流服务,建成人民满意、保障有力、世界前列的交通强国,为全面建成社会主义现代化强国、实现中华民族伟大复兴中国梦提供坚强支撑。

《交通强国建设纲要》要求,从2021年到本世纪中叶,分两个阶段推进交通强国建设。

到2035年,基本建成交通强国。现代化综合交通体系基本形成,人民满意度明显提高,支撑国家现代化建设能力显著增强;拥有发达的快速网、完善的干线网、广泛的基础网,城乡区域交通协调发展达到新高度;基本形成"全国123出行交通圈"(都市区1h通勤、城市群2h通达、全国主要城市3h覆盖)和"全球123快货物流圈"(国内1天送达、周边国家2天送达、全球主要城市3天送达),旅客联程运输便捷顺畅,货物多式联运高效经济;智能、平安、绿色、共享交通发展水平明显提高,城市交通拥堵基本缓解,无障碍出行服务体系基本完善;交通科技创新体系基本建成,交通关键装备先进安全,人才队伍精良,市场环境优良;基本实现交通治理体系和治理能力现代化;交通国际竞争力和影响力显著提升。到本世纪中叶,全面建成人民满意、保障有力、世界前列的交通强国。基础设施规模质量、技术装备、科技创新能力、智能化与绿色化水平位居世界前列,交通安全水平、治理能力、文明程度、国际竞争力及影响力达到国际先进水平,全面服务和保障社会主义现代化强国建设,人民享有美好交通服务。

1) 建设总目标

交通强国建设总目标就是"人民满意、保障有力、世界前列"。"人民满意"是交通强国建设的根本宗旨,强调坚持以人民为中心的发展思想,建设人民满意交通。"保障有力"是交通强国建设的基本定位,强调为国家重大战略实施、现代化经济体系构建和社会主义现代化强国建设提供有力支撑。"世界前列"是交通强国建设的必然要求,强调全面实现交通现代化,交通综合实力和国际竞争力位于前列。"人民满意、保障有力、世界前列"三者相辅相成,缺一不可,共同构成了交通强国建设的总目标。

2) 重点任务

一是基础设施布局完善、立体互联。提出建设现代化高质量综合立体交通网络,构建便捷顺畅的城市(群)交通网,形成广覆盖的农村交通基础设施网,构筑多层级、一体化的综合交通枢纽体系。

二是交通装备先进适用、完备可控。提出加强新型运载工具研发和特种装备研发,推进装备技术升级。

三是运输服务便捷舒适、经济高效。提出推进出行服务快速化、便捷化,打造绿色高效的现代物流系统,加速新业态新模式发展。

四是科技创新富有活力、智慧引领。提出强化前沿关键科技研发,大力发展智慧交通,推动新技术与交通行业深度融合,完善科技创新机制。

五是安全保障完善可靠、反应快速。强调提升本质安全水平,推进精品建造和精细管理,完善交通安全生产体系,强化交通应急救援能力。

六是绿色发展节约集约、低碳环保。强调促进资源节约集约利用,强化节能减排和污染防治,强化交通生态环境保护修复。

七是开放合作面向全球、互利共赢。提出构建互联互通、面向全球的交通网络,加大对外开放力度,深化交通国际合作,积极推动全球交通治理体系建设与变革。

八是人才队伍精良专业、创新奉献。提出培育高水平交通科技人才,打造素质优良的交通劳动者大军,建设高素质专业化交通干部队伍。

九是完善治理体系,提升治理能力。强调深化行业改革,优化营商环境,健全市场治理规则,健全公共决策机制。

3. 交通运输服务均等化

交通运输作为为民生服务的基础性行业,提供优质的基本公共服务是其最主要的任务和服务目标。参照《国家基本公共服务体系"十二五"规划》中对基本公共服务的定义,交通运输基本公共服务即由政府主导提供的,与经济社会发展水平和阶段相适应,旨在保障全体公民出行基本需求的公共服务。

公共服务的基本目标是均等化。均等化包含机会均等和结果均等两层含义。其中机会均等是基础,要首先确保公众对公共服务享有均等的机会,而是否达到结果均等,则还要取决于公共服务的性质、社会公共服务发展水平等多方面因素。因此,交通公共服务均等化不是简单的平均,而是要保障公民的出行权利机会均等和结果均等。

交通运输代表着"衣食住行"中的"行",是人们日常生活中必不可少的关键环节,尤其对于农村和边远山区以及老弱病残等特殊人群,缺少必要的交通运输条件时,生活难以保障、生产难以发展。因此,交通运输要始终坚持以人民为中心的发展思想,保障特殊地区、特殊人群的生产生活的运输需求,有效补齐交通运输发展短板,促进基本公共服务均等化。促进交通运输服务均等化可在以下若干领域加大政府投入和政策支持。

(1)改善乡村交通运输基础设施条件。

(2)促进农村客运持续发展。

(3)大力发展乡村公共交通。

(4)持续推动城乡交通一体化发展。

(5)推动农村物流健康发展。

(6)完善城乡交通运输信息服务。

(7)建立长效稳定的城乡交通运输可持续发展机制。

复习思考题

1. 简述交通、运输、交通运输系统的概念。
2. 了解交通运输的发展历史。
3. 简述我国交通强国建设的主要目标和重点任务。
4. 试述发展"四个交通"的内涵。

第二章

交通运输需求与服务

第一节 交通运输产品及市场

一、交通运输产品的概念及特点

1. 交通运输产品的概念

交通运输业同工农业生产一样从事社会生产活动,参与创造国民收入,但它不像工农业生产那样改变劳动对象的性质和形态,而只是改变运输对象(货物或旅客)在空间和时间上的存在状态,即空间位置的移动。这种空间位置的改变,也是一种物质变化的形式,通常称为"位移"或"运输"。虽然位移不创造新的有形产品,也不改变运输对象的形态,但可以增加货物的使用价值或满足旅客的出行需要,它既是运输生产活动产生的效用,也是运输业用以出售的产品。因此,交通运输产品的整体概念也可以分为核心产品、形式产品和附加产品三个层次,如图2-1所示。

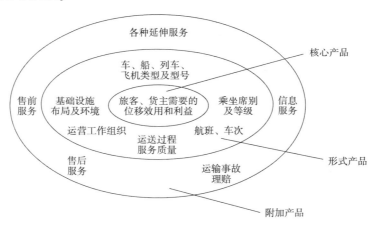

图2-1 交通运输产品的三个层次

1)核心产品

就整个交通运输业而言,交通运输产品的核心内容,就是要满足客户需要的位移效用和利益。安全、准确、舒适、迅速、文明地实现从始发地到目的地的位移,这是客户所需购买的实质性产品,是交通运输产品的实体利益,也是实质性产品。

2)形式产品

形式产品是核心产品的外在表现和具体形式。就整个交通运输业而言,通常用位移载体的外在特性(如车、船、列车、飞机的类型及型号,线路、航线、站、港等基础设施布局及环境,运营工作组织,运送过程服务质量,航班、车次以及座席等级等)加以展现,将位移核心产品转变为可以感知的形式产品,从而便于客户判断和评估所提供的效用和利益程度的大小与好坏。

3)附加产品

附加产品是顾客在购买位移产品时所得到的附加服务和利益。例如,售前服务(包括客票预约预售、上门办理有关货运业务等)、售后服务(包括代办货物仓储、包装、行包接取送达、地方搬运、送货上门、运输代理、旅行服务等)。

总之,由于交通运输产品的独特性,一般很难全面认识和准确把握交通运输产品的概念。只有全面了解、把握交通运输产品的概念,才能真正树立起以顾客为中心、全面满足顾客需要的经营理念,才能更好地运用现代营销理论,有效地贯彻营销组合策略,保证企业在不断变化的市场激烈竞争中立于不败之地。

2. 交通运输产品的特点

交通运输产品具有以下 5 个特点。

1)运输生产在流通过程中进行

运输生产是物质生产过程在流通领域中的继续,物质生产必须以消费为终结,才能保证社会生产的连续、更迭和不断扩大。在生产和消费之间,一个过程的产品能够以什么样的速度作为生产资料或生活资料进入另一过程,即转化为生产消费或个人消费,首先取决于运输业的发展。运输业在社会化大生产条件下,作为社会生产过程的一般条件而具有"先行"的特征。这种特征随着市场从区域性扩大到全国性和全球性,越来越显示出它的重要性。

2)运输生产改变运输对象的空间位置

运输业并不生产有形的商品,也不增加社会产品的总量,而只改变运输对象(旅客和货物)在空间和时间上的存在状态。

3)交通运输产品在生产过程中同时被消费

在运输生产过程中,旅客或货物与运输工具一起运行,随运输工具的场所变动而改变其所在位置。可见,运输工具的运行场所的变动,就是运输业的生产过程。由于运输业的生产过程和生产成果的消费过程完全融合在一起,因而既不存在任何形式的可供出售的"半成品",也不存在任何形式的可以存储、转移、调拨的"成品"。

4)运输生产需要一个综合交通运输网络

从生产地到消费地的运输过程常常需要由几种运输方式共同完成,而旅客的起讫点、货物的始发地和终到地遍及广泛的区域,必须有一个干支相连、互相衔接的综合交通运输网络与之相适应。同时,运输业的生产场所分布在有运输联系的广阔空间里,而不像工农业生产那样,可以在比较有限的区域范围内完成它们的生产过程。因此,在运输布局中,使各种运输方式合理分工与协调发展,做到统一布局,在全国形成综合交通运输网络,保证运输生产的连续性和连贯性,具有十分重要的意义。

5)各种运输方式生产同一产品

虽然各种运输方式使用不同的技术装备,具有不同的技术经济性能,但生产的是同一的产品,即旅客、货物的位移。

二、交通运输市场的含义及特征

1. 交通运输市场的含义

交通运输需求和交通运输供给构成了交通运输市场，可以从狭义和广义两个角度理解交通运输市场。狭义的交通运输市场是指运输劳务交换的场所，该场所为旅客、货主、运输业者、运输代理者提供交易的空间。广义的交通运输市场包括运输参与各方在交易中所产生的经济活动和经济关系的总和，即交通运输市场不仅是运输劳务交换的场所，而且还包括运输活动的参与者之间、运输部门与其他部门之间的经济关系。可以从以下三个方面来理解交通运输市场。

1) 交通运输市场是交通运输产品交换的场所或领域

交通运输市场是指实现旅客和货物空间位移的场所和领域，或为促使实现旅客或货物空间位移的场所或领域，如旅客售票点或车站、货物承托的场所等。交通运输市场作为一个"场所或领域"，从空间上来说，是无限性与有限性的统一。所谓无限性，是指交通运输活动不断突破已有的区域而向更加广阔的区域发展，随着各种运输方式协作化的进一步加强及运输管理的现代化，交通运输市场活动区域的扩大成为一种必然趋势。所谓有限性，是指由于地形条件、基础设施条件、生产布局等限制，一定时期内交通运输活动的区域又总是有限的。

2) 交通运输市场是交通运输产品交换关系的总和

交通运输市场是指在一定的历史时期、一定的社会经济范围内，进行运输劳务交换所反映出的各种经济关系和经济现象。它不仅是指进行运输劳务交易活动的有形场所或领域，而且包含了交易双方以及与交易双方联系密切的有关单位和组织之间的经济联系；不仅包容了直接的运输经济活动，而且包容了间接参与的运输经济活动；不仅是自成体系、静止的、被动的作为市场细分的一种，而且与社会经济大市场和其他市场广泛联系的、处于动态之中的、对运输经济活动具有较大反作用的体系。

3) 交通运输市场是指交通运输产品现实的和潜在的需求者的集合

这是从交通运输产品供给者的角度出发，以交通运输需求为研究对象来理解交通运输市场的。对于不同的运输企业，把有交通运输需求并且愿意在现在和未来一段时间，由运输企业提供交通运输产品以及与交通运输活动密切相关的其他服务单位看作该交通运输企业的市场，即把交通运输市场的含义限定在交通运输需求方及交通运输需求方的购买行为趋向上。

以上三种关于交通运输市场含义的理解并不是完全对立的，相互之间有一定程度的互补作用，它们之间的差异在于它们对交通运输市场的出发点、侧重点和理解广度有所不同。第一种解释只是从交通运输产品交换的场所和领域阐述的，比较形象、具体，但属于狭义理解；第二种解释从商品交换活动所产生的各种经济关系和经济活动现象入手，把握了市场的本质内容，属于广义理解；第三种解释则是站在运输企业促进市场营销活动的角度，以交通运输需求者为研究对象而展开，同样属于狭义理解。

2. 交通运输市场的特征

交通运输市场是一个多层次、多要素的集合体，由需求方、供给方和中介方三个行为主体构成。其中,需求方是各种经济成分的客货运输需求单位和个人;供给方是提供客货运输服务的各种运输方式的运输业者;中介方是连接交通运输需求和供给双方之间的纽带,提供交通运输服务的各种客货运代理企业、经纪人和信息服务公司等。

由于交通运输产品生产过程、交通运输需求过程以及交通运输产品的特殊性,交通运输市场除具有一般市场共性外,也具有区别于其他产品市场的特殊性。概括地说,交通运输市场具有以下6个特征。

1)交通运输产品的生产、交换、消费的同步性

交通运输市场中的商品经营者同时也是商品生产者,运输生产过程同时又是消费过程。交通运输产品交换过程中所包括的信息收集、组织客流货源、安排运力、进行运费结算及交通运输服务等过程,是运输生产、消费同时进行的过程。

2)交通运输市场的非固定性

与其他工农业产品市场相比,交通运输市场很难使运输交换过程在固定的场所完全实现。运输活动开始提供时只是一种"承诺",即以客票、货票或运输合同等作为契约保证,随着运输生产过程的开始,通过一定时间和空间的延伸,在运输生产过程结束时才将客、货位移的实现所带来的运输劳务全部提供给交通运输需求者。整个市场交换行为,并不局限于一时一地,而是具有较强的广泛性、连续性和区域性。

3)交通运输需求的多样性与交通运输供给的分散性

运输企业以运输劳务的形式服务于社会,由于交通运输需求者的经济条件、需求习惯、需求指向等多方面存在比较大的差异,必然会对运输劳务或运输活动过程提出各种不同的要求,从而使交通运输需求呈现出多样性特点。同时,交通运输产品具有较强的可替代性,消费者拥有较大的选择余地,各种运输方式间的激烈竞争,形成运输分配的不均衡。为促进各种运输方式协调发展,需要由国家对运输业进行宏观调控和系统规划,以便优化资源配置,发展综合交通运输系统。

4)交通运输供求的不均衡性

交通运输市场是一种特殊的市场。由于交通运输需求的多样性、交通运输供给的分散性、运输业的"超前发展"和先行地位,以及现有的运输市场管理办法、措施和手段的限制等,决定了交通运输市场在供求上的非均衡性,况且运输的"超前发展"和先行地位也要求运输能力应该有一定的储备,以适应经济社会发展中的偶然需求。因此,完全做到交通运输市场的均衡是不现实的。但是,可以依靠交通运输市场调节机能的有效发挥,凭借敏感的价值规律的自动反馈和调节系统,使交通运输市场在供求上力求趋向平衡或使不平衡的差值限制在一定范围之内。

5)交通运输产品价值的特殊构成

一般商品的价值由转移价值(物化劳动的消耗价值)和新创造的价值(活劳动消耗的价值)两部分组成。交通运输产品的转移价值中不包括劳动对象的消耗,只包括劳动工具和燃料等运行材料的消耗,运输成本的构成和资金运动具有独特的结构和形式。

6)交通运输市场容易形成垄断

交通运输市场容易形成垄断主要表现在两个方面。一方面,运输业发展到一定阶段,某种运输方式往往会在交通运输市场上形成较强的垄断势力,这主要是因为自然条件和一定

生产力水平下,某一运输方式具有技术上的明显优势等原因造成的;另一方面,运输业具有自然垄断的特性,这使得交通运输市场容易形成垄断。运输市场上出现的市场垄断力量使运输市场偏离完全竞争市场的要求,因此,各国政府都对运输市场加强了监管。

3. 交通运输市场的分类

根据研究目的的不同,交通运输市场可以分为不同的类别。

1)按服务对象和性质划分

按服务对象和性质划分,交通运输市场可以分为交通运输基本市场和交通运输相关市场。

交通运输基本市场是以客货运输为主导的客运市场和货运市场,它以旅客、货物为运输服务对象,并直接向旅客、货主提供运输劳务。交通运输相关市场是指与交通运输基本市场相互影响、相互作用、相互依存而不能单独存在的市场,它可以分为直接相关市场和间接相关市场。其中,直接相关市场包括交通运输车辆租赁市场、租船市场、包车(机、船)市场、运输信息服务市场、装卸搬运市场、货物储存保管市场等;间接相关市场包括交通运输设施建筑市场、交通运输设备买卖市场、交通运输设备维修市场等。

2)按运输对象划分

按运输对象划分,交通运输市场可以分为客运市场和货运市场。

客运市场是以旅客运输为服务对象,直接向旅客提供运输劳务的市场,按市场范围可分为城市间和城乡客运市场、城市客运市场、旅游客运市场、国际客运市场等,按经营组织方式可分为班车(机、轮)客运市场、包车(船、机)客运市场、城乡公交客运市场等。货运市场是以货物运输为服务对象,直接向货主提供运输劳务的市场,按货物品类不同可分为液体(油、气)货运市场、散装货运市场、件杂货运市场和特种货运市场等,按经营组织方式不同可分为整车货运市场、零担货运市场、集装箱货运市场、快件货运市场等。

3)按运输范围和区域划分

按运输范围和区域划分,交通运输市场可以分为地方性运输市场、国内运输市场和国际运输市场。

不同运输方式,由于运输经济运距的限制,其运行范围也受到影响,如航运市场由远洋运输市场、近洋运输市场、沿海运输市场和内河运输市场等组成。汽车货物运输也可以划分为省(自治区、直辖市)内运输市场、大区(如东北、华北、西北等)运输市场、国内运输市场和出入境口岸运输市场等。

4)按市场竞争态势和程度划分

按市场竞争态势和程度划分,交通运输市场可以分为完全竞争的运输市场、不完全竞争的运输市场、寡头垄断的运输市场和完全垄断的运输市场四大类。

完全竞争的运输市场又称为纯粹竞争市场,指交通运输市场上有为数众多的运输企业(或运输代理人),他们各自的运输能力相对于整个市场运输规模都是微不足道的,不能影响市场运价,而只能接受市场运价。不完全竞争的交通运输市场也称为垄断竞争市场,即表现为运输垄断与运输竞争的同时并存性,这类市场是处于完全竞争和寡头垄断之间的一种市场形态,其特征是市场上存在许多运输企业和运输代理人,但他们所提供的运输劳务在属性上有一定的差异,运输劳务的替代性在不同运输方式之间、不同运输企业之间降低。寡头垄断的交通运输市场也称为寡头竞争运输市场,是指由少数运输企业或运输代理人控制的市场,其特点是市场上只有极少数运输企业,他们向运输市场提供相同的或具有一定差别的运力,控制着运输市场的绝大部分运量,因而能够垄断整个市场的运价,但这仅有的几家运输企业之间也存在竞争。完全垄断的交通运输市场也称为独占市场,其特征是市场上只存在一定交通运输企业或代理人,该垄断企业能够决定向市场提供的运力大小以及市场运价,并获得超额利润。

5) 按交通运输市场供求状况划分

按交通运输市场供求状况划分,交通运输市场可以划分为交通运输买方市场、交通运输卖方市场和均势市场。

交通运输买方市场也称客方市场或货方市场,在这种交通运输市场上,交通运输供给大于交通运输需求,交通运输供给方竞争激烈,竞争主要通过价格竞争和非价格竞争,其中非价格竞争以质量竞争为核心,所以,交通运输供给方竞争的结果使交通运输需求方受益。交通运输卖方市场也称车(船)方市场或运方市场,这种市场呈供小于求状态,交通运输需求方竞争激烈。均势市场则是交通运输供给与交通运输需求平衡状况下的交通运输市场,但在实际的运输市中,这种均势状态比较难实现,只可能在局部地区或短时间内出现。

第二节 交通运输需求及基本特征

一、交通运输需求的基本概念

1. 交通运输需求的含义

交通运输需求是指针对某种交通运输服务,在一定的时间内,对于每一种可能的价格,消费者愿意购买并能够支付的位移服务数量。交通运输需求必须要满足两个条件,即具有实现位移的愿望和具备支付的能力,缺少任一条件都不能构成现实的交通运输需求。

交通运输需求包括以下6个要素。

(1) 对象,即运输的货种及旅客的类型。

(2) 流量,即交通运输需求数量,指交通运输需求的规模大小和数量的多少。通常流量有两个指标来表示:一个是交通运输量,以货物运输量(简称"货运量",t)、旅客运输量(简称为"客运量",人/人次)或车流量(车/车次)来表示;另一个是交通运输周转量,定义为交通运输量与相应的运输距离的乘积,以货物运输周转量(简称"货物周转量",t·km)、旅客运输周转量(简称"旅客周转量",人·km)、车辆周转量(车·km)来表示。

(3) 流向,即货物、旅客或运载工具空间位移的地理走向,表明客货流的产生地和消费地。

(4) 流程,即运输距离,指货物或旅客进行空间位移的起始地与到达地之间的距离。

(5) 流速,即货物或旅客的送达速度,是指单位时间内平均的位移距离。

(6) 运价,即运输单位质量或体积的货物和运送每位旅客所需承担的运输费用。交通运输需求指在一定价格条件下的运输需要,运价自然应该是它的一个要素。

2. 交通运输需求的产生

交通运输需求由旅客运输需求和货物运输需求所产生。

旅客运输需求一般可分为两类,生产性旅行需求和消费性旅行需求。生产性旅行需求是与人类生产、交换、分配等活动有关的需求,是生产活动在运输领域的继续,其运输费用进入产品或劳务成本;消费性旅行需求包括非生产性旅行的各种交通运输需求,其运输费用一般由个人支付。

货物运输需求产生的来源有以下三方面的原因。一是自然资源地区分布不均衡。生产力布局与资源产地相分离。自然资源地区分布不均衡是自然现象,生产力布局不可能完全与资源产地相配合,这就必然产生交通运输需求。二是生产力布局与消费群体的空间分离。由于自然地理环境和社会经济基础的差异,各地区经济发展水平和产业结构的差异,决定了生产性消费分布的存在。随着生产社会化、专业化的发展,生产与消费在空间上日益分离,也必然产生交通运输需求。三是地区间商品品种、质量、性能、价格上的差异。国家、地区之间的自然资源、技术水平、产业优势等差异,造成各自产品的质量、品种、价格等均存在差别,由此必然引起货物在各国、各地区的流动,产生交通运输需求。

二、交通运输需求的基本特征

交通运输需求与其他产品需求相比,具有的特殊性表现为以下7个方面。

1. 非物质性和无形性

人们对产品的需求一般都是有形的物质需求,需求的满足主要通过物质产品本身的效用实现而获得的。而交通运输需求是一种非物质性的位移服务需求,消费者支付货币后,实际消费的并非物质产品,而是非物质性服务,也称无形产品。由于服务不具有物质形态,因此服务不能被存储和保管,服务的生产和消费只能同时发生,服务产品的无形性和不可储存性使服务功能和能力具有易逝性。

2. 广泛性

现代人类社会生活的各个方面、各个环节都离不开人和物的空间位移,交通运输需求产生于人类生活和社会生产的各个角落,这种位移的一部分由私人或企业自行完成,不形成交通运输需求,而大部分需求由公共运输业完成。运输业作为一个特殊的物质生产部门,是任何经济社会活动赖以存在的基础,因此,与其他产品和服务的需求相比,交通运输需求广泛地存在于人类的各种活动之中,是一种带有普遍性的需求。

3. 多样性

人类活动的目的形式是多种多样的,所产生的作用、关系也是丰富多彩的,由此产生的交通运输需求在方向、范围、强度和质量上也是各不相同的,交通运输需求具有多样性的特点。在货运需求中,不同的货物对应着不同的交通运输需求,如普通货物运输需求、特种货物运输需求。同样在特种货物中,因存在易腐货物、危险货物等,也有不同的货运需求。所有货物也因有固体、液体和气体之分而形成不同的货运需求。在旅客运输需求中,由于旅客的出行目的、年龄、收入水平、职业等不同而形成不同的客运需求,如旅游运输需求、学生运输需求、通勤运输需求等。

4. 派生性

在人们的实际需求中,存在包括交通运输需求在内的各种各样的需求。这些需求可分为两大类,一是直接性需求,即本源性需求;另一类是间接性需求,即派生性需求。在经济生活中,如果消费需求的满足主要通过产品或服务本身的效用实现而获得,这种需求称为是本源性需求,如果对一个产品或者服务的需求是由另一种或几种需求所衍生出来的,那么对该种需求称为是派生性需求。交通运输需求被认为是一种派生出来的需求,是由社会经济中的其他活动所引出的一种需求。因为货主或旅客提出位移要求的目的并不是位移本身,而是为实现生产或生活,完成空间位移只是其为实现真正目的的一个必不可少的环节。

5. 空间矢量性

交通运输需求是对货物、旅客或者交通工具进行空间位移的要求,这种位移是运输消费者指定的两点之间带有方向性的位移,并且不同的方向上需求数量是不同的,此为交通运输需求的空间矢量性。比如,农产品产地在农村,而市场在城市,这就决定了农产品的交通运输需求是从农村到城市。对于货物运输来说,交通运输需求在方向上往往是不平衡的,如通往林区、采矿场及煤矿的线路上,一般是进货少、出货多,或者空车去、重车回,形成单边运输。对于城市内的交通出行需求,往往在上班时,从居住地到工作地的交通需求非常大,经常会出行交通拥挤的现象,而相反的方向,从工作地到居住地的交通出行需求比较少,会出行道路资源的空闲,故常称为交通运输的"潮汐"现象。交通运输需求这种空间上的矢量性或者不均衡性,使得交通运输供给为了满足重载或高峰方向的需求需要配备较大的能力,而由于运载工具必须在双方向间均衡使用,因此会造成供给能力的浪费。

6. 时间特定性

交通运输需求在时间上也有一定的要求,位移服务需要在一定时间内完成,不同时间段内的需求数量大小也有显著区别,这就是交通运输需求的时间特定性。交通运输需求的时间分布呈现不均衡的状态。在一天之内、一周之内甚至一年之内都是如此,因此,有需求的淡季和旺季之分。从客运需求来看,周末和重要节日前后的客运需求明显高于其他时间;市内交通的高峰期往往是职工上下班的时间。对于货运需求来说,大多数作为货物的商品在生产和消费上都有季节性,有的在生产上是均衡的,消费上却是不均衡的,如化肥、农药等;有的在生产上不均衡,消费上却是均衡的,如粮食、蔬菜;有的生产和消费都不均衡,如水果等。这些交通运输需求在时间上的不平衡引起运输生产在时间上的不平衡,这就反映在运输能力的要求上具有时间特定性。

7. 部分可替代性

特定的运输对象、运载工具以及位移起讫点构成了特定的交通运输需求。一般来说,不同的交通运输需求之间是不能相互替代的,如人与物的位移需求不能相互替代;不同目的地的交通运输需求不能相互替代;不同种类的产品其交通运输需求也不能相互替代。但在某些情况下,却可以对某种不同交通运输需求作出替代性的安排。交通运输需求的部分可替代性可分为两类,一类是外部替代,一类是内部替代。其中,外部替代指某种交通运输需求有时可以由运输以外的方式来替代,这种替代使运输对象、载运工具方式以及位移起讫点均有可能发生变化,比如到外地开会的旅行需求可以通过视频会议的方式替代;从煤炭到城市发电厂的煤炭运输可以通过建立坑口电站,架设长距离输变电线路来替代。内部替代指某种交通运输需求有时可以由另一种交通运输需求来替代,这种替代一般运输对象、位移起讫点不变,由运载工具方式发生变化来给予替代。由于人或货物的交通运输需求是以位移为目的,在一定条件下,不同的运载工具方式可以实现同样的位移功能。如石油的运输可以通过铁路,也可以通过公路和管道运输。由于不同运输方式的技术经济特征不同,在不同的范围内,运输的经济效果不同,因而使运输需求有了一定的划分和替代特性。

三、交通运输需求分析

1. 影响交通运输需求的因素

1) 影响旅客运输需求的因素

(1) 经济发展水平。

旅客运输需求中属于生产性和工作性出行客运需求占有重要地位。从静态看,凡是经济发展水平高的国家、地区,旅客运输需求水平就高;相反,凡是经济发展较落后的国家和地区,客运需求水平就较低。从动态看,经济高速发展的时期,旅客运输需求就增加较快,大量的人员因生产或工作需求而频繁外出;相反,经济处于较低发展时期,人们出行的数量和频率就会相应降低。此外,经济发展水平还通过影响人们的收入水平和消费水平而影响生活性的旅客运输需求。因此,经济发展水平是影响旅客运输需求的一个总量性因素。

(2) 人口数量及城市化程度。

人口数量的变化必然会引起旅客运输需求的变化。旅客运输的对象是人,人口密集的地区,客运需求量就高;人口数量增加时,旅客运输需求也会相应增加。随着城市化进程的加快,小汽车进入家庭的速度也越来越快,必然也会带来旅客运输需求的变化。

(3) 人均收入水平。

在旅客运输需求中,生活性出行客运需求也占有一定地位,特别是在节假日期间更显突出。这些需求虽然会随着人们收入的提高而增加,但最终还要受收入水平的制约。在人们收入既定时,要先将有限的收入支付于生活各个方面的基本需要上,然后再满足高层次的需要。由于旅客旅行需求的变化受制于全体国民的消费水平,而消费水平与经济发展之间又相互关联、互相牵制,即消费水平的高低反映着国民经济的发展程度,而经济发展速度的快慢又直接体现在消费水平的增量变化趋势上。因此,研究旅客运输需求的深层机理,必然涉及消费结构的发展变化规律。

(4) 运价水平。

旅客运价水平的高低,对于生产性旅客来说,运价水平变动所引起的运费支付,也要列入企业的生产成本中,对企业的经济活动效果直接产生影响。对消费性旅客来说,运价水平高低直接影响他们的生活开支。另外,运价水平对个别运输企业的市场占有率来说,影响作用还是很大的。

(5) 经济体制。

在计划经济体制下,国家实行严格的户籍管理和就业制度,人口流量小;而市场经济体制下的人们就业方面有很大的自由,人口流动对旅客运输需求也更大。我国市场经济的发展和收入水平的提高使得人口的流动性大大增加,客运量出现了强劲增长的势头。

2) 影响货物运输需求的因素

(1) 经济发展水平。

货运需求作为派生需求,其大小决定于经济发展的水平。不同国家在不同经济发展阶段的交通运输需求在数量上和质量上有很大差异,一个国家的货物运输需求取决于国家的经济发展水平,取决于物质产品产出的多少。随着经济的发展,物质生产部门的产品数量增多,商品流通范围扩大,都对货运需求产生广泛的影响。

(2) 运输网的布局与运输能力。

运输网的布局和运输能力直接影响对货源的吸引范围和运输需求的适应程度。如国际航空线路的开辟,为鲜活易腐货物的国际交通运输需求提供了质量保证。地处优越的交通地理位置,高质量、高效率的运输网络不仅能满足本地区交通运输需求,而且还可以吸引过境货物、中转货物。中国香港港、新加坡港是名列世界前茅的集装箱大港,其特点是半数以上的集装箱吞吐量来自其他港的中转箱。由此可见,完善、合理的交通运输网络布局,方便、快捷、高质量的运输能力会刺激交通运输需求,而滞后的交通运输网络与交通运输能力会抑制交通运输需求。

(3) 国民经济产业结构和产品结构。

首先,生产不同产品所引起的厂外运量(包括所有原材料、辅料、能源、半成品等的运量)差别很大;其次,不同产品利用某种运输方式的产运系数(或称为运输系数,即产品的运输量与其总产量的比值)是不同的,例如,煤炭和基础原材料工业对铁路的依赖性比较大,其他产品则可能更多地利用别的运输方式;最后,不同的产业构成在交通运输需求的量与质上要求不同。如果用单位国内生产总值(Gross Domestic Product,GDP)所产生的货物周转量来表示货运强度,则重工业的货运强度大于轻工业,轻工业的货物运输强度又大于服务业,一些新兴产业运输需求数量较小,但质量要求高。随着产业结构层次的提高,货运强度会逐步下降。

(4) 运价水平。

运价水平的变动对货物需求的变动有着直接的影响。运价影响货物需求的关键在于运价水平的高低意味着货主所支付的运费水平的高低,而运费作为其产品生产成本的一部分并影响其产品成本的高低,继而影响其产品的售价与盈利及市场竞争能力。同时,运价水平通过影响产品市场范围的扩大或缩小,也影响着货运需求的扩大与缩小。

2. 交通运输需求函数

交通运输需求函数是表征交通运输需求量与影响因素间的数量关系,它反映了交通运输需求的增长变化受到各种因素的影响程度。所谓交通运输需求量,是指在特定的时间、空间和特定的条件下,运输消费者愿意购买交通运输服务的数量。

交通运输需求函数抽象的表达式为:

$$Q = f(L, P, A, N, \cdots) \tag{2-1}$$

式中:Q——运输需求量;

L——经济发展水平;

P——运输服务价格;

A——资源分布或生产力布局;

N——人口数量。

式(2-1)是交通运输需求量的一般表达式,并没有表示交通运输需求量同各影响因素之间的具体函数关系。实践中可确定自变量 L、P、A、N 等与函数 Q 的具体数量关系,以获得实际可应用的交通运输需求函数。

3. 交通运输需求曲线

交通运输需求曲线是假定除运输服务价格以外的其他因素均保持不变的条件下,交通运输需求与价格的关系曲线,如图 2-2 所示。图中,横轴表示需求量 Q,纵轴表示运价 P,D 表示交通运输需求曲线。需求曲线是不同条件组合下反映需求与价格关系的一组曲线,一种条件组合对应其中一条需求曲线。一般而言,当某一条件组合中的运价上涨时,交通运输需求量将减少,反之则增加。

而交通运输需求与交通运输需求量是两个不同的概念。交通运输需求表示交通运输需求量与运价之间的对应关系的总和,给定这样一个对应关系,可描绘出一条交通运输需求曲线。交通运输需求量则表示在一确定的运价水平上,消费者愿意购买的运输服务的确定数量,它对应于需求曲线上的一点。当非价格因素不变时,由不同运价水平下相应的需求量构成一条曲线表示一种运输需求,在这条交通运输需求曲线上,不同点的运价是不同的,而非价格因素是相同的。但是,当非价格因素发生变化时,交通运输需求曲线将产生位移,这种由非价格因素变化引起的曲线的移动就是交通运输需求的变动;交通运输需求量的变动则是一定函数关系下,价格 P 引起的交通运输需求量 Q 的变化(图 2-3)。

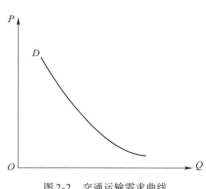

图 2-2 交通运输需求曲线

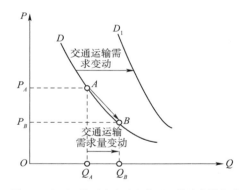

图 2-3 交通运输需求变动和交通运输需求量变动

4. 交通运输需求弹性

交通运输需求弹性是指运输需求量变化的百分率与影响运输需求因素变化百分率的比值,表示为:

$$E_d = \frac{\Delta Q/Q}{\Delta P/P} = \frac{\Delta Q}{\Delta P} \cdot \frac{P}{Q} \tag{2-2}$$

式中:E_d——交通运输需求的弹性;

ΔQ——交通运输需求量变化值;

Q——交通运输需求量;

ΔP——运价的变化值;

P——运价。

交通运输需求弹性的大小,一般分为三种情况:第一,交通运输需求弹性较大,即交通运输需求弹性系数 E_d 大于1,它意味着运价的一定幅度的上升或下降,都会引起交通运输需求以更大的幅度下降或上升;第二,交通运输需求弹性较小,即交通运输需求弹性系数 E_d 小于1,它意味着运价一定幅度的上升或下降,都会引起交通运输需求以较小幅度下降或上升;第三,交通运输需求弹性恒定,即交通运输需求弹性系数 E_d 等于1,它意味着无论运价是上升还是下降,都不会引起交通运输需求明显的下降或上升,基本保持不变。

5. 交通运输出行链

出行链是指人们为完成一项或多项活动(多目的出行),在一定时间顺序排列的出行目的所组成的往返行程,包含了大量的时间、空间、方式和活动类型信息。它以"链"的形式将交通系统的时间维、空间维、方式维和活动类型连接在一起,将交通运输系统变成一个有机的整体。从交通运输规划的角度讲,真正意义上的交通运输出行链结构应该是在物理结构的基础上,增加时间、空间分布和出行方式特征,如起讫点(OD)分布、出发时间、行程时间、活动持续时间、返程时间、往返使用的载运工具等。

如出行者在选择出行目的时,出行方式的选择是同步进行的,而不是传统意义上的四阶段的顺序;时间和空间对出行具有约束性,一个出行链过程中,前一次出行方式的选择对后一次运输方式的选择具有很大的影响。例如,城际旅客出行链如图2-4所示。

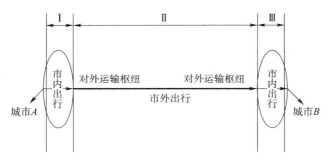

图 2-4 城际旅客出行链示意图

从图2-4可以看出,其出行链可以分为以下三个阶段。

第一阶段:从 A 城市起点出发,经过市内运输到达市内运输枢纽点,此阶段为市内出行;反向亦如此。

第二阶段:从城市 A 的对外运输枢纽,经过区域内的运输通道到达城市 B 的对外运输枢纽;反向亦如此。

第三阶段:从 B 城市的对外运输枢纽,通过 B 城市的市内运输方式,经过城市的街、巷或者道路,达到最终的目的地;反向亦如此。

通常,市内出行的距离相对较短,经常采用的运输方式有步行、自行车、常规公交、地铁、出租汽车、私家车等。区域内旅客城际间的出行是指从出发地点城市 A 的对外运输枢纽,经过运输通道达到目的地城市 B 的对外运输枢纽,出行距离相对较长,常用的出行方式有:轨道交通(高速铁路、轻轨、普通火车)、公路(高速公路、普通公路)、水路、航空等。城际旅客出行链结构如图2-5所示。

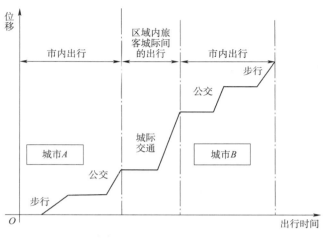

图 2-5 城际旅客出行链结构图

第三节 交通运输供给及基本特征

一、交通运输供给的概念

交通运输供给是指针对某种交通运输服务,在一定时间内,对于每一种可能的价格,交通运输供应商愿意并能够提供的位移服务数量。

交通运输供给在市场经济中的实现必须同时具备两个相互关联的条件:一是交通运输供应商有提供运输服务的愿望;二是交通运输供应商有提供某种运输服务的能力。这两者是缺一不可的。

交通运输供给能力由基础设施和运载工具两个部分构成,两者密切配合,共同形成交通运输供给系统能力。铁路、公路、航道、管道等运输路线及车站、港口、机场等运输枢纽构成了交通运输基础设施,是运载设备运行的载体;铁路机车车辆、汽车、船舶、飞机等属于可移动的运载工具,交通运输基础设施和运载工具共同构成了运输的生产能力。虽然在运输管理体制上,交通基础设施和运载设备的管理可能分离,但是在运输生产能力的形成上,两者是紧密结合、缺一不可的。

二、交通运输供给的特征

交通运输供给作为一种服务供给,具有以下特征。

1. 整体性

交通运输供给的整体性主要表现在两个方面:一是交通运输基础设施与运载工具能力相互匹配,形成不可分割的整体,才能提供交通运输供给,任何单方面的基础设施或运载工具均无法提供有效的交通运输供给;二是交通运输基础设施具有整体性。交通运输基础设施可以区分为交通运输线路和线路上的车站、机场、港口等设施。基础设施的建设应该统一规划、统一设计、相互配套,共同形成生产能力。如果设计和规划时没有整体观念,就会造成在一些地区或线路上的能力紧张,成为运输供给的"瓶颈",从而影响整个网络的供给能力。同时,在使用交通运载工具完成交通供给的过程中,各交通运载工具应保持一定的速度衔接,且在优化调整过程中,应保证不影响其他交通运载工具的运行效率,并将优化调整的速度信号传给下一个运载工具,形成一个链条结构,即为速度链。速度链的应用,将运载工具形成闭环网络,保证运载工具可以高效、安全运行。

2. 不平衡性

交通运输供给的不平衡性是根据交通运输需求的波动性,适时加以调整而出现的供给不均匀性,既表现在时间上,也表现在空间上。在时间上,交通运输需求的季节性不平衡,会导致运转供给出现高峰与低谷供给量的悬殊变化;在空间上,由于经济和贸易发展的不平衡性以及各地产业的不同特点,交通运输供给在不同国家(地区)之间也呈现出一定的不平衡性。交通运输供给的不平衡性还表现在运输方向上,如矿区对外运矿(如煤)的运力需求要远大于其他生产及生活资料的内向运输,加上有些运输需求对运输工具的特殊要求等,导致回程运力浪费。为实现供需时空结合,企业要经常付出空载行驶的代价等,这种由于供给与需求之间在时间空间上的差异性所造成的生产与消费的差异性,使运输供给必须承担运力损失、空载行驶等经济上的风险。所以,交通运输活动的经济效果取决于供需在时间与空间的科学匹配上,这就要求交通运输企业掌握市场信息,做好生产的组织与调整,运用科学管理方法提高经营管理水平。

3. 部分可替代性

现代交通运输市场中有铁路、公路、水路、航空、管道多种运输方式及多个运输供给者存在,有时几种运输方式或多个运输供给者都能完成同一运输对象的空间位移,于是,这些运输供给之间存在一定程度的可替代性,这种可替代性构成了运输方式之间竞争的基础。当然,由于运输产品具有时间上的规定性和空间上的方向性,因此,不同运输供给方式的替代性受到限制。旅客和货物位移是具体的,只有相同的旅客和货物在相同起、终点的运输才是相同的运输产品,相同的运输产品可以由不同的运输方式或者不同的运输企业提供,并行的几种交通运输工具可以提供相同但质量上(比如运输速度、方便与舒适程度等)有差别的运输产品。在具体的运输市场上,不同的运输生产者之间的竞争,不仅发生在不同企业之间,也发生在不同的运输方式之间,可以互相替代的交通运输工具共同组成交通运输市场上的供给方,它们之间存在着合作竞争的关系。

三、交通运输供给分析

1. 影响交通运输供给的因素

1)经济因素

国家或地区的经济状况是交通运输供给发展的基本条件,也是影响交通运输供给的决定因素。经济发展一方面导致更大的运输需求,从而拉动交通运输供给的提高;另一方面,运输基础设施和运输设备都需要大量的资金,经济状况影响着交通运输供给的增加。

2)政策因素

交通运输是国民经济中具有基础性、先导性、战略性的产业,是重要的服务性行业和现代化经济体系的重要组成部分。运输政策是政府为发展运输而制定的准则,也是影响交通运输供给的重要政治因素。运输政策的制定要从经济、政治、军事以及国际社会等许多方面考虑。不同国情的国家在各自发展的不同时期,都制定出不同的运输政策,如在航空运输发展初期,许多国家政府都实行保护和扶持政策,以加速航空业的发展。有时,为了抑制某种交通运输供给的过快增长,政府采取一定的限制措施,如近年来某些城市出租汽车的运输供给极速增长,导致城市交通拥挤日益严重,地方政府相应采取一定措施抑制这种过快的供给增长,防止道路阻塞情况进一步恶化。

3) 技术因素

科学技术是推动社会发展的第一生产力,也是影响交通运输供给的重要因素。随着科技的发展,人类的交通运输工具总是在不断地发展。从马车到汽车,从蒸汽机到磁浮列车,科技使运输生产效率和运输供给能力不断提高。例如,从蒸汽机发明引起的第一次科学技术革命使运输业进入了机器运输时代;第二次科学技术革命产生了内燃机火车和轮船,之后出现了燃油汽车、飞机等现代运输工具;计算机和通信技术的发展使铁路运输实现了信号技术电子化、列车和编组站实现了自动控制,轮船、汽车、飞机实现了卫星导航和自动驾驶,这样交通运输企业就能够为需求者提供更快、更好的服务。可见,新型交通运输工具的出现、运输工具性能的重大改进,无一不与科技进步密切相关。同时,科学技术对于提高交通运输生产效率、降低运输成本、提高交通运输服务质量和生产的组织管理水平等也起着重要作用。

4) 市场价格因素

市场价格因素的影响体现在交通运输服务价格、交通运输服务成本等方面。交通运输产品的价格是影响运输供给的重要因素,在其他因素不变的情况下,运输成本是影响运价的最主要因素。引起运输成本变动的因素很多,主要是生产要素价格和生产技术状况。生产要素价格上涨,必然导致运输成本的增加,可能使交通运输供给减少;生产技术的进步则意味着运输能力的提高或运输成本的降低,其结果是能够在原运价水平下,增加交通运输供给量。运输的相关市场如交通运输工具的制造市场、交通运输工具的买卖市场等,其价格也将影响投放到运输市场上的供给能力。

2. 交通运输供给函数

交通运输供给通常用供给量来描述。交通运输供给量是指在一定时间、空间和一定的条件下,运输生产者愿意且能够提供的交通运输服务数量。交通运输供给量可表示为影响它的诸多因素的函数,即:

$$Q_S = Q_S(P, X_1, \cdots, X_n) \tag{2-3}$$

式中:Q_S——交通运输供给量;

P——交通运输服务价格;

$X_1, \cdots, X_n$——除运价以外的其他影响因素。

实际工作中,可通过对具体问题的分析和数据处理确定出具体的表达式。

3. 交通运输供给曲线

在影响供给量的诸多因素中,运输价格是最灵敏、最重要的因素。交通运输供给曲线就是假定其他因素不变,反映供应量同价格之间关系的曲线(图2-6)。一般情况下,Q_S 与 P 同方向变化,即供给量随运价上涨而增加,随运价下跌而减少,这是交通运输供给的一般规律。

同交通运输需求的变动与交通运输需求量的变动相类似,交通运输供给与交通运输供给量的变动也是两个不同的概念。交通运输供给表示在不同价格水平下,交通运输生产者愿意且能够提供的交通运输服务的数量,它表示的是供给量同运价之间的一种对应关系,一个特定的交通运输供给对应于一条供给曲线。而交通运输供给量则表示在一确定价格水平上,交通运输生产者提供的运输服务数量,它对应于供给曲线上一点。交通运输供给量的变动就是当非价格因素不变时,交通运输供给量随运价变化而沿供给能力曲线移动,每一运价水平对应一个相应的供给量;交通运输供给的变动是非价格因素变化时导致的供给曲线的位移,如果供给发生了变动,即使价格不变,运输供给量也会发生变化。

如图2-7所示,当运价从P_A升到P_B时,供给量从Q_A升高到Q_B,这是供给量的变动,当非价格因素发生变化,导致交通运输供给能力曲线由S变为S_1,此为交通运输供给能力的变动。

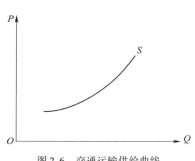

图2-6 交通运输供给曲线

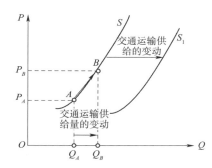

图2-7 交通运输供给的变动和交通运输供给量的变动

4. 交通运输供给价格弹性

交通运输供给的价格弹性是指在其他条件不变的情况下,运价变动所引起的供给量变动的灵敏程度,表示为:

$$E_S = \frac{\Delta Q_S / Q_S}{\Delta P / P} = \frac{\Delta Q_S}{\Delta P} \cdot \frac{P}{Q_S} \tag{2-4}$$

式中:E_S——交通运输供给的价格弹性;

ΔQ_S——交通运输供给量的变化值;

ΔP——交通运输服务价格的变化值。

由于运价同交通运输供给量同方向变动,所以,供给弹性值一般为正值。这样,供给量对运价变化的反应可以用供给弹性值的大小衡量,类似需求弹性。

当$E_S > 1$时,交通运输具有供给价格弹性,也称供给弹性大;

当$E_S < 1$时,交通运输缺乏供给价格弹性,也称供给弹性小;

当$E_S = 1$时,交通运输具有单位供给价格弹性。

图2-8为交通运输供给的价格弹性示意图,其中$S1$曲线表示弹性小供给,$S2$曲线表示弹性大供给。

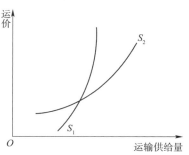

图2-8 运输供给弹性与运价关系图

交通运输供给弹性的大小主要受运输设施的投资、剩余运力、运输市场情况及运输服务即时性等因素影响。为扩大运输供给能力而投入的运输设施建造费用越大,运输供给能力的扩大也越困难。在各种运输方式中,汽车运输的原始投资相对比较小,容易扩大运输供给能力。此外,也有租借形式增加运输工具的,如租借汽车、轮船及飞机等。因此,原始投资越少,运输供给弹性越好。另外,剩余运力越大,供给弹性就越大。但是,在运输需要波动性大的情况下增加运力,存在运输经济效果下降的风险。运输市场的需求主要涉及运输工具装载量的利用程度。运输市场境况越好,表明运输需要量大,运输工具经常满载运行而使其装载容量无剩余或较少剩余,因而供给弹性减少,但运输供给的经济性增加。运输服务即时性影响主要表现在即时产品不能储存、转移,因而与有形产品生产相比,运输供给弹性较小。

四、交通运输供给速度链

交通运输各种运输方式均是通过其运载工具运送旅客或者货物,不同的运载工具因其固有的技术特点和约束都有其适用的速度范围。以旅客运输为例,就存在一个速度链的概念,这种概念将各种交通运输方式的最优速度范围以链的形式连贯起来,传统认为公路运输的最优速度为 50~100km/h,铁路运输为 100~300km/h,航空运输则为 500~1000km/h,并对速度链中的两个空白段(0~50km/h 和 300~500km/h)设想以新型的运载工具填补这个供给,如设想以小型轨道运载工具填补 0~50km/h 的低速空白段,以磁浮列车填补 300~500km/h 的高速空白段。当然随着运载工具的技术进步,这种速度之间的互相交叉渗透也会不断出现,在其最优速度供给临界范围附近就存在服务竞争的现象,这为旅客选择运输服务方式提供了便利。

类似"速度链"的,还有所谓的各种运输方式服务范围的二维图,在图上不但可以看出各种运载工具的最优供给速度,还可以看出其服务的距离和适应的旅行时间范围。由于人们对交通运输的速度要求不但在不同的距离条件下是不同的,而且在相同的距离条件下也有着不同层次的要求,因此在进行运输供给提供时还应考虑不同发展阶段、不同旅客的运输需求。

第四节 交通运输服务及其特征

一、交通运输服务的定义及分类

1. 交通运输服务的定义

提供服务是产品整体的组成部分之一。服务是一个具有广泛内容的概念,从 20 世纪 50~60 年代开始,市场营销学界就从不同的角度对服务给出了许多定义。例如美国市场营销学会(AMA)服务的定义为:"可被区分界定,主要为不可感知的,却可使欲望得到满足的活动,而这种活动并不需要与其他产品或服务的出售联系在一起。生产服务时可能会或不会需要利用实物,而且即使需要借助某些实物协助生产服务,这些实物的所有权将不涉及转移的问题。"北欧最有影响的服务市场营销学者格鲁诺斯教授为服务下的定义是:"服务是指从无形的方式,在顾客与服务职员有形资源产品或服务系统之间发生的,可以解决顾客问题的一种或一系列行为。"而美国著名营销专家菲力普·科特勒却认为："服务是一方能够向另一方提供的基本上是无形的任何功能或利益，并且不导致任何所有权的产生。它的生产可能与某种有形产品密切联系在一起，也可能毫无联系。"

以上对于服务的定义，从不同的侧面揭示出服务的一些共同特点，如不可感知，有时和有形商品一起用于交换等。

而从产品与服务的关系入手考察服务，可以得到对服务更加清晰的认识。菲力普·科特勒认为，企业对市场的供应通常包含某些服务在内的产品。这种服务成分可能是全部供应的较小部分，也可能是全部供应的较大部分。事实上，供应可能从纯商品直到纯服务，其间的范围极广。菲力普·科特勒区分了从单纯商品到单纯服务的四种类型。

(1) 纯有形商品。此类供应主要是有形物品，如肥皂、牙膏或盐等没有服务伴随的商品。

(2) 伴随服务的有形商品。此类供应包括由伴随着目的在于提高对顾客的吸引力的一种或多种服务的物品，如汽车生产商出售汽车包含保单、维修和保养说明在内。

(3) 主要服务伴随小物品。此类供应由一项主要服务和某些附加的服务与(或)辅助产品一起所组成。

(4) 纯服务。此类供应主要是提供服务，如维修服务和咨询服务等。

运输企业向市场的供应更接近于第三种类型，运输企业提供的核心产品是旅客和货物的位移，它满足顾客的主要需求。除此之外，运输企业还提供一些辅助服务，如提供信息咨询，为货主代办托运手续以及各种延伸服务等，它满足顾客的非主要需求。运输企业向顾客提供的辅助服务，是与运输核心产品相伴随的服务，是运输企业在销售旅客和货物的位移产品过程中为了更好地发挥位移产品的功效和提高对顾客的吸引力而提供的各项服务的总和。

2. 运输服务的分类

1) 按服务时间与销售时间的关系分类

按服务时间与销售时间的关系，运输服务可分为售前服务、售中服务和售后服务。

售前服务是指在销售产品之前为旅客和货主提供的服务，如运输企业为旅客和货主提供信息咨询等。售前服务是帮助潜在顾客认识自身需要，唤起需要，激发兴趣，产生购买欲望的重要步骤；售中服务是指在销售产品过程中为顾客提供的服务，如帮助货主办理托运手续、引导货主选择货运产品等，其与顾客的实际购买行动相伴，是促进商品成交的重要环节；售后服务是指在商品售出之后为顾客提供的服务，如货物到达后为货主送货，处理运输纠纷、货物损失后的理赔等。售后服务可以使旅客、货主放心地购买和使用运输企业提供的运输产品，免除后顾之忧，获得全面满足，成为企业稳定的顾客群体并带动他人的购买。

2) 按服务与产品技术的关系分类

按服务与产品技术的关系，运输服务可分为技术性服务和非技术性服务。

技术性服务指提供与运输产品技术和效用直接有关的服务，如在危险货物、阔大货物等特种货物运输中提供技术鉴定、包装指导、装卸方法设计等服务，技术性服务往往需要由专业技术人员提供；非技术性服务指提供与运输产品技术和效用无直接关系的服务，如一般货物的仓储、包装，车站提供的饮料、食品等。

3) 按服务与所需设备条件的关系分类

按服务与所需设备条件的关系，运输服务可分为以人为基础的服务和以设备为基础的服务。

以人为基础的服务指提供服务不需要复杂或笨重的设备条件,服务人员运用知识语言或简单的工具即可进行,例如车站客运人员对旅客上车的引导,托运货物过程中的简单包装等,这种服务一般不受时间和地点的限制;以设备为基础的服务指提供服务需要依靠较为复杂或笨重的设备,提供这种服务受时间和地点的限制较多。

4)按销售服务对象分类

按销售服务对象,运输服务可分为个人服务和企业服务。

个人服务指为零散的旅客和货主提供的服务。这些零散的旅客和货主并非经常购买运输产品,对运输企业的产品种类、规章制度、手续程序等均不熟悉,因此,运输企业为个人提供的信息咨询、说明示范等方面的服务就要相应的多些;企业服务指为各行各业的工商企业提供的服务。为工矿企业、旅行社提供的服务,其内容与要求不同于个人服务。因此,为工商企业提供的服务必须及时和准确,不影响企业生产和销售活动的正常进行,以便与企业保持长期稳定的合作关系。

5)按服务地点分类

按服务地点,运输服务可分为固定服务、巡回服务和网络服务。

固定服务指运输企业根据产品的销售分布情况,在产品销售比较集中的地区,设立固定的销售服务网点,在当地开展服务工作,如运输企业在城市和沿线设立的车站、客票代售点、货运代办点等。固定服务的网点一般在人口密集、交通便利的地区,可以为尽可能多的顾客提供服务,但是距离服务网点远的地区的顾客难以享受到定点服务。巡回服务指服务人员按照顾客的分布区域巡回开展服务,如在农产品丰收季节,运输企业到田间果树鱼塘集中区域去巡回办理外运业务等。巡回服务可以集中地为更多的顾客提供服务和上门服务,扩大运输产品的销售市场。网络服务指服务人员利用互联网为顾客提供的网上交易服务,如铁路、航空网上购票服务,出租汽车App预约服务等。网络服务克服了服务地点和顾客之间的距离障碍,交易地点广泛,交易费用低,交易速度快。

6)按服务是否收费分类

按服务是否收费,运输服务可分为免费服务和收费服务。

免费服务指在一定时期内免费为顾客提供某些服务,如一些城市公交车对于老年人在非高峰阶段的免费服务、公交车上网络服务、飞机上餐饮服务等。随着市场竞争的加剧,免费服务项目有越来越多的趋势。免费服务能够赢得顾客满意,提高企业竞争能力。但是免费服务项目过多则将增加经营成本,减少利润。收费服务指收费为顾客提供某些服务。随着人民生活水平的提高,对产品服务的要求越来越多,全部免费服务,可能使运输企业难以承受,因而可采取收费服务的办法。例如,铁路运输服务企业为旅客在旅途中提供的餐饮就是收费服务。

二、运输服务的基本特征

1. 运输服务的公共性

运输服务的公共性是指运输服务在广泛的社会范围内与广大群众均有利害关系的特性。运输服务的公共性主要表现在以下两个方面。一是在旅客运输服务需求范围上。在现代社会生活中,人们不可能在同一地点得到工作、生活及教育等各方面的需要,因而产生"出行"。也就是说，人们要经常产生出门活动的需要。当"出行"距离超过一定步行的范围时，就需要乘用交通工具。二是货物运输服务需求范围"物"的生产过程中所发生的原材料、半成品、成品、加工设备及辅助用品的运输，需要者（单位）非常广泛。与此同时，上述产品进入流通领域，特别是人民生活必需的消费品在流通过程中的运输，几乎与每个家庭甚至每个居民的生活都密切相关。总之，无论是人的出行，还是物质的移动，都是在整个社会范围内普遍发生的运输需要，因而，运输服务对整个社会的经济发展和人民生活水平的提高均有着广泛的影响，从而表现出运输服务的公共性特征。

2. 运输产品的特殊性

运输产品与工农业产品相比，其特殊性体现在以下三个方面。一是运输产品是无形产品，也称为服务性生产。在广义的生产概念中，劳动对象发生空间位置与时间位置的变化的生产形式是无形产品。例如，运输生产并没有给人或者物以质和形态的变化，只是使它们在保持原样的情况下，进行空间场所的移动使之具有移动价值。运输生产为社会提供的效用不是实物形态的产品，而是一种服务。二是运输产品是即时产品。即时产品是指它只能在其生产与消费过程中即时存在的产品运输生产活动，就是将运输服务提供给有运输需要的用户。运输生产必须在用户需要时即时进行生产，又必须在生产的同时有用户即时消费，因此，运输产品的生产过程与消费过程是不可分割的，它们在时间上和空间上相重合。这就要求运输生产过程必须保证质量，保证运输对象移动迅速和完整无损，一旦运输产品不合格将无法挽回损失，因此，运输生产必须保证一次成功。三是运输产品以复合指标为主要计算单位运输企业的生产，是通过提供运输工具来实现人或物的移动，因而，运输产品的产生，同时体现了运输对象的数量和其被移动距离的数量。所以，一般运输产品是以两者的乘积来计量，即以复合指标"人·km"或"t·km"来表示，这也是运输产品在计价形式上的特点，不同于工农业产品。

3. 服务的准公费服务性

运输业与其他有形产品的生产一样，运输产品中也凝结着供给者的劳动价值，其产品也具有商品属性，按等价交换的原则，通过市场形式向用户提供有偿的运输服务。由于运输服务又具有公共性特征，为了减轻人民的负担，运输产品的价格不能过高，特别是旅客运输。因此，运输产品不能完全按照市场机制去确定价格。当人民在保持基本生活水准条件下所能负担的运输价格明显低于运输企业根据正常经营所确定的价格时，应由社会公共部门通过费用补贴方式对运输服务价格进行适当下调。这样，既保证了人民生活基本水准，又保证了运输企业及其劳动者的基本利益，有利于国民经济的健康发展，这就是运输服务的准公费服务特性。根据我国实际情况，由国家或地方政府给予财政补贴，以保障运输企业的可持续运营。

三、交通运输服务标准和评价

1. 交通运输服务标准

1）交通运输服务标准的定义

根据《服务标准化工作指南》（GB/T 15624—2011）和《服务标准编写通则》（GB/T 28222—2011）中的定义，服务是"服务提供者与顾客接触过程中所产生的一系列活动的过程及其结果,其结果通常是无形的",服务标准是"规定服务应满足的要求以确保其适用性的标准"。

根据《服务标准制定导则 考虑消费者需求》(GB/T 24620—2022),服务标准制定时需要考虑10个方面要素,其分别是:战略与原则,服务规划与设计,合同,服务环境,与消费者沟通,人员和资源,隐私、安全和数据保护,账单和支付,反馈和投诉,持续改进。交通运输服务标准是交通运输业为提供服务而制定使用的标准,主要包括服务基础标准、服务提供标准、服务提供过程标准、服务评价标准等。其中,服务基础标准是服务过程中需要使用的标准,如术语、符号等标准;服务提供标准是为满足旅客的需要,规范的服务提供条件标准,主要包括企业、服务人员、服务设施设备、信息化、安全与应急等方面的要求;服务提供过程标准是在交通运输过程中,为了提供优质服务所应遵循的作业规范标准;服务评价标准是对服务的有效性、适宜性和顾客满意进行评价,并对达不到预期效果的服务进行改进而制定的标准,主要包括顾客满意度、服务评价与改进等。

2)交通运输服务标准体系构建原则

按照《标准体系构建原则和要求》(GB/T 13016—2018),依据目标明确、全面成套、层次恰当和划分清楚的编制原则,研究制定交通运输服务标准体系,用于指导交通运输相关部门有计划、有步骤地开展相关标准化工作。建立交通运输服务标准体系,需遵循以下四个原则。

(1)协调性原则。

交通行业服务标准体系的制定必须服从于交通运输相关法律法规,确保运输服务标准与法律法规相衔接,为交通运输法律、法规的实施提供技术支撑。

(2)先进性原则。

交通行业服务标准体系的制定必须适应发展现代交通运输业的要求,顺应提升改造传统运输服务和拓展新兴服务领域的需要,促进现代管理技术、信息技术的应用,提高标准体系的先进性。

(3)系统性原则。

交通行业标准体系的制定必须全面体现交通运输服务标准的发展要求,框架合理、层次清晰、内容完整、数量精简,形成标准间相互协调、相互补充的有机整体。

(4)指导性原则。

交通行业服务标准体系的制定必须适应加快发展现代服务业的要求,体现道路交通、水路交通客、货运输服务的特点,重点突出服务质量、服务管理、服务流程等标准,增强对交通运输服务标准化工作的指导、监督、管理。

2. 交通运输服务评价

1)评价指标选取原则

对交通运输业服务能力进行综合评价,首先就要确定评价指标体系,这是进行综合评价的基础。合理的评价指标体系对于评价的结果是否公正客观有着关键的影响,评价指标体系的优劣对评价对象有至关重要的作用。在进行综合评价时,如果评价指标过多,彼此之间的相关性就会太大,评价结果会受到干扰;而评价指标过少,可能会导致所选的指标缺乏足够的代表性,导致评价结果太片面。所以,在构建评价指标时应遵循以下六个原则。

(1) 科学性原则。

交通运输业服务能力的评价涉及整个交通运输系统的技术性能、经济性、社会公益性、环保性等方面,这就要求所选的指标能比较科学、精确、客观地反映整个交通运输系统在这些方面的表现。

(2) 系统性和全面性原则。

交通运输业服务能力评价涉及交通运输系统的各个方面,不但和系统内部的各组成要素有关,同时还有一定的外部性,即关系到环境保护、资源开发、产业发展等交通运输业本身之外的因素。面对这样庞杂的系统,所设置的指标必须有高度的概括性,所选择的指标能够较为系统、准确地反映交通运输系统的某个方面,有较强的代表性。具有足够的代表性的综合或专业指标,才能比较准确地描述、评价系统应当涵盖的各个方面。

(3) 可操作性原则。

所选取的指标必须考虑到量化和获取可靠统计数据的难易程度,不具可操作性的指标就失去了设置的意义。所以,构建的指标必须简单易操作,使用方便。对于统计数据收集困难的指标,应尽量选取其他指标来替代。

(4) 可比性原则。

交通运输业服务能力的发展是具有一定的客观规律的,这就不可避免地要进行纵向历史发展阶段的比较,同时还要与国外发达国家进行横向比较,这就要求必须考虑到在进行纵向和横向比较时,历史统计资料的可得性。在此前提之下,所设置的指标应尽可能采用通用的名称、概念与测度方法,保持一致可比性。

(5) 层次性原则。

指标应根据交通运输系统的结构进行分类,并在此基础上将指标进行层次性分析,只有这样,才会使评价指标体系结构清晰,便于使用,才能为衡量交通运输业服务能力和评价指标赋权提供方便。

(6) 独立性原则。

在设置评价指标时,必须考虑到同一层次内各指标之间的相互独立性。在对指标进行赋权时,如果各指标之间的相关性很大,就会使评价的结果偏重于整个交通运输系统的某一方面,而使评价的结果不够全面,有失客观,造成评价结果的失真。

2) 评价指标选取方法

建立一套层次清晰、关系合理的评价指标体系,对于保证评价结果的客观公正有着极为重要的作用。由于影响交通运输业服务能力的影响因素众多,关系错综复杂,同时对于服务能力的评价标准也是各种各样,所以,评价指标的建立就是一个把影响交通运输业服务能力的影响因素具体化、指标化的过程。

评价指标的建立包括指标选取和确定指标的层次结构两部分。在指标选取上,要注意选取能切实反映交通运输业服务能力的代表性指标,因为影响其服务水平的因素很多,所以要从多角度出发选取评价指标。指标的选取方法有定性和定量两种,定性方法主要是由决策者根据专家学者的主观经验确定的指标;定量方法是通过主成分分析法等方法来选取代表性指标。一般来说,可以先用定性方法选取"全集"的评价指标,再用定量方法选出代表性的主要指标。在确定指标的层次结构上,整体上对指标的层次结构进行分析,将指标聚合成不同的大类,反映评价对象的不同方面的特性,最后,将不同方面的特性再聚合成整个指标的总体特性。层次结构合理的指标可以反映出评价对象各个方面的状况,便于评价的系统优化。

筛选评价指标可以使用数理统计筛选方法和融入专家主观判断的筛选方法。其中,数理统计筛选方法如因子分析法、主成分分析法、条件广义最小方差法、相关系数法等。这些方法在筛选过程中完全根据客观统计数据进行计算筛选,忽视了人的经验认识在这一筛选过程中应当起到的主观作用。除此之外,数理统计筛选方法在作用机理上存在着很大的局限性,如条件广义最小方差法、相关系数法等,虽然能筛选出比较具有代表性和相互关联度比较低的指标,但这些指标并不一定能完整地、全面地反映被评价系统的情况,造成对某一方面的因素的偏重,如主成分分析方法,对最后的分析结果有时无法给出令人信服的内涵解释。而融入专家主观判断的筛选方法,如德尔菲法等,一方面,这种方法融合了专家的专业认知和经验,对于真实反映评价对象有很大的帮助;另一方面,它也大大拓宽了指标的筛选广度,可以有效处理具有模糊性以及不确定性,同时统计数据无法直接评判的主观定性指标。通过主客观相结合,可以在更大的范围内进行指标的筛选,具有更强的可操作性。

3)评价方法选择

用于系统综合评价的方法很多,早期运用的主要有专家咨询法、层次分析法、数据包裹法等。目前,评价多是针对层次结构比较复杂的对象,在进行此种评价时,多采用模糊综合评判法、灰色关联度法、主成分分析法、神经网络算法等。

由于所评价的对象情况不同,复杂程度各有差异,再加上采集数据以及调研难易的程度亦有所区别,所以,针对不同的评价对象,要从易操作性、科学合理的程度等各方面综合权衡各评价方法的优缺点,选择合适的评价方法。常用的多指标评价方法如下。

(1)德尔菲法。德尔菲法即为专家咨询法,在对复杂的系统进行评价时,利用专家的常年积累的经验来对系统进行评价,事先征询有关专家、学者的意见,通过规范化程序,从专家学者的意见中提取较为一致的信息。在使用该种方法时,为了保证评价结果的客观性,同时考虑到评价的工作量,专家学者的人数取20~50人为宜,意见的表达方式为书面,而非碰头讨论,以防各专家的意见彼此相互影响。德尔菲法是对专家的意见进行统计处理、归纳和综合,然后进行多次信息反馈,直至成员信息较为集中,从而作出比较正确的判断。德尔菲法需要的专家数量较多,而且评价结果完全依靠专家们的主观态度,因此,评价结果具有很大的主观性,有相当程度的不可靠性。

(2)灰色关联度法。灰色关联度法是由样本统计资料确定一个最优参考序列,通过计算各样本序列与该最优参考序列的关联度,此关联度即为综合评价分值,然后对综合评价分值进行等级划分,从而得出被评价对象的评价结果。该种方法适用于对"外延明确,内涵不明确"的对象进行评价。灰色关联度的数学方法是非统计方法,在统计资料的搜集存在困难的情况下,更显示它的实用价值。

(3)主成分分析法。当各评价指标间存在较高的相关性时,通过主成分分析法能去除指标间的信息重叠,把较大数量的评价指标综合成为少数几个主成分。该方法要求有较大的样本数量,并且这些样本都必须严格遵循某种特定的分布规律,对于客观数据和统计资料过分依赖。因此,对于众多指标信息缺失严重的交通运输系统服务水平的评价是不适合的。

(4) 层次分析法。层次分析法先按问题的要求建立起一个描述系统功能或者特征的系统递阶层次结构,给出判断标度(或者评价标准),对每一层的影响要素(如目标、准则、方案)进行两两比较,建立判断矩阵。通过判断矩阵特征向量的计算,得出每一层要素的权重,该权重是以上层的某个要素作为标准的。在此基础上,计算出各层要素对于总体目标的综合权重,从而计算出被评价对象的综合评判值。层次分析法的特点是分析思路清晰,可将定性的问题转化为定量化的问题,同时,分析所需要的数据量不多,但要求对问题所包含的要素以及相关关系非常清楚、明确。但该种方法对于专家学者的经验认识的依赖程度较高,具有非常大的主观性。

(5) 模糊综合评价法。在现实生活中存在着许多模糊的概念,并且这种概念是无法通过精确的数值或者边界来界定的,例如人的好坏或者某个学生成绩的好坏。模糊综合评判方法的出现成功解决了这个问题,它利用模糊数学的基本原理来考察只能定性判断的评价对象,利用模糊关系来确定多个因素对某个评价等级的隶属情况,从而得出综合性评价结果的一种方法。模糊综合评价方法可以将一些边界模糊、只能进行定性描述的因素定量化,得到较为准确的评价分析结果。但是该种评价方法需要借助其他方法确定各指标权重。

(6) 神经网络评价方法。在不需要对各指标进行赋权的前提下,可以精确拟合评价体系中各指标的层次隶属关系,并且可以通过大量的训练来确定模型的模拟情况,从而预测今后的发展趋势,再现评价专家的经验和知识。但是构建神经网络模型需要大量的历史数据,进行模拟训练,并且对于历史统计数据的精度要求非常高。

交通运输服务业是由多个子系统组成的整体,对交通运输业服务水平的评价不仅要得出其对应服务水平的高低,还应对系统内部各子系统的服务水平进行评价,以着重建设整个交通运输业系统中较为薄弱的环节,提高整体的交通运输业服务水平。此外,交通运输业服务能力的评价是一个多层次、多目标的问题,在多层次多目标问题的评价过程中,影响服务水平的各因素错综复杂,并且彼此之间是相互联系、相互影响的,更重要的是部分影响交通运输业服务水平的因素是灰色、模糊、难以量化的,其评价受评价者的知识水平、认识能力和个人偏好影响很大,故难以排除许多人为因素带来的偏差。

3. 汽车运输服务质量评价指标

汽车运输服务质量指汽车运输企业的营运工作满足客、货运输需求者运输需要的程度。满足程度越高,表明运输服务质量越高。汽车运输服务需求者对运输服务的需要是多方面的,通常可以概括为安全、迅速、准确、经济、方便和舒适六个方面。

1) 安全性评价

汽车运输安全包括运送对象的安全和车辆运行的安全。前一种安全指从起运地点至运达目的地的全程中,应保证货物完好无损、货物数量无差错及货物质量无变质,或者保证旅客乘车安全,不得发生任何危及旅客人身安全及其财产安全的企业责任事故。后一种安全指运输车辆在运行过程中,应保证有关行人、其他交通车辆及沿线交通设施的安全。根据以上要求,安全性质量评价指标如下。

(1) 事故频率(R_a)。

事故频率包括货运事故频率与客运事故频率,分别针对货物运输和旅客运输评价安全质量。

①货运事故频率(R_{ag}):指统计期内货运质量事故次数(Z_{ag})与企业完成的货物周转量(P)之比,又称货运质量事故频率,即:

$$R_{ag} = \frac{Z_{ag}}{P} \quad (次/百万\ t \cdot km) \tag{2-5}$$

②客运事故频率(R_{ap}):指统计期内发生的企业责任事故次数(Z_{ap})与车辆总行程(L)之比,又称行车责任事故频率,即:

$$R_{ap} = \frac{Z_{ap}}{L} \quad (次/万\ km) \tag{2-6}$$

(2)事故损失率(R_l)。

事故损失率用以评价事故发生的严重程度,常以事故造成的直接经济损失计算。

①货运损失率(R_{lg}):指统计期内因企业责任事故造成的直接经济损失(C_1)与企业的营运总收入(C_i)之,即:

$$R_{lg} = \frac{C_1}{C_i} \times 100\% \tag{2-7}$$

②客运损失率(R_{lp}):指统计期内因企业责任事故造成的直接经济损失(C_1)与车辆总行程(L)之比,即:

$$R_{lp} = \frac{C_1}{L} \quad (元/千\ km) \tag{2-8}$$

2)迅速性评价

汽车运输的迅速性指运送速度,包括及时派车起运(货运)、迅速乘车(客运)和迅速运达。

货运的迅速性指货运企业按用户要求及时派车起运,并以尽可能快的运送速度或按运输合同规定迅速地将货物运达目的地。

公路客运的迅速性指旅客乘车准备时间及乘行所花费的时间尽可能短。乘车准备时间主要包括旅客购票时间及候车时间。购票时间的长短主要取决于售票服务窗口的数目、售票员的业务熟练程度以及售票方式,如采用计算机或者自动售票机均有利于减少旅客的购票时间,候车时间主要取决于乘车组织方法,如采用对号入座制比按候车顺序入座制更节约旅客的候车时间。旅客乘行时间的长短主要取决于车辆的运送速度。

城市公共汽车客运的迅速性指乘客的步行时间、候车时间、乘车时间及换乘时间应尽量短,即乘客的出行时间少。步行时间指乘客由出发地点(如家庭)到公共汽车站的步行时间。候车时间指乘客到达公共汽车站后,至乘上公共汽车所等候的时间,其长短主要取决于行车间隔时间。乘行时间指乘客在公共汽车上实际乘车的时间,其长短主要取决于车辆的运送速度。换乘时间指乘客一次出行须沿两条或两条以上的营运线路乘行才能到达目的地时,乘客因变更乘车线路而换乘车的时间,其长短主要取决于公共汽车运行线路的布局及换乘站点的衔接状况。

综上所述,提高汽车运输的迅速性应根据各种运输服务的具体特点而展开。

3)准确性评价

运输的准确性指客、货运输服务的准时、正确、无差错等。因各种运输服务的差异,其准确性的含义也有差别。

(1) 货运的准确性。

货物运输准确性的含义指办理托运手续、安排车辆及货物交接准确无误,对货物起讫地点、运达期限、计费里程、装卸工艺及客户的特殊要求等内容的记载、计算和安排准确无误。

货物运输服务准确性的评价,常采用差错率(R_m)指标,即统计期内货运企业所受理业务在接收、装车、起运、卸货至交付等各环节上出现差错的件数(I_m)与受理业务总件数($\sum I$)之比,即:

$$R_m = \frac{I_m}{\sum I} \times 100\% \tag{2-9}$$

(2) 城市公共汽车客运的准确性。

城市公共汽车客运准确性的含义主要指行车的准点运行,即车辆在线路起点准点发车,在中间站及终点站按行车时刻表准点到达。其评价指标常采用行车准点率(R_0),即统计期内准点行车的车次数(Z_0)与全部行车车次($\sum Z_r$)之比。

$$R_0 = \frac{Z_0}{\sum Z_r} \times 100\% \tag{2-10}$$

(3) 公路客运的准确性。

公路客运准确性的含义除包括车辆准点运行外,还应包括旅客的正确运送,即在运输过程中,不得发生旅客无票或持废票乘车、旅客错乘车以及旅客行包出现差错、损坏、漏运等现象。因而,其评价指标还包括正运率(R_c),即统计期内正确运输的旅客人数(Q_{pc})与客运总人数($\sum Q_p$)之比。

$$R_c = \frac{Q_{pc}}{\sum Q_p} \times 100\% \tag{2-11}$$

4) 经济性评价

汽车运输的经济性主要指运输需求者获得运输服务所支付的运输费用的多少。

对于货物运输,其经济性主要指客户支付的运费,故评价指标常采用货运费率(R_g),系指统计期内平均每 10t·km 的货物运输费用(C_{10})与企业服务地域内职工的平均工资(C_s)之比。

$$R_g = \frac{C_{10}}{C_s} \times 100\% \tag{2-12}$$

对于各类客运,其经济性主要指车票价格高低。其评价指标常采用客运费率(R_p),指统计期内旅客平均每百公里乘距(出租汽车客运为起步车价距离及其以上的距离)支付的乘车费(C_n)与该地区职工的平均工资(C_s)之比,即:

$$R_p = \frac{C_p}{C_s} \times 100\% \tag{2-13}$$

在职工工资平均水平难以准确统计的情况下,运输服务的经济性也可以直接采用单位运输产品的运价进行评价,如单位吨公里的运价(货运)、单位人公里的运价(客运)、单位收费行程(出租汽车客运)等。不同的运输企业在价格上的差别,反映了各企业在运输服务经济性方面的质量差别。

5) 方便性评价

汽车运输的方便性,也因各类运输服务的差异而含义各不相同。

(1)货运的方便性。

货物运输方便性的含义是指客户办理托运手续简便、迅速、层次或环节少、得到的服务周到等,通常采用简便受托率(R_s)作为货运服务方便性的评价指标,其定义为统计期内简便受托(包括电话、网络上门服务及不同运输方式之间联运业务的代办受理等)的业务件数(I_s)与受理业务总件数($\sum I$)之比,即:

$$R_s = \frac{I_s}{\sum I} \times 100\% \tag{2-14}$$

(2)城市公共汽车客运的方便性。

城市公共客运方便性的含义包括乘客各种目的出行均有车可乘且换乘次数少,上下车方便,车辆、车站的各种服务标记、服务设施齐全等。其评价指标常包括以下三种。

①换乘率(R_e):指统计期内乘客一次出行,必须通过换乘才能达到目的地的乘客人数(Q_e)与乘客总人数($\sum Q_p$)之比,即:

$$R_e = \frac{Q_e}{\sum Q_p} \times 100\% \tag{2-15}$$

显然,换乘率越小,表明服务质量越高。

②车辆标志齐全率(R_r):指统计期内城市公共客运车辆服务标志齐全(即车辆的路牌、腰牌及尾牌齐全)的车辆数(A_r)与全部车辆总数($\sum A$)之比,即:

$$R_r = \frac{A_r}{\sum A} \times 100\% \tag{2-16}$$

③车站设施齐全率(R_f):指统计期内服务设齐全的停车站数(F_b)与全部车站总数($\sum F_b$)之比,即:

$$R_1 = \frac{F_b}{\sum F_b} \times 100\% \tag{2-17}$$

对于公路客运,方便性的含义主要指乘车购票简便、乘车"最先一公里和最后一公里"便捷,通常可以采用前已述及的迅速性、准确性指标综合评价。

6)舒适性评价

汽车运输的舒适性,指运输服务中旅客的乘车舒适度程度。随着人们物质文化生活水平的提高及交通运输业的发展,人们对旅行中的舒适性要求不断提高,因此,要不断改善道路条件、车辆的技术性能及车厢内部设施、车站设施及站务工作质量等,以满足旅客的舒适度要求。

客运服务的舒适性评价常包括以下两项指标(出租汽车客运除外)。

(1)劳动服务质量合格率(R_{wo}):指统计期内有关行车人员在客运服务过程中,对"行车人员工作规则"重点条款的执行合格项目数(I_q)与检查项目总数($\sum I_{wo}$)之比,用以评价行车人员本职服务工作的合格程度,即:

$$R_{wo} = \frac{I_q}{\sum I_{wo}} \times 100\% \tag{2-18}$$

(2)满载率(γ_h):指统计期内客运高峰期间车辆在主要线路高单向、高客流路段上的载客人数(q)与车辆额定载客人数(q_0)之比,即:

$$\gamma_h = \frac{q}{q_0} \times 100\% \tag{2-19}$$

对于城市出租汽车客运,其舒适性评价指标除了包括行车人员对"出租汽车服务公约"条款执行的合格程度外,还应包括出租客运对车型档次使用的比例。显然,高档轿车(如专车)使用的比例高,则出租汽车客运的舒适程度便也高。

综上所述,汽车运输服务质量评价指标包括6大类若干项目,如图2-9所示。

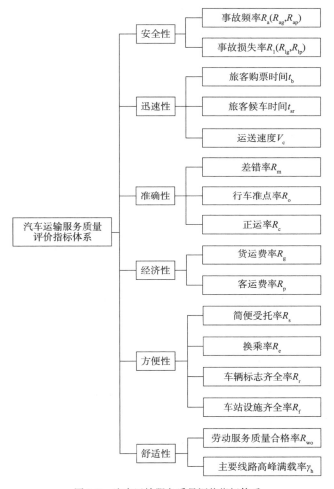

图 2-9　汽车运输服务质量评价指标体系

第五节　交通运输资源的配置

一、交通运输资源配置经济理论

在配置交通运输资源时,首先要考虑的是时间、空间和数量,这是运输资源问题的三要素。上述三要素缺少一个要素,都是不完整的,资源配置也是不确定的。因此,交通运输资源整体上的配置状态,也就是资源在时间、地点、部门的分布状况。

长期以来,世界各国和各地区制订社会经济发展规划和经济增长战略时,交通运输资源配置模式的选择是普遍受到高度重视的一个问题,如何处理交通运输业的发展与其他部门发展的顺序,西方经济学家有4种不同的理论,即优先发展论、同步发展论、压力论和运输与经济的交替优先增长论。

1. 优先发展论

1943年,罗森斯坦·罗丹在其著名论著《东欧和东南欧国家的工业化问题》中,提出"平衡增长大推进"理论,主张对各个产业部门同时、按同一比例进行大规模投资。他同时提出"社会先行资本"的概念,认为社会先行资本最主要的作用是为其他产业创造投资机会,旨在强调"在一般的产业投资之前,一个社会应在基础设施方面有一定积累"。他提出了基础设施在工业化过程中起决定性作用,而且由于基础设施建设周期长,因而必须在时间上先于其他直接生产性投资的观点。

他还认为,即使基础设施的最低规模非常巨大,在经济发展初期,其生产能力的过剩将不可避免。基础设施的高水平初始投资必须先行,"以便为增加能更快地产生收益的直接生产性投资铺平道路"。

2. 同步发展论

(1)纳克斯"温和的"平衡增长理论。继"平衡增长大推进"理论之后,从促进资本形成出发,纳克斯提出了"温和的"平衡增长战略,认为只有同时、全面地投资于国民经济各部门,才能形成广大而充足的市场,产生足够的投资诱导,为投资规模的进一步扩大、经济的进一步增长创造条件。他指出,在经济发展初期,所有部门应当同时扩大。各部门平衡增长,既可以产生外在经济效益,实现资源的合理配置,又可以促进供给和需求的平衡增长,使经济均衡而稳定地增长,各部门之间互相购买产品,可以避免产生多余的生产能力,并加强对投资的诱导。由于各部门之间相互依存,相互提供市场的外部条件,因此,基础设施建设的资本品及消费品的生产,也必须平衡增长。

(2)斯特里顿"完善的"平衡增长理论。斯特里顿的"完善的"平衡增长理论对纳克斯的平衡增长理论作了进一步的完善和发展。这种理论既强调扩大投资规模对于克服供给方面不可分性和需求方面互补性的作用,又强调各部门平衡增长的重要性。它既主张国民经济各部门按不同的比例全面发展,实现平衡增长,也主张在达到平衡增长的过程中可以依据各个产业产品的需求收入弹性来安排不同的投资率和增长率,通过某些部门的较快发展,来解决经济发展的"瓶颈"问题,最终实现国民经济各部门按适当的比例平衡增长。可见,斯特里顿的"完善的"平衡增长理论,实际是把平衡增长当作目标、不平衡增长当作手段,前者是长期的增长过程,后者是短期的增长过程。这是一种动态的平衡增长理论。

以上两种形式的平衡增长理论,尽管侧重点、条件和方法有所不同,但都强调大规模投资的重要性和全面发展国民经济各部门的必要性,都强调了社会间接资本对经济发展的重要性,强调在平衡增长中,大规模地促进基础设施产业的资本形成。

3. 压力论

在对待基础设施发展的问题上,艾伯特·赫希曼在理论上对社会间接资本(基础产业)与直接生产活动(加工工业)之间的资本形成和资源配置关系进行了全面的、系统的研究。

他认为,平衡增长对发展中国家并无益处,各产业部门齐头并进所需要的各种资源正是发展中国家所缺乏的,应当从充分利用稀缺资源出发,实施非平衡发展战略,集中力量首先发展一部分产业,然后以它们为动力,逐步扩大对其他产业部门的投资,直接或间接地带动这些产业发展。

赫希曼认为,在社会间接资本超前建设的条件下,直接生产活动具有比较好的基础设施条件,从而对直接生产活动产生吸引力,创造出从事直接生产活动的需求。但是,反过来看,如果社会间接资本滞后于直接生产活动,那将会对社会间接资本供给产生强大压力。压力比吸引力更具威力,对社会间接资本而言,因直接生产活动超前发展,弥补起来较为容易。所以,赫希曼倾向于社会间接资本短缺条件下的发展选择。赫希曼还断言,在不发达国家,由于社会间接资本和直接生产活动的平衡增长不能造成压力和动力,不能获得引诱投资所带来的"额外利益",因而不是一个合乎需要的政策选择,是不能实现的。

4. 运输与经济的交替优先增长论

如何在客观上确定基础设施与加工工业的资本形成,实现全社会资源的合理配置,促进经济较快地增长,除了前述的平衡增长战略和非平衡增长战略之外,还有一种姆里纳尔·乔德赫里提出的交替优先增长战略,即主张基础设施与加工工业应交替优先增长。

乔德赫里认为,最优化实践探索表明,在国民经济发展的最初阶段,应该集中精力发展尚属非生产性的社会分摊资本。由于该部门规模经济的作用,需要有较大规模的社会分摊资本,在下一阶段,储蓄将直接形成生产性资本。这些投资具有来得快的特点,产出增长率较高。基础设施的过剩能力耗尽阶段很快就会到来,国民经济再一次需要集中形成社会分摊资本,如此循环往复。可见,乔德赫里主张社会分摊资本和直接生产活动的交替优先增长。

二、交通运输资源配置的模式

纵观世界交通运输业的发展史,可以将交通运输业的发展归纳为以下几种发展类型:第一种是超前型,即交通运输业发展相对于直接生产活动超前一个时期,英国等发达国家大体上属于这种类型;第二种是同步型,即直接生产部门与交通运输基础设施建设基本同步进行,如日本;第三种是滞后型,即交通运输业的发展落后于直接生产部门,苏联、东欧及大多数发展中国家均属于这种类型。

每一种发展模式都表现为交通运输业发展相对于经济发展资源配置在时间和数量上的不同方式。超前型发展模式能够促进经济的发展,交通运输基础设施的先行发展和超前建设为1850—1870年的工业高潮准备了条件,从而使这次工业高潮产生了"巨大力量",连应用蒸汽机所得的"惊人成果"与之相比都显得"微不足道"了;同步型发展模式是一种协调型发展模式,交通运输业自身的投资效果比超前型要好,能及时保障国民经济各部门正常运转、协调发展以及满足居民生活的需要,综合经济效果也比较好;而在滞后型发展模式下,由于交通运输业的发展滞后于经济发展的需要,所以,在一定时期内阻碍了经济发展,不利于整个经济效率的提高,成为经济发展的"瓶颈",限制了生产力的进一步增长和宏观经济效益的提高,苏联、东欧等发展中国家的实践证明了这一点。上述3种发展模式可通过表2-1进行比较。

不同发展模式比较　　　　　　　　　　　　　　表2-1

发展类型	代表国家	对经济发展的影响	投资效果	国民经济	综合分析
超前型	英国	促进经济发展	较差	较好	一般
同步型	日本	与经济协调发展	较好	较好	较好
滞后型	苏联、中国	阻碍经济发展	较好	较差	较差

众所周知,在经济发展与工业化的不同阶段,交通运输业在国民经济中的地位与作用是不完全相同的,因而,交通运输资源在时间和数量的配置上也有其内在的规律与经济学动因。在不同的发展阶段,交通运输业的发展速度也会不同。因此,从交通运输业的阶段性发展过程来看,交通运输业的发展模式可归纳为:①"滞后-超前-同步"型;②"滞后-同步-同步"型;③"超前-超前-同步"型;④"同步增长"型。

在国家经济实力不是很强的时候,可以采用第①种和第②种发展模式。这两种发展模式可以用图 2-10 和图 2-11 来表示,纵轴表示发展速度或增长率,横轴表示时间,即经济发展或工业化的阶段,OM 表示经济发展的初级阶段,MN 表示经济发展的中级阶段,N 点之后表示经济发展进入高级阶段。实线表示交通运输业的发展曲线;虚点线表示加工工业等发展曲线。

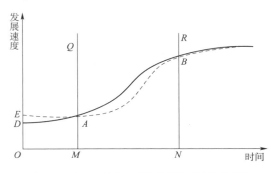 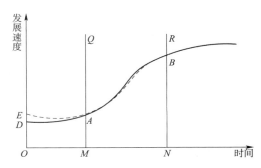

图 2-10　交通运输业与经济发展关系演变曲线图　　图 2-11　交通运输业与经济发展关系演变曲线图
　　　　　　("滞后-超前-同步"型)　　　　　　　　　　　　　　　　　　("滞后-同步-同步"型)

图 2-10 和图 2-11 的基本思想是:在 OM 阶段,加工工业等的发展优先于交通运输业的发展。因为在这一阶段,经济发展水平较低,社会需求结构简单,经济技术水平不高,资本形成不足而且生活用品稀缺,为了保证最基本的生产活动和最基本的生活需要,社会必须把较大的资本份额用于发展加工工业等直接生产活动。当经济发展到达 M 点时,交通运输业和其他物质生产活动的发展格局发生了重大的变化,交通运输业的滞后成为经济发展的瓶颈障碍,开始需要大力投资,以实现交通运输业的发展。第①种发展模型和第②种发展模式的区别在于在经济发展的中级阶段(即图中 MN 这一时期)是超前发展还是同步发展。当经济发展到达 N 点时,交通运输网络已经基本形成,经济结构高度化的基础性条件已经具备,过多的资源如果继续用于扩大交通运输网络已不经济,经济效益和社会意义已不及前期那么明显和重要了。从这一点开始,社会需要用更多的资源来发展直接生产活动,并实现产业结构的高质量化。此时,交通运输业不需要优先发展,而应同直接生产活动保持协调与适应,采用"同步发展战略"。纵轴上 OD 线段的经济学含义是,无论如何,经济发展需要有社会间

接资本的最低限度的发展,否则,直接生产活动也不能顺利进行。

在经济实力比较雄厚的国家,也可以采用第③种或第④种发展模式。第③种发展模式可以用图2-12表示。图2-12中的基本思想是:采用优先发展交通运输业的模式,即通过扩大在交通运输领域的投资,促进经济发展。但是这需要社会财富的初始积累,否则难以采用这种模式。当经济发展到达 N 点时,这时交通运输网络已经基本形成,经济结构高度化的基础性条件已经具备,交通运输业应采用"同步发展战略"。

第④种发展模式是交通运输业与其他产业同步发展的模式,以期取得经济的平衡发展,如图2-13所示。

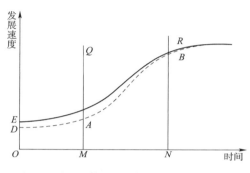

图2-12 交通运输业与经济发展关系演变曲线图
("超前-超前-同步"型)

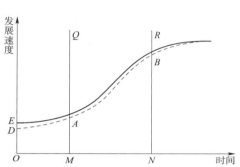

图2-13 交通运输业与经济发展关系演变曲线图
("同步增长"型)

具体采用哪一种发展模式,不同国家由于历史和文化背景及经济基础的差异,会选择不同的发展模式,尤其是社会财富初始积累对交通运输业的发展有很大影响。

三、交通运输方式的合理配置

尽管各种运输方式之间具有一定的可替代性,但有限的选择会造成运输成本和便利性的不确定性,若各种运输方式配置出现明显的不合理,则会使人们被迫放弃一些最符合自己愿望和最经济合理的需求,其结果不仅不能较好地满足通道内的各种不同类型的运输需求,还将严重影响产品的市场范围和市场竞争力以及人们出行的欲望,并且还会由于缺乏足够竞争,造成运输能力的结构性紧张、服务水平下降、系统效率降低等。

随着市场的发展与培育,暂时的"无序"将逐渐通过协调转为有序竞争,使各种运输方式的发展达到动态平衡。各种运输方式的配置与分工均有其自身的规律性。只有尊重客观规律才能使运输市场的竞争达到有序。同时,未来各种运输方式间的协调也不再只是政府的职能,而是与各自的发展息息相关,只有分工协作,形成完善的联合运输机制,才能更好地发挥各自的优势。因此,市场经济体制下也必然有各种运输方式的合理分工和协作。

1. 合理配置的原则

1) 各种运输方式合理分工

在铁路、公路、海洋、江河运输条件具备的情况下,要根据具体地区的自然地理条件,进行合理分工,因地制宜。

2) 适应运输量增长要求

运输方式配置,必须适应区域的经济发展,充分满足地区客货运输量增长的要求。

3）适应生产布局

运输方式配置，必须同区域内工农业生产布局相适应。

4）立足现状、逐步发展

应考虑历史上已经形成的运输结构，如水陆分工、公铁分工等，也要考虑运输部门已有的设备能力，如铁路专用线、站场、港口码头等，以便充分利用现有设备。同时，应根据今后国民经济的发展，逐步发展或调整运输分工，形成合理的运输结构。

5）多式联运

运输方式间的分工，在很多情况下是通过两种或两种以上运输方式的联运，才能实现整个运输过程。如在水陆联运中，既要考虑铁路、公路的运输能力，陆水衔接换装和港口能力、枢纽内部能力和航运能力的配合协调，同时，又要考虑在采用运输新技术后，运输能力和运输效率有很大提高，这些因素将对运输方式的分工有较大的影响。

6）效益第一

运输方式配置，要讲究经济效益，以最少的社会劳动消耗，使国民经济和社会获得最大的经济效益为准绳。

7）政策指导

运输方式配置，必须在国家制定的运输政策指导下进行，国家政策是指产业政策、技术政策、投资政策、运输政策、运价政策等，它们都与运输方式分工和协调发展密切相关。

2. 合理配置的方法

1）调查现状

调查内容包括区域和区域之间铁路、公路、航空、管道等线路网等级及其能力；港站场枢纽等设施及其能力；各种运输方式完成的客货运输量和周转量；运输工具类型、数量、载质量及其技术参数；完成的运营指标和经济指标等。

2）运输需求的预测

搜集社会经济的历史统计资料，如国民经济统计资料、交通运输网历年变化状况（设备和能力）、各种运输方式历年完成的客货运输量和周转量、统计资料区域内的工业布局状况及物资产量和运量等。研究区域的国民经济发展规模，如社会总产值、国内生产总值、国民收入、人口增长及旅游事业的发展等。研究区域的社会经济发展战略、产业政策、技术政策、价格政策、经济结构、产业结构、产品结构、交通运输政策等对运输业发展的影响。未来时期客货运输量和周转量增长量的研究和预测，包括运输总量和各种运输方式可能分担的运输量。

3）运输平衡分析

根据预测的客货运输量，考察现有的运输能力满足需要的程度，并根据各种运输方式适应运量增长的需要应采取的措施（如增加运输设备的能力），对各种运输方式综合利用和协调发展进行技术经济分析和评价。

4）运输方式合理配置的经济评价

它包括各种运输方式的技术特征和运输费用计算，各种运输方式能力扩展费用（如线路、站场、港口、机场、管道、运输工具、运输设备等的投资），各种运输方式根据运输建设项目经济评价方法，确定发展运输业的经济效益和社会效益。

5）投资及融资研究和分析

在研究各种运输方式扩大能力的同时，还要研究区域发展交通运输的投资来源和筹措办法，使运输项目建设的资金来源有充分的保障。

6）确定综合运输网模型

确定综合运输网模型需要充分考虑各种运输方式的合理配置，各种运输方式的协调发展。必要时可建立优化模型，确定优化目标，分析约束条件，在此基础上确定运输网络总体规模、空间分布等。根据需要和可能确定实施步骤和建设次序，提出综合运输网给区域经济发展带来的经济效益和社会效益。

复习思考题

1. 交通运输产品的概念是什么？交通运输产品有哪些特点？
2. 什么是交通运输需求？影响交通运输需求变化的因素有哪些？
3. 交通运输市场和交通运输需求都有哪些基本特征？
4. 什么是交通运输供给？影响交通运输供给变化的因素有哪些？交通运输供给有哪些基本特征？
5. 解释交通运输需求变动和交通运输需求量变动概念上的差异，并举例说明。
6. 解释交通运输供给变动和交通运输供给量变动概念上的差异，并举例说明。
7. 阐述交通服务标准的定义，并简述构建交通运输服务标准体系时应遵循的基本原则。
8. 试分析交通运输服务评价指标的选取原则和评价指标选取方法，讨论不同评价方法的适用范围。
9. 简述交通运输资源合理配置的理论、模式，交通运输方式合理配置原则和方法。

第三章

交通运输调查与需求预测

交通运输调查就是运用一定的调查方法,针对交通运输现状及其发展趋势而展开的有计划、有目的、有系统地搜集、整理和分析有关交通运输信息,并最终形成调查报告的过程。交通运输调查的结果可以为运输市场预测和某类决策提供依据。从宏观看,它对于交通运输主管部门摸清实情、编制交通运输事业发展规划、引导运输经营者正确地展开经营活动、提高交通运输的管理水平、促进运输业与国民经济协调发展均具有重要意义。从微观看,它也有利于运输企业(或经营者)发现经营机会,改进运输组织工作,提高运输服务质量,增强市场竞争地位。

交通运输需求预测是对未来发展的一种判断,这种判断是以交通运输调查为基础,并结合人们对未来发展的一种感觉臆断所作出的一种想象。一般而言,需求预测必须采用科学的方法和手段。目前,预测理论方法众多,可按照不同的属性进行划分,如分为定性预测和定量预测、短期预测和中长期预测等,可结合具体情况选择使用。

第一节 交通运输调查内容

交通运输调查可以分为货运调查和客运调查,以全面了解和不断改善交通运输服务工作。

一、货运调查

货运调查即对汽车货物运输需求状况的调查,通常包括货流起讫点调查与货运车辆出行调查两种类型。

1. 货流起讫点调查

货流起讫点调查即货物发生与吸收地点分布、货物流向与流量调查,简称(货流)OD调查(Origin Destination Survey)。

由于调查区域内可能存在货运点数量多、分布面广,为了便于简化与综合,通常可将调查区域分成有限个小区,以小区为货流的起讫点进行调查,各小区的货运量可通过抽样调查后进行估算,并将调查结果综合成OD调查表,见表3-1。

OD调查表 表3-1

起点 i	终点 j				
	1	2	…	n	G_i
1	Q_{11}	Q_{12}	…	Q_{1n}	Q_1
2	Q_{2j}	Q_{22}	…	Q_{2n}	Q_2

续上表

起点 i	终点 j				G_i
	1	2	…	n	
…	…	…	…	…	…
n	Q_{n1}	Q_{n1}	…	Q_{nn}	Q_n
q_g	q_1	q_2	…	q_n	$\sum q = \sum G$

注：i、j-货流起、终点（小区）序号，$i=j=1,2,\cdots,n$；

Q_{ij}-起点为 i 终点为 j 的货流量(t)；

G_i-讫点为 i 区的发货量总计(t)；

q_i-终点为 j 区的收货量总计(t)。

当小区内货运点数量较多时，可在各小区内进行货物发生与吸收地点抽样调查，据以推算出小区的货物运入运出数量。

调查区域通常以城市(地区)为中心的部分区域作为调查对象，也有以省或经济区域作为调查对象的。

OD 调查的主要内容包括：

(1) 货物种类、数量及流向；

(2) 货流起讫点及其地理位置；

(3) 货流按时间及空间分布；

(4) 货物转运、装卸、途中保管地点及分布；

(5) 货物运输需用运输工具或车辆类型。

通过货流起讫点调查，了解货运需求情况，据以合理规划运输网点及组织货运服务。

2. 货运车辆出行调查

货运车辆出行调查，即货运汽车出行起、讫地点调查，据以了解调查期间车流分布及货运供求情况，为改善货运服务和管理提供基础资料。

传统调查方法主要有询访调查与路旁调查。随着车辆定位系统的广泛应用，车辆出行定位跟踪技术为货运车辆出行调查提供了新的技术手段。

1) 询访调查

询访调查即对货运车辆所属单位(或个人)进行调查。调查是按调查区域车辆管理部门的汽车登记账册，对全部或部分(抽样)货运汽车调查当日(或规定调查日期)运行情况及各车次出行内容。

调查的主要项目包括：

(1) 车型、核定载质量、牌照号、车主；

(2) 起、讫地点名称以及经过的路段；

(3) 装载货物种类及质量；

(4) 出发时间与到达时间；

(5) 载重里程与空车里程；

(6) 车辆总行程及总运次数。

表 3-2 为某次询访汽车拥有者调查内容。

某次询访汽车拥有者调查内容　　　　　　　　　　表 3-2

车辆所属情况	车辆运行情况	车辆出行内容
(1)登记号码； (2)使用者姓名； (3)车库地点； (4)车辆类型； (5)所有制形式	(1)总行驶里程(km)； (2)总运行次数	(1)起、讫点地名； (2)发车时间； (3)行驶里程； (4)是否行经收费道路； (5)停车地点； (6)装货种类； (7)装载质量； (8)车上设备

据日本经验,汽车出行调查的抽样率为 4.0%~8.0%。调查车辆的出行时间通常为一日内的 24h。

表 3-3 为上海市某次货运汽车出行调查表(调查时间为某日 0—24 时)。

上海市某次货运汽车出行调查表　　　　　　　　　表 3-3

车　型_____　　核定载质量_____　　所属局_____
牌照号_____　　通行证号_____　　单　位_____

车次	出发时间到达时间	装载货种	载质量(t)	出发地点	到达地点	经过主要道路、桥梁	里程(km)
1	时:分 — 时:分			路号 单位：	路号 单位：		重空

2)路旁调查

货运车辆出行调查的主要调查方式是询访车辆所有者,但是仅用此方式调查,长途货车出行的调查精度较差。因此,通常还要在区域之间的边界,或主要交通路口、或长途交通量较大的小区划分线上设观测点,让通过观测点的汽车在路边暂停,由专门调查人员会同交通警察或运政管理人员直接询问驾驶员,进行必要事项的面对面调查。

进行路旁调查时,原则上应调查通过观测点的全部车辆。但对交通量大的观测点,则宜进行抽样调查。调查之前应做好宣传工作,以求得驾驶员的协作,并在调查地点前方设置标志,把调查车辆引到路边,以便进行短时间的询问调查。

主要调查内容与询访调查相同。

3)新技术的使用

随着科学技术的进步,货运调查方式也在不断创新和发展,以满足更精准和实时的数据需求。

(1)车辆定位追踪。车载全球定位系统(Global Positioning System,GPS)或者北斗卫星导航系统定位设备能够实时捕捉车辆的位置,提供关于车辆在什么时间、什么地点的确切信息,从而可以分析运输路线、行驶速度、停车频率等细节。

(2) 移动通信数据。当货运车辆携带移动通信设备,这些设备产生的数据,比如信号塔连接记录,有助于追踪车辆的具体运输路径和时间点。这种方法可以用来验证 GPS 或者北斗卫星导航系统定位数据,或作为没有定位装置的货车的一个补充调查手段。

(3) 射频识别(Radio Frequency Identification,RFID)技术。RFID 是一种无线通信技术,通过 RFID 标签和读取器的互动,能够实时捕捉到货物或车辆的详细时间和空间位置,跟踪车辆的出入,尤其是在大型的货运集散地和货运枢纽,甚至还可以记录货物的状态、温度等。

(4) 自动车牌识别(Automatic Number Plate Reader,ANPR)系统。这种系统通过高清摄像头捕捉经过车辆的车牌,再通过算法识别出车牌号码,以此来统计和分类不同的货运车辆出行信息。

(5) 无人机巡查。无人机装备了高清摄像头和传感器,可以在短时间内对大面积的区域进行巡查,从空中捕捉货车流动情况,甚至可以拍摄货物堆放情况等信息,借以图像分析技术采集希望得到的数据。

(6) 在线调查。在互联网时代,可以快速地设计在线问卷并发送给目标受众,如货运驾驶员或物流公司,以收集他们的车辆出行信息。

(7) 大数据分析。现代的物流和货运平台产生了大量的数据,如货物信息、运输路径、交付时间等,利用大数据技术可以对这些数据进行深度分析发掘,发现需要调查的数据信息。

这些先进的技术和方法为货运调查带来了革命性的变革,使人们能够更准确、更实时地了解货物和车辆流动的全貌,从而更好地服务于货运行业和社会经济发展。

二、客运调查

客运调查指企业服务区域内客运动态特征调查,包括客运需求调查与客运服务调查两种类型。

1. 客运需求调查

客运需求调查指企业服务区内居民的客运需求目的、需求地点分布以及需求数量等状况调查。

1) 客运需求地点分布调查

客运需求地点分布调查主要指居民居住地点与工作(学习)地点分布调查,用以明确居民工作地点分布规律、生产(学习)出行的基本特征,进而制定城市或地区客运总体规划与运输组织方案。

客运需求地点分布调查的主要项目有:

(1) 被调查者性别、年龄、职业、工作单位。
(2) 被调查者住址(出发地)与目的地。
(3) 被调查者乘车前步行时间、路程长度。
(4) 被调查者换乘次数、换乘地点、换乘的运输工具、各次换乘所需时间。
(5) 被调查者到达终点站后步行至单位所需的时间、路程长度。
(6) 被调查者由家到工作(学习)地点需用的总时间(min)。

表 3-4 为某次普通询问调查内容。

某次普通询问调查表 表3-4

性别:女　　年龄:32　　职业:工程师　　单位:×××

序号	询问项目	回答	代码
1	家庭住址(街道、门牌号)	风光街76号	
2	为上班(上学)由家走到公共客运停车站所需用时间(min)	7	
3	乘用客运工具	65路公共汽车	
4	上车车站	东广场	
5	第一次换乘客运工具	地铁	
6	第一次换乘车站	火车站	
7	第二次换乘客运工具	12路公共汽车	
8	第二次换乘车站	和平广场	
9	到达车站	百货商场	
10	由到达站步行到工作(学习)地点需用时间(min)	3	
11	由家到工作(学习)地点需用时间(min)	50	
12	工作(学习)单位地址	园林街12号	

通过本项调查,可以得到服务区域居民的出行方式、通过路线、换乘地点、出行时间等主要资料。

2) 客运需求量调查

客运需求量调查主要指对居民的客运需求量及出行目的综合调查。本项调查所得到的资料一般比前项调查广泛得多,其调查项目主要有:

(1) 被调查者的社会人口统计特征(如性别、年龄、社会单位或居住区域、家庭情况、文化程度、职业等)。

(2) 一昼夜间的出行情况(出行目的、出发地点、到达地点、出行方式、出行时间、所经路线等)。

表3-5为某城市客运需求量调查内容。

某城市客运需求量调查表 表3-5

调查表号:＿＿＿＿＿＿　调查日期:　年　月　日
工作单位:第五汽车厂　　职务:工组长　　职称:技术员

序号	当日所在地点(按活动次序依次注明)	当日所在地址(街道、门牌)	时间		走到车站的时间(min)	客运类型及路线(依次注明)	由车站走到目的地时间(min)
			到达	出发			
1	家	阿街84号	—	7:00	5	5路公共汽车	6
2	工作单位	拉街2号	7:20	16:50	5	5路公共汽车	3
3	商店	高街3号	17:10	17:30	—	(步行)	—
4	家	阿街84号	17:40	18:30	5	4路公共汽车	7

续上表

序号	当日所在地点（按活动次序依次注明）	当日所在地址（街道、门牌）	时间 到达	时间 出发	走到车站的时间(min)	客运类型及路线（依次注明）	由车站走到目的地时间(min)
5	访友	斯街168号	19:15	23:00	20	4路公共汽车	5
6	家	阿街84号	24:00	—	—	—	—

注：当日所在地点分为家、工作单位、影院公园、商店、饮食店、工厂、幼儿园、火车站、城郊、访友、公出、其他。

2. 客运服务调查

客运服务调查即用以了解客运服务现状满足客运需求程度的调查，包括乘行调查、客流量调查和满载率调查。

(1) 乘行调查。乘行调查即乘客沿线乘行起终点调查，用以获取下述资料：某线路各停车站间对应客运量、各路段(断面)客流量、各停车站点乘客集散量、路段或路线的车辆满载情况以及客流沿不同乘行方向的分布等。

(2) 客流量调查。客流量调查即线路客流量调查，通常调查乘客沿线乘行对应起终点，用以改进城市客运某一环节的运输服务工作。此项调查通常可与前项调查结合进行。

(3) 满载率调查。满载率调查即对客运网或某一路段的车辆利用程度的调查。其调查通常也可与前两项调查合并进行。为方便调查，通常在各停车站驻站进行，将车辆满载率划分为几档(如半满座、满座、有站位、满载、不能再上乘客等)，调查人员目测后，在调查表相应满载率栏目处做好记录。

通过客运服务调查，一般可直接获取或经测算得到客运的有关数据，如客运车辆利用的各种单项指标、客运量、周转量、客流分布规律等。

3. 新技术的使用

除了传统的调查方法，随着科技的发展，有许多先进的调查方法被引入客运调查。

(1) 手机定位追踪。利用乘客的智能手机来追踪其出行路径、出行时间等，但需得到客户的同意。

(2) 视频监控。视频监控是近年来逐渐被采用的一种评估满载率的方法。尤其是在公共交通系统中，如公交、地铁、火车和其他乘客运输方式，结合现代的图像识别和机器学习技术，可以自动分析视频数据，识别车厢内的乘客数量。

(3) 移动通信数据。利用手机的信号塔数据，可以追踪乘客的大致出行路径和停留时间，这种方法对于了解大规模人群的流动模式非常有价值。

(4) Wi-Fi探针。在公交车站、火车站、地铁站、飞机场等交通枢纽设置Wi-Fi探针，可以捕获通过的设备信息，从而了解人流量和出行习惯。

(5) 自动售票和进出站系统数据。许多现代化的交通工具都使用电子票务系统，这些系统会产生大量的数据，如乘客进出站的时间、乘坐的线路等，对这些数据进行分析，可以了解乘客的出行需求和使用频率。

(6) 在线调查和移动应用反馈。利用网站、社交媒体或专门的移动应用设备收集乘客的反馈和建议，通过数字化的方式，可以收集和整理大量的数据。

(7) RFID 技术。一些交通系统的票据使用 RFID 卡片作为乘客的身份识别或票务工具,这些卡片产生的数据可以用来追踪乘客的出行习惯和频率。

这些先进的调查方法为客运调查提供了更高效、准确和细致的手段,使得交通运输规划和服务提升更加科学和合理。

第二节　交通运输调查方法

一、传统调查方法

传统的交通运输调查方法及其特点如下。

(1) 询访调查。询访调查系指深入到运输需求者(机构、居住区或个人)中间进行的调查。其优点是灵活性强、内容全面、可信度高、答案回收率高,效果较好。但其缺点是投入调查人员多、费用高、时间长、速度慢。因而,询访调查一般适用于单项调查或个案调查。

(2) 路旁调查。路旁调查指调查人员站在调查路段旁边,对来往车辆或乘客的调查,往往伴随运政执法检查进行。其优点是直接性强,调查速度较快,有利于提高调查质量。但其缺点是不易得到被调查者配合,常要得到运政管理人员的协助,且调查人员工作条件差,比较辛苦。

(3) 站点调查。站点调查指调查人员在固定车站(线路停靠点)进行的调查。其优缺点类似于路旁调查。

(4) 跟车调查。跟车调查指调查人员跟随乘客上车在车厢内进行的调查。其优缺点与路旁调查相似。

(5) 巡视调查。巡视调查指调查人员驱车前往调查区域,沿途查看、察访进行的调查。其优点是调查速度快、费用低、投入人力少。但其缺点是不够深入,资料可信程度不如集中调查形式。

二、结合新技术的调查方法

随着技术的发展,现代交通运输调查还可结合众多高科技手段以提高调查的效率和准确性。

(1) 定位系统跟踪调查。利用定位技术跟踪运输工具或个人的移动路径。其优点是提供准确的路线、停留时间和速度数据;可自动收集大量数据;减少人工成本。其缺点是硬件成本高,并且涉及隐私问题。

(2) 电子票务数据分析。利用电子票务系统收集的数据来分析乘客的出行习惯及路径。其优点是自动化,减少人工干预;大数据量,提高分析准确性。其缺点是数据可能不全面,如未包括非电子票据用户。

(3) 视频监控分析。利用摄像头结合图像识别技术来评估满载率。其优点是实时、全面,减少人为误差。其缺点是成本高,涉及隐私问题。

由此可见,各种调查方法各有利弊,调查者应视调查需要和条件而选择相应的调查方式。新技术与传统的调查方法可以结合使用,取长补短,以获得更准确、全面的交通数据,为交通运输规划和决策提供有力支持。

在交通运输调查中,遇到的一个比较难确定的问题是调查样本多少合适。通常情况下,鉴于时间和成本的约束,一般都采用抽样调查的方法,通过对一部分样本的研究来推断整体的特性。如在客运服务满意度调查中,可以通过抽样调查一部分乘客来了解整个城市的客运服务满意度。调查可通过在线调查、面对面访谈、社交媒体分析等方式,收集乘客对不同交通运输工具和路线的看法和建议。大数据技术可以用于分析这些数据,识别满意度高和低的特定指标,如准时率、舒适度、票价合理性等。此外,还可通过分析集成电路(Integrated Circuit,IC)卡的交易记录,对一部分乘客的出行行为进行抽样调查。例如,假设一个城市想要了解其公共交通运输系统的使用情况,通过分析 IC 卡的使用记录,可以追踪乘客在不同时间段和路线上的乘车行为。这些数据可以用于分析乘客的出行模式,例如上下班高峰时段的流量、周末与工作日的差异等。

第三节　交通运输需求预测方法

一、运输量预测

交通运输的科学决策不仅要以交通运输调查为基础,而且要以运输量预测为依据。所谓运输量预测,就是在交通运输调查基础上,利用科学方法和手段,对预测对象的未来发展状态作出判断。交通运输预测的对象一般包括运输需要(通常的运量和周转量,即运输量为代表)、运力、运输结构、交通运输科技、运输市场竞争、运价等,但以运输需要的预测为重点。

迄今为止,预测理论产生了很多预测方法。归纳起来,预测方法大体可分为两大类:一类是定性预测方法;一类是定量预测方法。根据预测实践的经验,两类预测方法常常结合使用,即定量预测必须接受定性预测的指导,否则,容易导致定量方法的滥用。

运输量的预测,按预测时间的长短不同,可分为短期预测、中期预测和长期预测。短期预测是制定年度、季度运输生产计划的基础,而中期预测和长期预测是制定企业经营方针、企业技术改造、政府制定运输发展规划的基础。

二、定性预测与定量预测

1. 定性预测

定性预测主要基于领域知识和专家经验,通过规则和专家判断来进行预测。这种模型通常用于解释和理解交通运输系统中的因果关系和影响因素,提供关于需求变化的定性描述和解释。

定性预测的主要方法有德尔菲(Delphi)法、场景分析法、类比算法等。

1)德尔菲法

它是在 20 世纪 40 年代由美国兰德公司创立并使用的。其预测过程大体包括:①由预测主持人将需要预测的问题拟出,然后将这些问题连同本次预测活动的目的、意义等背景材料,一并寄给预测专家;②预测专家各自独立地回答各个预测问题,并将答案回寄给被预测主持人;③预测主持人对收集的专家意见汇总、分类和整理,将那些专家意见相差较大的问题再抽出来,附上几种典型意见请专家进行第二轮预测;④重复上述过程,直到专家的意见趋向一致或更加集中在一、两种意见上为止。以上述专家的最终意见作为预测结果。

用德尔菲法预测,由于预测专家可以背靠背地充分发表自己的看法,避免了受"权威"人士的影响,从而有利于预测活动的民主性和科学性。为了提高预测结果的质量,预测主持人应注意选择好预测专家以及在拟定问题和提供备选答案时不要影响预测专家的态度。

2) 场景分析法

场景分析法是一种定性预测方法,用于评估未来可能发生的情况和事件。它通过构建不同的情景和假设来考虑不同的因素和条件对未来的影响,以获得多个可能的情景,并进行相应的预测和评估。其预测步骤如下。

(1) 确定目标和范围。明确预测的目标和范围,确定关键驱动因素和事件。

(2) 构建情景矩阵。根据驱动因素,建立一个二维矩阵,用于表示不同的情景组合。

(3) 定义情景描述。为每个情景编写详细描述,包括关键特征、趋势和事件的描绘。

(4) 进行分析和评估。对每个情景进行分析和评估,考虑其可能的影响、结果和趋势。

场景分析法强调了不确定性和复杂性,能够帮助决策者更全面地考虑未来的多样性和变化性。它可以为决策提供多个可能性和策略,并帮助决策者制定相应的应对方案。然而,场景分析法的结果仍然受到假设、驱动因素的选择和概率分布的影响,因此需要谨慎使用和解释结果。

3) 类比算法

类比算法是在确知甲地或某事物(类比对象)某两个或多个指标(其中一个必须是预测变量指标)之间的规律后,将此规律用于预测乙地或另一事物发展变化的一种简便方法。

运用类比算法时,必须注意类比的两个地区或事物之间的相似程度。相似程度越高,类比预测结果的质量越高。

2. 定量预测

定量预测是依据必要的统计资料,借用一定的数学模型,对预测对象的未来状态和性质进行定量测算方法的总称。运输量预测常用的定量预测方法有如下几种。

1) 指数平滑模型

指数平滑法的原理是通过对历史观察值进行加权处理,平滑掉部分随机信息,并根据观察值的表现趋势,建立一定的模型,据此对预测对象作出预测。

依靠预测对象的历史观察值趋势,指数平滑法包括以下三种模型。

(1) 水平趋势模型:

$$Y_{T+L} = S_T^{(1)} \quad (L=1,2,\cdots) \tag{3-1}$$

式中:Y_{T+L}——未来第 L 期的预测值;

T——历史观察值最后一期的时间代号;

$S_T^{(1)}$——一次平滑值,即第 T 个观察期的平滑值。它在数值上由下式确定:

$$S_T^{(1)} = \alpha Y_T + (1-\alpha) S_{T-1}^{(1)} \tag{3-2}$$

式中:α——加权系数,一般由经验确定(当观察值的发展趋势较平稳时,α 宜小;当观察值趋势变化较大时,α 宜大);

Y_T——预测对象在过去的观察值,即第 T 个观察值;

$S_{T-1}^{(1)}$——第 $T-1$ 期的一次平滑值。

(2)线性趋势模型：

$$Y_{T+L} = a_T + b_T L \quad (L=1,2,\cdots) \tag{3-3}$$

式中：L——预测期限的长度。

$$a_T = 2S_T^{(1)} - S_T^{(2)} \tag{3-4}$$

$$b_T = \frac{\alpha}{1-\alpha}\left[S_T^{(1)} - S_T^{(2)}\right] \tag{3-5}$$

其中，$S_T^{(2)}$ 表示第 T 期的二次平滑值，即：

$$S_T^{(2)} = \alpha S_T^{(1)} + (1-\alpha) S_{T-1}^{(2)} \tag{3-6}$$

(3)二次曲线模型：

$$Y_{T+L} = a_T + b_T L + c_T L^2 \quad (L=1,2,\cdots) \tag{3-7}$$

式中：

$$a_T = 3S_T^{(1)} - 3S_T^{(2)} + S_T^{(3)} \tag{3-8}$$

$$b_T = \frac{\alpha}{2(1-\alpha)^2}\left[(6-5\alpha)S_T^{(1)} - 2(5-4\alpha)S_T^{(2)} + (4-3\alpha)S_T^{(3)}\right] \tag{3-9}$$

$$c_T = \frac{\alpha}{2(1-\alpha)^2}\left[S_T^{(1)} - 2S_T^{(2)} + S_T^{(3)}\right] \tag{3-10}$$

$$S_T^{(3)} = \alpha S_T^{(2)} + (1-\alpha) S_{T-1}^{(3)} \tag{3-11}$$

其中，$S_T^{(3)}$ 表示预测对象在第 T 期的三次平滑值。

指数平滑法的计算数据见表3-6。

指数平滑法计算数据 表3-6

观察期序号	预测对象观察值 Y_i	一次平滑值 $S_t^{(1)}$	二次平滑值 $S_t^{(2)}$	三次平滑值 $S_t^{(3)}$
0	—	$S_0^{(1)}$	$S_0^{(2)}$	$S_0^{(3)}$
1	Y_1	$S_1^{(1)}$	$S_1^{(2)}$	$S_1^{(3)}$
2	Y_2	$S_2^{(1)}$	$S_2^{(2)}$	$S_2^{(3)}$
⋮	⋮	⋮	⋮	⋮
T	Y_T	$S_T^{(1)}$	$S_T^{(2)}$	$S_T^{(3)}$

表中，$S_0^{(1)}$、$S_0^{(2)}$ 和 $S_0^{(3)}$ 一般也由经验给定，通常均可以首期观察值 Y_1 的数值代替。

2)回归分析法

回归分析是最常用的预测模型之一。通常情况下，只选用(准)一元线性回归预测模型。其模型标准形式为：

$$Y = A + BX \tag{3-12}$$

式中：X——自变量(相关变量)；

Y——因变量，即预测对象所代表的变量；

A、B——回归系数，分别由下列公式确定：

$$B = \frac{\frac{1}{n}\sum_{i=1}^{n}X_i Y_i - \overline{X}\,\overline{Y}}{\frac{1}{n}\sum_{i=1}^{n}X_i^2 - (\overline{X})^2} \tag{3-13}$$

$$A = \overline{Y} - B\overline{X} \tag{3-14}$$

式中：X_i、Y_i——自变量和因变量的原始观察值；

$\overline{X}$、$\overline{Y}$——自变量和因变量的原始观察值的算术平均值；

n——原始观察值组数。

上述模型建立后，必须对模型进行检验。检验的目的是证实自变量 X 和因变量 Y 之间的线性关系。只有检验合格的模型，方可用于实际预测。这种检验通过计算相关系数 R 进行，即：

$$R^2 = \frac{\frac{1}{n}\sum_{i=1}^{n}X_iY_i - \overline{XY}}{\sqrt{\left(\frac{1}{n}\sum_{i=1}^{n}X_i^2 - \overline{X}^2\right)\left(\frac{1}{N}\sum_{i=1}^{n}Y_i^2 - \overline{Y}^2\right)}} \tag{3-15}$$

上述 R 值必须大于相关系数的查表值 R_0（根据某一置信水平 α 和原始观察值组数，相关系数检验表，表中的观察值 n' 比实际观察值数目少 2，即 $n' = n - 2$）。$R - R_0$ 越大，表明线性回归的程度越高。

上述模型建立后，如果知道自变量在预测期的取值（设为 x_t），那么该期的预测值由下式计算：

$$\hat{Y}_t = A + Bx_t \tag{3-16}$$

根据式（3-16）确定的预测值，通常叫作预测值的点估计。一般而言，只确定点估计是不够的，还必须确定在一定置信水平 α 下的置信区间。这一区间的范围由下式确定：

$$\hat{Y}_t \pm t_{\alpha/2}(n-2)S_0 \quad (n < 30) \tag{3-17}$$

或者

$$\hat{Y}_t \pm Z_{\alpha/2}S_0 \quad (n \geqslant 30) \tag{3-18}$$

式中：$t_{\alpha/2}(n-2)$、$Z_{\alpha/2}$——T 分布、正态分布的查表值；

α——置信水平，即预测结果的可信度为 $100(1-\alpha)\%$，通常为 68%、95%、99.9%。

S_0 则由下式确定：

$$S_0 = \sqrt{\frac{\sum_{i=1}^{n}(Y_i - \hat{Y})^2}{n-2}} \cdot \sqrt{1 + \frac{1}{n} + \frac{(x_0 - \overline{x})^2}{\sum_{i=1}^{n}(x_i - \overline{x})^2}} \tag{3-19}$$

式中：x_0——预测期自变量的取值，即式（3-16）中的 x_t。

综上所述，预测值落在由式（3-17）或式（3-18）所确定区间的概率为 $100(1-\alpha)\%$。

3）马尔可夫分析法

马尔可夫分析法是利用某一变量的现在状态和动向，去预测该变量未来状态和动向的一种预测方法。在汽车运输预测中，该方法常用于预测客运量。马尔可夫分析法的建模过程为：

设变量 X 的取值具有无后效性，即 X 在下期（记为 T_{n+1}）所处的状态只与其目前（即当期，记为 T_n）的状态有关，而与它以前的状态无关，这一特性及过程称为马尔可夫链。如果 X 的状态变化符合马尔可夫链，以记号：

$$P(X_{n+1}=j/X_n=i)=p_{ij} \qquad (i,j=1,2,\cdots,m) \tag{3-20}$$

表示变量 X 在 T_n 处于状态 i，而在下一期（T_{n+1}）处于状态 j 的概率，那么 p_{ij} 就表示变量 X 从状态 i 经过一步转移而达到状态 j 的转移概率。

若变量 X_n（表示变量 X 在第 n 期）的可能值共有 m 种状态，每种状态下的变量 X 经一步转移后处于这 m 种状态中的某一种状态的概率为 p_{ij}，那么全部的 p_{ij} 可排列为矩阵 P：

$$P = \begin{bmatrix} p_{11} & p_{12} & \cdots & p_{1m} \\ p_{21} & p_{22} & \cdots & p_{2m} \\ \cdots & \cdots & \cdots & \cdots \\ p_{m1} & p_{mi} & \cdots & p_{mm} \end{bmatrix} \tag{3-21}$$

矩阵 P 具有 $p_{ij} \geqslant 0$ 及 $\sum_{j=1}^{m} p_{ij} = 1$ 两种特性。

若变量 X 在 T_n 时处于状态 i，但经 k 步（$k \geqslant 2$）转移到达状态 j，则称这种转移的可能性为 k 步转移概率，记为：

$$P(X_{n+k}=j/X_n=i)=p_{ij}(k) \qquad (i,j=1,2,\cdots,m) \tag{3-22}$$

同样，X_n 在各种可能状态 k 步转移至各种状态的概率，也可记为矩阵 $P_{ij(k)}$，即：

$$[P_{ij}(k)] = \begin{bmatrix} p_{11}(k) & p_{12}(k) & \cdots & p_{1m}(k) \\ p_{21}(k) & p_{22}(k) & \cdots & p_{2m}(k) \\ \cdots & \cdots & \cdots & \cdots \\ p_{m1}(k) & p_{m2}(k) & \cdots & p_{mm}(k) \end{bmatrix} \tag{3-23}$$

在数学上，可以证明矩阵 $P_{ij}(k)$ 与矩阵 P 存在如下关系：

$$[P_{ij}(k)] = \begin{bmatrix} p_{11} & p_{12} & \cdots & p_{1m} \\ p_{21} & p_{22} & \cdots & p_{2m} \\ \cdots & \cdots & \cdots & \cdots \\ p_{m1} & p_{m2} & \cdots & p_{mm} \end{bmatrix}^k \tag{3-24}$$

即 k 步转移概率矩阵等于一步转移概率矩阵的 k 次幂。

若变量 X 各种可能状态的初始分布为 $(p_1, p_2, \cdots, p_m)$，经 k 步转移后，其各种可能状态的分布即为 $[p_1(k), p_2(k), \cdots, p_m(k)]$，那么，这两种分布之间存在：

$$\begin{aligned}[p_1(k), p_2(k), \cdots, p_m(k)] &= (p_1, p_2, \cdots, p_m)[P_{ij}(k)] \\ &= (p_1, p_2, \cdots, p_m) \begin{bmatrix} p_{11} & p_{12} & \cdots & p_{1m} \\ p_{21} & p_{22} & \cdots & p_{2m} \\ p_{m1} & p_{m2} & \cdots & p_{mm} \end{bmatrix}^k \end{aligned} \tag{3-25}$$

因而有：

$$p_j(k) = \sum_{i=1}^{m} P_i P_{ij}(k) \qquad (j=1,2,\cdots,m) \tag{3-26}$$

或

$$p_i(k) = \sum^{m} P_i(k-1) P_{ij}(1) \qquad (j=1,2,\cdots,m) \tag{3-27}$$

以上分析表明，如果变量 X 状态变化符合马尔可夫链，且知道它的初始分布及各种状态之间的一步转移概率,那么就可以确知经 k 步转移后的各种状态分布了。

例如,某城市居民在某年的各种出行方式分布为:乘公共汽车者占 19.2%,骑自行车者占 13.8%,步行者占 56%,乘用其他交通工具者占 11%。如果下一年度人们出行方式按以下情况变化:

原乘公共汽车者,将有 91% 的人继续乘公共汽车,3% 转为骑自行车,2% 转为步行,4% 转乘其他交通工具。

原骑自行车者,将有 88% 继续骑自行车,5% 转乘公共汽车,1% 转为步行,6% 转为其他交通工具。

原步行者,将有 4% 转乘公共汽车,7% 改骑自行车,84% 保持步行,5% 改乘其他工具。

原乘其他交通工具者,有 6% 改乘公共汽车,2% 改骑自行车,3% 转为步行,89% 保持不变。

如果经调查研究得到,三年后全市居民各种出行的总次数为 6000 万人次,那么,三年后公共汽车的日运量就可通过下列方法求得。

根据马尔可夫法分析,可以得到转移概率矩阵 P:

$$P = \begin{bmatrix} 0.91 & 0.03 & 0.02 & 0.04 \\ 0.05 & 0.88 & 0.01 & 0.06 \\ 0.04 & 0.07 & 0.84 & 0.05 \\ 0.06 & 0.02 & 0.03 & 0.89 \end{bmatrix} \begin{matrix} (公共汽车) \\ (骑自行车) \\ (步行) \\ (其他工具) \end{matrix} \quad (3\text{-}28)$$

$$\begin{pmatrix}公共\\汽车\end{pmatrix} \begin{pmatrix}自行\\车\end{pmatrix} (步行) \begin{pmatrix}其他\\工具\end{pmatrix}$$

根据上文知,某城市居民出行方式的初始分布为 $(0.192, 0.138, 0.56, 0.11)$;

显然,三年后 $(k=3)$,利用公共汽车者的概率为:

$$p_1(3) = \sum_{i=1}^{4} p_i(2) P_{i1}(1) \quad (3\text{-}29)$$

其中经两步转移后,各出行方式分布为 $P_i(2) = (0.228 \quad 0.191 \quad 0.412 \quad 0.169)$ 其计算过程如下:

$$P_i(2) = (0.192 \quad 0.138 \quad 0.56 \quad 0.11) \begin{bmatrix} 0.91 & 0.03 & 0.02 & 0.04 \\ 0.05 & 0.88 & 0.01 & 0.06 \\ 0.04 & 0.07 & 0.84 & 0.05 \\ 0.06 & 0.02 & 0.03 & 0.89 \end{bmatrix}^2 \quad (3\text{-}30)$$

$$\begin{aligned} P_1(3) &= P_1(2)P_{11}(1) + P_2(2)P_{21}(1) + P_3(2)P_{31}(1) + P_4(2)P_{41}(1) \\ &= 0.2278 \times 0.91 + 0.1910 \times 0.05 + 0.4124 \times 0.04 + 0.1687 \times 0.06 \\ &= 0.2435 \end{aligned} \quad (3\text{-}31)$$

那么,公共汽车客运量为:$0.2435 \times 6000 = 1461$(万人次)。

4)弹性系数法

此方法的数学模型为:

$$\hat{Y}_t = Y_0(1+i)^t \quad (3\text{-}32)$$

$$i = E_s q = \frac{i'}{q'} q \quad (3\text{-}33)$$

式中：$\hat{Y}_t$——未来第 t 年的预测值；

Y_0——预测对象在当前的统计值；

i'、i——预测对象在过去和未来时间的年均增长率(%)；

t——预测期的时间长度；

E_s——弹性系数；

q'、q——类比变量在过去和在未来的年均增长率。

例如，某地区在某年的货物周转量为 2000 万 t·km，在过去的五年中，该地区的货物周转量年均增长率为 5%，而其生产总值的年均增长率为 10%，预计未来三年中该地区生产总值将保持 8% 的年均增长速度，那么，该地区三年后的货物周转量便为：

$$2000 \times \left(1 + \frac{5\%}{10\%} \times 8\%\right)^3 \approx 2250 (万\ t \cdot km) \quad (3-34)$$

5）单元预测法

单元预测法指自变量与因变量为同类要素(如为货运量时)，依据统计期的观察值推测预测值的一种简便算法。例如：

$$Q_L = \overline{Q} + r(Q_0 - \overline{Q}) \quad (3-35)$$

式中：Q_L——未来第 L 期的预测值；

$\overline{Q}$——预测对象在过去统计期内的平均值；

Q_0——统计末期预测对象的统计值；

r——在一定的分布时间内，预测对象在前后统计期(或预测期)内的相关函数。

例如，某火车站每日运出的集装箱均值为 $\overline{Q} = 1250$ 个，其中统计末期该日的运出量为 1370 个。如果未来每日应运出的集装箱与上述差额之间的相关函数为 $e^{-0.48t}$（t 为预测日与统计期最后一日的时间期限），那么，未来第三日应运出的集装箱数为：

$$\begin{aligned} Q_3 &= \overline{Q} + e^{-0.48t}(Q_0 - \overline{Q}) \\ &= 1250 + e^{-0.48 \times 3} \times (1370 - 1250) \\ &= 1278 (个) \end{aligned} \quad (3-36)$$

6）增长率统计法

增长率统计法指根据预测对象在过去的年均增长率，类推未来某期预测值的一种简便算法。

$$\hat{Y}_t = Y_0 (1 + r)^t \quad (3-37)$$

$$r = \left(\sqrt[n]{\frac{Y_0}{Y_{-T}}} - 1\right) \times 100\% \quad (3-38)$$

式中：$\hat{Y}_t$——预测对象在未来第 t 期的预测值；

Y_0、Y_{-T}——分别表示预测变量在过去统计期末和统计期初的统计值；

r——预测变量在统计期内的年均增长率；

n——统计期包含的时间期数(如 5 年)；

t——预测期离统计期末的时间(如 3 年)。

7) 灰色预测法

灰色预测法是基于灰色系统理论,用关联度收敛原理、生成数、灰导数、灰微分方程等观点和方法建立微分方程型模型。

灰色系统理论是将一切随机变量看作是在一定范围内变化的灰色量,将随机过程看作是在一定范围内变化的、与时间有关的灰色过程,对灰色量不是从找统计规律的角度和通过大样本进行研究,而是用数据处理的方法(数据生成),将杂乱无章的原始数据整理成规律较强的生成数列再作研究。

灰色理论认为,系统的行为现象尽管是朦胧的,数据是杂乱的,但它毕竟是有序的,是有整体功能的,因此,杂乱无章的数据后面,必然潜藏着某种规律,而灰数的生成,就是从杂乱无章的原始数据中去开拓、发现、寻找这种内在规律。这是一种现实规律,不是先验规律。

用灰色理论建模,一般都采用三种检验方式,即残差大小检验、后验差检验、关联度检验。残差大小检验是模型精度按点的检验,是一种直观的检验、算术检验;后验差检验是按照残差的概率分布进行检验,属统计检验;关联度检验是根据模型曲线与行为数据曲线的几何相似程度进行检验,是一种几何检验。

灰色理论的微分方程型模型称为 GM 模型,G 表示灰(grey),M 表示模型(Model)。GM($1,N$) 表示 1 阶 N 变量微分方程型模型。而常用的 GM($1,1$) 则表示是 1 阶的、1 个变量的微分方程型模型。

目前,灰色预测广泛应用于社会经济、气象、生态、环境、工程技术等领域各个方面。各种模型的类型请参考邓聚龙所著《灰色预测与决策》(华中理工大学出版社,1988 年出版)。

8) 细分集成法

细分集成法是分别单独地预测各个子部分的预测值,然后加总求和而得到整体预测值的一种方法,即:

$$\hat{Y}_1 = \sum_{i=1}^{n} \hat{T}_n \qquad (3-39)$$

例如,预测某市的货物发出量,便可以分别预测该市行政辖域内各区(县)的货物发出量,然后加总求和。又如,可以通过分别预测农业、轻工业、重工业和第三产业的发展导致的货运量,从而求得全部货运量。

9) 人工神经网络模型

人工神经网络(Artificial Neural Network,ANN)是从信息处理角度对人脑神经元网络进行抽象,建立某种简单模型,按不同的连接方式组成不同的网络。神经网络是一种运算模型,由大量的节点(或称神经元)之间相互连接构成。每个节点代表一种特定的输出函数,称为激励函数(activation function)。每两个节点间的连接都代表一个对于通过该连接信号的加权值,称为权重,这相当于人工神经网络的记忆。网络的输出则依网络的连接方式,权重值和激励函数的不同而不同。而网络自身通常都是对自然界某种算法或者函数的逼近,也可能是对一种逻辑策略的表达。

通用的数学表示: $\qquad a = f(WA' + b) \qquad (3-40)$

a(或图 3-1 中的 o)为神经元输出,f 为传递函数,通常为非线性函数,W 为权向量,x(输入矩阵为 A)为输入向量,A' 为 A 向量的转置,b 为偏置。

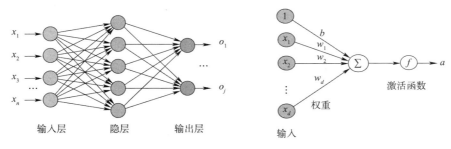

图 3-1　典型的神经元结构图

交通运输问题是高度非线性的,可获得的数据通常是大量的、复杂的,用神经网络处理相关问题有巨大的优越性。在交通运输量预测中可采用以下一些模型。

(1)循环神经网络。

循环神经网络(Recurrent Neural Network,RNN)是一种在序列数据和时间序列数据建模中常用的神经网络模型。使用数学语言来解释循环神经网络如下:在循环神经网络中,我们考虑的是序列数据,假设有一个时间序列数据集,包含 T 个时间步的输入序列 $X = \{X_1, X_2, \cdots, X_T\}$。循环神经网络通过递归地更新隐藏状态来捕捉序列中的上下文信息,并生成输出序列。

循环神经网络的关键组成部分是隐藏状态(Hidden State),它可以看作是网络记忆的一部分。隐藏状态在每个时间步都会被更新,并且可以传递到下一个时间步。假设隐藏状态的表示为 $H = \{H_1, H_2, \cdots, H_T\}$。

在每个时间步 t,循环神经网络的输入为当前时间步的输入数据 X_t 和前一个时间步的隐藏状态 H_{t-1},并通过激活函数和权重参数进行计算,得到当前时间步的隐藏状态 H_t。隐藏状态 H_t 也可以作为下一个时间步的输入,使信息在时间上持续流动。循环神经网络可以用如下数学表达表示:

$$H_t = f(W_{hh} H_{\{t-1\}} + W_{hx} X_t + b_h) \tag{3-41}$$

式中:H_t——当前时间步的隐藏状态;

　　W_{hh}——隐藏状态的权重矩阵;

　　W_{hx}——输入数据的权重矩阵;

　　b_h——偏置项;

　　$f(\cdot)$——激活函数。

循环神经网络还会生成输出序列。输出序列可以通过当前时间步的隐藏状态 H_t 和权重参数进行计算得到:

$$Y_t = f(W_{oh} H_t + b_o) \tag{3-42}$$

式中:Y_t——当前时间步的输出序列;

　　W_{oh}——输出层的权重矩阵;

　　b_o——输出层的偏置项。

循环神经网络的特点在于它可以处理变长的序列数据,具有一定的记忆能力,并且能够捕捉到序列数据中的时间依赖关系。需要注意的是,在使用 RNN 进行运输量预测时,可以根据实际情况调整模型的参数和超参数,如 RNN 的层数、隐藏单元数量、学习率等,以获得更好的预测性能。此外,还可以结合其他特征和数据,如天气数据、节假日信息等,来提升预测模型的准确性和可靠性。

(2)长短期记忆网络。

长短期记忆网络(Long Short-Term Memory,LSTM)是一种改进的循环神经网络(RNN)结构,专门用于解决传统 RNN 在处理长期依赖关系时出现的梯度消失或梯度爆炸问题。下面用数学语言详细介绍 LSTM 网络的结构和计算过程。

①LSTM 单元:LSTM 单元是 LSTM 网络的基本构建单元。一个 LSTM 单元包含三个关键部分:输入门(input gate)、遗忘门(forget gate)和输出门(output gate)。

②输入门:输入门控制着输入信息对于当前时刻的影响。它由一个 sigmoid 激活函数来决定输入信息的重要程度,以及一个 tanh 激活函数来生成候选的新信息。数学表达式为:

$$i_t = \sigma(W_{ix}X_t + W_{ih}H_{t-1} + b_i) \tag{3-43}$$

$$\hat{C}_t = \tanh(W_{C_{ix}}X_t + W_{C_{ih}}H_{t-1} + b_C)$$

式中: i_t ——输入门的输出;

X_t ——当前时刻的输入;

H_{t-1} ——前一时刻的隐藏状态;

W_{ix}、W_{ih}、$W_{C_{ix}}$、$W_{C_{ih}}$ ——权重矩阵;

$\hat{C}_t$ ——细胞状态;

b_i、b_C ——偏置项。

③遗忘门:遗忘门控制着前一时刻的记忆状态中的信息被遗忘的程度。它也由一个 sigmoid 激活函数来决定遗忘的程度。数学表达式为:

$$f_t = \sigma(W_{f_x}X_t + W_{f_h}H_{t-1} + b_f) \tag{3-44}$$

式中:f_t ——遗忘门的输出;

W_{f_x}、W_{f_h} ——权重矩阵;

b_f ——偏置项。

④记忆状态更新:根据输入门的输出和遗忘门的输出,可以更新记忆状态。遗忘门决定了前一时刻记忆状态的哪些信息需要被保留,输入门决定了当前时刻的新信息中哪些部分需要被添加到记忆状态中。数学表达式为:

$$C_t = f_t C_{t-1} + i_t \tilde{C}_t \tag{3-45}$$

式中:C_t ——细胞状态;

f_t ——遗忘门的输出;

i_t ——输入门的输出;

$\tilde{C}_t$ ——当前时间步的新候选信息;

C_{t-1} ——前一个时间步的细胞状态。

⑤输出门:输出门决定了当前时刻的隐藏状态 H_t。它由一个 sigmoid 激活函数来决定输出的重要程度,以及一个 tanh 激活函数来生成输出的候选值。数学表达式为:

$$O_t = \sigma(W_{ox}X_t + W_{oh}H_{t-1} + b_o) \tag{3-46}$$

$$H_t = O_t \tanh(C_t)$$

式中：O_t——输出门的输出；

W_{ox}、W_{oh}——权重矩阵；

b_o——偏置项。

通过上述计算过程，LSTM 单元能够根据当前时刻的输入和前一时刻的隐藏状态以及控制门的输出，来更新记忆状态并生成当前时刻的隐藏状态。在 LSTM 网络中，可以通过连接多个 LSTM 单元来构建深层网络结构，以更好地捕捉时间序列数据中的长期依赖关系。

(3) 卷积神经网络。

卷积神经网络（Convolutional Neural Network，CNN）是一种深度学习模型，用于处理和分析具有网格结构数据的任务。其基本结构包括以下几方面。

①输入层：接收原始数据，如一段时间内的交通运输量数据。

②卷积层：该层通过卷积操作从输入数据中提取特征。

③激活层：引入非线性操作，常用的是 ReLU 函数。

④池化层：降低数据的空间大小，同时保留关键特征。

⑤全连接层：经典的神经网络层，进行分类或回归。

⑥输出层：得到最终的预测结果。

卷积神经网络关键点是集中于其核心操作，包括卷积、池化和激活。

给定一个输入特征映射 X 和一个滤波器（卷积核）W，对于 X 上的每个小块 x，卷积操作如下：

$$(X * W)(i,j) = \sum_m \sum_n X(i-m, j-n) W(m,n) \tag{3-47}$$

式中：$*$——卷积操作。

在卷积操作后，通常会应用一个非线性激活函数。最常用的是 ReLU 函数：

$$f(z) = \max(0, z) \tag{3-48}$$

式中：z——卷积操作的输出；

$f(z)$——ReLU 函数。

最常见的池化操作是最大池化。对于输入的每个区域 x，池化操作如下：

$$f(x) = \max_{i,j \in x} x(i,j) \tag{3-49}$$

式中：$f(x)$——在 x 区域内选择最大值作为输出。

全连接层是一个普通的神经网络层，数学表示如下：

$$Z = WX + b \tag{3-50}$$

式中：W——权重；

X——输入；

b——偏置。

Softmax 激活用于分类任务的输出层。给定一个向量 z，其 softmax 函数为：

$$\sigma(z)_i = \frac{e^{z_i}}{\sum_{j=1}^{K} e^{z_j}} \tag{3-51}$$

式中：K——类别数量，这样确保所有输出的概率总和为 1；

$\sigma(z)_i$——经过 softmax 处理后的第 i 类的预测概率；

z——模型在输出层的原始、未经处理的输出。

损失函数中交叉熵损失函数定义如下：

$$L(y,\hat{y}) = -\sum_{i=1}^{K} y_i \log(y_i) \tag{3-52}$$

式中：y——真实的标签或目标值；

$\hat{y}$——模型的预测输出；

i——索引，用于在求和时遍历所有类别；

K——类别数量。

采用以上神经网络模型进行运输量预测时，均需要大量的数据对网络模型进行训练，在取得网络的有效稳定性后才便于应用。

10）时间序列模型

时间序列分析是根据系统观测得到的时间序列数据，通过曲线拟合和参数估计来建立数学模型的理论和方法。它一般采用曲线拟合和参数估计方法（如非线性最小二乘法）进行。时间序列分析在市场潜量预测等方面应用广泛。常用的具体模型如下。

（1）ARIMA 模型。

自回归移动平均模型（Autoregressive Integrated Moving Average，ARIMA）是一种常用的时间序列预测模型，用于分析和预测具有时间依赖性的数据。模型可表示为：

$$\text{ARIMA}(p,d,q) = \text{AR}(p)I(d)\text{MA}(q) \tag{3-53}$$

式中：$\text{AR}(p)$——自回归（Autoregressive）部分，表示当前观测值与过去观测值之间的关系。

自回归部分由参数 p 控制，表示模型中使用的过去观测值的数量。数学表达式为：

$$\text{AR}(p) = \alpha_1 Y(t-1) + \alpha_2 Y(t-2) + \cdots + \alpha_p Y(t-p) \tag{3-54}$$

式中：$Y(t)$——时间点 t 的观测值；

$\alpha_1,\alpha_2,\cdots,\alpha_p$——自回归系数；

$I(d)$——差分（Integrated）部分，表示对数据进行差分操作，以使数据序列变得平稳。

差分部分由参数 d 控制，表示进行了多少次差分操作，由下式确定：

$$I(d) = (1-B)^d Y(t) \tag{3-55}$$

式中：B——差分算子；

$Y(t)$——进行差分操作的原始数据；

d——表示差分操作次数；

$\text{MA}(q)$——移动平均（Moving Average）部分，表示当前观测值与过去观测值的误差的线性组合。移动平均部分由参数 q 控制，表示模型中使用的过去观测值的误差的数量表达式为：

$$\text{MA}(q) = \beta_1 \varepsilon(t-1) + \beta_2 \varepsilon(t-2) + \cdots + \beta_q \varepsilon(t-q) \tag{3-56}$$

式中：$\varepsilon(t)$——时间点 t 的误差项；

$\beta_1,\beta_2,\cdots,\beta_q$——移动平均系数；

q——模型中使用的过去观测值的误差的数量。

ARIMA 模型基于历史数据的模式、趋势和残差信息，通过对参数的估计和模型拟合，进行时间序列的预测和分析。通过调整模型的参数，ARIMA 模型能够适应不同类型的时间序列数据，并提供准确的预测结果。

(2) SARIMA 模型。

季节性自回归整合移动平均模型(Seasonal Autoregressive Integrated Moving Average, SARIMA)是 ARIMA 模型的扩展,用于处理具有季节性模式的时间序列数据。模型可表示为:

$$SARIMA(P,D,Q) = SAR(P)I(D)SMA(Q) \tag{3-57}$$

式中:$SAR(P)$——季节性自回归(Seasonal Autoregressive)部分,表示当前观测值与过去同一季节观测值之间的关系。

$SAR(P)$ 使用过去同一季节时间点的观测值的线性组合来预测当前季节时间点的观测值。季节性自回归部分由参数 P 控制,表示模型中使用的过去季节性观测值的数量。数学表达式为:

$$SAR(P) = \alpha_1 Y(t-s) + \alpha_2 Y(t-2s) + \cdots + \alpha_P Y(t-Ps) \tag{3-58}$$

式中: $Y(t)$——当前季节时间点 t 的观测值;

s——季节性周期长度,用于指示数据中的重复模式出现的频率;

$\alpha_1, \alpha_2, \cdots, \alpha_P$——季节性自回归系数,$Ps$ 是季节性控制参数;

$I(D)$——季节性差分(Seasonal Integrated)部分,表示对数据进行季节性差分操作,以使季节性变动减少。它通过减去同一季节的前一个季节时间点的观测值,使数据序列趋于平稳。季节性差分部分由参数 D 控制,表示进行了多少次季节性差分操作。数学表达式为:

$$I(D) = (1 - B^s)^D Y(t) \tag{3-59}$$

式中:B——季节性差分算子;

$Y(t)$——季节性差分操作的原始数据;

s——季节性的周期长度,用于指示数据中的重复模式出现的频率。

$SMA(Q)$ 季节性移动平均(Seasonal Moving Average)部分,表示当前观测值与过去同一季节观测值的误差的线性组合。它考虑了过去同一季节观测值的误差对当前季节时间点的观测值的影响。季节性移动平均部分由参数 Q 控制,表示模型中使用的过去季节性观测值的误差的数量。数学表达式为:

$$SMA(Q) = \beta_1 \varepsilon(t-s) + \beta_2 \varepsilon(t-2s) + \cdots + \beta_Q \varepsilon(t-Qs) \tag{3-60}$$

式中: $\varepsilon(t)$——当前季节时间点 t 的误差项;

$\beta_1, \beta_2, \cdots, \beta_Q$——季节性移动平均系数。

SARIMA 模型能够捕捉和预测季节性时间序列数据中的长期趋势、季节性模式和残差信息。通过对参数的估计和模型拟合,SARIMA 模型可以提供准确的季节性时间序列预测和分析。

以上介绍的 3 种定性预测方法和 10 种定量预测模型各有利弊。预测人员在实际工作中应选择运用,并在实践中不断总结分析,摸索较好的预测方法。最后,尚需作以下两点说明:

第一,以上预测方法所获得的预测结果,只是就正常发展趋势而言的,它一般没有包括诸如公铁分流、某地新开工厂、新辟营运线路等运输结构变化和经济布局变化导致新增运输需求因素的影响。否则,预测者应根据当地的具体发展情况分析研究,考虑如何修正上述各种预测方法的预测结果。

第二,如果预测对象为运量指标,那么,周转量指标也可以通过运量预测值和平均运距计算而得。这里,平均运距可以根据以往数据求知:

$$\bar{L} = \frac{P}{Q} \quad (\text{km}) \tag{3-61}$$

式中:P——以往统计的周转量(t·km 或人·km);

Q——以往统计的相应运量(t 或人)。

一般而言,同一地区的平均运距逐年变化率较小,故可用于短期估算。

对于客运,在缺乏运量和周转量统计资料时,也可由下式估算平均乘距 $\bar{L}_P$。

$$\bar{L}_P = \frac{\sum_{i=1}^{k} n_i L_i}{\sum_{i=1}^{k} n_i} \cdot \zeta \tag{3-62}$$

式中:n_i——第 i 种车票面额售出张数(张);

L_i——第 i 种面额车票对应的最大乘距(km);

k——票面额种类数;

ζ——修正系数(因为不可能每位乘客都乘足最大乘距),一般取 $\zeta = 0.7 \sim 0.8$。

三、与定量预测相关的其他问题

1. 组合预测与预测结果的组合处理

当采用定量预测方法时,对同一预测对象的预测,人们既可以采用多种预测方法,也可以对同一预测模型应用不同的自变量。像这样对同一预测对象采用多种途径预测的方法,叫作组合预测方法。它是现代预测科学理论的重要组成部分,其思想就是认为任何一种预测方法都只能部分地反映预测对象未来发展的变化规律,只有采用多种预测途径进行预测,才能更全面地反映事物发展的未来变化。实践证明,组合预测方法比采用单一预测方法对于改善预测结果的准确度,具有显著效果。因此,现代预测实践大多都采用组合预测方法。但组合预测方法,随之而来的问题是如何处理组合预测带来的多个预测结果。对这多个预测结果,到底该选用哪个结果作为预测的最终结论则是面临的一个困难问题。组合预测在理论上针对这一实际问题提出了解决方法,即预测结果的组合处理。

所谓组合处理就是通过一定的方法,对各种途径的预测结果进行综合,使最终预测结论收敛于一个较窄的区间内,即得到一个较窄的预测值取值范围,并将其作为最终的预测结论。组合处理的方法,通常是针对各种途径的预测结论(称为中间预测结论)分别赋予一定的权重,最终预测结果即为各中间预测值与相应权重系数乘积的累计。这一过程可用下式表述:

$$Y = \sum_{i=1}^{n} w_i \cdot Y_i \tag{3-63}$$

式中:Y——综合预测值,即经组合处理后的最终预测结果;

Y_i——第 i 种途径获得的中间预测值;

w_i——第 i 个中间预测值被赋予的权重系数,$\sum_{i=1}^{n} w_i = 1$;

n——中间预测值的数目。

上述权重 w_i 的确定,既可以由预测者根据自己的预测经验直接给定,也可以按照下述方法进行分配:

(1)平均值法。即将各中间预测值赋予相同权重,$w_i = \dfrac{1}{n}$。它体现了等权的思想。

(2)标准差法。即第 i 个中间预测值被赋予的权重为:

$$w_i = \frac{S - S_i}{S} \cdot \frac{1}{n-1} \qquad (3\text{-}64)$$

$$S = \sum_{i=1}^{n} S_i \qquad (3\text{-}65)$$

式中:S_i——第 i 种预测模型的标准差。

这种分配权重的方法体现了以模型的拟合度作为取舍的思想。即拟合度好的模型相应的预测结果被赋予更大的权重。

2. 预测实践中应注意的几个问题

预测人员在实际进行预测活动时,应注意以下几个问题:

(1)预测结果的可信度。前述各种模型中,只有回归模型提供了可信度结论,而其他模型都没有给出结果的可信度。当对预测结果作组合处理后,最终预测值也没有也不可能给出可信度。这个困难尚有待预测科学本身的发展去解决,但在实践中却不可因此而裹足不前。

(2)预测方案。实际预测活动中应尽量给出多个预测方案,以增加决策的适应性和可调整性,避免因单方案造成决策的刚性。

(3)拟合度与精度。拟合度是指预测模型对历史观察值的模拟程度。一般地讲,对既定的历史数据总可以找到拟合程度很高的模型。但预测人员也不应过分相信拟合度越高,预测结果就越准确的结论。预测准确性的高低属于精度问题。拟合度好不一定精度也高,当然模型的拟合度太差也是不妥当的。

(4)预测的期限。预测按预测时间可分为长期预测和中短期预测。一般地说,对短期预测较好的模型,不一定对长期预测也较好。反之亦然。对这两类预测,从精度上讲,对短期预测精度的要求应高于长期预测。

(5)预测模型。现在有将预测模型复杂化、多因素化的趋势,虽然这种发展趋势一般有利于提高预测的精度,因为这包括了更多因素的影响。但有时复杂模型不一定比简单模型好,而且因素过多,对这些因素的未来值变化也不易判断。

(6)数据处理与模型调整。如果某个模型的预测误差较大,人们通常采取对原始数据进行平滑处理和修改模型的方法去解决。这种对原始数据进行平滑处理的方法实际上是在回避矛盾,属于掩耳盗铃。数据异常总有其原因,预测人员应首先对此加以研究,以便在预测活动中考虑这些原因的影响。

(7)实际与想象。很多预测人员在预测活动开始时就对预测对象的未来发展作了想象,并以此想象来不断地修正预测结果。其实这是一种本末倒置的做法,尤其是中间预测值的取舍以及组合处理时,应力求避免这一点。

复习思考题

1. 简述交通运输调查常采用的几种方法。
2. 简述货运调查的新技术方法。
3. 客运需求调查的主要内容是什么？
4. 运输量预测方法分为几类？各类特点如何？
5. 掌握几种你最熟悉的运输量预测方法的运用。
6. 运输量预测实践中应注意哪些问题？

第四章

公路运输系统及组织

第一节 公路基础设施

公路基础设施由公路及其附属设施、枢纽站场及其附属设施以及公路交通控制与管理设施等组成。本节主要介绍公路和枢纽站场。

一、公路

(一)公路及其分级

公路是连接城市、乡村、工矿和码头等,主要供汽车行驶,并且具备一定技术条件和服务设施的道路。在我国,根据公路的功能和设计交通量,按照《公路工程技术标准》(JTG B01—2014)规定的技术等级,分为高速公路、一级公路、二级公路、三级公路及四级公路等五个技术等级。按照《公路路线标识规则和国道编号》(GB/T 917—2017)可分为国家级公路、省级公路、县级公路和乡级公路和村级公路(分别简称国道、省道、县道、乡道、村道,如图 4-1 所示)以及专用公路六个等级。其中,国道包括国家高速公路和普通国道,省道包括省级高速公路和普通省道。

a) 高速公路　　b) 国道　　c) 省道　　d) 县道　　e) 乡道　　f) 村道

图 4-1 公路分级标识

1. 高速公路

高速公路为专供汽车分方向、分车道行驶,全部控制出入的多车道公路。高速公路的年平均日设计交通量宜在 15000 辆小客车以上。

2. 一级公路

一级公路为供汽车分方向、分车道行驶,可根据需要控制出入的多车道公路。一级公路的年平均日设计交通量宜在 15000 辆小客车以上。

3. 二级公路

二级公路为供汽车行驶的双车道公路。二级公路的年平均日设计交通量宜为 5000～15000 辆小客车。

4. 三级公路

三级公路为供汽车、非汽车交通混合行驶的双车道公路。三级公路的年平均日设计交通量宜为 2000~6000 辆小客车。

5. 四级公路

四级公路为供汽车、非汽车交通混合行驶的双车道或单车道公路。双车道四级公路年平均日设计交通量宜在 2000 辆小客车以下；单车道四级公路年平均日设计交通量宜在 400 辆小客车以下。

新建和改扩建各等级公路时均应对交通量进行预测。高速公路和具有干线功能的一级公路的设计交通量预测年限为 20 年；具有集散功能的一级公路以及二、三级公路的设计交通量预测年限为 15 年；四级公路可根据实际情况确定。设计交通量预测年限的起算年应为该项目可行性研究报告中的计划通车年，并且在预测时应充分考虑走廊带范围内远期社会、经济的发展和综合运输体系的影响。

公路技术等级应根据公路功能、路网规划、交通量选用，并且充分考虑项目所在地区的综合运输体系、远期发展等因素，经论证后确定。主要干线公路应选用高速公路，次要干线公路应选用二级及二级以上公路，主要集散公路宜选用一、二级公路，次要集散公路宜选用二、三级公路，支线公路宜选用三、四级公路。各级公路所适应的交通量见表 4-1。

公路技术等级分级表　　　　　　　表 4-1

等级	高速公路	一级公路	二级公路	三级公路	四级公路	
AADT（pcu/d）	>15000	>15000	5000~15000	2000~6000	<2000（双车道）	<400（单车道）
标准车	小客车	小客车	小客车	小客车	小客车	
出入口控制	完全控制	根据需要确定	不受控制	不受控制	不受控制	
设计使用年限	20 年	20 年或 15 年	15 年	15 年	按实际情况确定	

注：AADT 为标准车的年平均日交通量。

(二) 公路设计准则

各级公路须满足不同的使用要求，为此，应对各级公路的设计规定相应的控制标准或设计准则，以指导各项具体设计指标的制定。这些控制标准主要包括以下几个方面。

1. 设计车辆

设计车辆外廓尺寸以及行驶于公路上各种车辆的交通组成是公路几何设计中的重要控制因素。在公路设计过程中，"设计车辆"是设计所采用的有代表性的车型，其外廓尺寸、装载质量和运行性能是用于确定公路几何设计、交叉路口几何设计和路基宽度的主要依据。根据我国行驶车辆的具体情况、汽车发展远景规划和经济发展水平，出于经济和实用的考虑，设计车辆的外廓尺寸是对现有车型的尺寸进行统计后，将满足 85% 以上车型的外廓尺寸作为设计标准。根据交通运输部发布的《公路工程技术标准》(JTG B01—2014)，公路设计所采用的设计车辆外廓尺寸的一般规定见表 4-2。

设计车辆外廓尺寸　　　　　　　表 4-2

车辆类型	总长(m)	总宽(m)	总高(m)	前悬(m)	轴距(m)	后悬(m)
小客车	6	1.8	2	0.8	3.8	1.4

续上表

车辆类型	总长(m)	总宽(m)	总高(m)	前悬(m)	轴距(m)	后悬(m)
大型客车	13.7	2.55	4	2.6	6.5+1.5	3.1
铰接客车	18	2.5	4	1.7	5.8+6.7	3.8
载重汽车	12	2.5	4	1.5	6.5	4
铰接列车	18.1	2.55	4	1.5	3.3+11	2.3

注：铰接列车的轴距(3.3+11)m；3.3m 为第一轴至铰接点的距离，11m 为铰接点至最后轴的距离。

2. 设计小时交通量

设计小时交通量是确定公路等级、评价公路运行状态和服务水平的重要参数。设计小时交通量越小，公路的建设规模就越小，建设费用也就越低。但是，不恰当地降低设计小时交通量会使公路的通行条件恶化、易发生交通阻塞和使交通事故增多，导致公路的综合经济效益降低。因此，将全年小时交通量按从大到小的顺序排列，公路设计小时交通量宜采用年第 30 位小时的交通量，也可根据项目特点与需求，在当地年第 20~40 位小时之间取值。

交通量是公路分级和确定所需车道数的主要依据。《公路工程技术标准》(JTG B01—2014)将小客车定为各级公路交通量换算和通行能力分析的标准车。设计中采用标准车的年平均日交通量(AADT)预测值作为依据。公路上不同的车辆组成可按表 4-3 规定的换算系数折算成标准车的交通量。

各汽车代表车型及车辆折算系数　　表 4-3

汽车代表车型	车辆折算系数	说明
小客车	1.0	座位小于或等于 19 座的客车和载质量小于或等于 2t 的货车
中型车	1.5	座位大于 19 座的客车和载质量 2~7t(含 7t)的货车
大型车	2.0	载质量 7~14t(含 14t)的货车
拖挂车	3.0	载质量 14~20t(含 20t)的货车
汽车列车	4.0	载质量大于 20t 的货车

3. 设计速度

设计速度是公路设计时确定几何线形的基本要素。它是在气象条件良好，车辆行驶只受公路本身条件影响时，具有中等驾驶技术的人员能够安全、平稳、舒适驾驶车辆的速度。设计速度的选用应根据公路的功能与技术等级，结合地形、工程经济、预期的运行速度和沿线土地利用性质等因素综合论证确定，一般规定见表 4-4。

各级公路设计速度　　表 4-4

公路等级	高速公路			一级公路			二级公路		三级公路		四级公路	
设计速度(km/h)	120	100	80	100	80	60	80	60	40	30	30	20

在确定各级公路的设计速度时，应遵循以下原则：

(1)高速公路设计速度不宜低于 100km/h，受地形、地质等条件限制时，可以选用 80km/h。

(2)作为干线的一级公路,设计速度宜采用100km/h,受地形、地质等条件限制,可采用80km/h。作为集散的一级公路,设计速度宜采用80km/h,受地形、地质等条件限制,可采用60km/h。

(3)高速公路和作为干线的一级公路的特殊困难局部路段,且因新建工程可能诱发工程地质病害时,经论证,该局部路段的设计速度可采用60km/h,但长度不宜大于15km,或仅限于相邻两互通式立体交叉之间的路段。

(4)作为干线的二级公路,设计速度宜采用80km/h;受地形、地质等条件限制,可采用60km/h。作为集散的二级公路,设计速度宜采用60km/h;受地形、地质等条件限制,可采用40km/h。

(5)三级公路设计速度宜采用40km/h;受地形、地质等条件限制,可采用30km/h。

(6)四级公路设计速度宜采用30km/h;受地形、地质等条件限制,可采用20km/h。

4. 设计路段

高速公路设计路段不宜小于15km;一、二级公路设计路段不宜小于10km。不同设计速度的设计路段间必须设置过渡段。

5. 公路路线设计

(1)确定路线走廊带应考虑走廊带内各种运输体系及不同层次路网间的分工与配合,据以统筹规划、近远期结合、合理布局,充分发挥和提高公路总体综合效益。

(2)公路选线必须由面到带、由带到线,在对地形地貌、地质水文、气候气象、自然保护区等调查与勘察的基础上论证、确定路线方案。

(3)路线线位应考虑同农田与水利建设、城市规划的配合,尽可能避让不可移动文物、水源与自然保护区,保护环境且同当地景观相协调。

(4)各级公路应做好总体设计,正确处理公路与相关路网、交通节点的关系,合理设置各类出入口、交叉和构造物。各类构造物的选型与布置应合理、实用、经济。

(5)路线设计应根据公路功能、技术等级和地形等条件,恰当选取设计速度,合理确定公路断面布置形式,正确运用各类技术指标,注意平纵线形结合、保持线形连续均衡,在确保行驶安全性的前提下,满足舒适、环保与经济等要求。连续长、陡下坡路段,应结合交通安全评价论证设置避险车道。

6. 公路线形设计

(1)直线是公路几何线形的主要组成部分。在公路平面线形中,圆曲线间直线过短,会造成线形组合生硬、视觉上不连续等问题。而直线过长,则会出现公路线形单调,容易诱发驾驶疲劳问题,对行车安全不利。因此,直线的最大与最小长度应有所限制。评价公路平曲线中直线段长度的安全性,应主要依据检验直线段与相邻路段的运行速度的协调性。对于不得已采用长直线的路段,应注意采取限速、警示等管理措施。有条件时,视条件增加路侧视线诱导设施。

(2)圆曲线最小半径是以汽车在曲线部分能安全而又顺适地行驶所需要的条件而确定的。圆曲线最小半径的实质是汽车行驶在公路曲线部分时,所产生的离心力等横向力不超过轮胎与路面的摩阻力所允许的极限。进行公路线形设计时,应根据沿线地形等情况,合理选用不小于"最小值"圆曲线半径。在不得已的情况下,方可使用"最小值"。选用曲线半径时,既要适应沿线地形地物条件变化,同时应注意前后线形协调,不应突然采用小半径曲线。长直线或大半径圆曲线路段,不能采用最小圆曲线半径。从地形条件好的区段进入地形条件较差区段时,线形技术指标应逐渐过渡,防止突变。

(3)最大纵坡应符合表4-5的规定,并应符合下列规定:

①设计速度为120km/h、100km/h、80km/h的高速公路受地形条件或其他特殊情况限制时,经技术经济论证,最大纵坡值可增加1%。

②公路改扩建中,设计速度为40km/h、30km/h、20km/h的利用原有公路的路段,经技术经济论证,最大纵坡值可增加1%。

③二级及二级以下公路的越岭路线连续上坡(或下坡)路段,相对高差为200～500m时,平均纵坡不应大于5.5%;相对高差大于500m时,平均纵坡不应大于5%。任意连续3km路段的平均纵坡不应大于5.5%。

④高速公路、一级公路应论证采用合理的平均纵坡。对存在连续长、陡纵坡的路段应进行安全性评价。

最大纵坡 表4-5

设计速度(km/h)	120	100	80	60	40	30	20
最大纵坡(%)	3	4	5	6	7	8	9

(4)不同纵坡的最大坡长应符合表4-6的规定。

不同纵坡的最大坡长(m) 表4-6

纵坡坡度(%)	设计速度(km/h)						
	120	100	80	60	40	30	20
3	900	1000	1100	1200	—	—	—
4	700	800	900	1000	1100	1100	1200
5	—	600	700	800	900	900	1000
6	—	—	500	600	700	700	800
7	—	—	—	—	500	500	600
8	—	—	—	—	300	300	400
9	—	—	—	—	—	200	300
10	—	—	—	—	—	—	200

(5)公路纵坡变更处应设置竖曲线。竖曲线最小半径和最小长度不应小于表4-7的规定值。

竖曲线最小半径和最小长度 表4-7

设计速度(km/h)	120	100	80	60	40	30	20
凸形竖曲线最小半径(m)	11000	6500	3000	1400	450	250	100
凹形竖曲线最小半径(m)	4000	3000	2000	1000	450	250	100
竖曲线最小长度(m)	100	85	70	50	35	25	20

二、公路运输枢纽

公路运输枢纽是运输枢纽的重要组成部分。从建设实体上看,它是公路客、货运输作业和综合服务的集中场所,包括有多个不同作业内容的公路客运场站、货运站场、物流园区(中心)等。

公路运输枢纽的定义如下:在公路运输网节点上,依托城市所形成的能够提供运输组织、中转和装卸储运、中介代理、通信信息和辅助服务等基本功能的综合性基础设施,其实体表现为公路客运场站、货运站场(或客运站场群、货运站场群)。

公路运输枢纽是公路运输网络中旅客、货物产生空间位移的起点和终点,是公路运输行业直接为旅客、货主、运输经营者提供多种服务的场所,是设施齐全、设备配套、功能完善、客货车流信息灵通,联系各种运输方式,充分利用和发挥各种运输设施功能的集运、储、贸为一体的对公路客货运市场具有管理作用的运输服务设施体系。

公路运输枢纽按层次可分为国家公路运输枢纽、地区(区域)性公路运输枢纽和集散性公路运输枢纽三个层次。

1. 国家公路运输枢纽

国家公路运输枢纽指在全国范围内根据各城市的地理位置、交通环境、人口数量、经济水平等条件,运用网络规划理论和多目标规划等方法确定的主要城市节点。

国家公路运输枢纽与国家高速公路网共同构成国家最高层次的公路运输基础设施网络。国家公路运输枢纽主要由提供与周边国家之间、区域之间、省际以及大中城市之间公路客货运输组织及相关服务的客货运输场站或站场组成,主要承担大区域与大区域之间、省与省之间货物流动和人员交往所产生的运输需求。如我国曾经规划建设的公路运输主枢纽、国家级公路运输枢纽等。

2. 地区性公路运输枢纽

地区性公路运输枢纽主要提供一定区域内的公路客货运输服务,并对国家公路运输枢纽起辅助作用,但以地方业务为主,大区域之间的中转运输相对较少。

3. 集散性公路运输枢纽

集散性公路运输枢纽主要是对国家公路运输枢纽和区域(地区)性公路运输枢纽起集散作用。

三、公路运输站场

公路运输站场是构成公路运输枢纽的实体单元,是办理公路旅客或货物运输相关业务,进行客、货运输组织和作业,并提供相应服务的场所。公路运输站场根据服务对象不同分为客运站和货运站。

(一)公路客运站

公路客运站是专门为旅客的上、下车和车辆到、发提供作业和相应服务的场所。客运站的主要任务是安全、迅速、有序地组织旅客运输,为旅客和车辆提供配套设施和相关服务,包括通用客运站和专用客运站,专用客运站一般又包括快速客运站、旅游客运站等。根据城市特点及旅客运输需求,专用客运站可单独设置,也可结合通用客运站建设。

根据《汽车客运站级别划分和建设要求》(JT/T 200—2020),按照车站设施和设备配置情况、地理位置和设计年度平均日旅客发送量(简称"日旅客发送量")等因素,汽车客运站划分为三个级别以及便捷车站和招呼站。

(1)一级车站:设施和设备应符合《汽车客运站级别划分和建设要求》(JT/T 200—2020)中一级车站配置要求,且具备下列条件之一:
①日旅客发送量在5000人次及以上的车站;
②日旅客发送量在2000人次及以上的旅游车站、国际车站、综合客运枢纽内的车站。

(2)二级车站:设施和设备应符合《汽车客运站级别划分和建设要求》(JT/T 200—2020)中二级车站配置要求,且具备下列条件之一:
①日旅客发送量在2000人次及以上、不足5000人次的车站;
②日旅客发送量在1000人次及以上、不足2000人次的旅游车站、国际车站、综合客运枢纽内的车站。

(3)三级车站:设施和设备应符合《汽车客运站级别划分和建设要求》(JT/T 200—2020)中二级车站配置要求,且日旅客发送量在300人次及以上、不足2000人次的车站。

(4)便捷车站:达不到三级车站要求或以停车场为依托,具有集散旅客、停发客运班车功能的车站。

(5)招呼站:达不到三级车站要求,具有明显的等候标志和候车设施的车站。

(二)公路货运站

公路货运站是指在公路货运网络中组织货物集散、中转运输及相关服务,并具有一定规模的场所。随着现代物流的发展,公路货运站逐渐与现代物流相融合,其服务功能、作业内容和设置形式更加多样化、专业化,一般包括综合货运站、零担货运站、危险品货运站、集装箱中转站、物流中心、配送中心、物流园区等。

根据《公路货运站站级标准和建设要求》(JT/T 402—2016),以承担的主要业务功能作为分类依据,公路货运站可分为综合性公路货运站、运输型公路货运站、仓储型公路货运站和信息型公路货运站四类。以占地面积和处理能力作为站级划分的主要依据,不同类型的公路货运站可分为一级货运站、二级货运站和三级货运站,具体标准见表4-8~表4-11。

综合型公路货运站分级标准　　　　　　　　　　　　　表4-8

序号	综合型	一级	二级	三级
1	占地面积(亩①)	≥600	≥300	≥150
2	处理能力(万t/年)	≥600	≥300	≥100

注:①1亩为666.67 m²。

运输型公路货运站分级标准　　　　　　　　　　　　　表4-9

序号	运输型	一级	二级	三级
1	占地面积(亩)	≥400	≥200	≥100
2	处理能力(万t/年)	≥400	≥200	≥100

仓储型公路货运站分级标准　　　　表4-10

序号	仓储型	一级	二级	三级
1	占地面积(亩)	≥500	≥300	≥100
2	处理能力[①](万t/年)	≥20	≥10	≥3

注：①处理能力为货运站仓储设施的拥有能力，即仓储面积。

信息型公路货运站分级标准　　　　表4-11

序号	信息型	一级	二级	三级
1	占地面积(亩)	≥200	≥100	≥50
2	处理能力[①](次/日)	≥500	≥300	≥100

注：①处理能力为日均交易次数。

第二节　公路运输车辆

一、汽车的组成

汽车是公路运输的基本工具。它由车身、动力装置、底盘和电气设备等部分组成。

客车车身是整体车身，货车车身一般包括驾驶室和各种形式的车厢。

动力装置是驱动汽车行驶的动力源，传统汽车的动力装置包括发动机、燃料供给系统和冷却系统，电动汽车的动力装置包括电动机、电源系统和电控系统。

底盘是车身和动力装置的支座，同时是传递动力、驱动汽车、保证汽车正常行驶的综合体，传统汽车的底盘包括传动系统(离合器、变速器、万向传动装置、驱动桥)、行驶系统(车架、车轮与轮胎、悬架、从动桥)、转向系统(带转向盘的转向器及转向传动机构)和制动系统(制动器和制动传动机构)。电动汽车的底盘也由传动系统、行驶系统、转向系统和制动系统四部分组成，不同的是，电动汽车没有传统的燃油发动机，因此在传动系统上和传统汽车有很大区别，只有驱动电机、减速器、差速器和传动轴，结构大为简化。

电气设备包括电源、发动机的起动系统和点火系统，以及汽车照明、信号、仪表等电子设备。

二、汽车分类

(1)按照国家标准《机动车辆及挂车分类》(GB/T 15089—2001)将机动车辆和挂车分为L类、M类、N类、O类和G类。L类是指两轮和三轮机动车辆，M类是指至少有四个车轮并且用于载客的机动车辆，N类是指至少有四个车轮并且用于载货的机动车辆，O类是指挂车(包括半挂车)，G类是指越野车。其中，M类和N类汽车的分类见表4-12。

M类和N类汽车的分类　　　　表4-12

M类(客车)		N类(货车)	
M1	座位数(包括驾驶员座位在内)≤9	N1	最大设计总质量≤3.5t

续上表

M类(客车)		N类(货车)	
M2	座位数(包括驾驶员座位在内)>9 且最大设计总质量≤5t	N2	3.5t<最大设计总质量≤12t
M3	座位数(包括驾驶员座位在内)>9 且最大设计总质量>5t	N3	最大设计总质量>12t

厢式汽车、罐式汽车、仓栅式汽车等专用汽车以及多节车辆组成的汽车列车都属于载货车辆的范畴。载客车辆包括轿车、微型客车、轻型客车、中型客车、大型客车以及特大型客车(如铰接客车、双层客车等)。

(2)按照动力类型的不同,当前汽车主要可分为内燃机汽车和电动汽车两种。

①内燃机汽车。

内燃机汽车是指将液体燃料或气体燃料和空气混合后直接输入机器内部燃烧产生热能,热能再转变为机械能,从而为汽车提供动能。根据燃料的不同,可以分为汽油车、柴油车和液化气汽车。

a.汽油车是指使用汽油作为燃料,内燃机将汽油燃烧产生动力的车辆。

b.柴油车是指使用柴油作为燃料,内燃机将柴油燃烧产生动力的车辆。

c.液化气汽车是指使用液化气作为燃料,内燃机将液化气燃烧产生动力的车辆,可分为液化天然气汽车和液化石油气汽车。

②电动汽车。

电动汽车是指以车载电源为动力,用电机驱动车轮行驶,符合道路交通、安全法规各项要求的车辆。电动汽车可分为纯电动汽车、混合动力电动汽车和燃料电池电动汽车三种。

a.按照《电动汽车术语》(GB/T 19596—2017),纯电动汽车是指驱动能量完全由电能提供的、由电机驱动的汽车。电机的驱动电能率源于车载可充电储能系统或其他能量储存装置。

b.混合动力电动汽车是指能够至少从可消耗的燃料或可再充电能/电量储存装置两类车载储存的能量中获得动力的汽车。根据动力系统结构形式可以分为串联式混合动力电动汽车、并联式混合动力电动汽车以及混联式混合动力电动汽车三种。

ⓐ串联式混合动力电动汽车是指车辆的驱动力只来源于电机的混合动力电动汽车。其结构特点是发动机带动发电机发电,电能通过电机控制器输送给电动机,由电动机驱动汽车行驶。另外,动力蓄电池也可以单独向电动机提供电能,驱动汽车行驶。

ⓑ并联式混合动力电动汽车是指车辆的驱动力由电机及发动机同时或单独供给的混合动力电动汽车。其结构特点是并联式驱动系统可以单独使用发动机或电动机作为动力源,也可以同时使用电动机和发动机作为动力源,驱动汽车行驶。

ⓒ混联式混合动力电动汽车是指同时具有串联式和并联式驱动方式的混合动力电动汽车。其结构特点是可以在串联混合模式下工作,也可以在并联混合模式下工作,同时兼顾了串联式和并联式的特点。

随着混合动力电动汽车技术的快速发展,其类型还在不断地丰富变化。

c. 燃料电池电动汽车是指以燃料电池系统作为单一动力源或者以燃料电池系统与可充电储能系统作为混合动力源的电动汽车。车载燃料电池装置所使用的燃料为高纯度氢气或含氢燃料经重整所得到的高含氢重整气。与通常的电动汽车比较,其动力方面的不同在于,燃料电池汽车用的电力来自车载燃料电池装置,电动汽车所用的电力来自由电网充电的蓄电池。燃料电池的化学反应过程不会产生有害产物,因此燃料电池电动汽车是无污染汽车,燃料电池的能量转换效率比内燃机要高 2~3 倍,因此从能源的利用和环境保护方面,燃料电池汽车是一种理想的车辆。

燃料电池技术正在不断研制中发展。但目前仍然存在着技术性挑战,如燃料电池组的一体化等。

三、汽车型号表示方法

按照国家标准《汽车产品型号编制规则》(GB 9417—88),国产汽车型号应能表明其厂牌、类型和主要特征参数等。该型号由拼音字母和阿拉伯数字组成,包括首部、中部和尾部三部分。

首部:由 2 个或 3 个拼音字母组成,是识别企业的代号。如 CA 代表一汽,EQ 代表二汽,BJ 代表北汽等。

中部:由 4 位阿拉伯数字组成,分为首位、中间两位、末位数字三部分,其含义见表 4-13。

汽车型号中部 4 为阿拉伯数字的含义　　　　表 4-13

首位数字(1~9)表示车辆类别	中间两位数字表示各类汽车的主要特征参数	末位数字
1 表示载货汽车	数字表示汽车的总质量①(t)	表示企业自定序号
2 表示越野汽车		
3 表示自卸汽车		
4 表示牵引汽车		
5 表示专用汽车		
6 表示客车	数字 ×0.1m 表示车辆的总长度②	
7 表示轿车	数字 ×0.1L 表示发动机工作容积	
8(暂缺)		
9 表示半挂车或专用半挂车	数字表示汽车的总质量(t)	

注:①汽车总质量超过 100t,允许用 3 位数字。
　　②汽车总长度大于 10m,数字 ×1m 表示车辆的总长度。

尾部:由拼音字母或加上阿拉伯数字组成,可表示变型车与基本型汽车的区别或专用汽车的分类。

例如:型号 CA1092 表示第一汽车厂生产的货车,总质量为 9t,末位数字 2 表示在原车型 CA1091 的基础上改进的新车型。型号 CA7226L 表示第一汽车厂生产的轿车,发动机工作容积 2.2L,序号 6 表示 5 缸发动机的车型,尾部字母 L 表示加长型。

世界各国汽车公司生产的汽车大部分使用了车辆识别码,(Vehicle Identification Number,VIN)。根据国家标准《道路车辆　车辆识别代号(VIN)》(GB 16735—2019),VIN 由一组字母和阿拉伯数字组成,共17位,又称17位识别代号编码。如:LFW ADRJF7 11A02346,第一部分(前三位):世界汽车企业制造厂识别代码(WMI),WMI部分第一位代表地理区域,第二位代表国家和地区,第三位代表车辆制造厂;第二部分(中间六位):车辆说明部分(VDS),VDS部分前五位代表车辆特征代码,第六位代表检验位;第三部分(最后八位):车辆指示部分(VIS),VIS部分第一位代表年份,第二位代表装配厂,剩余六位代表生产顺序号。

四、营运汽车

专门从事公路运输的车辆称为营运车辆,包括营运客车和营运货车。

营运客车是指根据交通运输行业标准《营运客车类型划分及等级评定》(JT/T 325)中的定义,用于经营性旅客运输的汽车。按类型划分为乘用车和客车两类。其中乘用车符合《机动车辆及挂车分类》(GB/T 15089)规定 M1 类(包括驾驶员座位在内座位数不超过 9 座的载客汽车),客车主要以符合《机动车辆及挂车分类》(GB/T 15089)规定的 M2 类和 M3 类中的 B 级及 III 级客车为适用对象。其中客车按车长(L)分为特大型($13.7m \geq L > 12m$)、大型($12m \geq L > 9m$)、中型($9m \geq L > 6m$)和小型($6m \geq L > 3.5m$)四种。特大型和大型营运客车主要在一类客运班线及二类班线运营中使用;中型客车主要在二类班线及三类班线中使用;小型营运客车主要在三类及四类班线运营中使用。《道路旅客运输及客运站管理规定》规定:客运经营者应当依据国家有关技术规范对客运车辆进行定期维护,确保客运车辆技术状况良好。客运车辆的维护作业项目和程序应当按照国家标准《汽车维护、检测、诊断技术规范》(GB/T 18344)等有关技术标准的规定执行。

营运货车是指用于货物运输或租赁,并以直接或间接方式收取运费或租金的货运车辆(包括客货两用车)。营运货车按最大设计总质量(GVW)区分,主要包括符合《机动车辆及挂车分类》(GB/T 15089)规定的 N1($GVW \leq 3500kg$)、N2($12000kg \geq GVW > 3500kg$)、N3($GVW > 12000kg$)类货车、牵引车和 O3($10000kg > GVW > 3500kg$)、O4($GVW > 10000kg$)类挂车及其组成的汽车列车等。《道路货物运输及站场管理规定》规定:道路货物运输经营者应当建立车辆技术管理制度,按照国家规定的技术规范对货运车辆进行定期维护,确保货运车辆技术状况良好。货运车辆的维护作业项目和程序应当按照国家标准《汽车维护、检测、诊断技术规范》(GB/T 18344)等有关技术标准的规定执行。

营运车辆技术状况等级的评定依据是《营运车辆技术等级划分和评定要求》(JT/T 198)。该标准规定了营运车辆技术状况等级的评定内容、评定规则、等级划分、评定项目和技术要求。营运车辆技术状况等级的主要评定内容:整车装备及外观检查、动力性、燃料经济性、制动性、转向操纵性、前照灯发光强度和光束照射位置、排放污染物限值、车速表示值误差等。营运车辆技术等级划分为一级、二级、三级和四级,四级车属于停驶车。

五、汽车未来发展趋势

互联网及人工智能的快速发展,对汽车未来的发展也提供了新的方向。汽车的未来发展趋势及方向涵盖了多个方面,包括技术、智能化和出行模式等。以下是一些可能的未来汽车发展方向:

(1) 电动化与燃料效率提升：随着环保意识的增强和政府对排放标准的更严格要求，电动汽车将继续发展壮大。电动汽车技术的进步将导致更大的续驶里程、更短的充电时间以及更普及的充电基础设施。同时，燃料效率提升也将是一个关键的发展方向，包括混合动力技术和更高效的内燃发动机。

(2) 智能化与自动驾驶：未来智能化技术将在汽车领域得到更广泛的应用，包括高级驾驶辅助系统（Advanced Driving Assistance System，ADAS）和自动驾驶技术。汽车将变得更加智能，能够感知周围环境并作出自主决策，从而提高交通安全性和效率。智能化与自动驾驶的发展主要涉及到传感技术与环境感知、数据处理与感知算法、决策与规划、控制系统、自主决策、安全性与可靠性以及法律法规和社会接受度等几个方面。智能化与自动驾驶技术代表了汽车行业的一个革命性变革。通过整合先进的传感技术、数据处理算法和智能决策系统，车辆能够实现更安全、高效和便利的自主驾驶。然而，实现全面的自动驾驶还面临技术、法律、道路基础设施和社会认知等多方面的挑战，需要各方的共同努力和协作。

(3) 共享经济与出行服务：车辆共享和出行服务（例如网络预约出租汽车、共享汽车）的发展将继续改变人们的出行方式。这种模式有助于减少交通拥堵和车辆排放，同时也减少了个人车辆拥有和维护的成本。如共享单车模式一样，或许共享汽车生产制造也是未来的一种趋势。

(4) 车路协同：车路协同是采用先进的无线通信和新一代互联网等技术，全方位实施车车、车路动态实时信息交互，并在全时空动态交通信息采集与融合的基础上开展车辆主动安全控制和道路协同管理，充分实现人车路的有效协同，保障运输安全，提高运行效率，从而形成的安全、高效和环保的道路交通运输系统。

第三节　车辆利用指标体系

为了评价、分析车辆运输工作的效果，必须采用一系列的评价指标，以便从数量和质量上来衡量汽车运输工作的效果，这对于改善企业的生产经营活动，加强运输组织工作，具有很重要的意义。

按车辆利用程度的评价指标评价范围的不同，可分为单项指标和综合指标两部分。

一、评价运输车辆利用程度的单项指标

评价指标分别从时间、里程、速度、吨（客）位及车辆动力等方面的利用程度反映运输车辆的利用状况。

（一）车辆时间利用指标

在运输企业中，评价车辆利用程度及统计车辆工作状况时，常常需要同时考虑车辆和时间这两个因素，因此，采用"车日"和"车时"这两个复合指标可作为统计车辆工作状况和时间利用程度的基本计量单位。车日是指营运车辆在企业注册的保有日数。注册的营运车辆，不论其技术状况如何，是工作还是停驶，只要在企业注册保有一天，就记为一个车日。

在统计期内，企业所有营运车辆的车日总数称为总车日（U），其计算方法为：

$$U = \sum_{i=1}^{m} A_i D_i \quad (i = 1, 2, \cdots, m) \tag{4-1}$$

式中：i——按相同保有日数划分的车辆组别；

A_i——保有日数相同的第 i 组车辆数；

D_i——第 i 组车辆中每辆车在企业保有的日历天数。

企业的营运车辆，按其技术状况可分为完好的和非完好的，技术状况完好的车辆又可能处于两种状况，即正在进行运输工作或正在车场（库）内等待运输工作。非完好技术状态的车辆也有两种情况，即处于维修状态的和处于等待报废状态的。因此，企业营运总车日的总体构成如图 4-2 所示。

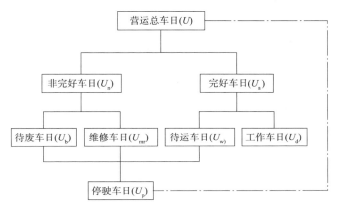

图 4-2 企业营运总车日的总体构成图

一辆营运车辆，只要当天参加运营生产，不论其出车时间长短，完成任务多少，均计为一个工作车日。但是车辆在一个工作车日的 24h 内，可能处于不同的状态，因此，为了进一步分析车辆在工作车日内的利用程度，又引入"车时"的概念。

车时即车辆小时，是指营运车辆在企业的保有小时数。企业所有营运车辆的车时总数，等于营运车辆数与其在企业保有日历小时数的乘积。

车辆在一个工作日内，可能处于下述两种状态，即在线路上工作和在车站（场、库）内停驶。在线路上工作的车辆又可能存在两种状态：行驶状态和停歇状态。在线路上行驶的车辆又可分为两种状态：负载行驶和空车行驶。在线路上停歇的车辆又可分为四种状态：因装载而停歇、因卸载而停歇、因车辆技术故障而停歇及由于组织原因而停歇。在车站（场、库）内停驶的车辆也可能处于四种不同状态：因技术维护而停驶，因修理而停驶，因等待运输任务而停驶或因等待报废而停驶。

由此可见，车辆在一个工作车日内的 24h 当中，可能处于上述各种不同的状态，因此，车辆在昼夜的时间组成可写成下式：

$$24 = T_d + T_p = T_{TL} + T_{TV} + T_L + T_u + T_{st} + T_{sv} + T_m + T_r + T_w + T_b \quad (h) \tag{4-2}$$

式中：T_d——在路线上的工作时间，又称执勤时间；

T_p——在车站（场、库）内的停驶时间；

T_{TL}——负载行驶时间；

T_{TV}——空车行驶时间；

T_L——装载停歇时间；

T_u——卸载停歇时间；

T_{st}——因技术故障的停歇时间；

T_{sv}——因运输组织方面原因的停歇时间；

T_m——因技术维护而停驶的时间；

T_r——因修理而停驶的时间；

T_w——因等待运输而停驶的时间；

T_b——待报废车停驶的时间。

若是一组车辆,则在总车日 U 内的营运总车时(H)的构成如图4-3所示。

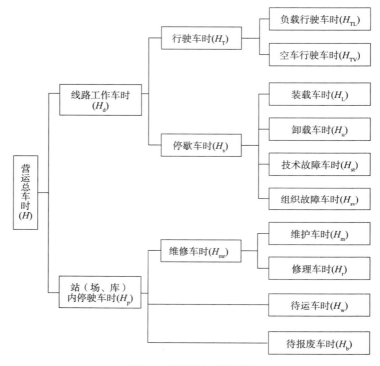

图4-3 营运总车时构成图

车辆时间利用指标有完好率、工作率、总车时利用率及工作车时利用率四项。

（1）完好率(α_a)：统计期内,企业营运车辆的完好车日与总车日之比。完好率表明了总车日可以用于运输工作的最大可能性,故又称完好车率。完好率以百分比表示,其不足之百分比数值为非完好率(α_n)。

$$\alpha_a = \frac{U_a}{U} \times 100\% = \frac{U - U_n}{U} \times 100\% \tag{4-3}$$

$$\alpha_n = \frac{U_n}{U} \times 100\% = 1 - \alpha_a \tag{4-4}$$

式中：U_a——技术状况为完好的车辆车日数；

U_n——技术状况为非完好的车辆车日数。

完好率也是一种车辆技术管理指标,用以表示企业营运车辆的技术完好状况和维修工作水平。提高完好率的途径有合理组织车辆的维修工作、提高维修工作质量、合理选择和利用车辆、提高驾驶技术以及适时处理报废车辆等。

(2) 工作率(α_d):统计期内工作车日与总车日之比,反映运输企业总车日的实际车辆利用程度,故又称工作车率或出车率。它亦用百分比表示,其不足之百分比数值为停驶率(α_p)。

$$\alpha_d = \frac{U_d}{U} \times 100\% = \frac{U - U_n - U_w}{U} \times 100\% \tag{4-5}$$

$$\alpha_p = 1 - \alpha_d \tag{4-6}$$

式中:U_d——统计期内的工作车日;

U_w——统计期内车辆因等待运输而停驶的车日。

工作率反映了企业营运车辆的技术状况及运输组织工作水平。其提高途径主要有提高完好率、提高运输组织水平以及加强运输市场竞争等。

(3) 总车时利用率(ρ):统计期工作车日内,车辆在线路上的工作车时与总车时之比,用以表明工作车日中用于出车时间的长短,故又称昼夜时间利用系数。

$$\rho = \frac{H_d}{24 U_d} \times 100\% \tag{4-7}$$

式中:H_d——统计期工作车日内车辆在线路上的工作车时;

U_d——统计期内的工作车日。

对于单个车辆,在一个工作日内的总车时利用率为:

$$\rho = \frac{T_d}{24} \times 100\% \tag{4-8}$$

式中:T_d——一个工作车日内车辆在线路上的工作车时。

提高总车时利用率的途径是增加负载行驶车时,如努力开拓运输市场及承接中长距离运输任务等。

(4) 工作车时利用率(δ):统计期内,车辆在线路上的行驶车时与线路工作车时之比,用以表示车辆在线路上行驶时间的百分比。

$$\delta = \frac{H_T}{H_d} \times 100\% = \frac{H_d - H_s}{H_d} \times 100\% \tag{4-9}$$

式中:H_T、H_d、H_s——统计期内,车辆在线路上的行驶车时、工作车时、停歇车时。

同理,提高工作车时利用率的途径也是增加负载行驶车时及减少线路停歇时间(含装卸停歇车时)。

在评价车辆时间利用率时,总车时利用率及工作车时利用率两个指标通常只作为辅助指标,宜与其他指标(如里程利用率)结合使用。

(二) 车辆速度利用指标

车辆速度系指单位时间内的平均行驶里程。按单位时间的不同,可将其分为平均车时行程及平均车日行程。

平均车时行程,按车时性质不同,又可分为平均行驶车时行程、平均运送车时行程和平均工作车时行程,并分别称为技术速度(V_t)、运送速度(V_c)和营运速度(V_d)。

(1)技术速度(V_t):车辆在行驶车时内的平均速度,用以表示车辆行驶的快慢。

$$V_t = \frac{L}{T_t} \quad (\text{km/h}) \tag{4-10}$$

式中:L——车辆行驶距离,km;

T_t——车辆行驶车时,h,包括与交通管理、会车等因素有关的短暂停歇时间。

影响技术速度的因素有驾驶技术水平、车辆结构与性能、道路交通条件以及气候条件等。

(2)运送速度(V_c):车辆在运送车时内的平均速度,用以表示车辆运送旅客或货物的快慢,也是评价运输服务质量的一个指标。

$$V_c = \frac{L}{T_c} \quad (\text{km/h}) \tag{4-11}$$

式中:T_c——自起运点出发至终点到达时刻所经历的全部时间,h,不包括始末点的装卸作业(或旅客上下车)时间,但包括途中各类停歇时间。

影响运送速度的主要因素有技术速度、营运工作组织水平、旅客乘车秩序、货物紧固包装状况及中途站点装卸条件等。

(3)营运速度(V_d):车辆在线路上工作车时内的平均速度,用以表示车辆在工作时间内有效运转的快慢。

$$V_d = \frac{L}{T_d} = \frac{L}{T_t + T_s} \quad (\text{km/h}) \tag{4-12}$$

式中:T_d——车辆在线路上的工作车时,h;

T_s——车辆的各类停歇车时,h。

影响营运速度的因素有运送速度、装卸作业(或旅客上下车)手段及现场工作条件、办理行车文件手续的繁简等。

(4)平均车日行程(L_d):统计期内平均工作车日内车辆所行驶的里程,用以表示车辆在统计期工作车日内有效运转的快慢。

$$L_d = \frac{L}{U_d} \quad (\text{km/车日}) \tag{4-13}$$

由于车辆在一个工作车日内的行程为:

$$L_d = L = T_d \cdot V_d = T_d \cdot \delta \cdot V_t \quad (\text{km}) \tag{4-14}$$

因此,平均车日行程既是一个以"车日"为时间计算单位的速度利用指标,同时又是一个以车辆的速度和时间综合利用的评价指标。影响平均车日行程的因素有营运速度、车辆的工作制度及调度形式等。

(三)车辆行程利用指标

车辆行程利用指标,即里程利用率(β),指统计期内车辆的负载行程与总行程之比,用以表示车辆总行程的有效利用程度,又称行程利用系数。

$$\beta = \frac{L_L}{L} \times 100\% = \frac{L_L}{L_L + L_V} \times 100\% \tag{4-15}$$

式中：L_L——统计期内车辆的负载行程，km；

L_V——统计期内车辆的空车行程，km，包括空载行程和调空行程，前者是指车辆由卸载地点空驶至下一个装载地点的行程；后者是指由车场（库）供应空车至装载地点，或由最后一个卸载地点空驶回车场（库），以及空车开往加油站或维修地点进行加油、维修的行程。

影响里程利用率的主要因素有运输任务的分布及运输工作量在一定时间内所占的比重、运输过程的组织、起运地点与到达地点的分布以及所用车辆对不同运输对象的适应能力等。提高里程利用率，是提高车辆运输工作生产率和降低运输成本的有效措施。

(四) 车辆载质(客)量利用指标

车辆载质(客)量利用指标表示车辆载重(客)能力有效利用的程度，包括载质(客)量利用率及实载率两项指标。

(1) 载质(客)量利用率(r)：车辆在负载行程中实际完成的周转量与额定周转量之比。其中，载质量利用率又称动载质量利用率，载客利用率又称满载率。

动载质量利用率或满载率为：

$$r = \frac{\sum P}{\sum P_0} \times 100\% = \frac{\sum (qL_L)}{\sum (q_0 L_L)} \times 100\% = \frac{\sum (qL_L)}{q_0 \sum L_L} \times 100\% \tag{4-16}$$

式中：$\sum P$——统计期内车辆实际完成的周转量之和，t·km 或 人·km；

$\sum P_0$——统计期内车辆的额定周转量之和，即在载质(客)量达到车辆额定载质(客)量情况下所能完成的货物(旅客)周转量之和，t·km 或 人·km；

q——车辆的实际载质(客)量，t 或 人；

q_0——车辆的额定载质(客)量，t 或 人；

L_L——车辆负载行程总长度，km。

在一个运次(或某一路段)中，负载行程是固定的，则载质(客)量利用率为：

$$r = \frac{P}{P_0} \times 100\% = \frac{qL_L}{q_0 L_L} \times 100\% = \frac{q}{q_0} \times 100\% \tag{4-17}$$

此时，r 分别称为静载质量利用率或路段满载率。可见，静载质量利用率(或路段满载率)表示车辆额定载质(客)量的利用程度，与负载行程无关；而动载质量利用率表示车辆在运行中载质量的实际利用程度，与负载行程有关。

影响载质(客)量的主要因素有货(客)流特性，运输距离、车辆容量性能及对所运货物(旅客)的适应程度，装车与理货技术以及运输组织工作水平等。

(2) 实载率(ε)：车辆实际完成的货物(旅客)周转量与全行程周转量之比，用以表示车辆在总行程中载重(客)能力的有效利用程度。

$$\varepsilon = \frac{\sum P}{\sum P_e} \times 100\% = \frac{\sum (qL_L)}{\sum (q_0 L)} \times 100\% \tag{4-18}$$

式中：$\sum P_e$——统计期内车辆全行程周转量，即假设车辆在全行程 L 中，载质量充分利用时所能完成的货物(旅客)周转量之和，t·km 或 人·km，又称总车吨(客)位公里。

对于单个车辆或一组吨(客)位相同的车辆：

$$\varepsilon = \frac{\sum(qL_L)}{\sum q_0 L} \times 100\% = \frac{\sum(qL_L)}{q_0 \dfrac{\sum L_L}{\beta}} \times 100\% = \gamma\beta \tag{4-19}$$

由此可见,实载率能够较全面地评价车辆结构和运输组织不同时,车辆有效利用的程度。

(五) 车辆动力利用指标

车辆动力利用指标即拖运率(θ),是指挂车所完成的周转量与主、挂车合计完成的周转量之比,用以评价车辆动力的利用程度。

$$\varepsilon = \frac{\sum P_t}{\sum P_m + \sum P_t} \times 100\% \tag{4-20}$$

式中:$\sum P_t$——统计期内挂车完成的周转量,t·km;

$\sum P_m$——统计期内主车完成的周转量,t·km。

影响拖运率的主要因素有汽车与挂车性能、驾驶技术水平、道路条件以及运输组织工作水平等。

综上所述,评价车辆利用程度的单项指标共有5类12项,如图4-4所示。各项指标均从某一方面反映出车辆的利用程度以及运输工作条件对车辆利用的影响。但为了从数量、质量及经济上全面评价运输车辆工作效果,尚有待建立与上述指标相互关联的综合指标。

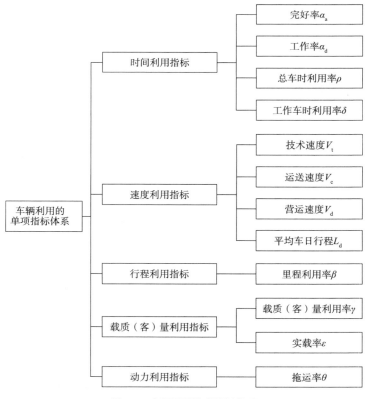

图4-4 车辆利用单项指标体系

二、评价运输车辆工作效率的综合指标

汽车运输生产率是车辆运输工作效率的主要综合指标,它指单位时间内运输车辆完成的产量。其中"单位时间"指小时、日、月或年等统计时间;"车辆"指不同类型的单车、车组、车队构成的全部车辆,或车辆的一个吨(客)位等;"产量"可以指运量、周转量、收费里程或收费停歇时间(出租汽车客运)等。因此,按照上述各类"单位时间""车辆""产量"等不同的组合,汽车运输生产率可以分为不同种类,如平均车时产量、平均车日产量、车吨(客)位月产量、单车年产量、企业车队年产量等。

汽车运输生产率按单位时间性质不同,又可分为工作生产率和总生产率。其中,前者是指单位工作车时完成的产量,后者是指单位总车时所完成的产量。汽车运输生产率按运输形式的不同,又可分为载货汽车运输生产率、载客汽车运输生产率和出租汽车运输生产率。

(一)载货汽车运输生产率

1. 工作生产率

载货汽车的运输工作通常是以运次为基本运输过程进行组织。由于在一个运次中的货运量 Q_c 为:

$$Q_c = q_0 r \quad (t) \tag{4-21}$$

而一个运次完成的周转量 P_c 为:

$$P_c = Q_c \cdot L_L = q_0 r L_L \quad (t \cdot km) \tag{4-22}$$

而完成一个运次的工作车时 t_d 为:

$$t_d = t_t + t_{1\mu} = \frac{L_L}{\beta V_t} + t_{1\mu} \quad (h) \tag{4-23}$$

式中:t_t——车辆在一个运次中的行驶时间,h;

$t_{1\mu}$——车辆在一个运次中的停歇时间,主要是装卸货物的停歇时间,h。

根据工作生产率的定义,则单位工作车时完成的货运量及货物周转量分别为:

$$W_q = \frac{Q_c}{t_d} = \frac{q_0 r}{\frac{L_L}{\beta V_t} + t_{1\mu}} \quad (t/h) \tag{4-24}$$

$$W_P = \frac{P_c}{t_d} = \frac{q_0 r L_L}{\frac{L_L}{\beta V_t} + t_{1\mu}} \quad [(t \cdot km)/h] \tag{4-25}$$

2. 总生产率

由于平均每一总车时内,车辆在线路上的工作车时(T'_d)为:

$$T'_d = \frac{U_d T_d}{24 U} = \left(\frac{U_d}{U}\right) \times \left(\frac{T_d}{24}\right) = \alpha_d \rho \quad (h) \tag{4-26}$$

因而,根据总生产率的定义可知,载货汽车平均每一总车时完成的货运量和货物周转量分别为:

$$W'_q = \alpha_d \rho W_q \quad (t/h) \tag{4-27}$$

$$W'_p = \alpha_d \rho W_p \quad [(t \cdot km)/h] \tag{4-28}$$

由式(4-24)～式(4-28)可知,影响载货汽车工作生产率的主要因素有额定装载质量 q_0、装载质量利用率 r、负载行程 L_L、里程利用率 β、技术速度 V_t 以及装卸停歇时间 $t_{1\mu}$,共6项。影响总生产率的因素有工作率 α_d 及总车时利用率 ρ。

同时还可以发现,上述各因素对载货汽车生产率的影响关系为:当货物运距一定时,汽车额定装载质量 q_0 越大,装载质量利用率 r 越高;技术速度 V_t 越快,里程利用率 β 越高,以及装卸停歇时间 $t_{1\mu}$ 越短,则工作生产率越高。但当运距增加时,以运量表示的生产率趋于下降,而以周转量表示的生产率则趋于增加。以上情况表明,在一定的工作条件下,上述各指标之值都反映了工作条件的影响,故常将上述各单项指标称为对生产率有影响的使用因素。现实生产活动中,运输企业可以通过优化各使用因素的状态,从而提高生产率指标。

(二) 载客汽车运输生产率

1. 工作生产率

载客汽车(亦称"客运车辆")运输工作通常是以车次为基本运输过程进行组织的。车辆在线路上工作时,由于在一个车次内车辆所载运旅客在沿线各停车站不断交替变化(旅客上下车),客流沿各路段的分布具有不均匀性。因此,车辆在各路段的实际载客量可能各不相同。所以在一个车次内,车辆实际完成的载客人数 Q_n 及旅客周转量 P_n 分别为:

$$Q_n = q_0 r \eta_a \quad (人次) \tag{4-29}$$

$$P_n = Q_n \cdot \overline{L}_p \quad (人 \cdot km) \tag{4-30}$$

式中: r ——满载率;

q_0 ——额定载客人数,人;

η_a ——旅客交替系数;

$\overline{L}_p$ ——平均运距,指统计期内所有旅客的平均乘车距离,km。

乘客交替系数 η_a,是指在一个车次时间内,各路段平均载客客位中,每客位实际运送的旅客人数。η_a 以车次的线路长度 L_n 与平均运距 $\overline{L}_p$ 之比表示,即:

$$\eta_a = \frac{L_n}{\overline{L}_p} \tag{4-31}$$

客运车辆在一个车次中的工作车时 t_n 由行驶时间 t_{nr} 及沿线各站停歇时间 t_{ns} 组成,即:

$$t_n = t_{nr} + t_{ns} = \frac{L_L}{\beta V_t} + t_{ns} \quad (h) \tag{4-32}$$

这样,车辆在一个车次中单位工作时间内完成的客运量及旅客周转量分别为:

$$w_q = \frac{Q_n}{t_n} = \frac{q_0 r \eta_a}{\frac{L_L}{\beta V_t} + t_{ns}} \quad (人/h) \tag{4-33}$$

$$w_p = \frac{Q_n \overline{L}_p}{t_n} = \frac{q_0 r \eta_a \overline{L}_p}{\frac{L_L}{\beta V_t} + t_{ns}} = \frac{q_0 r L_n}{\frac{L_L}{\beta V_t} + t_{ns}} \quad [(人 \cdot km)/h] \tag{4-34}$$

由式(4-33)和式(4-24)可知,以运量表示的工作生产率对货物运输和旅客运输在形式上稍有差别,这是由于旅客运输是以车次为基本运输过程这一特点所致,故在形式上多了旅

客交替系数 η_a。

由式(4-34)和式(4-25)可知,以周转量表示的生产率对货物运输和旅客运输在形式上是一致的,但各使用因素的意义因运送对象不同而存在差异,因而各相应使用因素对生产率的影响也是相似的。

2. 总生产率

客运车辆总生产率即单位总车时内,车辆所完成的客运量和旅客周转量。依照载货汽车总生产率的求解方法,可以得到:

$$w'_q = \alpha_d \rho w_q \quad (人/h) \tag{4-35}$$

$$w'_p = \alpha_d \rho w_p \quad (人 \cdot km/h) \tag{4-36}$$

式(4-35)和式(4-36),与式(4-27)和式(4-28)比较可知,旅客运输总生产率在形式上与货物运输生产率完全一致。

当运用以上公式计算客运车辆运输生产率时,各使用因素的数值应为统计期内各车次的平均值。

(三)出租汽车运输生产率

出租汽车运输通常按行驶里程与等待乘客的停歇时间收费,所以出租汽车生产率通常以每小时完成的收费行驶里程和收费停歇时间度量。

出租汽车运输通常按运次进行组织。各运次时间由收费里程(L_g)的行驶时间、不收费里程(L_n)的行驶时间、收费停歇时间(t_g)和不收费停歇时间(t_n)四部分组成,即出租汽车的工作车时 t_d 为:

$$t_d = \frac{L_g + L_n}{V_t} + t_g + t_n \quad (h) \tag{4-37}$$

引入出租汽车里程利用率 β,并定义为收费里程(L_g)与总行程(L)之比,那么:

$$\beta = \frac{L_g}{L} = \frac{L_g}{L_g + L_n} \tag{4-38}$$

显然,里程利用率 β 表示了出租汽车总行程的利用程度,故又称收费行程系数,因而出租汽车的工作车时,也应表示为:

$$t_d = \frac{L_g}{\beta V_t} + t_g + t_n \quad (h) \tag{4-39}$$

于是,出租汽车的工作生产率,即单位工作时间内完成的收费行驶里程及收费停歇时间分别为:

$$w_l = \frac{L_g}{t_d} = \frac{L_g}{\frac{L_g}{\beta V_t} + t_g + t_n} \quad (km/h) \tag{4-40}$$

$$w_t = \frac{t_g}{t_d} = \frac{t_g}{\frac{L_g}{\beta V_t} + t_g + t_n} \quad (h/h) \tag{4-41}$$

同理,出租汽车的总生产率,即单位总车时内完成的收费行程及收费停歇时间分别为:

$$w'_l = \alpha_d \beta w_l \quad (km/h) \tag{4-42}$$

$$w'_t = \alpha_d \beta w_t \quad (h/h) \tag{4-43}$$

由以上公式可知,影响出租汽车生产率的因素有收费里程 L_g、收费行程系数 β、技术速度 V_t、每个运次的收费停歇时间 t_g 及不收费停歇时间 t_n。各使用因素对出租汽车生产率的影响,可以依照载货汽车生产率的分析方法进行。

(四) 汽车运输生产率特性

提高汽车运输生产率,是汽车运输工程师经常面临的基本课题之一。为了解决这个问题,必须了解各使用因素对生产率的影响方式及影响程度,以便结合企业自身的各项条件,确定优先改进哪个因素对提高生产率最为有利。为此,可以采用绘制生产率特性图的方法。

生产率特性图的绘制过程是:首先逐一分析各使用因素与生产率之间的变化关系,当分析某一使用因素的影响时,视其他各因素为常量,这样便得到一组各使用因素与生产率之间的变化关系曲线。然后,将上述一组曲线叠加绘制在一张坐标图上,通常选择纵坐标表示生产率,横坐标分别表示各使用因素。图 4-5 是以运量表示的载货汽车工作生产率特性图。

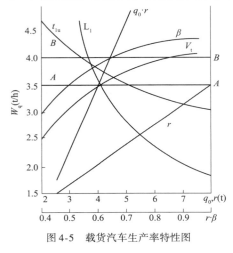

图 4-5 载货汽车生产率特性图

由图 4-5 可知,各使用因素对汽车运输生产率 W_a 的影响程度由高到低依次为:实际装载质量 Q_c(即额定装载质量 q_0 与装载质量利用率 r 之积)、装卸工作时间 $t_{1\mu}$、行程利用系数 β 及车辆技术速度 V_t。

需说明的是,生产率特性图表明了各使用因素独立变化对生产率的影响关系及影响程度。换言之,生产率特性图上的每一曲线所代表的方程均是一元方程。当两个或两个以上的使用因素同时改变状态时,它们对生产率的影响变化及影响程度必须借助三维或多维坐标图才能表达,因而绘图就变得复杂而不易实现,此时可以运用列表方法通过解析计算而寻找它们与生产率之间的变化关系。

第四节 公路客运组织

一、公路旅客运输概述

公路旅客运输是指用汽车沿公路载运旅客的运输业务。公路旅客运输由于其独特的优势在综合运输体系中占据了重要地位,其不仅承担了铁路、水路和航空客运的集散任务,还直接担负相当数量的旅客直达运输任务。

二、公路旅客运输分类

根据交通运输部《道路旅客运输及客运站管理规定》,道路客运经营是指使用客车运送旅客、为社会公众提供服务、具有商业性质的道路客运活动,包括班车(加班车)客运、包车客运和旅游客运。

（1）班车客运是指客车在城乡道路上按照固定的线路、时间、站点、班次运行的一种客运方式。加班车客运是班车客运的一种补充形式，是在客运班车不能满足需要或者无法正常运营时，临时增加或者调配客车按客运班车的线路、站点运行的方式。班车客运的线路按照经营区域可分为以下四种类型：

①一类客运班线：跨省级行政区域（毗邻县之间除外）的客运班线。

②二类客运班线：在省级行政区域内，跨设区的市级行政区域（毗邻县之间除外）的客运班线。

③三类客运班线：在设区的市级行政区域内，跨县级行政区域（毗邻县之间除外）的客运班线。

④四类客运班线：县级行政区域内的客运班线或者毗邻县之间的客运班线。

（2）包车客运是指以运送团体旅客为目的，将客车包租给用户安排使用，提供驾驶劳务，按照约定的起始地、目的地和路线行驶，由包车用户统一支付费用的一种客运方式。包车客运按照经营区域分为省际包车客运和省内包车客运。

（3）旅游客运是指以运送旅游观光的旅客为目的，在旅游景区内运营或者其线路至少有一端在旅游景区（点）的一种客运方式。旅游客运按照营运方式分为定线旅游客运和非定线旅游客运。定线旅游客运按照班车客运管理，非定线旅游客运按照包车客运管理。

三、公路客运站站务作业

公路客运站是公路客运企业的主要基层生产单位，它担负着接送旅客和组织客车运行等工作。客运站站务作业，是指旅客发送和到达的业务工作，如图4-6所示。客运站通过一系列站务作业，保证旅客安全、及时、经济、方便、舒适地到达目的地，同时为企业客运计划、统计、经济核算等工作提供原始资料，为企业改善经营管理、提高经济效益作出贡献。因此，客运站的站务作业是客运工作的重要内容。

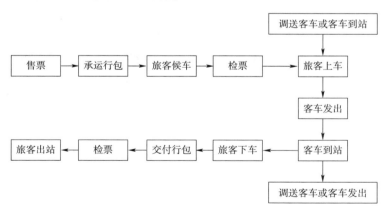

图4-6 客运站站务作业示意图

公路客运站站务作业主要有以下5个方面的工作。

1. 售票工作

车票是乘车票据的总称（包括全价票、减价票等），它是旅客乘车的凭证，也是旅客支付票价的依据和凭证。

在旅行前,旅客最关心的是能否按自己的需要购买到车票,因此,售票工作十分重要,对旅客而言,能否购到所需的车票,是能否按预定计划到达旅行目的地的主要依据;对车站而言,售票是组织客运工作,为旅客提供服务的第一步。

售票工作的基本要求是:准确、迅速、方便,其中最重要的就是准确无误(包括乘车日期、车次及发车时间、票款等)。为使广大旅客能迅速、方便地购买到车票,车站应采取多种形式售票,如预约售票(电话订票)、团体送票、多点售票、流动售票、窗口售票、互联网售票、车上售票等。通过售票工作,把旅客按照时间、方向和车次有条不紊地组织起来,为实行计划运输及合理组织旅客运输工作提供依据。

2. 行包托运和交付

行包是指旅客随身携带的行李和物品,如被褥、衣服、日常用品、零星土特产和职业上需要的小工具、少量书报杂志等,它应当随车同行,并保证安全运输。

行包的发送作业包括承运、保管和装车作业;行包的到达作业包括卸车、保管和交付作业。行包自承运时起至交付时止,运输部门要承担安全运输责任。在运输过程中因运输部门责任发生损坏或丢失,应由运输部门负责修理或赔偿。但若因自然灾害而发生损坏、丢失或包装完整但物品损坏、变质、减量等情况,运输部门不承担赔偿责任。

行包在运输过程中要经过很多环节,彼此间应办好交接手续,以便分清责任,防止差错,驾驶员在行包装运和交付时,如发现交付单与货物不符、行包破损或其他异常时,经确认后应在交托单上注明现状,由交出方签章,以明确责任。

3. 候车室服务工作

候车室服务工作是客运站站务作业的必要组成部分。做好候车室服务工作,是保证客运工作正常进行的必要条件,而且能为旅客创造一个良好的候车环境,提供热情周到的服务,从而直接提高旅客运输服务质量。

候车室服务人员,不仅要保持候车室内清洁、宣传交通常识和旅行安全知识以及正确回答旅客的询问,而且要根据不同旅客的具体情况,提供良好的服务和帮助,特别要对老弱病残孕旅客进行重点照顾,使他们感受到亲人般的温暖。因此,客运站服务人员,不仅要树立全心全意为人民服务的思想,而且要掌握一心为旅客服务的本领。除了熟悉本站客运工作各个程序、客运站规章制度、本站营运线路、全程站名、始发和经过的各次班车及停靠站点外,还应了解当地及附近地区的其他交通情况,如当地机关、学校、石矿、企业、招待所、主要旅社和服务行业情况,以及旅游地、名胜古迹等,才能及时满足旅客的询问,更好地为旅客服务。

站务工作人员不仅要掌握旅客流量、流向及其变化规律,而且要懂得一些心理常识及一般的思想工作方法,以便能区别不同情况,为旅客提供"文明礼貌,热情周到"的良好服务。

4. 组织乘客及发车

组织旅客有秩序地上车、使班车安全正点地发出并投入正常营运,是客运站站务作业的一项重要内容。

为了维护上车秩序,保证旅客不错乘、漏乘,必须对持有客票的旅客办理检票手续,即上车前对旅客车票在确认(验明)车次、日期、到达站无误后检票。检票标志着车站的一切运行准备工作已全部就绪,旅客的旅行生活已开始。做好检票工作,借以复查旅客是否有错乘、漏乘,正确统计上车人数,为有计划地输送旅客提供可靠的数据和资料。

旅客上车就座后,驾驶员和乘务人员应利用发车前的时间做好宣传工作,使乘客了解本次班车到达的终点站、沿途停靠站、途中膳宿地点、正点发车时间、到达时间以及行车中的注意事项等,开车前的短暂宣传是保证安全行车的有效措施之一。

班车发出前,车站值班站长或值班人员应做最后检查,确认各项工作就绪,车辆情况正常,才能发出允许放行信号。目前一般采用旗、电子显示牌和话筒指挥,驾驶员在得到允许放行信号后方可启动运行。

5. 接车工作

班车到达,值班员应指挥车辆停放在适当地点;查看路单,交接清单等有关资料;了解本站下车人数;点交本站的行包、公文及物品等情况;立即通知有关人员进行各项站务作业,接车作业主要包括照顾旅客下车,向车内旅客报唱本站站名,提醒下车旅客不要将随身携带的物品遗留在车厢内,检验车票,解答旅客提出的有关问题;接车工作还包括准确卸下到达车站的行包,并与交接清单核对,点收、点交运达本站的公文物件,在路单上填清班车到达时间,根据路单上的有关记录或驾驶员的反映,处理其他临时遇到的事项;如果是路过班车,还应该按发车站务作业要求组织本站旅客乘车。

四、公路旅客运输组织

旅客运输的基本任务是最大限度地满足人们对于旅行的需要,尽可能地为旅客提供物质和文化生活方面的良好服务,保证旅客安全、迅速、经济、舒适、便利地到达目的地。为此,旅客运输组织工作的基本原则是:

(1) 注意与其他运输工具间的衔接配合和综合利用,最大限度地满足社会对道路旅客运输日益增长的需要。

(2) 加强客运工作的计划性。坚持正点运行,确保服务的可靠性和及时性。

(3) 争取最大限度地直达化,减少中转环节,提高运送速度,尽量缩短旅客在途时间。

(4) 不断改善客运站务工作,配备必要的现代化服务设施,为旅客提供良好的旅行环境和服务质量。

(5) 确保人身安全和车辆完好,坚持生产必须安全的方针。

做好公路旅客运输的关键是客车运行组织工作。客车运行组织工作主要包括客运组织方法、确定客运班次、编排行车路线、编制单车运行作业计划、行车调度以及保证车辆安全、正点运行等。

1. 公路客运组织方法

公路客运除了特殊需要的旅客包车外,通常都是以定量客运班车方式组织旅客运输。与公路货运的行车组织相同,当公路客运汽车的周转时间超过驾驶员的正常工作时间时,公路客运可采用直达行驶法和分段行驶法两种行车组织方法。但是,由于采用分段行驶法时,在路段衔接处旅客需要换车,会增加旅客在旅途的时间并使旅客感到不便,从而可能导致部分旅客放弃乘用公路汽车出行,使公路客运汽车的工作效率降低。因此,在大多数情况下,公路客运的行车组织方式都是采用直达行驶法。公路货运直达行驶法的驾驶员工作制度,同样适用于公路客运直达行驶法的驾驶员工作组织方法。

实现旅客运送,要求做到旅行时间少。旅客的旅行时间主要包括:旅客自出发地到长途客运站所需时间,旅客购票所需时间,旅客在起点站等车时间,旅客沿线乘车时间及途中换乘和旅客从终点站到达目的地所需时间等。

公路客运汽车站在市区(或服务区域)内的合理设置,可以减少旅客到达客运站和从客运站到达目的地的时间。如果将公路汽车客运站设置在其他客运方式的站点(火车站、客运码头)附近,则可以减少旅客在旅行途中的转乘时间。

旅客购票时间的多少与许多因素有关,如售票窗口的数目和布局、售票额、客流大小及车票的销售方式等。在客流量大的公路客运干线的沿线各站点间,采用互联网或电话联系的方法,可以及时通报有关途中客运信息,以方便旅客预先购票,减少汽车停站时间和提高运送速度。

旅客在汽车客运沿线的等车时间,主要取决于线路上客运车辆的发车频率、行驶的准点率、故障率以及公路客运汽车行车时刻与城市(或地区)客运系统工作制度的协调程度。客运车辆按运行时刻表准确地抵达车站和车辆技术状况良好,保证无故障地安全行驶,将有利于降低旅客在站的等车时间。

旅客乘车时间是旅行时间的主要组成部分,其长短对旅客选择出行方式有重大影响。就客运企业而言,它主要取决于客运行车组织方式、驾驶员的工作制度以及车辆性能和维修水平等。

发展各种客运方式的联合运输,组织公路汽车客运线路之间的衔接运输及公路汽车客运与其他旅客运输方式的联运工作,不仅可以减少旅客购票、等车和乘车时间,而且可以节约基本建设投资费用,并取得明显经济效益。

2. 客运班次的组织

客运班次主要包括行车路线、发车时间、起讫点、途经站点及停靠站点等。

客运班次的安排是旅客安排旅行的依据(旅客根据自己的需要,按照车站公布的客运班次确定乘车路线,选择合适的班次购票),也是车站完成旅客运输任务和企业安排运输计划的一项重要的基础工作。客运班次安排得科学合理,可使旅客往返乘车方便,省时省钱,使客车运行不超载,也不空载,可确保企业生产计划的完成并提高车辆生产效率及经济效益。因此,科学合理地确定客运班次具有重要意义。

安排客运班次,必须深入进行客流调查,在掌握各线、各区段、区间旅客流量、流向、流时及其变化规律的基础上研究确定。在安排客运班次时应考虑以下因素:

(1)根据旅客流向及其变化规律,确定班次的起讫点和中途停靠站点,兼顾始发站及各中途站旅客乘车的需要。凡有条件开行直达班次的就不用中途截断分成几个区间班次,以减少旅客的中转换乘。

(2)安排班次的多少,取决于客流量大小。遇到节假日及大型集会等客流量猛增时,要及时增加班车或组织专车、提供包车等借以疏导客流。

(3)根据客流规律来安排班次时刻。例如,农村公共客运要适应农民早进城晚归乡的习惯,很多旅客要经由其他线路、其他班次或火车、轮船中转换乘,因此,各线班次安排应尽量考虑到相互衔接及与其他交通工具中转换乘的方便性。

(4)安排班次时刻,应考虑车辆运行时间、旅客中途膳宿地点、驾驶员作息时间以及有关站务作业安排。

以上各项要求,若存在不能完全兼顾的情况,应从具体情况出发,分清主次,统筹兼顾。如根据《道路旅客运输企业安全管理标准(试行)》,道路运输企业在安排运输任务时,应严格要求客运驾驶员24h内驾驶不超过8h,特殊情况下可以延长2h,但每月累计延长时间不得超过36h。连续驾驶时间不得超过4h,每次停车休息时间不得少于20min。可见,客运班次的安排,是一个很重要又细致复杂的工作。

客运班次经确定后由车站公布执行,一经公布,应保持班次的稳定性和严肃性。除冬夏两季因适应季节变化需调整行车时刻外,平时应尽量避免临时变动,更不应任意停开班次、减少班次或变动行车时刻,若需调整,最好与冬夏季的调整时刻同时进行,并通过互联网以及车站公示等方式及时通知旅客。

3. 编排循环代号

客运班次确定后,就要安排车辆如何运行。对属于本企业本单位经营分工范围内的全部班次,通过合理编排,确定需要多少辆客车运行,即编出多少个循环代号。所谓一个代号,就是一辆客车在一天内的具体任务,运行指定的一个或几个班次。全部循环代号即包括全部班次。有了循环代号,才能进一步编制单位运行作业计划和进行车辆调度。

编排循环代号要合理分配运行任务,各个代号的车日行程大体相等,代号要首尾相连,便于循环,使各单车均衡地完成生产任务。根据不同班次和不同车型,也可以分为小组定线循环,在特定条件下,也可以定线定车行驶。

4. 单车运行作业计划和调度工作

客运调度室应依据循环代号、车辆状况及其运行情况(车辆型号、技术性能、额定座位、完好率、工作率、平均车日行程、实载率、车座产量等),预计保留一定数量的机动车辆以备加班、包车及其他临时用车,加以统筹安排、综合平衡后,编制各单车运行作业计划并组织执行。在执行计划过程中,可能会遇到各种因素干扰,调度人员应采取相应措施排除干扰,保证运行作业计划的实施。单车运行作业计划一般按月编制。

客运调度室是代表企业执行生产指挥的职能机构,各级调度有权在计划范围内指挥客车运行,在特殊情况下实施计划外调度。驾驶员、乘务员对调度命令必须严格执行,即使有不同意见,在调度未作出更改之前,仍应执行调度命令,以确保运行组织工作顺利进行。

5. 班线客运接驳运输

班线客运接驳运输,是指通过在客车运行途中选择合适的地点,实施驾驶员停车换人、落地休息,或换车换人,由在接驳点上休息等待的驾驶员上车驾驶,继续执行客运任务的运输组织方式。开展班线客运接驳运输,既可以使驾驶员得到良好的休息,防止疲劳驾驶,又可以避免客车夜间停驶产生的诸多问题,有效提高班线客运夜间运行的安全保障水平和服务质量。班线客运接驳运输对于整合优势资源,优化运输组织,推动班线客运企业网络化运营和集约化、规模化发展,促进道路客运行业结构优化升级具有重要推动作用。

接驳运输企业条件及相关要求如下。

(1)企业条件。

①具有健全的安全生产管理体系和严格的安全生产管理制度,企业安全生产标准化二级达标以上。

②1年内未发生负同等及以上责任的重特大道路交通事故(一次死亡10人及以上)。

③建立完善的车辆动态监控机制。

④优先选择安全生产标准化一级达标并实行集团化、网络化运营的800km以上客运班线,运营车辆在50辆以上的道路客运企业。

(2)接驳运输线路、车辆要求。

①企业应当合理选择接驳运输线路和车辆,优先选择800km以上的、主要在高速公路上运行的长途客运班线。

②接驳运输车辆应车况良好,车辆技术等级达到一级,具备接驳运输线路运营资格。

③接驳运输车辆应安装具有驾驶员身份识别功能和行驶记录功能的卫星定位车载视频终端,并接入统一的"接驳运输车辆动态监控平台"。

④接驳运输车辆应以企业名称登记,列入企业资产管理,企业统一对车辆进行成本核算,驾驶员由企业统一选派,车辆运营由企业统一掌控,严禁承包经营、挂靠经营的车辆从事接驳运输。

⑤接驳运输线路所属的车辆在1年内无负同等及以上责任的较大道路交通事故(一次死亡3~9人)。

(3)接驳点设置要求。

①接驳点设置要充分考虑接驳时间和接驳点服务保障能力等因素,合理选择接驳点位置,确保满足23时至次日2时之间完成接驳的要求。

②接驳点应满足接驳需求,具备停车、住宿、餐饮、通信等基本条件,优先选择在高速公路服务区或客运班线途经的汽车客运站设置接驳点,也可以在高速公路出入口附近的加油站、停车场设置。

③配备满足工作需要的专职管理人员,加强接驳点及接驳管理,或在公共接驳点、共用接驳点采取委托管理的方式,督促驾驶员严格执行接驳运输管理制度,保证接驳运输车辆顺利接驳。保证驾驶员的充足睡眠和休息,做好接驳运输台账的登记和管理。

(4)接驳运输车辆驾驶员要求。

①具备驾驶接驳车辆的规定资格条件,熟悉接驳车辆状况和沿途道路交通情况。

②在1年内无涉及人员死亡且负同等及以上责任的道路交通事故。

③列入重点监管名单未解除的,不得参加接驳运输。

(5)接驳运输流程。

①接驳运输车辆要随车携带班线客运接驳运输车辆标识,并放置在车辆内前风窗玻璃右侧。

②接驳运输车辆发车前,驾驶员要领取、填写并随车携带接驳运输行车单;车辆到达指定的接驳点后,当班驾驶员和接驳驾驶员交接车辆相关证件,填写接驳运输行车单,并由接驳点管理人员签字、盖章。

③接驳点管理人员要根据接驳运输行车单登记接驳运输台账。

④接驳运输车辆驾驶员在运输任务结束后要将接驳运输行车单及时上交道路客运企业留存备查,保存期不少于6个月。

6. 安全正点行车技术组织

客运工作的服务对象是旅客。保证旅客运输的绝对安全是运输企业及全体客运工作人员(驾驶员、乘务员、调度员、站务员等)义不容辞的职责。客运工作人员要以对旅客声明财产极端负责的态度,科学调度、精心驾驶、周到服务、做好本职工作。

为保证客运车辆安全运行,应做到:

(1)注重对驾驶员的安全行车教育,避免出现违章驾车现象。

(2)按时对客运车辆进行维修技术作业,定期检测,消除行车故障隐患。

(3)提高驾驶员在特殊条件下的驾驶技术,保证行车安全。

(4)在条件允许的情况下,尽量采取固定线路、班期运营方式,使驾驶员对行驶的道路条件比较熟悉。

(5)针对旅客进行安全旅行知识的宣传,严防旅客携带易燃、易爆等危险品上车。

客运班车的正点发车和正点到达,对保证旅客按计划运行,保证车站作业和运行组织工作顺利进行,并最终实现安全正点运输有重要意义。

五、班车客运定制服务

1. 班车客运定制服务概述

传统班线客运具有"定点、定线、定车、定时"四定特点,对于客运站班线和车辆有严格规定和审批要求,对于乘客必须按照规定时间、地点乘车。

随着互联网技术的发展,为满足旅客多元化出行需求,助力道路客运企业转型升级,交通运输部在发布的《道路旅客运输及客运站管理规定》中提出了班车客运定制服务,并在2022年制定了《班车客运定制服务操作指南》,以鼓励道路客运企业开展班线客运定制服务。

班车客运定制服务(简称"定制客运")是指已经取得道路客运班线经营许可的经营者依托电子商务平台发布道路客运班线起讫地等信息、开展线上售票,按照旅客需求灵活确定发车时间、上下旅客地点并提供运输服务的班车客运运营方式。

2. 班车客运定制服务流程

(1)信息公布。

定制客运经营者通过网络平台移动互联网应用程序App、网页、小程序、公众号等服务界面公布定制客运班线起讫地、发车时间、停靠地点(如预设)、车辆类型等级、票价、短途驳载服务(如有)等信息,供旅客查询;重大突发传染病疫情防控、重大活动等特殊时段,对旅客出行有特殊要求的,相关信息一并公布。

(2)票务服务。

按照《交通运输部 国家发展改革委关于深化道路运输价格改革的意见》(交运规〔2019〕17号),定制客运服务实行市场调节价,定制客运经营者自主确定定制客运客票价格并保持价格基本稳定,制定或者调整价格至少提前7日在网络平台向社会公布;执行伤残军人、伤残人民警察、残疾消防救援人员客票半价优待,10座及以上客车对符合条件的儿童执行免费乘车或者客票半价优待。

网络平台根据旅客购票信息生成订单及电子客票,并按规定接入省域道路客运联网售票系统;按规定落实实名制管理要求,保存旅客购票信息;定制客运经营者根据旅客需要提供发票,鼓励依托网络平台提供电子发票服务。网络平台可通过设置客服岗位、开通专线服务电话等方式,为旅客提供"客服在线代下单""专线电话叫车""停靠地点代下单"等服务,为老年人等群体购票提供便利。

鼓励定制客运经营者、网络平台为旅客提供客票优惠,丰富"车票+门票""车票+酒店"等服务产品。在旅客知情、自愿的前提下,可提供保险代售服务,并显著区分客票价格和保险价格,禁止将保险设为默认购买项。

(3)运力调度。

网络平台汇总旅客乘车时间、地点等购票信息,告知定制客运经营者。定制客运经营者按照预先公布信息和旅客购票信息,规划运行时间、路线,调度车辆和驾驶员,并将车辆、驾驶员信息告知网络平台。鼓励网络平台为定制客运经营者提供规划运行时间、路线服务。

定制客运经营者开展车辆和驾驶员调度,要保障驾驶员遵守驾驶时间和休息时间等规定,避免疲劳驾驶。

(4)订单推送。

网络平台获取车辆和驾驶员安排后,向旅客推送订单信息,包括定制客运班线起讫地、定制客运经营者、驾驶员联系方式、车辆号牌及颜色、车辆类型等级、乘车时间及地点,并提示旅客配合开展行李物品安检和客票实名制查验、不得携带国家规定的危险品及其他禁止携带的物品乘车。

网络平台向旅客推送订单信息后,定制客运经营者需变更车辆的,原则上按照车辆类型等级不低于原车的标准变更车辆,并通过网络平台提前告知旅客。确需调整车辆类型或者降低车辆类型等级的,事先征得旅客同意;旅客不同意的,免费办理退票并按照旅客服务协议履行相关义务。

定制客运经营者无法按计划提供服务,以及旅客超出约定等候时间未到达上车地点或者无法取得联系的,按照退改签规则及旅客服务协议执行。

(5)旅客运送。

网络平台通过信息化比对方式,保障执行运输任务的定制客运经营者、车辆和驾驶员线上线下一致。

驾驶员按照定制客运调度指令,提前熟悉停靠地点布局、规划路线,按照预先确定的时间、地点、路线发班运行、接送旅客。旅客上车前,由驾驶员或者停靠地点工作人员按照《交通运输部 公安部关于公布〈道路客运车辆禁止、限制携带和托运物品目录〉的公告》(交运规〔2021〕2号,简称《禁限带品目录》)等有关规定,实行旅客行李物品安全检查;一类、二类道路客运班线开展定制客运的,实行实名查验。

驾驶员在发车前,在车辆规定位置放置具有"定制客运"标识的班车客运标志牌和相应的道路客运班线经营信息表,对车辆进行安全检视,确保车辆设施设备完好、正常运行;在停靠地点出发时,注意观察车辆周边环境,确保车辆运行安全和上下旅客安全,并提醒旅客系固安全带。

(6)服务评价。

网络平台、定制客运经营者通过网络平台服务界面、监督电话等方式受理旅客投诉建议,按照投诉处理流程限时办理并反馈。鼓励网络平台拓展线上服务评价功能,在订单完成后供旅客自愿反馈对出行体验的总体评价,以及对定制客运经营者、网络平台、驾驶员和车辆的评价、建议、投诉等相关信息。

鼓励定制客运经营者、网络平台加强旅客服务评价情况动态分析,持续优化服务流程,提升服务水平。

3. 班车客运定制服务管理规定

交通运输部对从事"定制客运"的企业经营者、车辆、驾驶员及电子商务平台运营模式作了如下规定。

(1)企业经营者和从业人员要求。

①提供道路客运定制服务的,企业应当具备道路客运经营资格,驾驶员应当取得相应从业资格。

②班车客运经营者开展定制客运的,应当向原许可机关备案,并提供以下材料:

a.《班车客运定制服务信息表》;

b.与网络平台签订的合作协议或者相关证明。

网络平台由班车客运经营者自营的,免于提交前款 b 项材料。《班车客运定制服务信息表》记载信息发生变更的,班车客运经营者应当重新备案。

③班车客运经营者可以自行决定定制客运日发班次。

④班车客运经营者应当在定制客运车辆随车携带的班车客运标志牌显著位置粘贴"定制客运"标识。

⑤班车客运经营者应当为定制客运车辆随车配备便携式安检设备,并由驾驶员或者其他工作人员对旅客行李物品进行安全检查。

(2)车辆要求。

①开展定制客运的营运客车(简称"定制客运车辆"),核定载客人数应当在 7 人及以上。

②定制客运车辆在遵守道路交通安全、城市管理相关法规的前提下,可以在道路客运班线起讫地、中途停靠地的城市市区、县城城区按乘客需求停靠。

(3)电子商务平台要求。

①提供定制客运网络信息服务的电子商务平台(简称"网络平台"),应当依照国家有关法规办理市场主体登记、互联网信息服务许可或者备案等有关手续。

②网络平台应当建立班车客运经营者、驾驶员、车辆档案,并确保班车客运经营者已取得相应的道路客运班线经营许可,驾驶员具备相应的机动车驾驶证和从业资格并受班车客运经营者合法聘用,车辆具备有效的《道路运输证》,并按规定投保承运人责任险。

③网络平台不得超出班车客运经营者的许可范围开展定制客运服务。

④网络平台应当提前向旅客提供班车客运经营者联系方式、车辆品牌、号牌等车辆信息以及乘车地点、时间,并确保发布的提供服务的经营者、车辆和驾驶员与实际提供服务的经营者、车辆和驾驶员一致。

⑤实行实名制管理的客运班线开展定制客运的,班车客运经营者和网络平台应当落实实名制管理相关要求。网络平台应当采取安全保护措施,妥善保存采集的个人信息和生成的业务数据,保存期限应当不少于 3 年,并不得用于定制客运以外的业务。

⑥网络平台应当按照道路运输管理机构的要求,如实提供其接入的经营者、车辆、驾驶员信息和相关业务数据。

⑦网络平台发现车辆存在超速、驾驶员疲劳驾驶、未按照规定的线路行驶等违法违规行为的,应当及时通报班车客运经营者。班车客运经营者应当及时纠正。

⑧网络平台使用不符合规定的经营者、车辆或者驾驶员开展定制客运,造成旅客合法权益受到侵害的,应当依法承担相应的责任。

第五节　公路货运组织

使用汽车沿公路载运货物的运输业务称为公路货物运输,它是公路运输的重要组成部分。公路货物运输具有面广、点多、分散的特点,容易形成两地之间的"门到门"直达运输,这可节约中转装卸费用,减少货损货差,缩短货物在途时间。由汽车承担的公路货运还可为铁路运输、水路运输、航空运输等集散货物。

一、公路货物运输分类

根据交通运输部制定的《道路货物运输及站场管理规定》,公路货物运输按照运输对象性质的不同分为普通货物运输、货物专用运输、大型物件运输和危险货物运输。货物专用运输是指使用集装箱、冷藏保鲜设备、罐式容器等专用车辆进行的货物运输。公路货物运输按照一次托运货物质量多少可分为整车货物运输和零担货物运输;按照运输者与客户约定形式可分为合同运输和包车运输等。下面主要介绍零担货物运输、集装箱运输、合同运输和包车运输、冷链运输 5 种形式的货物运输。

1. 零担货物运输

一次托运不足装满整车,体积、质量和包装符合拼装成整车运输要求,并按质量或体积计算运费的货物称为零担货。零担货物运输指按托运人要求,使用道路货运车辆将零担货物交付收货人的服务行为,包括零担货物的受理、拼装、运输、分拨及交付等过程。

《零担货物道路运输服务规范》(JT/T 620—2018)规定进行零担货物运输的基本要求有:

(1)零担货物道路运输经营者应在营业场所公示经营线路、运输价格、营业时间、送达时限等服务承诺,以及由国家相关部门规定发布的零担货物道路运输禁止托运和运输物品指导名录。

(2)零担运输经营者应建立一次性运输合同客户实名登记制度、定期运输合同客户备案管理制度及托运物品信息登记制度。

(3)零担运输经营者应建立货物受理告知、当面查验与抽检抽查制度,对禁止运输、存在重大安全隐患及托运人拒绝安全验视的,不得运输。

(4)零担运输经营者应在货物受理网点配备视频监控设备,视频监控资料应保存不少于90 天。应根据实际业务需要配备必要的安检设备。

(5)零担运输经营者应建立从业人员实名档案,定期对从业人员进行培训,培训内容包括物流安全法律法规、禁运物品特征及识别方法、安全查验操作规程、应急情况处置及职业道德教育等。

(6)零担运输经营者宜采用北斗卫星导航系统、物联网、云计算、大数据、移动互联等信息技术,实现业务流程全程可追踪;宜使用标准化、厢式化、专业化的运输车辆,通过卫星定位装置,加强车辆动态监控。

2. 集装箱运输

公路集装箱运输起源于为水路、铁路等集装箱的集散,目前已发展到公路集装箱"门到门"的直达运输。即使如此,公路集装箱运输不像铁路运输和航空运输那样有自身的集装箱标准体系(如国际标准集装箱、铁路集装箱、航空集装箱等)。在有些情况下,公路集装箱需要在内陆进行中转,为此,我国专门颁布了国家推荐标准《集装箱公路中转站级别划分、设备配备及建设要求》(GB/T 12419)。

公路集装箱运输车辆分为通用车辆和专用车辆,目前,基本上向着专用车辆方向发展。下面介绍几种常见的集装箱专用车辆。

1) 平板式集装箱半挂车

平板式半挂车除有两条承重的主梁外,还有多条横向支承梁,并在这些支承梁上全部铺上花纹钢板或木板,同时在应装设集装箱固定装置的位置,均按集装箱的尺寸和角件规格要求,装设转锁件。因此,它既能装运国际标准集装箱,又能装运一般货物。在装运一般货物时,整个平台承受载荷。平板式集装箱半挂车由于自身的整备质量较大,承载面较高,所以只有在需要兼顾装运集装箱和一般长大件货物的场合才被采用。图 4-7 为 20ft 和 40ft(1ft = 0.3048m)两轴平板式集装箱半挂车结构及尺寸示意图。

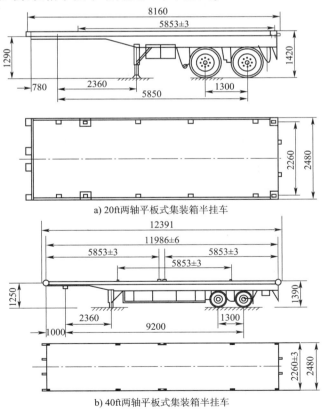

a) 20ft两轴平板式集装箱半挂车

b) 40ft两轴平板式集装箱半挂车

图 4-7 两轴平板式集装箱半挂车结构及尺寸示意图(尺寸单位:mm)

2) 骨架式集装箱半挂车

骨架式集装箱半挂车专门用于运输集装箱,它仅由底盘骨架构成,而且集装箱也作为强度构件,加入到半挂车的结构中予以考虑。因此,其自身整备质量较轻,结构简单,维修方便,在集装箱运输企业中普遍采用。图4-8所示为20ft和40ft两轴骨架式集装箱半挂车结构及尺寸示意图。

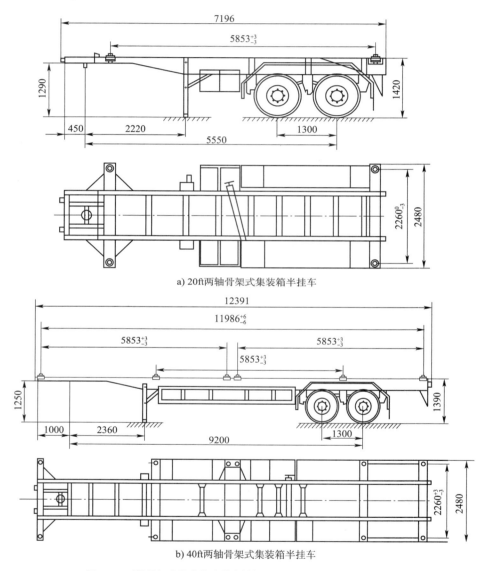

a) 20ft两轴骨架式集装箱半挂车

b) 40ft两轴骨架式集装箱半挂车

图 4-8　两轴骨架式集装箱半挂车结构及尺寸示意图(尺寸单位:mm)

3) 鹅颈式集装箱半挂车

鹅颈式集装箱半挂车是一种专门运载40ft集装箱的骨架式半挂车,其车架前端拱起的部分称作鹅颈。当半挂车装载40ft集装箱后,车架的鹅颈部分可插入集装箱底部的鹅颈槽内,从而降低了车辆的装载高度,在吊装时,还可起到导向作用。

4）带浮动轮的摆臂悬架式集装箱半挂车

此种半挂车在其第一轴的后面增加了附加机构。车辆在空驶时，附加机构将浮动轮升起离开地面，以减小道路阻力；而车辆满载时，浮动轮可着地，车辆的承载能力增加。

5）可伸缩式集装箱半挂车

此种半挂车是一种柔性半挂车，它的车架分为3段。前段是一带有鹅颈及支承20ft箱的横梁，并有牵引销与牵引车连接，整个前段为一个框架的刚体。中段是一根方形钢管，一段插入前段的方形钢管中，另一段被后段的方形钢管插入，使前段和后段成为柔性连接。后段由两个框架组成，上框架与一个方形管固定，后段方形钢管插入中段方形钢管后，与前段组成整个机架，支承及锁紧装运的集装箱，并且通过不同的定位销改变车架的长度，可适应装运20ft、30ft、40ft和45ft各式集装箱的要求。下框架则通过悬架弹簧与后桥连接，同时，上下框架之间可以前后移动，最大的移动距离为4ft，通过移动这一距离，可以调整车组各桥的负荷，使其不超过规定的数值，从而提高车辆的通行能力。

6）自装自卸集装箱车

此种车辆按其装卸形式的不同，又可分为两类：一类是正面吊装型，是从车辆的后面通过特制的滚道框架和由液压马达驱动的循环链条将集装箱拖曳到车辆上完成吊装作业的，卸下时则相反；另一类是侧面吊装型，是从车辆的侧面通过可在车上横向移动的变幅式吊具将集装箱吊上、吊下的。由于自装自卸集装箱车具有运输、装卸两种作业功能，因此，在开展由港口车站至货主间的"门到门"运输时，无须其他装卸机械的帮助，而且使用方便，装卸平稳可靠，能与各种牵引车配套使用。除了装卸和运输集装箱外，它还可以将大件货物放在货盘上进行运输和装卸作业，因此其应用范围较广。

7）拖车

拖车主要作为牵引动力装置，拖带挂车行驶。公路货物运输中，常见的拖车有箱式拖车、冷藏拖车、开放式拖车等。箱式拖车是公路运输最常见的拖车之一，这种类型的拖车通常用于运送高价值或挂衣货物。冷藏拖车旨在保持特定温度，让货物在抵达目的地时保存新鲜。冷藏拖车用于需要以最新鲜状态运输到达的鲜活货物，例如水果和蔬菜。开放式拖车用于特殊和超限货物运输。

3. 汽车合同运输

汽车合同运输一般是指汽车运输企业根据运输合同组织的货物运输，它是实行责任运输和计划运输的一种行之有效的运输组织形式。实行合同运输可以明确签订合同的承运人和托运人（包括收货人）的权利、义务和责任，保障当事人的合法权益，简化托运手续，维护运输秩序，提高经济效益；有利于托运人掌握运输数量和时间，有计划地安排生产活动；有利于承运人编制科学的运输生产计划，合理调度车辆，组织均衡生产，提高运输生产效率，保证运输质量，提高经营管理水平。

汽车运输企业为组织好合同运输，应对经营范围内的运输市场进行调查，确切地了解货物流量、流向、流时以及运输距离。定期运进原料、运出产品的厂矿企业和均衡调入、调出物资的商业单位等适宜采用合同运输。运输合同是依法签订的书面协议，具有法律效力。运输合同规定的托运人和承运人应承担的权利、义务和责任，双方必须遵守。运输合同的内容随运输的种类不同而有所不同，主要内容有运输量、货物品类及包装标准、运输时间、起运和到达地点、装卸责任及方法、交接手续及办法、计费标准及结算方式、运输质量要求及安全保障措施、违约及货损赔偿处理等。

合同运输根据合同的时效可分为长期合同运输、短期合同运输和临时合同运输。长期合同运输一般是按双方签订的年度运输合同组织运输；短期合同运输是指按季度、月度的运输合同组织的运输；临时合同运输是指一个或几个运次可以完成的合同运输。此外，汽车运输企业还可以同铁路、水路等其他运输方式的经营单位订立协议，共同作为承运人同托运人签订运输合同，组织联运，这种合同称联运合同。货物的起运、中转、交付由各运输企业实行责任运输。

4. 汽车包车运输

汽车包车运输是指汽车运输企业根据用户确定的路线、里程或时间提供汽车载运货物的业务。按行驶里程包用汽车称为计程包车；按使用时间包用汽车称为计时包车。

汽车包车运输是发挥汽车运输机动灵活特点的一种运输组织形式。货物包车运输主要是计时的，多发生在货物质量、运距不易准确预计，货物性质或道路条件限制使车辆不能按正常速度行驶，或者装卸次数多、时间过长等情况下。货物计程包车则多发生在货物的性质对运输有特殊要求的时候。计程包车和计时包车，都以包用整车为原则，不论汽车是否满载，均按汽车的核定装载吨位计费。

货物包车运输的计费里程包括自装货点至卸货点（多点装卸为第一个装卸点至最后一个卸货点）的实际有载运输里程和由车站（库）至装卸点及由卸货点至车站（库）的空驶装卸里程。空驶装卸里程计费标准一般要比运输里程的计费标准低。

计时包车用车时间由包车单位确定。用车时间是指由车辆到达包车单位指定地点起至完成任务时止的时间，其中车辆故障修理和驾驶员用餐等停歇时间及其他承包方责任延续时间应予扣除。整日包车，一日按 8h 计算，实际使用时间超过 8h 按实际使用时间计算。计时包车一日实际行驶里程超过一定限额时，有的改按计程包车核收费用。

5. 汽车冷链运输

冷链运输（Cold-chain transportation）是指在运输全过程中，无论是装卸搬运、变更运输方式、更换包装设备等环节，都使所运输货物始终保持一定温度的运输。汽车冷链运输是冷链物流的一个重要环节，其运输成本高，而且包含了较复杂的移动制冷技术，不但成本高，还具有更多的风险和不确定性。

冷链运输的货物主要分为三大类：鲜活产品（蔬菜、水果、肉、禽、蛋、水产品、花卉产品）；加工食品（速冻食品、禽、肉、水产等包装熟食、冰淇淋和奶制品、快餐原料）；医药产品（各类需要冷藏的药品、医疗器械等）。

冷链运输温度一般有如下要求：冷冻运输（$-18 \sim -22$℃），包括速冻食品、肉类、冰淇淋等货物；冷藏运输（$0 \sim 7$℃），包括水果、蔬菜、饮料、鲜奶制品、花草苗木、熟食制品、各类糕点、各种食品原料、部分药品等货物；恒温运输（$18 \sim 22$℃），包括巧克力、糖果、化工产品等货物。

冷链运输过程必须依靠冷冻或冷藏等专用车辆进行，冷冻或冷藏专用车辆除了需要有一般货车相同的车体与机械之外，必须额外在车上设置冷冻或冷藏与保温设备。如冷链专用箱、冷链运输冰袋、干冰式冷藏箱等。

冷链运输货物在装车前,必须认真检查车辆的状态,车辆和设备完好才能使用。车厢如果不清洁,应进行清洗和消毒,适当风干后,货物才能装车。为保持冷冻货物的冷藏温度,可紧密堆码,水果、蔬菜等需要通风散热的货物,必须在货件之间保留一定的空隙,以确保货物的完好。

在运输过程中,要特别注意必须是连续的冷藏。在运输时,应该根据货物的种类、运送季节、运送距离和运送地方确定运输方法,尽量组织"门到门"的直达运输,提高运输速度,温度要符合规定。冷链运输要求在中、长途运输及短途配送等运输环节的低温状态。在冷藏运输过程中,温度波动是引起货物品质下降的主要原因之一,所以运输工具应具有良好性能,在保持规定低温的同时,更要保持稳定的温度,长途运输尤其重要。

二、货物运输组织方法

长途汽车货运行车组织有直达行驶法和分段行驶法两种形式。

1. 直达行驶法

直达行驶法是指每辆汽车装运货物由起点经过全线直达终点,卸货后再装货或空车返回,即货物中间不换车,如图4-9所示。

1)直达行驶法的工作特点

采用直达行驶法时,因车辆在路线上运行时间较长,为保证驾驶员休息和行车安全,驾驶员每天的工作时间不应超过8h。在特殊条件下可适当延长,但最多不可超过12h。在工作日内最多每经过4h要休息一次(0.5h以上),以便进餐和检查车辆。车辆采用直达行驶法,因中途无须换装,从而可以减少货物装卸作业劳动量。直达行驶法适用于货流稳定但运量不大的货运任务,如零担货物的长途运输等。

图4-9 直达行驶法示意图

2)驾驶员工作制度

采用直达行驶法时,驾驶员的工作制度可根据具体情况采取以下几种方式:

(1)单人驾驶制。单人驾驶制是指车辆在整个周转时间内,由一名驾驶员负责和照管全程运输。在整个周转结束后,在路线起点处驾驶员换班或休息后再上岗。采用此种工作制度时,车辆的利用率最低,且驾驶员长期脱离固定住所,生活和休息不够安定舒适。但这种工作制度可以完全实现定车、定人管理,便于对驾驶员进行考核。

(2)双人驾驶制。双人驾驶制是指车辆在整个周转时间内,由两名驾驶员轮流驾驶。这样可以大大缩短车辆的周转时间,提高车辆的有效利用程度和货物运送速度。这种工作制度的缺点是驾驶员在行驶的汽车上休息不方便,比较劳累,且需配备两名驾驶员。

(3)换班驾驶制。换班驾驶制是指车辆由一组驾驶员共同负责,每个驾驶员负责担任固定路段的驾驶任务,换班后再休息。这种驾驶工作制度同时具有单人驾驶制和双人驾驶制的优点,是经常采用的一种工作制度。

2. 分段行驶法

分段行驶法是指将货物全线运输路线适当分成若干段,即称区段。每一区段均有固定的车辆工作,在区段的衔接点,货物由前一个区段的车辆转交给下一个区段的车辆接运,每个区段的车辆不出本区段工作,如图4-10所示。为了缩短装卸货交接时间,在条件允许时,

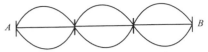

图 4-10 分段行驶法示意图

可采取甩挂运输。

1) 分段行驶法的工作特点

采用分段行驶法时,应用载拖式牵引车或半挂车运输货物是最理想的。这样,货物在路段衔接处只需换牵引车即可。这种行驶方法可避免货物多次装卸,减少货损货差现象。为此,组织分段行驶法时,需要在路段衔接处设置相应的站点、场地和装卸设备,以供汽车换装货物或交换牵引车之用。为提高车辆的运输效率、减少空驶和等待回程货物,采用分段行驶法时,必须加强车辆定时运输和衔接运输的组织工作。

长途干线货物运输组织常采用分段行驶法,可保证驾驶员的正常劳动条件和学习、休息时间,有利于安全行车和提高车辆的工作时间利用系数。

2) 分段行驶法工作组织

分段行驶法中,每个货运站各自分管所属路段的车辆和货运组织管理工作。根据货运在所属路段中的位置不同,可分为短路段和长路段两种工作方法。

(1) 短路段行驶法。当货运站设在两个路段的衔接处时,称为短路段行驶法,如图 4-11a) 所示。短路段行驶法宜采用单人驾驶制,路段的长度应使车辆能在驾驶员的一个工作班时间内完成一个周转。

(2) 长路段行驶法。当货运站设在路段中间,且将货运站所属路段分成两个区段时,称长路段行驶法,如图 4-11b) 所示。这种工作方法可使货运站的数目减半。工作制度宜采用换班驾驶制,一名驾驶员负责由货运站到路段起点这一段,另一名驾驶员负责由货运站到路段终点这一段。分段行驶法的工作组织,应注意各路段相互衔接运输货物的质量与车辆装载质量是否相适应,以免车辆亏载或超载。

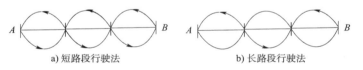

a) 短路段行驶法　　　　　　　　b) 长路段行驶法

图 4-11 分段行驶法示意图

三、城市道路货运与快递服务

随着电子商务的迅速发展,城市道路运输"最后一公里"问题逐渐成为快递运输不可忽视的一部分。快递服务是指有名址的快速收寄、单独封装投递、不需长期储存的快件运输,要求按承诺时限递送到收件人或指定地点、并获得签收。快递服务按照服务区域可分为同城快递、国内异地快递服务、港澳快递服务、台湾快递服务、国际快递服务。快递服务的特点包括:①时效性:快件投递时间不应超出快递服务组织承诺的服务时限。②准确性:快递服务组织应将快件投递到约定的收件地址和收件人。③安全性:a. 快件不应对国家、组织、公民的安全构成危害;b. 快递服务组织应通过各种安全措施保护快件和服务人员的安全,同时在向顾客提供服务时不应给对方造成危害;c. 除依法配合国家安全、公安等机关需要外,快递服务组织不应泄漏和挪用寄件人、收件人和快件的相关信息。④方便性:快递服务组织在设置服务场所、安排营业时间、提供上门服务等方面应便于为顾客服务。

快递服务时限指快递服务组织从收寄开始,到第一次投递的时间间隔。除了与顾客有特殊约定(如偏远地区)外,服务时限一般应满足承诺要求,如:①同城快递服务时限不超过24h;②国内异地快递服务时限不超过72h。

快递服务组织应在提供服务前告知顾客服务费用计算方式。告知的内容应包括:①快递服务计费的起重及费用;②快递服务的续重及计费单价;③附加服务的费用。计费质量应取快件的实际质量和体积质量两者中的较大值。快递服务费用的制定应按照《中华人民共和国价格法》的规定,遵循公平、合法、诚实、信用的原则。快递服务组织不应相互串通,操纵市场价格,损害其他经营者或者消费者的合法权益。

目前,我国主要的快递企业,如 EMS、顺丰、申通、圆通、中通、韵达等,还有一些电商自营快递,例如京东物流。其他电商平台是将快递服务外包给快递公司的物流模式(如申通、圆通等)。

自营的快递服务一般需要建立包含仓储网络、综合运输网络、"最后一公里"配送网络等基础设施,以及具备数字化特点的 App 平台。客户从网上下单后,商品便从客户所在区域的仓库或门店发货,直接送到消费者手中,可以减少货物周转次数和货物搬运时间,提升商品配送效率。图 4-12 所示为京东物流自营配送模式。

另外,近几年来,许多新兴的城市道路货运企业快速发展,极大丰富了城市道路货物运输服务方式。如货拉拉、快狗打车、运满满、搬运帮(合并为满帮)等。

从事同城/跨城货运物流服务,一般服务对象为搬家、零担运输服务等。用户只需在 App 应用程序平台一键下单,系统即可匹配附近货车完成接单和运输任务。同城配送业务主要由中小型面包车、小型厢式货车等车型承运。跨城配送业务首先由小型货车收集后,转运到集货中心拼车,再由大型货车完成长途整车运输任务。图 4-13 所示为货拉拉专营货运模式。

图 4-12　京东物流自营配送模式

图 4-13　货拉拉专营货运模式

四、汽车专项运输

1. 大件物品运输

大件物品也称大件货物,一般指单件货物超过常规汽车的装载尺寸、载重约束等要求的货物,如飞机零部件、发电设备等,故需要加宽、加长和多轴汽车等特种车辆在指定的道路上进行运输,以保障运输途中的稳定性、安全性特殊要求。一般在运输之前均要进行运输车辆和货物的受力分析。

1) 大件货物在运输过程中的受力分析

大件货物装载在车辆上运送时,比普通货物受到的各种外力的作用更为明显。受力主要包括:

(1) 纵向惯性力。指车辆在起动、加速或制动等工况下,沿道路轴线方向的惯性力。

(2) 横向离心力。指车辆在做圆周运动时,沿汽车横向(垂直于速度方向)的离心力。

(3) 铅垂冲击力。指车辆在运行过程中,因道路表面不平上下颠簸振动所引起的冲击力。

(4) 其他作用力。指大件货物承受的坡道阻力、迎风阻力、倒风阻力等。

2) 大件货物的装运计算

(1) 超长均重货物最大装载量的确定。

如图4-14所示,设平板车长度为$L(\mathrm{m})$,核定吨位为$q(\mathrm{t})$,前后轴间距为$l(\mathrm{m})$,货物超出车底板后端部长度为$y(\mathrm{m})$,最大货物质量为$Q_{\max}(\mathrm{t})$,那么,存在关系式:

$$Q_{\max} \cdot \frac{y+L}{2} - \frac{1}{2}ql = 0 \tag{4-44}$$

$$Q_{\max} = \frac{ql}{y+L} \quad (\mathrm{t}) \tag{4-45}$$

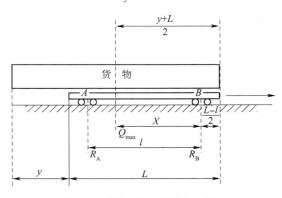

图4-14 装载超长均重货物示意图

(2) 超长非均重货物最大装载量的确定。

使用平板车装运超长非均重货物时,只要先计算出装载货物重心垂线至底板横中心线的距离S,就可以按装运均重货物同样的方法,计算最大装载量。其计算公式为:

$$Q_{\max} = \frac{ql}{2S+l} \quad (\mathrm{t}) \tag{4-46}$$

(3) 平板车底板支重面最小长度的确定。

在平板车上装载集重货物,因其质量集中于车底板上某一部分,故货物质量应受平板车底架最大容许弯曲力矩的限制。平板车横向中心线所在截面的弯曲力矩是平板车的最大弯曲力矩。为了使集重货物装车后,作用于平板车横向中心线的弯曲力矩不超过规定的容许值,集重货物的装载必须符合以下两个条件:

① 应根据平板车构造的特点,将货物均衡地装在平板车上,使货物重心位于平板车中心,如图4-15所示。

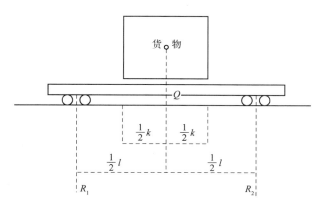

图 4-15 合理装载集重货物示意图

②装载一定质量的货物,平板车底板支重面应有相应的长度,不能过小。其支重面的最小长度 K,可根据弯曲力矩方程式求解,即:

$$K = 2\left(l - \frac{4M}{Q}\right) \quad (\text{m}) \tag{4-47}$$

式中:M——平板车底板最大容许弯曲力矩,kg·m;
  Q——货物质量,kg;
  l——平板车轴(组)距离,m。

当货物质量不能均匀分布于平板车底板上,或货物支重面长度小于 K 时,则货物必须放置于两根横垫木上,使货物质量均匀地分布于平板车的所有纵梁上。横垫木间的距离不能小于 $l - \frac{4M}{Q}$。

当集重货支重面长度小于两横垫木中心线间的最小距离时,应在横垫木上铺垫纵垫木,在纵垫木上放置货物,并将 Q 加上纵垫木质量后,再计算横垫木的最小中心间距。

(4)重车重心高度的确定。

重车重心高度不应过高,过高则易造成货物或车辆的倾翻,不利于行车安全。阔大货物的重车重心高度一般距地面不超过 1.8m。

重车重心高度的计算方法如下:

①装载一件货物时,重车重心高度如图 4-16 所示,其计算公式为:

$$H = \frac{h_0 Q_0 + h_1 Q_1}{Q_0 + Q_1} \quad (\text{mm}) \tag{4-48}$$

式中:H——重车重心高度,mm;
  h_0——空车重心高度,mm;
  h_1——装车后货物重心距地高度,mm;
  Q_0、Q_1——分别为空车自重和货物质量,kg。

②装载多件货物时,重车重心高度的计算公式为:

$$H = \frac{\sum_{i=0}^{n} h_i Q_i}{\sum_{i=0}^{n} Q_i} \quad (\text{mm}) \tag{4-49}$$

式中：h_i——装车后各件货物重心距地高度（其中 h_0 为空车重心高度），mm；
Q_i——各件货物质量（其中 Q_0 为空车自重），kg。

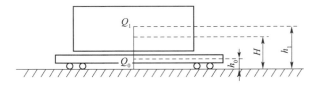

图 4-16　重车重心高度示意图

如重车重心偏高，可以采取配重措施以降低其高度，但装载总质量（包括配质量）不得超过车辆最大允许载质量。设配重为 Q_x，其重心距地面高度为 y，则：

$$Q_x = \frac{\sum_{i=0}^{n} h_i Q_i - 1.8 \sum_{i=0}^{n} Q_0}{1.8 - y} \quad (t) \qquad (4-50)$$

3）运输大件货物应注意的事项

（1）托运大件货物时，除按一般普通货物办理托运手续外，还应向发货人索要货物说明书，必要时还应要货物外形尺寸的三面视图（以"十"表示重心位置），拟定装货、加固等具体意见及措施。在特殊情况下，还须向有关部门办理准运证。

（2）指派专人观察现场道路和交通情况。沿途有电缆、电话线、煤气管道或其他地下建筑物时，应研究车辆是否能进入现场，现场是否适合装卸、调车和运送工作等。

（3）了解运行路线上桥、涵、渡口、隧道、道路的负荷能力及道路的净空高度。如需修筑便道或改拆建筑物，应事先洽请托运方负责解决。

（4）货物装卸应尽可能使用适宜的装卸机械。装车时应使货物的全部支承能均匀而平稳地放置在车辆底板上，以免损坏底板或大梁。

（5）对于集重货物，为使其质量能均匀地分布在车辆底板上，必须将货物安置在纵横垫木上或相当于起垫木作用的设备上。

（6）货物重心应尽量置于车底板纵、横中心交叉垂线上，如无可能时，则对其横向位移应严格限制，纵向位移在任何情况下，不得超过轴荷分配的技术数据。

（7）根据具体运输业务情况，研究加固措施，以保证运输服务质量。重件的加固，应在重件的重心高度相等处捆扎为"八"字形、拉线纵横角度尽量接近于 15°，拉线必须牢固绞紧，避免货物在行进中发生移位，而使重心偏离。

（8）按指定的路线和时间行驶，并在货物最长、最宽、最高部位悬挂明显的安全标志，日间挂红旗、夜间挂红灯，以引起往来车辆的注意。特殊的货物，要有专门车辆在前方引路，以便排除障碍。

此外，在市区运送大件货物时，要经过公安机关及市政工程部门审核发放准运证方能运送。运送时应遵循《城市道路交通管理规则》。

2．危险品货物运输

危险货物是指容易引起燃烧、爆炸、腐蚀、中毒或有放射性的物品，故危险品货物运输被国家纳入特种运输管理范畴。

危险货物的分类、分项、品名和品名编号执行《危险货物分类和品名编号》（GB 6944）和

《危险货物品名表》(GB 12268),其中将危险货物分为爆炸品、气体、易燃液体、易燃固体和易于自燃的物质及遇水放出易燃气体的物质、氧化性物质和有机过氧物质、毒性物质和感染性物质、放射性物质、腐蚀性物质、杂项危险物质和物品等9个类别。

从事道路危险货物运输的企业必须获得专门的经营许可,配有专门相应的满足运输要求的运输车辆、场地、专用设备以及专业从业人员。

道路危险货物运输企业从业人员必须经过培训,考核通过后持证上岗。

危险货物运输车应符合《危险货物道路运输规则》(JT/T 617)的要求,实行运输过程全程监控,配备防撞条、防静电等设施安全可靠。从事道路危险货物运输企业或者单位应当按照《道路危险货物运输管理规定》中有关车辆管理的规定,维护、检测、使用和管理危货运输车辆,确保危货运输车辆技术状况良好。

道路运输经营者运输剧毒化学品、爆炸品的专用车辆及罐式专用车辆(含罐式挂车),应到具备道路危险货物运输车辆维修资质的企业进行维修。牵引车及其他专用车辆由道路运输经营者消除危险货物的危害后,可到具备一般车辆维修资质的企业进行维修。

3. 贵重物品运输

贵重货物一般指货币及主要证券、贵重金属及稀有金属、珍贵艺术品、贵重药材和药品、贵重毛皮、珍贵食品、高级精密机械及仪表、高级光学玻璃及其制品、高档日用品等。贵重货物价格昂贵,运输责任重大,通常需要办理特殊的保险手续,甚至雇佣专门的安保公司负责押运。贵重货物装车时应进行严格清查。检查包装是否完整,货物的品名、质量、件数与货单是否相符,装卸时怕震的贵重货物要轻拿轻放,不要压挤。运送贵重物品需派责任心强的驾驶员运送,要由托运方委派专门押运人员跟车。运输途中严防交通事故和盗抢事件发生,为此有时需武装押运。交付贵重货物要做到交接手续齐全,责任明确。

五、汽车拖挂运输

汽车拖挂运输也称汽车运输列车化,它是以列车形式参加运输生产活动的一种汽车运输组织形式。

由一辆汽车(货车或牵引车)与一辆或一辆以上挂车组合而成的汽车运输单元称为汽车列车。按照组合形式的不同,汽车列车又可以分为如下四种:

(1)由汽车用牵引杆连接一辆或一辆以上全挂车组合而成的全挂汽车列车(图4-17a);

(2)由半挂牵引车与一辆半挂车组合而成的半挂车列车(图4-17b);

(3)由一辆半挂牵引车与一辆半挂车和一辆全挂车组合而成的双挂汽车列车(图4-17c);

(4)单件式载荷分别加在牵引和挂车的桥式平台,并通过荷载本身把车辆连接起来的特种汽车列车(图4-17d)。

拖挂运输是汽车货物运输发展的主要趋势之一。增加装载质量是提高车辆生产率的最有效途径,但大吨位载货车在不断增加装载质量的同时,轴载荷逐渐受到法规、轮胎与道路承载能力等方面的限制。研究表明,载货汽车轴载荷的增加与道路损坏程度的四次方成正比,即轴载荷每增加一倍,对道路的损坏程度将为原来的16倍。因此,增加装载质量更为合理的途径是发展拖挂运输。

拖挂运输得到发展固然是因为汽车发动机的功率逐渐增大,道路状况得以日益改善,但主要还在于挂车与大吨位载货车辆相比,具有结构简单、耗用金属少、造价低、载货空间大等方面的优点,所以拖挂运输的经济性极为显著。

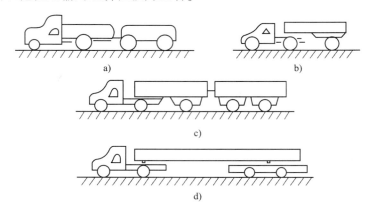

图 4-17 汽车列车组合示意图

拖挂运输的缺点是它虽然明显增加了汽车运输每次的装载质量,提高了车辆总的生产率,但因受多种原因的影响,会引起汽车列车技术速度的下降和装卸作业停歇时间的延长,从而使车辆生产率的提高受到一定的限制。

拖挂运输增加了装载质量,牵引性能较单个汽车差。例如,汽车列车动力因数比单个汽车有所下降,这不仅导致汽车列车平均技术速度下降,而且增加了驾驶员在操纵上的困难,特别是因操纵次数的相对增加而影响到能源消耗的经济性。

汽车列车由各种车辆组合而成,故安全性能(尤其是稳定性)较单个汽车要差。汽车列车后退行驶较为困难,而且由于列车行驶时后面挂车的偏摆和冲击,往往要求扩大行驶道路(尤其是道路转弯处)的宽度和调车场地的面积。

在汽车列车的组合形式中,全挂车汽车列车和半挂车汽车列车是两种较为常用的形式。全挂车汽车列车是首先得到发展的汽车列车。它之所以能较快地发展起来,主要原因是全挂车列车与货车单车相比较具有如下优点:

(1) 全挂车列车运输生产率高,其装载质量为一般货车单车的 2 倍左右;
(2) 制造成本低,一般全挂车制造成本要比相应载质量的单车低 50% ~ 60%;
(3) 全挂车汽车列车燃料消耗,百吨公里燃料消耗要比货车单车低 40% 左右;
(4) 全挂车维护修理方便,修配费用低;
(5) 全挂车汽车列车车库投资少,全挂车本身可不用车库;
(6) 全挂车汽车列车较货车单车更适宜运输那些很少需从车上装卸的设备,如车用发电机、电焊机、临时保存的物质器材(野战加油站、仓库)等。

半挂车汽车列车是在全挂车汽车列车之后发展起来的汽车列车,它较全挂车汽车列车有如下优点:

(1) 半挂车汽车列车部分装载质量由牵引驱动桥承担,可以提高驱动桥的附着质量,使牵引车的牵引力得到充分利用;
(2) 半挂车汽车列车牵引连接装置不用牵引杆,而用牵引座与主销连接,可缩短汽车列车总长,使其更具有整体性,从而改善了汽车列车的机动性,并减少了风阻损失;

(3)半挂车汽车列车由于没有全挂车汽车列车之间的牵引杆,行驶时的摆动现象大为减少,它的行驶稳定性较好;

(4)半挂车汽车列车由于采用牵引座与主销连接,避免了全挂车列车牵引钩与挂环连接的撞击、振荡现象,可减小汽车行驶噪声;

(5)半挂车汽车列车由于节省了货物装卸时间,成为组织区段运输、甩挂运输、滚装运输的最优车型。

1. 拖挂运输的组织形式

根据汽车列车的运行特点和对装卸组织工作的不同要求,拖挂运输可有定挂运输和甩挂运输两种组织形式。

定挂运输是指汽车列车在完成运行和装卸作业后,汽车(或牵引车)与全挂车(或半挂车)一般不予分离的定车定挂组织形式。定挂运输在运行组织和管理工作方面与单车基本相仿,简单且易于推广。

汽车列车增加了拖带的挂车,虽然可以增加货物的装载量,但同时也增加了货物的装卸作业量,如不相应地提高装卸作业效率,就会使汽车列车的装卸作业停歇时间延长。组织定挂运输时,一方面应加强现场调度与指挥工作,另一方面还应合理组织装卸作业,尽可能采用机械化装卸,以压缩汽车列车停歇时间。

汽车列车总长度比单车显著增加,因此,必须保证有足够长度的装卸作业线。汽车列车停妥后,与装卸作业线的相互位置平行排列较为合适,以利于主车、挂车同时进行货物的装卸作业。装卸现场应具备平坦而宽阔的调车场地和畅通的出入口,否则,会增加汽车列车的调车作业时间,甚至可能造成拥挤和堵塞。

鉴于汽车列车行驶稳定性不如汽车单车,挂车上货物的装载高度和质量应加以适当限制,以确保汽车列车行驶的安全性。

汽车列车易受道路条件的限制。例如,坡度、曲线半径、路面质量等因素均将对汽车列车的速度、行车安全和通过的可能性产生影响。当线路上的某一路段因坡度大而影响汽车列车正常通过时,可以考虑采用接挂或助挂的运输方式。

接挂运输也称接力运输,是指在汽车列车不能通过路段的前方,先由汽车(主车或另派汽车)或其他运输工具为汽车列车集散货物,再由汽车列车运送的挂车运输(图4-18)。

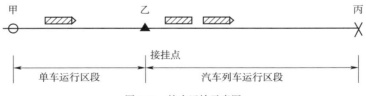

图4-18 接力运输示意图

助挂运输也称高低坡助挂运输,是指在运量大、车次多、运距较长线路中间某处有较大高坡,妨碍汽车列车正常通过时,在线路较大高坡处的前方,专门配备一辆负责助挂的汽车(或牵引车),在高坡地段汽车列车采用双机牵引的挂车运输(图4-19)。助挂汽车在汽车列车行驶到主坡下时加挂,汽车列车顺利通过高坡后,在坡上摘下,再返回起始地点。

组织长距离定挂运输时,只要合理安排汽车列车的行车间隔时间,则带挂后增加的货物装卸作业时间对运输效率不会有很大的影响;但在距离较短且装卸能力不足的情况下,这个问题就比较突出,有时甚至相当严重。一方面,这是因为短途运输增加了车辆装卸作业停歇时间在出车时间内所占的比重;另一方面,是因为在同样的装卸条件情况下,汽车列车所需要的装卸作业时间有所增加,甩挂运输就是为适应这种情况而提出来的另外一种拖挂运输组织形式。

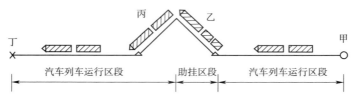

图 4-19　高坡助挂运输示意图

甩挂运输是指载货汽车(或牵引车)按照预定的计划,在某个装卸作业地点甩下挂车并挂上指定的挂车后,继续运行的拖挂运输组织形式。甩挂运输也称甩挂装卸,这种运输组织形式可以保证载货汽车(或牵引车)的停歇时间缩到最短,以充分发挥其运输效率,最大限度地利用载货汽车(或牵引车)的牵引能力。

除了定挂运输和甩挂运输外,还有一种称为区段运输的快速运输组织形式(图 4-20)。这是一种在长途干线上,由各驾驶员(或牵引车)连续分段接力行驶的拖挂运输组织形式,它具有较高的运输效率和运送速度。

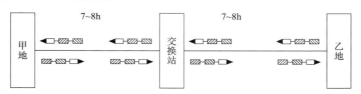

图 4-20　区段运输组织形式示意图

2. 甩挂运输组织

甩挂运输是为了解决短途运输中因装卸能力不足,避免车辆装卸作业停歇时间过长而发展起来的。这种组织方法的特点是:利用汽车列车的行驶时间来完成甩下挂车的装卸作业,使原来整个汽车列车的装卸时间,缩短为主车装卸时间和甩挂作业时间,从而加速车辆周转速度,提高运输效率。

下面以汽车列车行驶在往复式线路上进行作业时的情况为例(图 4-21),来说明甩挂运输的基本原理。图中一辆汽车配备三辆全挂车,当汽车列车在甲地装货后行驶到达乙地时,摘下重挂,集中力量将主车卸车,然后挂上已预先装妥的全挂车返回甲地。与此同时,乙地进行摘下挂车的卸车作业。汽车列车再返回甲地时,摘下在乙地挂上的空挂车,集中力量完成主车的装车作业,然后挂上已预先装妥的挂车继续行驶;同时,甲地进行摘下挂车装车作业。甩挂运输可以有不同的组织方法,甩挂程序也可能会有所区别,但基本原理是一样的。

从上述甩挂运输的工作过程可以看出,只有当主车的装卸作业时间与甩挂作业时间之和小于整个汽车列车装卸停歇时间时,采用甩挂运输才是可取的。同时,为充分发挥挂车的运输效率,挂车在完成装(卸)作业后的待挂时间也不宜过长。

图 4-21　往复式运输线路上甩挂作业示意图

实际上,挂车待挂常常是难免的,问题在于如何选择适当的运输距离,尽量减少挂车的待挂时间。甩挂运输一般适宜于短距离运输,在运距太长的情况下,如果采用甩挂运输,汽车列车装卸作业停歇时间在其出车时间中所占比重不大,而挂车在完成装卸后的待挂时间又太长,致使挂车运输效率不能充分发挥而造成运力的浪费。当运距大到一定程度时,即使甩挂运输可减少汽车列车装卸作业停歇时间,但由于汽车列车的技术速度可能低于同等装载质量的汽车,这样也会使汽车列车的生产率低于同等装载质量载货汽车的生产率(图4-22)。

在实际工作中,甩挂运输主要采用如下四种组织形式。

1)一线两点、两端甩挂

一线两点、两端甩挂是适宜在短途往复式运输线路上采用的一种甩挂形式。这时,汽车列车往复运行于两装卸点之间,在装卸作业地点各配置一定数量的周转挂车,汽车列车在线路两端的装卸作业地点均实行甩挂作业。

这种组织形式对于装卸作业地点固定、运量较大的地区,只要组织合理,效果比较显著。但对车辆运行组织工作有较高的要求,它必须根据汽车列车的运行时间、主挂车的装卸作业时间资料,预先编制汽车列车运行图,以保证均衡生产。

根据货流情况,也可以采用一线两点、一端甩挂的组织形式,即装车甩挂、卸车不甩挂,或卸车甩挂、装车不甩挂作业。这种形式适用于装车作业地点能力较弱,或相反的情形。

2)循环甩挂

循环甩挂是在车辆循环运输的基础上进一步组织甩挂运输的一种方式,它要求在闭合循环回路的各装卸作业地点上,配备一定数量的周转挂车,汽车列车每到达一个装卸作业地点后甩下所带挂车,装卸工人集中力量完成主车的装(或卸)载作业,然后挂上预先准备好的挂车继续行驶(图4-23)。

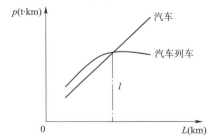

图 4-22　货车单车及汽车列车运距与汽车生产率相关图

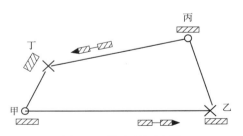

图 4-23　循环甩挂示意图

这种组织形式的实质是用循环调度的办法来组织封闭回路上的甩挂作业,它不仅可提高载运能力,压缩装卸作业停歇时间,而且提高了里程利用率,所以是甩挂运输中较为经济、运输效率较高的组织形式之一。但由于它涉及面广,故组织工作较为复杂。在组织循环甩挂运输时,一方面要满足循环调度的基本要求,另一方面还应选择运量较大且稳定货流进行组织,同时也要有适宜于组织甩挂运输的货场条件。

3) 一线多点、沿途甩挂

一线多点、沿途甩挂的组织形式,要求汽车列车在起点站按照卸货作业地点的先后次序本着"远装前挂、近装后挂"的原则,编挂汽车列车。采用这一组织形式时,在沿途有货物装卸作业的站点,甩下汽车列车的挂车或挂上预先准备好的挂车直至运行到终点站(图4-24)。汽车列车在终点站整列卸载后,沿原始路线返回,经由原进行甩挂作业站点时,挂上预先准备好的挂车或甩下汽车列车上的挂车,直至运行到起点站。

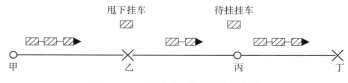

图4-24 一线多点、沿途甩挂示意图

一线多点、沿途甩挂组织方式适用于装货(或卸货)地点集中、卸货(或装货)地点分散、货源比较稳定的同一运输线路上。当货源条件、装卸条件适宜时,也可以在起运站或到达站,另配备一定数量的挂车进行甩挂作业。如定期零担班车就可采用这一组织形式。

4) 多线一点、轮流拖带

多线一点、轮流拖带是指在装(卸)货集中的地点,配备一定数量的周转挂车,在没有汽车到达时间内,预先装(卸)好周转挂车的货物,某线路上行驶的汽车列车到达后,先甩下挂车,再集中力量装(卸)主车,然后挂走预先装(卸)好的挂车返回原卸(装)货地点,进行整列卸(装)货的挂车运输组织形式(图4-25)。这一组织形式实际上是一线两点、一端甩挂的复合。不同的只是在这里挂车多线共同使用,这可提高挂车运输效率。它适用于发货点集中、卸货点分散,或卸货点集中、装货点分散的线路上。

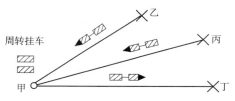

图4-25 多线一点、轮流拖带示意图

适宜的货源条件是组织甩挂运输的基础,通常应选择装卸比较费时的固定性大宗货源。加强货源预测工作以及日常组织工作,掌握货流的特点及其变化的规律,是组织甩挂运输应特别注意的问题。装卸组织工作与甩挂运输关系密切,应有计划地安排劳动力和装卸机械,合理组织装卸作业。

组织甩挂运输应有周密的运行作业计划,在可能的情况下应绘制运行图,并加强对甩挂运输的调度。调度员应根据不同的甩挂形式,掌握每一项作业的需要时间,汽车列车和挂车的周期时间、运行间隔、主挂车需要数量等指标,以保证甩挂运输均衡、有节奏地进行。

组织甩挂运输还应加强现场监督和指挥。装卸作业地点应固定现场调度员,具体负责现场调度指挥工作,并随时向上级调度机关反映情况。

甩挂运输需要一定数量的周转挂车,从而也增加了管理工作的复杂性。挂车数的配备应根据甩挂运输的不同形式加以确定。周转挂车原则上应在本行车小组内使用,并建立相应的维护、修理和管理制度。要确保挂车的完好率指标,合理运用每一辆挂车,以提高挂车的运输效率。

汽车列车与单辆载货汽车相比,在运行和装卸作业中更易发生事故,因此,在机件设备、驾驶操作、甩挂作业、业务交接等方面,都必须制定一系列的安全措施,以确保运输服务质量。

汽车列车行驶线路的选择,必须以安全为前提,基本原则是:

(1) 被选择的线路要适合于汽车列车的通行,路面平坦,没有过大的坡度,道路曲线最小半径应能保证汽车列车顺利通过和行车安全;

(2) 运距适宜;

(3) 应尽量避开交通流量较为拥挤的路段,选择的运行线路应能保证汽车列车中速行驶。

六、经典货运问题数学模型

1. 旅行商问题(Traveling Salesman Problem,TSP)

旅行商问题是运筹学、图论以及组合优化问题中的著名难题,由于其有广泛的应用背景,引起了人们的极大兴趣。TSP 本身可以直接用于解决类似 TSP 的最优巡回路线等问题,其他例如客货运车辆的巡回路线问题、民航机组人员的轮班安排问题、电网系统优化问题、教师任课班级负荷分配问题、装配线进度问题、数控机床的运行问题以及生产系统传送带顺序问题等,都可以直接或间接引用 TSP 模型或者其变形模型方法加以解决。

TSP 问题一般可以描述为:旅行商从驻地出发,经所要去的城市一次且只能一次后返回原地,如图 4-26 所示。如何安排其旅行路线,才能使总的旅行距离(或时间、费用等)最少。对于现实问题,由于限制条件的增加,TSP 可衍生出许多相关的外延问题。

一般 TSP 指一个旅行商访问所有城市。这里设城市 0 为旅行商出发的城市,需要访问的 l 个城市编号为 $1,\cdots,l$,为了便于说明问题,把旅行商问题构造成网络图,以 $G=[V,A,C]$ 表示,其中:

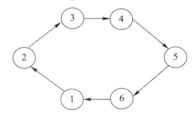

图 4-26 TSP 问题示意图

$V=\{0,1,\cdots,l\}$ ——点集,表示旅行商需要经过的节点。

$A=\{(i,j)|i,j=0,1,\cdots,l,i\neq j\}$ ——弧集,表示旅行商可能经过的线路段集合。

$C=\{c_{ij}|(i,j)\in A\}$ ——费用矩阵,c_{ij} 表示旅行商经过对应弧段 (i,j) 所付出的支付成本,如时间、距离、费用等。

求解 TSP 问题,即要求在加权图 G 中找到总费用最小的哈密尔顿(Hamilton)回路,这里点 0 称为源点,定义变量如下:

$$x_{ij}=\begin{cases}1,\text{如果边}(i,j)\text{在最优解中被选中}\\0,\text{其他}\end{cases}$$

则 TSP 的数学模型可表示如下：

$$\min = \sum_i \sum_j c_{ij} x_{ij} \quad (4-51)$$

$$\sum_{i \in V} x_{ij} = 1 \quad \forall j \in V \quad (i \neq j) \quad (4-52)$$

$$\sum_{j \in V} x_{ij} = 1 \quad \forall i \in V \quad (i \neq j) \quad (4-53)$$

$$X = (x_{ij}) \in S \quad (4-54)$$

$$x_{ij} \in \{0,1\} \quad \forall i,j \in V \quad (i \neq j) \quad (4-55)$$

目标函数(4-51)为最小化问题；约束(4-52)保证了每一个点都被访问且只被访问一次；约束(4-53)表示每一个点都被离开且只被离开一次；约束(4-54)为子环路消除约束；约束(4-55)定义了变量。

子环路消除约束(subtour-breaking 约束)，即消去构成不完整线路的解，如图 4-27 所示。两条支路均满足分配约束，但没有构成一条完整的线路，因此不是 TSP 问题的解。

S 一般有下面几种表示方法：

(1) $S = \{(x_{ij}) \mid \sum_{i \in Q} \sum_{j \notin Q} x_{ij} \geq 1, Q \subset V\}$。

该式表明点的某一子集必须同解中其他点集相连。如图 4-15 中，$Q = \{1,2,3\}$，$\overline{Q} = \{4,5,6\}$，缺少连接这两个回路中的连线，不满足(1)的约束，则可消去这两条子环路的情景。

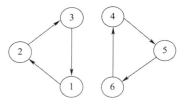

图 4-27 子回路示意图

(2) $S = \{(x_{ij}) \mid \sum_{i \in R} \sum_{j \in R} x_{ij} \leq |R| - 1, R \subseteq \{1,2,\cdots l\}\}$。

该式表示任意子集 R 上的弧都不产生循环，因为点集 R 上的循环至少含有 $|R|$ 条弧。如图 4-15 中，$R = \{4,5,6\}$，则排除了产生循环子环路 4→5→6→4。

(3) $S = \{(x_{ij}) \mid u_i - u_j + l x_{ij} \leq l - 1, 1 \leq i \neq j \leq l\}$。

式中一般可令：

$$u_i = \begin{cases} t, & \text{点 } i \text{ 在线路的第 } t \text{ 步访问} \\ 0, & \text{其他} \end{cases}$$

那么，在一条线路中，若存在弧(i,j)，即 $x_{ij} = 1$，则有：

$$t - (t+1) + l \leq l - 1$$

如果没有弧(i,j)，即 $x_{ij} = 0$，那么：

$$u_i - u_j \leq l - 1 \quad (u_i \leq l, u_j \geq 1)$$

如图 4-15 中，把约束加到弧 4→5,5→6,6→4 上，有：

$$4 - 5 + l \leq l - 1$$
$$5 - 6 + l \leq l - 1$$
$$6 - 4 + l \leq l - 1$$

合并后，有 $3l \leq 3(l-1)$，该式显示不成立，说明加上约束(3)后，不会产生这样的子环路。

2. 车辆路径问题(Vehicle Routing Problem, VRP)

当车辆循环回路为多条路径时，TSP 则演变成 VRP，如图 4-28 所示。

为构造数学模型，将车场编号为 0，任务编号为 $1,\cdots,k$，任务及车场均以点 $i(i=0,1,\cdots,k)$ 来表示。

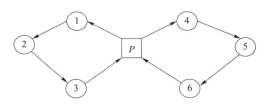

图 4-28　VRP 示意图

车辆优化调度数学模型如下：

$$\min z = \sum_i \sum_j \sum_k c_{ij} x_{ijk} \qquad (4-56)$$

$$\sum_i g_i y_{ki} \leq q \quad \forall k \qquad (4-57)$$

$$\sum_k y_{ki} = 1 \quad \forall k \qquad (4-58)$$

$$\sum_i x_{ijk} = y_{kj} \quad \forall k \qquad (4-59)$$

$$\sum_j x_{ijk} = y_{ki} \quad \forall k \qquad (4-60)$$

$$X = (x_{ijk}) \in S \qquad (4-61)$$

$$x_{ijk} = 0 \text{ 或 } 1 \quad \forall k \qquad (4-62)$$

$$y_{ki} = 0 \text{ 或 } 1 \quad \forall k \qquad (4-63)$$

模型中，y_{ki} 表示节点 i 的任务由车辆 k 完成，x_{ijk} 表示车辆 k 从节点 i 行驶到节点 j。g_i 表示节点 i 所需的货物量，q 表示车辆 k 的最大载质量，c_{ij} 表示从节点 i 到节点 j 的运输成本，它的含义可以是距离、费用、时间等，一般根据实际情况确定，可同时考虑车辆数和运行费用，如下确定：

（1）当 i 为车场时，包括固定费用和运行费用：

$$c_{0j} = c_0 + c_1 t_{0j} \quad (j = 1, \cdots, l)$$

（2）当 i 为任务节点时，只有运行费用，即：

$$c_{ij} = c_1 t_{ij} \quad i \neq 0 \quad (j = 0, 1, \cdots, l)$$

其中，c_1 为相对于运行时间的费用系数；c_0 为车辆的固定费用，即增加一辆车的边际费用。一般认为，派出一辆车的固定费用远高于车辆行驶费用，因此，该模型是在极小化车辆数的前提下，再极小化运行费用。减少 c_0 的值将会使车辆数增多，而线路长度缩短。若令 $c_1 = 0, c_0 > 0$，则模型目标是使车辆数最少。

目标函数 (4-56) 为最小化成本；约束 (4-57) 表示车辆 k 的载重约束；约束 (4-58) 保证了每一个节点都被访问且只被访问一次；约束 (4-59) 和约束 (4-60) 表示只有车辆 k 服务某节点时才能有该车辆进出这个节点情况发生；约束 (4-61) 为子回路约束；约束 (4-62) 和约束 (4-63) 定义了变量。

上述 TSP 模型和 VRP 模型均属于 NP 难模型，常采用精确解法或者启发式解法给与求解。

七、经典货运问题求解方法

1. 精确算法

精确算法是指能够求出问题最优解的算法。对于难解的组合优化问题，当问题的规模较小时,精确算法能够在可接受的时间内找到最优解;当问题的规模较大时,精确算法一方面可以提供问题的可行解,另一方面可以为启发式方法提供初始解,以便能搜索到更好的解。精确算法主要包括分支定界法、割平面法、动态规划法等。

1) 分支定界法

分支定界法(Branch and Bound,BB、B&B、BnB)始终围绕着一棵搜索树进行的,我们将原问题看作搜索树的根节点,从这里出发,分支的含义就是将大的问题分割成小的问题。大问题可以看成是搜索树的父节点,那么从大问题分割出来的小问题就是父节点的子节点了。分支的过程就是不断给树增加子节点的过程。而定界就是在分支的过程中检查子问题的上下界,如果子问题不能产生比当前最优解还要优的解,那么砍掉这一支。直到所有子问题都不能产生一个更优的解时,算法结束。

2) 割平面法

割平面法(cutting plane algorithm)有多种类型,它们的基本思想是相同的。这里介绍 R. E. Gomory 于1958年提出的纯整数割平面法。假设约束条件的变量系数和常数项全为整数。先求解整数规划(PIP)的松弛问题(记为 LP)。若松弛问题的最优解是整数,该最优解就是整数规划的最优解,否则,添加一个新的约束条件到 LP 中而得 LP1,称新的约束条件为割平面。割平面要"割"去 LP 问题的非整数最优解和一部分非整数可行解。显然 LP1 的可行域比 LP 的可行域小,但原整数规划的可行解仍然包含在可行域内,没有被割去。然后再求解 LP1,这样不断地切割下去,整数可行解会处于可行域极点的位置从而有机会成为整数规划的最优解。

3) 动态规划法

1951 年,美国数学家 R. E. Bellman 在一类多阶段决策问题的研究中,首先提出了解决这类问题的"最优性原理"(principle of optimality),并在研究了许多实际问题的基础上提出了动态规划(dynamic programming)的新方法。动态规划是一种在数学、管理科学、计算机科学、经济学和生物信息学中使用的,通过把原问题分解为相对简单的子问题的方式求解复杂问题的方法。现在,动态规划已广泛应用于工程技术、工业生产、军事及经济管理等各个部门,并取得了显著的效果,近年来,又广泛应用到最优控制方面。许多复杂的问题(特别是离散系统的优化问题),采用动态规划方法比其他方法更为有效,成为解决这类问题的一个非常有用的工具。

2. 启发式算法

每一个组合最优化问题(例如 TSP 问题、VRP 问题等)都可以通过枚举的方法精确求得最优解。但枚举是以时间为代价的,有的枚举时间还可以接受,有的则不可能接受。TSP 可以分为对称和非对称距离两大类问题,对于一个具体的非对称距离 TSP 问题,可以用枚举法来表示它的可行解:对于包含 n 个城市的 TSP 问题,用 n 个城市的一个排列表示商人按这个序列推销并返回起点,若固定一个城市为起终点,则需要 $(n-1)!$ 个枚举。以计算机 1s 可以完成 24 个城市所有路径枚举为单位,则 25 个城市的计算时间为:以第 1 个城市为起点,第 2 个到达城市有可能是第 2、第 3…,或第 25 个城市。决定前两个城市的顺序后,余下是 23 个城市的所有排列,枚举这 23 个城市的排列需要 1s,所以,25 个城市的枚举需要 24s。类似地归纳,城市数同计算时间的关系见表 4-14。

枚举时城市数与计算时间的关系　　　　　　　　　　　　表 4-14

城市数	24	25	26	27	28	29	30	31
计算时间	1s	24s	10min	4.3h	约4.9d	136.5d	约10.8年	约325年

通过表 4-14 可以看出，随着城市数的增多，计算时间增加非常快，当城市数增加到 30 时，计算时间约 10.8 年，已无法接受。

现实生活中，绝大多数 TSP、VRP 属于 NP（Nondeterministic Polynomial）难问题（即多项式复杂程度的非确定性问题），此类问题难以用精确算法快速求解出结果，因此，在实际求解过程中，常借助启发式算法进行求解，在较短时间内求解出相对最优解，从而提高求解效率。

启发式算法（Heuristic Algorithm）是相对于最优精确算法提出的。启发式算法可以这样定义：一个基于直观或经验构造的算法，在可接受的花费（指计算时间和空间）下给出待解决组合优化问题每一个实例的一个可行解，该可行解与最优解的偏离程度一般不能被预计。启发式算法分为传统启发式算法和现代启发式算法两类，见表 4-15。

启发式算法分类　　　　　　　　　　　　表 4-15

传统启发式算法	一步算法	该算法的特点是：不在两个可行解之间选择。在未终止的迭代中，有可能不是一个可行解，算法结束时得到一个可行解。一步算法的一个典型实例是背包问题的贪婪算法。每一步迭代选一个物品入包，直到无法再装。该算法没有在两个可行解之间比较选择，算法结束时得到一个可行解
	改进算法	改进算法的迭代过程是从一个可行解到另一个可行解，通常通过两个解的比较而选择好的解，进而作为新的起点进行新的迭代，直到满足一定的要求为止。因此，也可以称之为迭代算法
	数学规划算法	数学规划算法主要指用线性规划的方法求解组合优化问题，其中包括一些启发式规则。这一类方法中，典型的是线性规划及对偶理论在网络流中的应用，产生标号算法等一系列最优算法，其次是基于整数规划分支定界的启发式算法，只搜索一些特殊分支，或是基于整数规划的割平面法，产生的考虑部分割平面的算法
	解空间松弛算法	一类方法是线性规划松弛。这类方法的主要步骤是先将整数规划问题 IP 松弛为线性规划问题 LP，通过 LP 得到 IP 的一个下界。LP 是多项式可解问题，但 LP 的解不一定是 IP 的可行解。于是，解空间松弛算法的第二步是如何将 LP 的解转化为 IP 的可行解，如四舍五入法，取上整数、下整数等
现代启发式算法	禁忌搜索算法	禁忌（Tabu Search）算法是一种亚启发式（meta-heuristic）随机搜索算法，它从一个初始可行解出发，选择一系列的特定搜索方向（移动）作为试探，选择实现让特定的目标函数值变化最多的移动。为了避免陷入局部最优解，TS 搜索中采用了一种灵活的"记忆"技术，对已经进行的优化过程进行记录和选择，指导下一步的搜索方向，即建立 Tabu 表

续上表

现代启发式算法	模拟退火算法	模拟退火算法（Simulated Annealing, SA）的思想最早是由 Metropolis 等提出的。其出发点是基于物理中固体物质的退火过程与一般的组合优化问题之间的相似性。模拟退火法是一种通用的优化算法，其物理退火过程由以下三部分组成：加温过程、等温过程、冷却过程。加温过程相当于对算法设定初值，等温过程对应算法的 Metropolis 抽样过程，冷却过程对应控制参数的下降。这里能量的变化就是目标函数，我们要得到的最优解就是能量最低态。其中 Metropolis 准则是 SA 算法收敛于全局最优解的关键所在，Metropolis 准则以一定的概率接受恶化解，这样就使算法跳离局部最优的陷阱
	遗传算法	遗传算法（Genetic Algorithm, GA）最早是由美国的 Johnho1land 于 20 世纪 70 年代根据大自然中生物体进化规律而设计提出的。遗传算法是一种随机全局搜索优化方法，它模拟了自然选择和遗传中发生的选择、交叉和变异等现象，从任一初始种群出发，通过随机选择、交叉和变异操作，产生一群更适合环境的个体，使群体进化到搜索空间中越来越好的区域，这样一代一代不断繁衍进化，最后收敛到一群最适应环境的个体，从而求得问题的优质解

3. 优化求解器

随着计算优化软件的不断成熟发展，目前在求解一般规模不大的 TSP 或者 VRP 模型时，可以借助一些优化求解器对模型给与有效求解。

1）LINGO 软件

LINGO 全称是 Linear INteractive and General Optimizer 的缩写——交互式的线性和通用优化求解器。它是一套可以快速、方便和有效地构建和求解线性、非线性和整数最优化模型的工具，包括功能强大的建模语言、建立和编辑问题的全功能环境、读取和写入 Excel 和数据库的功能以及一系列完全内置的求解程序。LINGO 软件的特点如下。

（1）简单的模型表示。LINGO 可以将线性、非线性和整数问题迅速地以公式表示，并且容易阅读和修改。LINGO 的建模语言允许用户使用汇总和下标变量，以一种易懂、直观的方式来表达模型，使模型更容易构建、理解和维护。

（2）方便的数据输入和输出选择。LINGO 建立的模型可以直接从数据库或工作表获取资料。同样地，LINGO 可以将求解结果直接输出到数据库或工作表，使用户能够在应用程序中生成报告。

（3）强大的求解器。LINGO 拥有一整套快速、内置的求解器来求解线性、非线性和整数优化问题。由于 LINGO 会读取用户的方程式并自动选择合适的求解器，用户甚至不需要指定或启动特定的求解器。

（4）交互式模型。用户能够在 LINGO 内创建和求解模型，或从用户自己编写的应用程序中直接调用 LINGO。对于开发交互式模型，LINGO 提供了一整套建模环境来构建、求解和分析模型。

2）CPLEX 软件

CPLEX 是可以求解线性规划、整数规划和某些非线性规划的软件包。它可以用 C、C++、

JAVA、NET 等多种计算机语言进行建模,同时拥有自己的优化编程语言(Optimal Programming Language,OPL),使得初学者很容易根据案例掌握其语法并使用。CPLEX 具有以下优点。

(1)相比于其他同类软件 CPLEX 求解速度较快。

(2)CPLEX 运行配置中存在3个独立的文件:模型文件、数据文件和设置文件。其中,模型文件主要是建模的界面,包括常量变量、决策变量的定义,目标函数、约束条件的建立;数据文件就是输入、输出数据的文件,当数据发生变化时,只需要在数据文件中进行修改,而与模型文件无关;设置文件包括很多设置开关,如设置多大内存,采用单核、双核还是多核,是否显示松弛、设置最优解与可行解的关系等,用户可以很方便地根据具体问题进行相关的设置,以提高计算速度。

(3)明显、及时的错误提示。不同于其他的建模界面,CPLEX 建模时,当出现未定义的变量名或语法不正确时,不存在的变量名或语法不正确的行都会变成红色作为提示。

(4)可以设定不同的优先级。如堆芯换料优化问题,通过设置能够做到让某个位置优先放置某种燃料的功能,缩小搜索空间,节省搜索时间。

(5)数据文件中可以直接链接电子表格,如 Excel 等,方便数据的输入、输出。

3)MATLAB 软件

MATLAB 是 MATrix LABoratory 的缩写,是一款商业数学软件。MATLAB 是一种用于算法开发、数据可视化、数据分析以及数值计算的高级技术计算语言,具有交互式环境。除了矩阵运算、绘制函数、数据图像等常用功能外,MATLAB 还可以用来创建用户界面及与调用其他语言(包括 C、C++ 和 FORTRAN)编写的程序。

尽管 MATLAB 主要用于数值运算,但利用为数众多的附加工具箱(Toolbox),它也适合不同领域的应用,例如控制系统设计与分析、图像处理、信号处理与通信、金融建模和分析、调度优化计算等。另外,还有一个配套软件包 Simulink,提供了一个可视化开发环境,常用于系统模拟、动态/嵌入式系统开发等方面。早期众多的工具箱中有一个优化工具箱,三维效果图中有旅行商问题动画演示效果分析等功能。

例4-1

设有一个推销员从5个城市中的某一个城市出发去其他4个城市推销产品,5个城市间的相互距离见表4-16,要求每个城市达到一次仅一次后,回到原出发城市。请问推销员应如何选择路线,使总路程最短。

城市距离表 表4-16

城市	1	2	3	4	5
1	0	7	4	8	8
2	7	0	3	10	9
3	4	3	0	5	9
4	8	10	5	0	14
5	8	9	9	14	0

上述 TSP 问题 LINGO 程序如下:

MODEL:
SETS:
city/1..5/:u;
link(city,city):d,x;
ENDSETS
DATA:
d = 0 7 4 8 8
7 0 3 10 9
4 3 0 5 9
8 10 5 0 14
8 9 9 14 0;
ENDDATA
MIN = @SUM(link:d*x);   !运输距离最短;
@for(city(j):@sum(city(i)|j#ne#i:x(i,j)) = 1); !城市 j 前有一个城市相连;
@for(city(i):@sum(city(j)|j#ne#i:x(i,j)) = 1); !城市 i 后有一个城市相连;
@for(link(i,j)|i#ne#j#and#i#ne#1#and#j#ne#1:u(i) - u(j) + 8*x(i,j) < = 7);!子环路消除约束;
@for(link:@bin(x));
end

求解结果如下:

```
Solution Report - tsp
Global optimal solution found.
Objective value:              33.00000
Objective bound:              33.00000
Infeasibilities:               0.000000
Extended solver steps:               0
Total solver iterations:            21
Elapsed runtime seconds:          0.08

                 Variable        Value      Reduced Cost
                 X( 1, 4)     1.000000        8.000000
                 X( 2, 5)     1.000000        9.000000
                 X( 3, 2)     1.000000        3.000000
                 X( 4, 3)     1.000000        5.000000
                 X( 5, 1)     1.000000        8.000000
```

计算机运行 0.08s 后,得到最优路径为:1→4→3→2→5→1。

将该线性模型输入 CPLEX 进行求解:

int numCities = 5;//城市数量
range Cities = 1..numCities;
float dist[Cities][Cities] = [[0,7,4,8,8],
                              [7,0,3,10,9],
                              [4,3,0,5,9],
                              [8,10,5,0,14],
                              [8,9,9,14,0]];
dvar boolean x[Cities][Cities];

```
dvar int + u[Cities];
dexpr float totalDistance = sum(i in Cities,j in Cities)dist[i][j] * x[i][j];//目标函数
minimize totalDistance;
subject to {
    forall(i in Cities)
sum(j in Cities:i! = j)x[i][j] = =1;//城市i后有一个城市相连
    forall(j in Cities)
sum(i in Cities:i! = j) x[i][j] = =1;//城市j前有一个城市相连

forall(i in Cities,j in Cities:i! = j)
if(i! = 1&&j! = 1)
            u[i] – u[j] + numCities * x[i][j] < = numCities – 1;
}//子环路消除约束
execute{
writeln("Objective Value:",totalDistance);
writeln("Solution:");
for(var i in Cities){
for (var j in Cities){
write(x[i][j] + " ");
        }
writeln("");
}
}
```

求解结果如下。

```
// solution (optimal) with objective 33
// Quality Incumbent solution:
// MILP objective                              3.3000000000e+01
// MILP solution norm |x| (Total, Max)         1.10000e+01  3.00000e+00
// MILP solution error (Ax=b) (Total, Max)     0.00000e+00  0.00000e+00
// MILP x bound error (Total, Max)             0.00000e+00  0.00000e+00
// MILP x integrality error (Total, Max)       0.00000e+00  0.00000e+00
// MILP slack bound error (Total, Max)         0.00000e+00  0.00000e+00
//
x = [[0  0 0 0 1]
        [0 0 1 0 0]
        [0 0 0 1 0]
        [1 0 0 0 0]
        [0 1 0 0 0]];
u = [0 1 2 3 0];
```

计算机运行0.57s之后,得到最优路径为:1→5→2→3→4→1,与LINGO求解结果一致。

第六节 公路运输安全管理

公路运输安全管理是保证整个公路交通运输系统安全的重要环节,只有通过采取有效的措施和手段,加强公路运输安全管理,创造良好的运输条件和环境,才能保障公路运输生

产的安全进行。为此,交通运输部先后制定出台了《中华人民共和国道路运输条例》《道路旅客运输及客运站管理规定》《道路货物运输及站场管理规定》《道路运输车辆技术管理规定》《道路运输从业人员管理规定》等法规标准。

公路运输安全管理主要包括运输企业安全管理、车辆安全管理和驾驶员安全管理三个方面。

一、运输企业安全管理

1. 道路运输行业安全管理的主要内容

道路运输行业安全管理一般从以下方面进行规范。

(1)涉及安全生产事项的行政审批(包括运输业户、车辆从业人员的经营或从业资格颁发证照等)严格按照法律、法规和规章规定的安全条件和程序进行审查。

(2)对取得行政审批的运输业户车辆、从业人员,实施严格监督检查,对不再具备安全生产条件的,收缴相关证件或证书;对未取得审批的运输经营活动予以查处和取缔。

(3)监督运输企业内部安全生产管理。

(4)加强对汽车客货运站安全管理。

(5)加强安全生产工作的监督,深入运输现场检查,严禁客货运车辆超载运行和带安全隐患运营。

(6)组织开展安全生产宣传、教育和人员培训工作;表彰运输安全生产成绩突出的经营业户。

(7)协助负责运输事故的调查、处理和预防工作。

(8)推进安全文化的建设。

2. 道路运输企业安全管理的任务

道路运输企业安全管理工作的任务是:认真执行道路交通运输法规规范和标准;坚持"安全第一,预防为主"的方针,按照"企业负责、行业管理、国家监察、群众监督"的原则,建立"管生产必须管安全,谁主管谁负责"的安全生产管理责任制;采取科学有效的手段,制订切实可行的措施,把运输事故消灭在萌芽状态;确保旅客和货物的人身与财产的安全,最大程度地为社会提供安全、及时、经济、方便、舒适的运输服务。

3. 道路运输企业安全管理的内容

道路运输企业安全管理工作所涵盖的内容包括行车安全管理、企业劳动安全管理、内部治安管理和消防安全管理。其主要内容归纳如下:

(1)全面贯彻执行党和国家制定的有关交通运输安全管理工作方针、政策,健全企业各级安全管理机构。

(2)认真执行道路交通运输和交通安全法规、规范和标准,做好道路运输安全设施的有效投入和安全宣传教育工作。

(3)结合企业实际,建立健全以安全管理工作岗位责任制为主的各项安全管理制度,制定企业的安全技术标准和操作规程。

(4)开展安全检查、纠正违章行为,组织安全知识竞赛,交流安全经验,推广安全技术,消除生产安全事故隐患。

(5)做好驾驶员的技术培训工作,建档立库,做好年度审验,安排好安全月和安全日活动。

(6)及时办理车辆年度检验并办理有关手续,组织车辆安全检查,办理保险手续。

(7)组织制订企业运输安全事故应急救援预案,及时、如实报告安全事故。协助公安车辆管理部门处理好与本企业有关的交通事故,分析事故原因,执行司法或行业管理部门做出的整改或处罚决定(意见),落实防范措施。

(8)负责本企业运输事故的统计和上报工作,建立健全安全管理档案。

(9)开展运输安全科学研究,提高安全管理技术水平。

4. 道路运输企业安全管理制度

1)组织领导与机构设置

(1)组织领导。

安全生产实行董事会决策下总经理负责制,建立职责明晰,分级管理,层层落实,监督反馈调整、激励诸功能相互联系、相互作用、相互协调的安全管理运行机制。

(2)机构的设置。

道路运输企业要搞好安全管理工作,首先要有健全的安全管理机构,其次是在安全管理机构中,各职能部门和职能人员必须有明确的职责范围。只有这样,安全管理工作才会从组织上落到实处。

道路运输企业的安全管理工作主要是以行车安全管理为中心内容的道路交通运输生产安全工作。此外,根据企业的经营规模和范围,还有维修生产、企业防火等内部生产安全问题。

(3)道路运输企业安全管理人员素质要求。

在组织管理机构中,最重要的是人的因素。安全管理人员要出色地完成自己职责范围内的安全管理工作,就必须具备相应的思想和业务素质。思想素质主要表现在职业道德方面,业务素质主要表现在知识、资历和能力方面。

2)安全管理制度建立

主要安全管理制度包括:安全工作例会制度,安全宣传学习培训制度,持证人员的考核管理制度,安全检查制度,安全隐患的报告、整改、跟踪、反馈制度,事故的报告调查分析制度,季节性的安全管理规定,车辆安全管理办法,处置突发事件和重大安全事故预案,安全信息传送制度,承包经营者和驾驶员的安全管理规定,安全统计报表制度,机动车辆保险办理规范。

二、运输车辆安全管理

汽车在使用过程中受到各种因素的作用,汽车零部件会出现磨损、疲劳、腐蚀以及老化,从而失去原有的质量和功能,汽车的使用性能也将出现不同程度的恶化,机件的性能下降。特别是营运车辆,由于平时运输过程中载荷重路况复杂、运行强度大等多方面的因素,车辆的技术状况衰退较快。因此,有必要加强营运车辆的技术管理,确保营运车辆处于良好的技术状况,这是保障道路运输安全的必然要求。

营运车辆的技术管理是择优选择、正确使用、定期检测、强制维护、视情修理、合理改造、适时更新与报废的全过程管理。做好车辆技术管理,就是要坚持预防为主、技术与经济相结合的原则,按照营运车辆管理的规定和相关技术标准,选购符合标准要求的车辆,建立健全车辆技术档案,正确使用与维护车辆,定期进行车辆检测与审验、车辆技术等级评定、客车类型等级评定,视情进行车辆故障修理,按规定报废或转出车辆等。

1. 车辆技术管理有关法规

《道路运输车辆技术管理规定》规定,道路运输经营业户,必须按国家有关规定执行车辆维护制度,并加强车辆技术管理。

根据相关法规的规定,车辆技术管理内容包括:

(1)做好营运车辆购置前有关车辆综合性能要求、车辆燃料消耗量达标及车辆类型等级、车辆与道路的适应性评估和论证。

(2)根据国家标准及车辆的结构性能使用条件等因素,科学、合理制定营运车辆技术管理定额标准,包括各主要营运车型的定期维护周期、作业项目及燃料消耗量定额,轮胎行驶里程定额等。

(3)制订营运车辆定期维护计划及计划的组织实施;定期组织进行车辆技术检测和年审;负责营运车辆技术档案的建立和记录填写,保证运营车辆技术档案的完整和准确;做好车辆的一级维护和车辆安全技术检查。

(4)开展营运车辆燃料消耗量考核监管工作和安全行车、节能降耗、车辆维护等业务培训、技术竞赛活动;定期开展车辆维护与使用的相关培训。

(5)营运车载安全应急设备的领用与监管。

(6)车辆的报废和转出。

(7)推广使用新技术、新能源、新材料、新结构的车辆。

(8)开展油料、轮胎等易耗材料的定额考核。

2. 营运车辆技术档案及实施信息化管理的要求

运输企业经营者必须建立营运车辆技术档案和管理档案,并妥善保管。对相关内容的记载应当及时、完整和准确,不得随意更改。车辆技术档案主要内容应当包括车辆基本情况、主要部件更换情况、修理和二级维护记录(含出厂合格证)、技术等级评定记录、类型等级评定记录、车辆变更记录、行驶里程记录、交通事故记录等。

营运车辆技术档案是车辆技术管理的基础性资料,可以做到及时记录营运车辆技术管理中涉及车辆维护修理、检验检测、技术状况评定等各方面的原始数据信息,是营运车辆生命全过程的记载,可起到落实车辆技术管理和规范运营管理的作用。营运车辆技术档案应当及时对变动中的有关情况及规定进行规范、准确地记录,不得随意更改,并妥善保管,作为车辆审验和监督检查的依据。营运车辆技术档案的保存期限为自车辆办理《道路运输证》起,至车辆退出营运后止。运输企业可以根据实际情况,适当延长档案的保管期限。

车辆技术档案管理是一个动态的过程,从车辆入户建档到报废销档,档案资料在不断地补充。

三、营运驾驶员管理

1. 营运驾驶员准入和聘用制度

《道路运输从业人员管理规定》等规定,客运驾驶人应当符合下列条件:

(1) 取得相应的机动车驾驶证 1 年以上。
(2) 年龄不超过 60 周岁。
(3) 3 年内无重大以上交通责任事故记录(交通责任事故,是指驾驶人负同等或者以上责任的交通事故)。
(4) 掌握相关道路旅客运输法规、机动车维修和旅客急救基本知识。
(5) 经考试合格,取得相应的从业资格证件。

在面向社会招聘驾驶人员时,企业可以结合自身运输业务的特点,在满足上述法规要求的基础上,适当提高客运驾驶员的录用条件。例如要求 3 年内无交通违法记满 12 分记录;无致人死亡或者重伤的交通事故责任记录;无饮酒后驾驶或者醉酒驾驶机动车记录;无犯罪记录;身心健康,无传染性疾病,无癫痫、精神病等可能危及行车安全的疾病病史;无酗酒吸毒行为记录等。客运驾驶员录用工作通常包括以下环节:

(1) 应聘者提出申请。
(2) 从业资格条件审查。
(3) 驾驶技能和综合素质测试。
(4) 审核备案。
(5) 正式录用,签订聘用合同。
(6) 岗前培训及试用期考察。

《道路运输从业人员管理规定》规定,货运驾驶员应当符合下列条件:
(1) 取得相应的机动车驾驶证。
(2) 年龄不超过 60 周岁。
(3) 掌握相关道路货物运输法规、机动车维修和货物装载保管基本知识。
(4) 经考试合格,取得相应的从业资格证件。

道路危险货物运输驾驶员应当符合下列条件:
(1) 取得相应的机动车驾驶证。
(2) 年龄不超过 60 周岁。
(3) 3 年内无重大以上交通责任事故。
(4) 取得经营性道路旅客运输或者货物运输驾驶员从业资格 2 年以上或者接受全日制驾驶职业教育。
(5) 接受相关法规、安全知识、专业技术、职业卫生防护和应急救援知识的培训,了解危险货物性质、危害特征、包装容器的使用特性和发生意外时的应急措施。
(6) 经考试合格,取得相应的从业资格证件。

2. 营运驾驶员安全教育、培训及考核

下面以营运客车驾驶员为例进行讲解。

1) 建立驾驶员安全教育、培训及考核制度

《中华人民共和国安全生产法》规定,生产经营单位应当对从业人员进行安全生产教育和培训,保证从业人员具备必要的安全生产知识,熟悉有关的安全生产规章制度和安全操作规程,掌握本岗位的安全操作技能。生产经营单位未按照规定对从业人员进行安全生产教育和培训,如实告知从业人员有关安全生产事项的,责令限期整改;逾期未改正的,责令停产

停业整顿,可以并处2万元以下的罚款。《道路运输从业人员管理规定》要求,道路运输从业人员应当按照规定参加国家相关法规、职业道德及业务知识培训。

对驾驶员进行安全教育、培训是道路客运安全管理的一项重要内容和基础工作。通过安全教育和培训,可以使客运驾驶员牢固树立安全意识,认识和把握道路运输中事故因素及其发生规律,正确理解和掌握有关安全制度,掌握安全操作规程和事故应急处置知识和方法,严格执行安全操作规程,及时发现事故隐患,保证道路运输安全。

2)建立客运驾驶员安全告诫制度

客运驾驶员安全告诫制度是指客运企业安全管理人员在企业所在地或汽车客运站,对每天出车前的客运驾驶员进行安全告知和提醒的现场安全管理措施,其目的是强化道路旅客运输安全生产管理,提高驾驶员的安全意识,规范驾驶行为,积极做好事故防范。客运驾驶员安全告诫制度充分体现了"以人为本、预防为主"的安全管理理念,是对客运驾驶员安全教育制度的延伸,也是主动预防事故的有效措施。

对于包车客运和旅游客运,由企业安全管理人员在发车前通过当面观察、查验、交谈,对驾驶员进行安全提醒和教育,对异常情况进行处置。对于班车客运,客运企业应派安全管理人员驻站或者委托汽车客运站专职安全管理人员,对当日发班的驾驶员实施安全告诫。进行安全告诫时,首先要观察驾驶员的身体、精神状况和情绪表现,确定是否适宜驾驶车辆。其次要询问了解驾驶员的休息与睡眠、近期工作与生活、是否饮酒和服用药物等情况,确定驾驶员是否符合安全行车的基本要求。检查驾驶员所携带的驾驶证、从业资格证、行车证和车辆道路运输证是否齐全、有效,车辆当日安全例检是否合格等。再次要通报天气变化情况,车辆运行线路上的道路情况。叮嘱驾驶员牢记安全第一、谨慎驾驶,不超员、不超速,按规定途中休息,确保行车安全。

客运企业安全管理人员应每天对所有出车的驾驶员分别进行至少一次安全告诫,并针对不同驾驶员和每日的天气、路况行车方向与旅客的流量等实际情况,制定具体的告诫方案。安全告诫要做到简明扼要,以正面提醒为主,并根据驾驶员的特点,突出重点,增强效果。针对在告诫过程中发现的驾驶员存在的问题,企业安全管理人员应及时上报,采取相应的处置措施。企业安全管理人员应在出车前到达发车现场进行安全告诫。特殊情况下,不能到现场对驾驶员实施安全告诫的,由客运企业或汽车客运站通过电话、手机短信、全球定位系统(Global Positioning System,GPS)信息及其他有效途径进行安全告诫。

为了规范客运驾驶员安全告诫制度,客运企业应建立安全告诫制度,保存告诫记录。告诫记录应记录以下内容:驾驶员的姓名、年龄、所属单位、车辆牌号、运行线路;告诫的时间、地点;重点查看的结果和告诫效果以及必要的处置情况。告诫及特殊情况处置完毕后应由驾驶员签字确认。告诫记录应长期保存。

3)防止客运驾驶员酒后、带病或者带不良情绪上岗

(1)防止客运驾驶员酒后上岗。

通过上岗前的技术测试,防止客运驾驶员酒后上岗。

(2)防止客运驾驶员带病上岗。

驾驶员生病情况下开车,注意力和反应力会大大降低,动作不协调,动作准确性下降,会增加交通事故的发生概率。吸食毒品或者服用某些药物后,驾驶员的反应也会变得迟钝,注

意力降低,容易引发交通事故。为了确保行车安全,驾驶员应注意:遇到患有感冒等影响行车安全的疾病时,应及时调整运营计划,安排休息;行车中,感到身体不适,一定要立即安全停车,进行必要的处置;服(使)用药物前,询问医生或药剂师,所服(使用)药物对行车安全是否会有影响,并遵医嘱服(使)用药物。

(3)防止客运驾驶员带不良情绪上岗。

研究表明,无论积极亢奋的情绪,还是消极低沉的情绪,都会影响行车安全。过分高兴和亢奋时,驾驶员易分散注意力,对交通情况的判断能力降低,或者过高估计自己的能力而开"英雄车"。过分悲观消沉时,驾驶员对环境的视觉和感觉能力弱化,工作精力下降,操作失误随之增加。感觉烦恼时,性格内向的驾驶员会沉思忧郁,注意力分散,对交通环境的感知减弱,反应迟钝;而性格外向的驾驶员则暴躁不安,情绪易因受外界刺激而产生巨大波动,产生报复心理,甚至开"斗气车"。保持情绪的稳定,克服和控制消极的情绪和情感,需要驾驶员做到:

①增强法治观念,认清情绪波动对行车安全的危害,保持高度的社会责任感。

②增强自身修养,遵守职业道德,积极处理好工作、家庭生活和人际关系,保持高尚的情操和平常心态。

③把"制怒勿躁"作为座右铭,经常告诫自己抑制愤怒和急躁,善于转移注意力善于谅解和理解对方,运用恰当的方法自我调节和稳定情绪,保持心情舒畅,不在有思想包袱、心情沮丧、情绪烦躁时驾驶车辆。

④保持经常学习,尤其是学习掌握道路运输风险防范知识和技能,提高应激反应能力,在遇到险情时能够沉着果断,处变不惊,采取相应的对策化险为夷,转危为安。

安全管理人员也应注意了解客运驾驶员的家庭状况及人际关系等,分析客运驾驶员的心理状况,及时开展心理疏导工作,杜绝客运驾驶员带不良情绪上岗。

3. 防止客运驾驶人疲劳驾驶

疲劳驾驶是指驾驶员因连续驾驶车辆时间过长,或者睡眠不足,或者因生病导致身体不适,或者从事其他体力消耗过大而未能得到充足的休息,而继续驾驶车辆的行为。

对近年来发生的一次死亡10人以上的重特大道路客运事故进行分析,重特大交通事故多发的时段分别是14—15时和6—7时。在14—15时时段内,人正好处于一天中的生理疲劳期,容易产生疲劳驾驶;驾驶员经过夜间行车,到6—7时时段也容易产生疲劳驾驶。疲劳驾驶严重影响行车安全,主要表现在:

(1)感知能力下降。疲劳会导致驾驶员不能正确、及时地获取驾驶车辆所需的信息,对信息判断错误的情况增多。

(2)注意力下降。疲劳会导致驾驶员不能将注意力有效地分配在相关的道路交通信息上,注意力容易分散。

(3)反应能力下降。疲劳会导致驾驶员处理信息并作出反应的时间延长,遇到突发事件不能及时采取应对措施以回避可能出现的事故。

(4)操作能力下降。疲劳会导致驾驶员的动作准确性和稳定性降低,发生操作错误的概率增加。

驾驶疲劳与驾驶员的身体状况、心理状况、休息情况、家庭环境等有关,还与运输企业的工作任务安排、工作环境有密切的关系。客运企业应当建立相关的制度,采取有效的措施防止客运驾驶员疲劳驾驶。

防止客运驾驶员疲劳驾驶主要就是使驾驶员得到足够的休息,创造良好的工作环境,使驾驶员保持良好的生理和心理状态。具体措施包括:

(1) 定期组织客运驾驶员进行体检。

客运企业安全管理人员应注意客运驾驶员的身体和心理状况,及时开展心理疏导工作,定期组织体检。这里要求的体检,与公安交通管理部门要求提交的有关身体条件的证明不同,是对客运驾驶员的身体健康状况进行更全面、更严格的医学检查,帮助驾驶员及早发现病情,及时开展治疗,从而确保驾驶员的行车安全,提高工作效率。一般情况下,客运企业应每年组织客运驾驶员进行一次体检。

(2) 为客运驾驶员创造良好的工作环境。

客运企业应以人为本,尊重和关心客运驾驶员,减少责备和批评,与客运驾驶员建立良好的工作关系,使驾驶员在工作时保持愉悦的心情。客运企业可为驾驶员设置专门的休息室,为驾驶员做好后勤服务。

(3) 合理安排运输任务。

合理安排运输任务的目的是保证驾驶员的连续驾驶时间、停车休息时间及累计驾驶时间符合相关规定要求。客运企业不应强迫驾驶员违规出车,要合理配备长途线路驾驶员的数量,积极探索接驳接力运输方式,以保证中途换班驾驶员落地休息。

复习思考题

1. 按照动力驱动形式,汽车是如何分类的?
2. 试绘制车辆利用单项指标体系构成图和车辆生产率特性图。
3. 简述营业性道路旅客运输的分类。
4. 试述定制客运的组织方法。
5. 简述道路货物运输的组织方法。
6. 简述汽车货运专项运输主要内容。
7. 汽车甩挂运输的主要组织形式有哪几种?
8. 理解 TSP 和 VRP 数学模型的含义,了解其主要求解方法。
9. 学会掌握如 LINGO、CPLEX 等一种编程方法。
10. 道路运输行业安全管理和企业安全管理内容有何异同?

第五章

城市交通运输系统及组织

第一节 城市交通运输系统及其特征

一、城市交通运输系统构成

城市交通运输是在城市范围内，由交通运输基础设施（交通网络、枢纽节点和设备等），载运工具、运营组织与管理等子系统构成，完成人流、物流和车流空间位移的综合系统。城市交通运输因城市而存在，是城市经济活动的基础。

因载运工具形式的不同，城市交通运输方式可分为城市公共汽电车、城市轨道交通、摆渡船、缆车、出租汽车、自行车等方式。

城市交通运输直接关系到城市居民的生活质量，关系到城市经济发展水平和用地布局的合理性。随着汽车在城市中的保有量快速增长，世界各大城市因道路资源的制约，均不同程度出现城市交通拥挤现象，故发展公共交通运输，如公共自行车、公共汽电车、城市轨道交通则成为共识。2005年，我国政府就颁布了《关于优先发展城市公共交通意见的通知》的指导意见，确立了公交优先以及实行低票价补贴机制。2012年，国务院发布了《关于城市优先发展公共交通的指导意见》，突出了城市公共交通的公益属性，将公共交通发展放在城市交通发展的首要位置。2022年，交通运输部制定了《国家公交都市建设示范工程管理办法》，通过推进公交都市建设落实公交优先发展战略，努力提高居民公交出行分担率、城市公共交通乘客满意度。随着绿色发展理念的普及，共享单车、共享汽车等资源共享方式的服务也得到了推广使用。

二、城市交通运输的发展特征趋势

我国城市特点显著。人口规模大，且居民的出行结构多元化，城市道路资源和居民的经济承受力有限，需要通过交通运输发展政策的合理引导，使结构朝着有利于充分利用交通运输设施运输能力的方向发展。

1. 优先发展公共交通

城市公共交通是人均道路利用效率最高，消耗资源最少、环境污染程度最轻的大众交通方式。在城市交通系统中，公共交通应该得到优先发展。

公共交通的优先发展，必须有保障体系，一是从政策上给予保障，二是从技术上给予保障，如开辟公交专用线、专用车道、快速公交（Bus Rapid Transit，BRT）、公交车优先相位，投放共享单车等，并通过优化公交网络、优化站点布设及优化车辆调度、开辟自行车专用道等措施方便居民出行，提高公共交通的吸引力。

2. 协调发展私人小汽车

我国私人小汽车已进入百姓家庭。私人小汽车发展政策分为鼓励拥有型、限制拥有型、限制使用型。我国各城市根据其自身的特点制定私人小汽车的发展和使用政策，使得私人小汽车发展和使用与道路交通基础设施建设水平相协调、与城市环境保护相协调。

3. 有计划发展轨道交通

轻轨、地铁（通称大运量轨道交通）、独轨和自动导轨交通等是城市公共交通的重要组成部分。当城市公共电汽车难以承受大客流时，应开辟大运量的轨道交通。轨道交通线路能节省土地资源，并且不产生环境污染，交通事故少，节能环保，符合可持续发展战略。但轨道交通造价较高，运营成本高，不易收回成本。发展轨道交通系统是解决大城市道路交通拥堵的根本途径之一。

第二节 城市道路交通系统

一、城市道路基础设施

城市道路交通系统是城市系统中的一个重要子系统，为城市居民的各种出行活动提供必要的条件，也是城市结构的基本组成部分。城市道路具有城市骨架、交通设施、城市空间、城市景观、市政空间与防灾减灾设施等六大功能，是城市空间不可或缺的组成部分。

1. 城市道路布局及其分类

1）城市路网布局

城市路网格局是在一定的社会经济、自然和建设条件下，为满足城市不同交通及其他各种要求而形成的，常见的城市路网布局有棋盘式、环形放射式、混合式、自由式四种。

棋盘式把城市用地分割成若干方正的地段，系统明确，便于建设，适用于地势平坦的平原地区，一般中小城市有较多的方格形道路网的形式，其特点是布局严整，简洁，方向性好，有利于建筑布置，缺点是交叉路口较多，不利于车流运行。环形放射式由城市中心起向四周的若干条放射线和以城市中心为圆心的几条环形线组成。这种布局路网可达性好，利于加强市中心的吸引力，但方向性较差，不利于建筑物的布置。而方格-环形-放射的混合式是前几类形式的混合，并结合各城市的具体条件进行合理规划，可以集中其优点，避其缺点，因此是比较适用的形式。自由式道路系统多在地形条件较复杂的城市中，为了满足城市居民对于交通运输的要求及便于组织交通，结合地形变化，路线多弯曲自由布局。其特点是结合了城市地形，可以节省工程费用，缺点是方向性差、非直线系数大。

2）城市道路及分类

城市道路是城市中组织生产、安排生活所必需的车辆及行人交通来往的线路，是连接城市各个组成部分（包括市中心、工业区、生活居住区、对外交通枢纽以及文化教育、风景游览、体育活动场所等）并与郊区公路、铁路场站、港口、码头、机场相贯通的交通纽带。城市道路不仅是组织城市交通运输的基础，而且是布置城市公用管线、街道绿化，组织沿街建筑、通风、防灾和划分街坊的基础。因此，城市道路是城市市政建设的重要组成部分。根据国家标准《城市综合交通体系规划标准》（GB/T 51328—2018）的规定，按照城市道路所承担的城市活动特征,城市道路应分为干线道路、支线道路、联系两者的集散道路三个大类,以及城市快速路、主干路、次干路和支路四个中类和八个小类。表 5-1 为我国城市道路划分与主要技术指标。

干线道路应承担城市中、长距离联系交通,集散道路和支线道路共同承担城市中、长距离联系交通的集散和城市中、短距离的交通;此外,应根据城市功能的连接特征确定城市道路种类。快速路完全为交通功能服务,是解决城市长距离、快速交通的主要道路,快速路入口应采用全控制或部分控制。主干路以交通功能为主。主干路上的机动车与非机动车应分道行驶;平面交叉路口间距以 800～1200m 为宜。次干路是城市区域性的交通干道,为区域交通集散服务,配合主干路组成道路网,起到广泛连接城市各部分和集散的作用。支路为联系各居住小区的道路,解决地区内交通,直接与两侧建筑物出入口相接,以服务功能为主。

我国城市道路划分与主要技术指标   表5-1

大类	中类	小类	功能	设计速度（km/h）	高峰小时服务交通量推荐（双向pcu）
干线道路	快速路	Ⅰ级快速路	为城市长距离机动车出行提供快速、高效的交通服务	80～100	3000～12000
		Ⅱ级快速路	为城市长距离机动车出行提供快速的交通服务	60～80	2400～9600
	主干路	Ⅰ级主干路	为城市主要分区(组团)间的中、长距离联系交通服务	60	2400～5600
		Ⅱ级主干路	为城市主要分区(组团)间的中、长距离联系以及分区(组团)内部主要交通联系服务	50～60	1200～3600
		Ⅲ级主干路	为城市主要分区(组团)间的中等距离交通联系提供辅助服务,为沿线用地服务较多	40～50	1000～3000
集散道路	次干路	次干路	为干线道路与支线道路的转换以及城市内中、短距离的地方性活动组织服务	30～50	300～2000
支线道路	支路	Ⅰ级支路	为短距离地方性活动组织服务	20～30	—
		Ⅱ级支路	为短距离地方性活动组织服务的街坊内道路、步行、非机动车专用路等	—	—

2. 停车场

停车场是供车辆停放的场所。车辆停放设施规划是综合交通规划不可分割的组成部分。目前,世界上许多大、中城市的停车难,已经成为一个突出的交通问题,我国也不例外。为满足城市交通的发展,除了建设足够的城市道路之外,还应设置足够的停车设施,包括路外停车场、停车库和路边停车泊位等。不同类型的停车场,其停放车辆类型、服务对象、场地位置、土地利用和管理方式也不相同,一般来说可以按如下方式划分:

(1)按停车场地所处位置划分。

根据停车场所处位置不同,停车场可分为路边(路内)停车场和路外停车场。

路边(路内)停车场指在道路用地控制线(红线)内划定的供车辆停放的场地,包括公路路肩、城市道路路边、较宽隔离带圈划停车位或利用高架路、立交桥下的空间停车。路边停车场指道路用地控制线以外专辟的停车场,包括停车库、停车楼和各类大型公共建筑附设的停车场地。这类停车场地由停车泊位、通道、停车出入口以及其他附属设施(如给排水、防火栓、修理站、电话通信、绿化、生活设施)组成。

(2)按停车车型划分。

根据停车车型不同,停车场可分为机动车停车场和非机动车停车场。

机动车停车场包括中心商业区和出入口交通集散枢纽(如车站、码头、港口等)、公共活动中心(如宾馆饭店、医院、文体场馆、公园等)和公共交通回场车、终点站等在内的机动车停放、维修场地。非机动车停车场包括各种类型的自行车停车场,以及助力车、人力三轮车等停车场地。

(3)按停车设施的服务功能划分。

根据停车设施的服务功能不同,停车场可以分为专用停车场、配建停车场和社会公共停车场。

专用停车场是指专业运输企业和事业单位建设的停车场(库),如城市公交汽车(电车)公司、公路客货运枢纽站等,其专用停车泊位只为其内部车辆服务。配建停车场指各类型公用建筑设施(如宾馆、商场、火车站、影剧院、体育场馆等)与住宅配套建设的停车场所,主要为该类设施业务活动出行者和住户提供停车服务。社会公共停车场指服务于各类出行活动过程中为车辆提供的公共停车场所,通常规划设置在城市的商业活动、公共交通换乘站以及城市出入口附近。

二、城市道路交通运输方式

发展多层次、立体化、智能化的城市交通运输体系,将是城市建设发展中普遍追求的目标。城市道路交通运输方式包括公共交通和私人交通两种方式。

1. 公共交通

公共交通泛指所有向大众开放并提供运输服务的交通方式。城市道路交通系统中,公共交通包括路面轨道交通、公共汽车、出租汽车、快速公交、公共自行车等类型。

1)路面轨道交通

目前,国外的很多大城市大多以重轨为主要轨道交通工具,以轻轨等其他轨道交通作为辅助工具;小城市则以轻轨为主。部分轻轨设置在道路路面,路面轨道交通的技术经济优势包括:

(1)节约时间。路面轨道交通常配以信号优先通行,是一种快速、准时的交通系统,不会发生交通拥堵的情况,从而提高效率。

(2)速度快、运能大。轻轨运营速度是 $25\sim35km/h$,运能为 0.8 万 ~2.4 万人/h。

(3)交通事故少。路面轨道交通系统大都采用沿线封闭方式,系统本身的安全性高。

(4)能耗小。路面轨道交通完全是电力牵引,能节约大量的燃油消耗,缓解石油资源紧张状况。

(5)环境污染小。路面轨道交通或建于地下,噪声低;并且轨道交通排放的废气少,对空气污染很小。

2)公共汽车

在快速轨道交通日趋普及的今天,公共汽车这种传统的客运方式,不仅在许多发展中国家中被大量使用,在发达国家的城市中也仍然存在。公共汽车从设计和技术特性的角度看,与其他大、中型客车的车型(如长途客车、旅游客车、团体客车等)不同,这种车辆设有乘客座椅及供乘客站立与走动的通道,要求站立面积大,车厢内通道与出入口宽,两个以上车门,踏板低。如果是城郊公共汽车,则由于主要用于中距离城镇间的客运,座位较城市公共汽车要多些,还应有行李舱或行李架。根据交通运输行业标准《公共汽车类型划分及等级评定》(JT/T 888—2020),公共汽车按车长分为特大型($L>12m$)、大型($9m<L≤12m$)、中型($6m≤L≤9m$)和小型($4.5m<L≤6m$)。其中,特大型公共汽车还可以分为双层公共汽车($12m≤L≤13.7m$)和单层公共汽车(含铰接车,$12m<L≤18m$)。

3)快速公交

快速公交系统(BRT)是一种介于快速轨道交通(Rapid Rail Transit,RRT)与常规公交(Normal Bus Transit,NBT)之间的新型公共客运系统,是一种大运量交通方式,通常也被人称作"地面上的地铁系统"。它是利用现代化公交技术配合智能交通和运营管理,开辟公交专用车道和建造新式公交车站,实现轨道交通式运营服务,达到轻轨服务水准的一种独特的城市客运系统。我国快速公交的建设正处于蓬勃发展阶段,北京、广州、杭州、济南、常州、厦门等城市的快速公交系统已经投入运营。

4)出租汽车

出租汽车在城市客运交通中起辅助作用,因而称其为辅助交通。出租汽车的车型有大、中、小和微型四种,可以根据租用者的不同需要提供服务。出租汽车是可以提供门到门服务的交通方式,其服务比其他公共交通更迅速、更方便。

5)公共自行车

公共自行车,是"公共自行车出行系统"的简称。该系统通常以城市为单位进行部署、建设,由数据中心、驻车站点、驻车电子防盗锁、自行车(含随车锁具、车辆电子标签)及相应的通信、监控设备组成。公共自行车管理单位向居民发放借车卡,用户在站点刷卡借车,到达目的地后,将车归还到就近的站点。可根据使用时长和一定的计费标准收取一定的使用费。作为城市交通的组成部分,公共自行车具有无大气和噪声污染、为1~5km的短途出行提供方便、体量小、操作灵活、可达性好和投资少等的优点。

2. 私人交通

1)小汽车

小汽车的特点是机动性强,可以实现"门到门"运输的个性化交通方式,适合长距离出行。它的行驶路线相对自由、灵活方便,无须换乘,舒适随意,宜于个人使用。小汽车的使用提高了人们的工作效率,加快了生活节奏,节约了交通时间,带动了汽车及相关企业的发展,是现代世界物质文明的一大进步。但是,从小汽车的发展和广泛使用看,特别是无计划、无控制地任意发展,在环境污染、交通、能源、土地利用等方面给城市带来了一系列难以解决的矛盾,使整个城市功能倾斜,城市交通也逐渐失去了它原来的服务本质。

为了改善城市环境、减少污染,从长远看,环境、技术两大因素将主导轿车工业的未来,轿车生产企业如果仅仅依赖于传统燃料轿车,那么,在当今环保要求更加苛刻、竞争更加激烈的市场中就将难以生存。同时,大规模发展汽油或柴油动力轿车,在资源方面也会遇到很大压力。因此,必须寻求轿车工业发展的新方向,采用先进技术,开发生产低污染的清洁轿车。

2)自行车

自行车是传统产业,具有100多年的历史,由于环保以及交通的问题,自行车再度成为世界各国特别是发达国家居民喜爱的交通、健身工具,世界自行车行业的重心正从传统的代步型交通工具向运动型、山地型、休闲型转变。自行车可以实现门到门的运输,是一种连续性的、个体的、非常健康的交通方式。它对道路无特殊要求,可在一切道路和小巷内行驶,是适合中速骑行半小时以内出行距离的短途代步工具。自行车等非机动车交通具有灵活方便、经济耐用、节能健康、不污染环境且适合大众需求的特点,但同时具有安全性差、舒适性差、稳定性差、受干扰大等特点。

3)摩托车

摩托车,由汽油机驱动,靠手把操纵前轮转向的两轮或三轮车,轻便灵活,行驶迅速,广泛用于巡逻、客货运输等,也用作体育运动器械。从大的方向上来说,摩托车分为街车、公路赛摩托车、越野摩托车、巡航车、旅行车等。摩托车同样也具有机动灵活、可实现门到门运输的特点,其具有较强的机动性,适用于城市内部中短距离的出行。

4)步行

步行是最基本、最健康的末端交通方式。行人交通是城市交通综合体系的重要组成部分。步行交通占地少,环境影响小,还具有加强社会交流、促进步行者监控的作用。步行在短距离出行中占有主要地位,而且在其他出行中起到限界、转换的作用。

第三节 城市轨道交通系统

一、城市轨道交通系统概述

城市轨道交通系统是指服务于城市客运交通,通常以电力为动力、轮轨运行方式为特征的车辆或列车与轨道等各种相关设施的总和。它具有运能大、速度大、安全准时、成本低、乘坐舒适方便以及能缓解地面交通拥挤和有利于环境保护等优点,常被称为"绿色交通"。

自19世纪60年代起,城市轨道交通经过一个半世纪的发展,截至2023年底,全球已经有79个国家的563个城市开通了轨道交通,线路总长度超过43400km。当今世界的许多城市中,轨道交通已经在城市公共交通系统中处于骨干地位。世界范围内人口向城市集中,城市化步伐加快,大中型城市普遍出现人口密集、住房紧缺、道路交通拥堵、环境污染严重,交通事故多发,能源缺乏等所谓的"城市病",发达国家城市交通发展的经验表明,轨道交通已成为解决城市交通问题的"金钥匙",对实现城市的可持续发展具有重要意义。

二、城市轨道交通分类

根据城镇建设行业标准《城市公共交通分类标准》(CJJ/T 114—2007),目前城市轨道交通包括地铁系统、轻轨系统、单轨系统、有轨电车系统、磁浮系统、自动导向轨道系统、市域快速轨道系统七种制式。根据国家城市轨道交通协会统计,截至2023年底,中国内地累计有59个城市开通城市轨道交通运营线路338条。其中,大运能系统(地铁)8547.67km,占比76.10%;中运能系统(含轻轨、跨座式单轨、市域快轨、磁浮交通、自导向轨道系统)1893.53km,占比16.86%;低运能系统(含有轨电车、电子导向胶轮系统、导轨式胶轮系统、悬挂式单轨)791.45km,占比7.04%。

1. 地铁系统

1863年,世界上第一条铁路线在伦敦建成并投入使用。地铁是一种大运量的轨道运输系统,主要在大城市地下空间修筑的隧道运行,当条件允许时,也可以穿出地面,在地上或者是高架桥上运行。世界范围内地铁的地下部分占70%,地面和高架部分约占30%,甚至有的地铁全部采用高架形式,只有部分城市地铁系统是完全在地下。图5-1分别为1863年英国伦敦大都会地铁和我国广州地铁5号线列车。

a) 1863年英国伦敦大都会地铁

b) 广州地铁5号线列车

图5-1 地铁系统

地铁可以分为重型地铁、轻型地铁、微型地铁三种。重型地铁为传统普通地铁,轨道基本采用干线铁路技术标准,运量大、路权专用,以地下、隧道和高架线路为主;轻型地铁是一种在轻轨线路和车辆的设备、公益基础上发展起来的地铁,运量较大,路权专用、人工驾驶,采用高站台。微型地铁又称小断面地铁,它的隧道断面、车辆车轮直径和电动机尺寸、功率均小于普通地铁,运量中等,但造价也低,路权专用,自动化程度高。从运量上分,地铁可分为高运量地铁和大运量地铁。

地铁多用于超大城市或特大城市市区内部高密度地区的交通出行,行车自动化程度较高,车辆制式和线路特征依各国标准而不同,运营速度一般为35~40km/h,最大车速可达160km/h,最大客运量单向小时人次一般为3.0万~4.5万人次以上。但地铁建设成本高、建设周期长。在目前状况下,我国地铁每千米造价高达7亿~10亿元,而建设周期长又导致了投资回收周期长,更加重了一般投资者的疑虑,给建设筹资造成了极大的困难。

2. 轻轨

轻轨是从旧式有轨电车发展起来的电气牵引、轮轨导向、车辆编组运行在专用行车道上的一种中运量的轨道运输系统。图5-2所示分别为重庆市、长春市内的轻轨系统。轻轨系统是使用钢轮钢轨铰接车辆,线路基本采用地面独立路权或路口的半独立路权方式敷设,或采用高架线路遇繁华街区及困难地段也可采用地下线路的新建轻轨交通的工程设计。轻轨既可以修建在市区街道上,也可以修建在地下隧道或高架轨道上,具有很大的灵活性和适应性。

a) 重庆市内轻轨电车

b) 长春市内轻轨车

图5-2 轻轨系统

轻轨系统大约在1979年后传入我国。轻轨是一种技术标准涵盖范围较宽的一种轨道交通方式,高标准的轻轨接近于轻型地铁,低标准的轻轨则接近于现代有轨电车。轻轨交通的运量介于地铁和常规公交之间,适应于城市的特点与和具体情况,且可以根据客流的需要采用不同的车型,如单车和铰接车组成不同的编组方式。轻轨作为当今世界发展最为迅猛的轨道交通形式,具有运量大、速度快、污染小、能耗少、安全性高等特点,且与地铁相比,轻轨是一种投资少、造价低、建设较快的方式,一般每千米造价仅为地铁的25%~30%,而建设进度每年可达到5~10km。其服务定位是适合城市人口数介于50万~200万的中型城市,单向小时最大客运量为1.0万~3.0万人次。

3. 单轨系统

单轨系统是一种车辆与特制轨道梁组合成一体运行的中运量轨道匀速系统,单轨的线路采用高架结构,车辆多采用橡胶轮胎。轨道梁既是车辆的承重结构,又是车辆的轨道导向。图5-3a)所示为我国第一条建成通车的跨座式单轨(重庆轨道交通2号线)。单轨系统通常为中运量系统,从车辆制式上看,单轨系统可分为两种,一种是车辆跨骑在单片梁上的运行方式,称为跨座式单轨系统;另一种是车辆悬挂在单根梁上的运行方式,称为悬挂式单轨系统(图5-3b)。

单轨交通适用于单向高峰小时最大断面客流量1.0万~3.0万人次的交通走廊,单轨交通是一种让列车在高架的专用轨道上行驶的交通系统,不受地面交通的影响,可以安全正点地运行;占地面积少又不影响地面的绿化,也能有效地利用城市空间;单轨列车使用橡胶轮胎,可以降低噪声,同时也没有废气排放,这些均符合环境保护的要求;与地铁相比,单轨交通建设周期短、成本低、经济性能好,可以按照城市规则和交通需求进行路线选择,减少城市建筑的拆迁和市民的搬迁;单轨车辆的爬坡能力强,能适应小半径(30~50m)和大坡度(6%~10%)线路,但也存在小时运能、运行速度低于地铁,列车有故障时,疏散旅客难度大等缺点。

a) 重庆轨道交通2号线

b) 悬挂式单轨系统

图 5-3 单轨系统

4. 有轨电车

有轨电车是采用电力驱动并在轨道上行驶的轻型轨道交通车辆,它是一种低运量的城市轨道交通,电车轨道主要铺设在城市道路的路面上,亦称路面电车,属于轻铁的一种,列车一般不超过五节,设计速度一般在 20km/h,它以电力驱动,是一种环保型无污染的交通工具。现代有轨电车建造成本低,每公里造价为地铁的 1/3~1/20,并且无须地下挖掘隧道,具有安全系数高、环保系数高的优点。但其也存在行驶速度较慢、载客能力较小(满载 60 人)及需要设置架空电缆等缺点。图 5-4 分别为墨尔本有轨电车和长春有轨电车。

a) 墨尔本有轨电车

b) 长春有轨电车

图 5-4 有轨电车

5. 磁浮系统

磁浮系统是在常温条件下,利用电导磁力悬浮技术使列车上浮,运营方式为悬浮状态,采用直线电机驱动行驶,主要在高架上运行,特殊地段也可以在地面或者地下隧道中运行。目前的磁浮系统主要有两种类型,一种是高速磁悬浮列车,其最高行车速度可达 500km/h;另一种是中低速磁悬浮列车,最高行车速度可达 100~200km/h。电磁悬浮原理最早于 1922

年由德国工程师赫尔曼·肯佩尔（Hermann kemper）提出,并与1937年申请了专利,但由于技术水平限制,20世纪70年代后,以电力电子技术为核心的大功率控制技术的迅猛发展才为磁浮列车的实现提供了技术可行性。

磁浮列车主要由悬浮系统、推进系统和导向系统三部分组成,主要可分为常导磁吸式和超导磁斥式两种。常导磁吸式（EMS）利用装在车辆两侧转向架上的常导电磁铁和铺设在线路导轨上的磁铁,在磁场作用下产生的磁吸力使车辆浮起。一般其悬浮间隙大约为10mm,运行速度通常在400～500km/h范围内,适用于城际及市郊的长距离快速运输。常导磁吸式型以德国高速常导磁浮列车Transrapid为代表。超导磁斥式（EDS）磁浮列车是通过车辆底部安装的超导磁体与轨道两侧铺设的一系列铝环线圈相互作用,产生的电动斥力将列车悬起。其悬浮间隙大小一般在100mm左右,列车在低速时并不悬浮,当速度达到100km/h时才悬浮起来,最高运行速度可以达到500～600km/h,其技术与成本与常导磁吸式要高得多。

磁浮列车虽然属于陆上有轨交通系统,并保留了轨道、道岔和车辆转向架及悬浮系统等许多传统机车车辆的特点,但由于磁浮列车在牵引运行时与轨道之间无机械接触,克服了传统列车轮轨黏着限制、机械噪声和磨损等问题,具有低噪声、低能耗、无污染、安全舒适和高速高效的特点,因此其前景广阔,是陆上理想的交通工具之一。我国从20世纪80年代开始了对常导磁浮列车的研究,2003年1月4日,世界上第一条磁悬浮列车示范运营线——上海磁浮列车（图5-5）正式商业运营,该线从上海浦东龙阳路站到浦东国际机场,三十多公里的路程只需要8min就能走完,该线路的建成与运营为我国发展磁浮交通提供了难得的机遇,极大地促进了高度磁悬浮技术的国产化。

图5-5　上海磁浮列车

磁浮系统也存在一些缺点,其建造与维修成本都极高,在磁浮系统的建设中,根据地形、路面及设计运送能力不同,造价也会相差较大,但无论如何,其1km线路至少需要8亿元人民币的投资。

6. 自动导向轨道系统

自动导向轨道系统是一种车辆采用橡胶轮胎在专用轨道上运行的中运量旅客运输系统,其列车沿着特制的导向装置行驶,车辆运行和车站管理采用计算机控制,可实现全自动化和无人驾驶,主要适用于高架和地下。根据行业标准《城市公共交通分类标准》（CJJ/T 114—2007）的分类,诸如旅客自动运输系统（APM）、自动轻轨车辆（VAL）、自动导向轨道交通系统（AGT）等系统制式均属于城市轨道交通的"自动导向轨道系统"。

在全球范围内,自动导向轨道系统经过50多年的发展,技术逐渐成熟。自动导向轨道系统爬坡能力强,发车密度小,在我国多用于城市机场路线和城市客流相对集中的点对点运输路线。图5-6分别为北京首都国际机场APM线和中国澳门氹仔线。

7. 市域快速轨道系统

市域快速轨道系统,简称市域快轨,是一种大运量的轨道运输系统,服务于城市与市郊、中心城市与都市圈及重点城镇间等,服务范围一般在100km以内。轨道交通系统按照线路地域特征划分,分为中心城区线路和市域线路两种;也可以按支撑与导向制式分类,分为钢轮钢轨系统、胶轮单轨系统、胶轮导轨系统;按线路服务区域分类,分为市区线、市域线及区域线三种。

a) 北京首都国际机场旅客捷运系统

b) 中国澳门氹仔线

图5-6 自动导向快轨系统

市域快速轨道系统线路长,我国市域快轨线路长度普遍在30km以上;其具有站距大,其线路平均站距比一般市内地铁要长得多;运行速度快,速度根据区域不同在120～160km/h之间等特点。在全球范围内,市域快轨系统制式可分为四类,分别为德国西门子VAL系统、加拿大庞巴迪APM系统、日本AGT系统和韩国宇进K-AGT系统,对国内中运量城市轨道交通领域的研究具有启发性作用。

三、城市轨道交通系统构成

轨道交通系统由一系列的相关设施组成,包括线路、轨道、车辆、车站建筑、限界、供电设备、通信设备、环境控制系统等构成。

1. 线路

线路是城市轨道交通的基础组成部分,是列车运行的道路设施。考虑到乘客出行方便、土地充分利用、节约建设费用等因素,地铁线路的走向一般选择易于施工和客流相对比较集中的区域。按其在运营中的作用,轨道交通线路分为正线、辅助线和车场线。正线连接两个车站并从区间伸入或贯穿车站,行驶载客列车,包括区间正线和车站正线。其中,正线速度高、密度大,线路标准要求高,其质量直接影响列车的安全运行与稳定;辅助线是保证正线的运行,合理调度列车,为列车提供折返、停放、检查、转线及出入段等作业的线路,其速度要求低,线路标准低;车场线是车辆段(停车场)内进行车辆停放、编组、列检、检修、清洗和调试等作业的线路,行车速度较低,线路标准只需满足场区作业要求即可。此外,按线路敷设方式,线路还可以分为地下线路、高架线路和地面线路三种。

2. 轨道

轨道是列车运行的基础,直接承受列车载荷,并引导列车运行。轨道是城市轨道交通系统的重要组成部分,一般由钢轨、扣件、轨枕、道床、道岔及其他附属设施构成。轨道由连接件和扣件固定在轨枕上,轨枕埋在道床内道床直接铺设在路基上。为保证列车的安全运行,轨道结构应采用具有足够的强度、稳定性、耐久性、绝缘性和适量弹性,且养护维修量小,以保证列车安全运行和乘车舒适。

3. 车辆

城市轨道交通车辆是运输乘客的运载工具,其技术含量也较高。轨道交通车辆应具有先进性、可靠性和实用性,应满足容量大、安全、快速、舒适、美观和节能的要求。此外,城市轨道交通车辆作为城市公共交通旅客运载工具,不仅要保证车辆运行的安全、准点、快速,还要具有良好、舒适的乘车环境,还应节能,并在外观设计方面有助于美化城市景观和环境。

不同的城市轨道交通模式,所采用的车辆类型之间有很大的区别。但不论是地铁车辆、轻轨车辆还是单轨车辆,均为电动车组编列运行,都有动车和拖车及带驾驶室和不带驾驶室之分。城市轨道交通的车辆,按技术特征的不同分为地铁车辆、轻轨车辆、单轨车辆等;按车辆规格分类,可以分为A、B、C三类车辆;按支承、导向制式的不同分为钢轮车辆、胶轮车辆等;按容量的不同分为大容量车辆、中容量车辆和小容量车辆;按车辆质量的不同分为重型车辆和轻型车辆;按牵引动力配置的不同分为拖车、动车;按牵引电机的种类不同分为旋转电机车辆和直线电机车辆。

4. 车站建筑

车站是轨道交通系统运行的主要设施,是客流的集散场所,它必须具有乘降、换车、候车的功能,某些车站还必须提供折返、停车检修、临时待避等功能。轨道交通系统中,根据车站相对于地面的位置关系,可将车站分为地面站、高架站及地下站;根据其运营性质的不同,可以分为中间站、换乘站、折返站、联运站及终点站;按照车站站台形式可以将车站分为岛式车站、侧式车站和岛、侧混合式车站。

城市中心区的轨道交通车站一般采用地下形式,车站应相应地建设于地下;在市区以外的地点,可以考虑采用地面或高架形式。进行车站选址时,应考虑沿线土地利用规划,将车站设置在大型客流集散点,并尽可能与附近的交通枢纽、商业中心融为一体,以吸引客流,缓解地面交通拥挤;同时,还应考虑乘客出行时间、车站造价和运营费用。此外,还需要考虑地质、地形、景观、施工难易程度、拆迁工作量等因素。车站的建筑设计应简洁、大方、易于识别,并体现现代交通建筑的特点。

5. 限界

限界是根据轨道交通车辆轮廓尺寸和性能、线路特征、设备安装、运营状况及施工方法等因素,经技术经济综合比较确定的空间尺寸。限界一般可以分为车辆限界、设备限界、建筑限界三种。其中,车辆限界是根据车辆的外轮廓尺寸,并考虑车辆在平直线路上静态情况下的外廓线和动态情况下的横向和竖向偏移量及偏转角度,按照可能生产的最不利情况进行组合计算确定的;设备限界是在车辆限界的基础上,考虑轨道的轨距、水平、方向、高低等在某些地段出现最大容许误差时引起的车辆的附加偏移量,以及在设计、施工、列车运行中不可预计的因素在内的安全预留量;建筑界限指在行车隧道和高架桥等结构物的最小横断面所形成的有效内轮廓线基础上,在考虑其施工误差、测量误差、结构变形等因素,为满足固定设备和管线安装需要而必须的限界。

6. 供电设备

电能是城市轨道车辆电力牵引系统必须的能源。供电设备的服务对象除运送旅客的电动车辆外,还为轨道系统中运营服务的机电设备,包括通风、空调、照明、通信、信号、给排水、防灾报警、附体等提供能量。城市轨道交通供电电源一般取自城市电网,通过城市电网的一次电力系统和轨道交通供电系统实现输送相变换,最后以适当的电流(直流电或交流电)和电压等级供给用电设备。

城市轨道交通的供电系统可以分为外部电源、主变电所、中压供电网络、牵引供电系统、动力供电照明系统、电力监控和数字采集系统(SCADA)等六个子系统。主变电所是为轨道交通建设的专业变电所,仅在集中式供电方式设置,专为轨道交通牵引供电系统和动力照明配电系统供电。中压供电网络纵向把主变电所和牵引变电所、降压变电所连接起来;横向把全线的各个牵引变电所、降压变电所连接起来;牵引供电系统专为轨道交通车辆供电,包括牵引变电所和沿线敷设的牵引网。动力配电照明供配电系统专为轨道车辆以外的动力照明负荷供电,由降压变电所和动力照明低压配电系统组成。电力监控与数字采集系统的作用是实现控制中心对供电系统的主变电所、牵引变电所、降压变电所的供电设备的运行状态进行监控、控制及数据采集。

城市轨道交通的供电方式主要有集中式供电、分散式供电和混合式供电三种。沿城市轨道交通线路,根据用电容量和线路的长短设置的专用的主变电所,由主变电所构成的供电方案为集中式供电。沿着城市轨道交通线路,直接由城市电网引入多路电源供给各牵引变电站,电压等级一般为10kV,这种方式为分散式供电。混合式供电为集中式供电与分散式供电方式的组合,且以集中式供电为主。

7.通信设备

轨道交通的通信系统是指挥列车运行、组织运输生产及进行公务联合的重要手段,轨道交通的特点是客流密集、运输繁忙,为了保证列车安全和实现快速、高效、准时、优质的服务,必须设置完善可靠的内部专用通信系统。

通信系统一般由传输网络、公务、专用电话、闭路电视、广播、无线、时钟、电源及接地等子系统组成,构成传送语音、数据、图像等信息的综合业务通信网。其中,传输网络(即轨道交通骨干网)是最重要的子系统,它要为本系统的各个子系统和其他自动控制管理系统提供信息通道。轨道交通通信系统由光纤数字传输系统、电话交换系统、闭路电视监控系统、无线通信系统及车站广播系统组成。具体来说,他们共同为轨道交通系统的列车运行调度指挥、无线通信、公务通信、旅客信息广播、系统运营状况监视等提供通信途径。

城市轨道交通信号设备是实现行车指挥、列车运行监控和管理所需技术措施及配套设备的集合体。信号系统作为行车指挥和列车运行的控制设备,在保证行车安全、提高通过能力、节能和改善运输人员的劳动条件等方面起着至关重要的作用。现代化的城市轨道交通要求城市轨道交通信号设备现代化。

8.环境控制系统

城市轨道交通的地下车站和地下区间隧道除出入口等极少数部分与外界相连外,基本上与外界隔绝,只有使用人工气候环境才能满足乘客的需求。城市轨道交通的环境控制系统主要由通风空调系统、防排烟系统、环境监控系统等模块组成。

(1)通风空调系统。

城市轨道交通线路设置通风空调系统可以满足出行乘客的舒适性、安全性要求,满足运营人员对工作环境、安全性的要求,同时满足车站区间系统设备的正常运转的公益环境需要，提高服务水平。城市轨道交通地下车站及区间的通风与空调系统一般分为开式系统、闭式系统和屏蔽门式系统。根据使用场所的不同，又分为车站通风与空调系统、区间隧道通风系统和车站设备管理用房通风与空调系统。

（2）防排烟系统。

地下车站及区间隧道内应设有完整的防排烟系统。排烟系统按照车站站台和站厅、区间隧道及设备管理用房分开设置。站台和站厅的排烟系统，一般与正常通风的排风系统兼用，该系统应满足正常通风和火灾时的排烟要求。区间的通风排烟应由相邻车站设备配合实现，并由控制中心实施监控。

（3）环境监控系统。

环境监控系统是指对城市轨道交通系统建筑物内的环境、屏蔽门、防淹门等建筑设备和系统进行集中监视、控制和管理的系统。其作用是对车站及区间的通风、空调、给排水、照明、自动扶梯等设备进行自动化管理。

四、城市轨道交通行车组织管理

城市轨道交通系统是一个综合复杂的大系统，建设的目的是为乘客提供满意的出行服务，而良好的运营组织是这种供给的前提和保证。

1. 轨道交通车站客流组织

城市轨道交通主要通过合理的客流组织来完成其大容量的客运工作。客流组织是通过合理地布置客运设备，对客流采取有效的分流或引导措施来组织客运的过程。影响客流组织的因素较多，不同类型的车站其客流组织的内容有着较大的区别，中小型车站客流指在比较简单，而大型、特大型车站、换乘站因客流较大，客流方向比较复杂，其客流组织也比较复杂。侧式站台的车站相对于岛式站台的车站，侧式站台的车闸容易将不同方向的客流分开，但不利于乘客的换乘，售、检票设置较为分散，不利于车站管理。

客流组织的主要内容包括车站售、检票位置的设置、车站导向的设置、车站自动扶梯、隔离栏杆等设施的设置以车站广播的导向、售检票数量的配置、工作人员的配备、应急措施等。城市轨道交通的特点决定了客流组织应以保证客流运送的安全、保持客流运送过程的畅通，尽量减少乘客出行的时间，避免拥挤，便于大客流发生时及时疏散。一般情况下，在进行客流组织时应遵循以下原则：

（1）合理安排售、检票位置，出入口和楼梯，使行人流动线路简单、明确，尽量减少客流的交叉、对流。

（2）与其他交通工具之间的换乘连接顺利，客流与车流的行驶路线严格分开，以保证行人的安全和车辆行驶不受干扰。

（3）完善诱导系统，快速分流，减少客流集聚和过分拥挤。

（4）满足换乘客流的方便性、安全性和舒适性等一些基本要求。

轨道交通车站的选址、布置、规模等对其运营效果具有决定性意义。优良的车站建筑既为乘客提供安全、便捷、舒适的乘降条件，又能吸引更多客流，获得更好的运营效果，同时可以美化城市景观，以取得经济、社会、环境的综合效益。轨道交通车站的选址、规模在轨道交通建设时已经确定，一般不能再改变，出入口及通道宽度、站厅及站台的规模一般在建设时根据预测客流量确定。在运营管理中如何正确设置售、检票位置,合理布置付费区,进行合理的导向对客流组织起着很重要的作用。在布置时一般要以符合运营时最大客流量,保持客流的畅通为原则,因此,售、检票口一般按以下要求进行布置。

(1)售、检票位置与出入口、楼梯应保持一定的距离。售、检票位置一般不设置在出入口、通道内,并与出入口、楼梯有一定的距离,从而保证出入口和楼梯畅通。

(2)保持售、检票位置前通道宽敞。售检票位置一般选择站厅内宽敞位置设置,以便于售、检票位置前客流的疏导,售、检票位置应适当保持一定的距离,避免排队拥挤。

(3)售、检票应根据出入口数量相对集中布置。因轨道交通车站一般有多个出入口,为了减少乘客进入车站后的行走距离,一般设置多处售、检票位置,但过多设置售、检票的位置容易造成设备使用的不平衡,降低设备使用效率,并且不利于管理,因而售、检票位置应根据车站客流的大小相对集中布置。

(4)应尽量避免客流的对流。客流的对流减缓了乘客出行的速度,同时也不利于车站的管理。因此,车站一般对进出客流进行分流,进出车站检票位置分开设置,保持乘客经过出入口和售、检票的路线不至于发生对流。

2.列车开行计划

为了保证列车安全、快速、有序地进行,部门在做好客运组织的前提下,行车部门必须做好有关行车工作组织。通常情况下,列车开行计划包括全日行车计划、列车开行方案、列车运行图和车辆运行计划四个方面。

(1)全日行车计划。

全日行车计划是营业时间内各个小时开行的列车数计划,它是编制列车运行图和确定车辆运用的基础资料。全日行车计划根据营业时间内分时最大断面客流量、列车定员人数、车辆满载率以及希望达到的服务水平进行编制。

(2)列车开行方案。

列车开行方案包括列车编组方案、列车交路方案和列车停车方案三部分。列车编组方案规定了列车是固定编组还是非固定编组,以及编组数量。列车交路方案规定了列车的运行区段和折返车站。列车停站方案规定了列车是站站停车还是非站站停车,以及非站站停车的方式。此外,列车开行方案还规定了按不同编组、交路和停车方案开行的列车数。列车开行方案的比选应遵循客流分布特征与运营经济合理兼顾的原则,以实现既能维持较高的乘客服务水平,又能提高车辆运行效率的目标。

(3)列车运行图。

列车运行图是列车运行时间与空间关系的图解,它规定了各次列车占用区间的次序,列车在区间的运行时分,在车站的到达、出发或通过时刻,在车站的停站时间和在折返站的折返时间,以及列车交路和列车出入车辆段的时刻,能直观地显示出列车在各区间运行及在各车站的停车或通过的状态,是列车运行组织的基础。

在运营企业内部,列车运行图不仅规定了线路、车站、车辆等的技术设备的运用,也规定了列车运行有关各部门、各工种的工作要求。因此,列车运行图是轨道交通运营组织的综合性计划,是协调轨道交通各部门、各单位按一定程序进行生产活动的工具。列车运行图对社会用户也具有重要意义。供社会用户使用的列车运行图以列车时刻表的形式对外公布,它规定了向社会用户提供的运输服务规格与质量,是联系运输企业和社会用户的关系纽带,也是乘客安排个人出行计划的依据。城市轨道交通系统的列车运行图一般与铁路系统的列车运行图差异在于前者的网络密度大,列车运行间隔短,运行密度高。

(4)车辆运用计划。

车辆运用包括列车的出入段、正线运行和列检等作业。车辆运用应按计划进行,车辆运用计划根据列车运行图与车辆检修计划进行编制。

3. 运输能力

运输能力是通过能力和输送能力的总称。运输能力的大小主要取决于固定设备、活动设备、技术设备的运用、行车组织方法和行车作业人员的数量、技术水平。城市轨道交通系统的运输能力可以定义为:某线路上某一方向一小时所能输送的旅客总数。运输能力有设计能力和可用能力两种。

(1)设计能力。

设计能力指的是某一线路某一方向一小时内通过某一点的旅客数量。影响设计能力的两个主要要素是线路能力和列车能力。设计能力为线路能力与列车能力的乘积,也是线路能力、每列车车辆数与每辆车定员数之间的乘积。其中线路能力是指每小时通过的列车数,列车能力指列车容纳的旅客人数,等于每列车车辆数乘每辆车定员数。

(2)可用能力。

可用能力指在容许旅客需求发散条件下,某一线路某一方向一小时内所能输送的最大旅客数量。一般地,在城市轨道交通网络中,高峰期能力系数在 0.75 ~ 0.95 之间。一般情况下,可用能力为设计能力与高峰期利用系数之间的乘积。

(3)通过能力。

城市轨道线路的输送能力指在采用一定的车辆类型和一定的行车组织方法条件下,城市轨道交通线路的各项固定设备在单位时间内(地铁、轻轨通常是高峰小时,市郊铁路通常是全天)所能通过的最大列车数。通过能力反映的是线路所能开行的列车数,是输送能力的基础。在实际工作中,通常还把通过能力分为设计通过能力、现有通过能力和需要通过能力三个不同概念。设计通过能力是指新建线路或技术改造后既有线路所能达到的通过能力。现有通过能力是指现有固定设备和现有行车组织方法条件下,线路能够达到的通过能力。需要通过能力是指为了适应中、远期规划年度的客运需求,线路应具备的包括后备能力在内的通过能力。

(4)输送能力。

轨道交通线路的输送能力是指在一定的车辆类型、固定设备和行车组织方法的条件下,按照现有活动设备的数量、容量和乘务人员的数量,轨道交通线路在单位时间内(通常是高峰小时、一昼夜或者一年)所能运送的乘客数。输送能力是衡量轨道交通技术条件水平与服务水平的重要指标。在最终通过能力一定的条件下,输送能力可按下式计算:

$$p = nmp_{veh} \tag{5-1}$$

式中:p——线路 1h 内最大输送能力,人/h;

n——线路每小时的开行列车数;

m——每列车的编组数;

p_{veh}——车辆定员数,即城市轨道交通线路在单位时间内所能运送的乘客数量,主要取决于列车编组量数和车辆定员人数。

(5)城市轨道交通运输能力的提升。

①合理设计城市轨道交通运输线路。

合理的运行线路是通过城市轨道交通运输的前提条件。一般在城市轨道交通运输系统建设前期,设计单位要针对城市的人口分布情况、市民出行的需要、城市未来发展的方向等方面全面考虑。针对已经建好的线路,可以通过修建新线的方式来提高城市轨道交通的运输能力。

②增加行车密度。

针对已经建好的线路,由于修建新线会遇到资金、土地及环保等一系列的困难或限制,并且修建新线也不是在任何客流条件下都是经济、合理的,因此,增加既有线行车密度是提高既有线运输能力的基本途径。

③增加列车定员。

通过增加列车编组数量、采用大型车辆或优化车辆内部布置来增加列车定员,是提高既有线输送能力的又一途径。根据各国轨道交通的运营实践,在扩能的途径方面,加强既有线运输能力通常是增加行车密度和增加列车定员两者并举,以增加行车密度为主。

④建立合理的上下车机制。

从一定程度上来说,不科学、不合理的上下车机制不但浪费了城市轨道交通系统的运行时间,而且也降低了其运行的效率。因此,可以利用有效的管理方式,建立起良好的上下车机制,尽可能地降低乘客的上下车时间。

第四节 城市公共汽电车运行组织

一、概述

城市公共汽电车是一种在城市范围内提供公共交通服务的交通载运工具,以电能和燃油发动机作为动力来源,包括公共汽车、无轨电车等。公共汽电车定义如下:

公共汽车(bus):用于城市公共交通服务,为运输乘客设计和制造的客车。

无轨电车(trolleybus):用于城市公共交通服务,由直流线网提供电源,并由电力驱动以轮胎在路面上行驶的客车。

此外,《城市公共汽车和电车客运管理规定》对城市公共汽电车客运作了如下定义:城市公共汽电车客运,是指在城市人民政府确定的区域内,运用符合国家有关标准和规定的公共汽电车车辆和城市公共汽电车客运服务设施,按照核准的线路、站点、时间和票价运营,为社会公众提供基本出行服务的活动。其中,城市公共汽电车客运服务设施,是指保障城市公共汽电车客运服务的停车场、维修厂、站务用房、候车亭、站台、站牌以及加油(气)站、电车触线网、整流站和电动公交车充电设施等相关设施。

二、行车作业计划

行车作业计划是公共汽电车企业运营计划的具体反映,是组织车辆在线路上有序、均衡运行的生产作业计划。行车作业计划根据客流动态在不同时期的变化规律,可分为季节、月度、平日(周一至周五)、节日、假日行车作业计划。

目前,我国公共汽电车行车作业计划的编制主要有两种形式:一种是传统的调度方法下,依靠管理人员根据公共汽电车运行线路的客观规律确定发车间隔和发车形式,编制行车作业计划。另一种则是智能交通调度下,根据实时客流信息和交通状态,在无人参与的情况下自动给出发车间隔并编制行车作业计划。无论采用哪种形式,在编制行车作业计划时所遵循的原则与一般程序基本相同。

1. 编制行车作业计划的程序

编制城市公共汽电车的基本流程主要包括八个步骤,如图5-7所示。

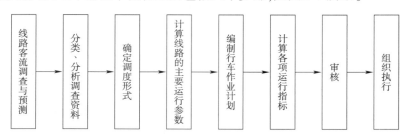

图5-7 行车作业计划编制的基本流程

(1)在编制、修订行车作业计划前,必须选取合适、有效的调查方法,进行线路的客流调查,以获取客流预测的基本数据。传统的人工调查方法主要有随车调查法、驻站调查法和问询调查法等,可以得到比较全面的数据,但是要耗费大量的人力和财力,不适合经常性的动态客流数据调查。随着现代科技的发展,自动数据采集方法逐渐得到发展和应用,如IC卡数据采集、红外线自动乘客计数系统、踏板式自动乘客计数系统以及激光感应器采集系统(LICS)等,可以进行全线路全日的综合调查,也可以根据实际需要对部分站点、路段、时段进行重点调查。

(2)分类、分析调查资料。对获取到的调查资料进行认真细致的分析研究,找出营业时间内客流分布变化的规律,作为确定调度方式、计算运行参数的依据。

(3)确定调度形式。依据客流在时间、路段、方向及站点等的分布情况,在采用全程车、正班车调度形式的同时,选择其他辅助的调度形式。

(4)计算线路的主要运行参数。运行参数的计算包括初值计算、数值调整以及确定参数终值等环节。

(5)编制行车作业计划。依据编制原则,安排和确定行车班次与发车时刻,排列行车间隔与行车次序,排列行车人员休息时间等。行车时刻表是计划调度的基本形式,行车时刻表的编制质量和执行中的准确程度,直接反映调度工作的能力,反映企业管理水平的高低和社会效益、经济效益的优劣。

(6)计算各项运行指标。行车作业计划编制完成以后,通过计算车辆的日行驶里程、运营速度、车辆的满载率以及平均车班工时等各项运行指标,反映和评价该计划的可行性。

(7)审核。行车作业计划编制完成以后,必须进行审核,在线路上试运行,发现问题及时修正,直到适应线路的实际情况,实施前要报公司总调度室审核、备案。经公司总调度室核准后,方可组织实施。

(8)组织执行。行车作业计划经批准后,要制订详细的办法组织营运,不得擅自变更或者停止营运。

行车作业计划具有一定的稳定性,一般每季调整一次,有的城市只在冬、夏两季调整,即半年调整一次。调度人员、行车人员及企业其他工作人员必须严格按照行车作业计划规定的线路、班次和时间按时出车、正点运行,保证运输服务质量。

2. 编制行车作业计划的主要依据

1)客流资料

城市公共汽电车客流是乘客在运营线路各个站点间移动所形成的。由于客流在时间、方向、断面上的不同,编制行车作业计划需要考虑的客流资料要尽可能全面,主要包括线路运营时间内各站点上下车人数,各断面的通过量以及沿线大型企业职工人数、上下班时间、相邻线路的运营情况等。所以,编制行车作业计划前要多到线路的一些主要站点驻站调查客流状况,了解客流及其他线路的运营信息。

2)车辆运行定额

车辆运行定额是依据客流需求,国家(行业)和企业为达到最优的社会服务效果、获取最佳的企业经济效益而制定的规范,是行车作业计划编制的主要依据,主要包括满载定额、班工时定额、终点站休息(停站)时间定额、班次间隔定额等。

(1)满载定额:部分城市的公交管理部门或企业对平均满载程度都有规定。上海市交通局规定线路高峰时的平均满载程度(1h),高峰时不大于80%,非高峰时不大于65%;无人售票线路高峰时不大于70%,非高峰时不大于60%。车身长7m(含7m)的轻型客车,按照公安局车辆管理部门核发的行驶证上规定的人数运营。

(2)班工时定额:班工时定额原则上不超过1周40h(工作五天休两天)。在实际运营中,因线路周转时间、客流量变化状况,班工时的工作方式还有工作一天休一天、工作两天休一天、工作三天休一天等多种形式。如某线路采用工作一天休一天的工作方式,根据公式计算,每天的平均工时为11.43h。班工时的工作方式一定程度体现了劳动者的工作强度,所以在选用时要慎重。

(3)终点站休息(停站)时间定额:车辆到终点站后的休息时间各地有所不同,一般采用车辆单程运送时间的15%左右。早晚高峰时可适当减少停站时间,以加快车辆周转,提高运营效率,夏天可适当放宽至20%~25%。

(4)班次间隔定额:指保证乘客候车时间的最低服务质量标准。

3)主要运行参数

车辆运行的主要运行参数和车辆运行配额一样,也是线路行车组织的规范性数据,主要包括单程运行时间、始末站停站时间、车辆周转时间、行车间隔以及车班数等。

(1)单程运行时间。

单程运行时间是车辆沿线路完成一个单程的运输工作,由始发站发车开始到终点站结束为止所耗用的时间,包括单程的行驶时间和各中间站停站时间。

(2)始末站停站时间。

始末站停站时间即车辆在起始站和终点站的停站时间,包括调动车辆、车辆清洁及日常维护、行车人员休息与交接班、乘客上下车以及停站调速行车间隔等必需的停歇时间。在客流高峰时,适当减少始末站停站时间,以加速车辆周转,原则上始末站停站时间不应大于行车间隔的2~3倍。车辆在始末站停站时间各地有所不同,一般为车辆单程运送时间的15%左右。

(3) 车辆周转时间。

车辆周转时间是车辆经线路上往返一周所需时间,等于单程耗用时间与平均始末站停站时间之和的2倍。车辆沿线路往返运行所需时间要受客流量大小、道路交通状况、驾驶员的驾驶水平等多种因素的影响,因此车辆周转时间的确定,通常是按不同的客运峰期分别规定一个区间值,允许车辆的周转时间在一定范围内变化,不同客运峰期内的周转时间尽可能与该峰期延续时间相匹配,或不同峰别的相邻时间段周转时间与相应时间段总延续时间相协调。

(4) 行车间隔。

行车间隔是指正点行车时前后两辆车到达同一停车站的时间间隔,又称行车间距。在全部营业时间内,由于不同时间段投入的车辆数以及周转时间不同,因此行车间隔应分别予以确定。行车间隔的大小是反映城市公共汽电车服务质量的一个重要指标,行车间隔时间短,乘客的等待时间少,社会效益好,但车辆的满载率可能会受影响;反之,则会增加乘客的等待时间,影响公交企业的服务质量。

在编制行车作业计划时,行车间隔的确定一般要经过计算、调整和排列三个步骤。

① 行车间隔的计算周转时间与车辆总数之比。由于大部分车辆的周转时间不能被投入的车辆数整除,而行车间隔一般以整数表示,可按以下公式确定。

$$t_{间} = \sum_{i=1}^{n} t_{间i} \times n_i = (t_{间1} \times n_1, t_{间2} \times n_2, t_{间1} \times n_1, \cdots, t_{间n} \times n_n) \tag{5-2}$$

式中:n_i——某种行车间隔车辆数,辆;

$t_{间i}$——某种行车间隔的时间,min。

② 行车间隔的调整车辆周转时间与车辆总数之比为整数或半数时,按计算值等间隔排列;否则取整,通常取两个接近原计算值的整数,二者之差为1。

③ 行车间隔的排列。

行车间隔的排列分为从由小到大顺序排列、由大到小顺序排列和大小相间顺序排列三类。其中由小到大顺序排列主要用于客流量逐渐减少的场合,如高峰向平峰或平峰向低峰的过渡时间段。由大到小顺序排列主要用于客流量逐渐增加的场合,如低峰向平峰或平峰向高峰的过渡时间段。大小相间顺序排列主要用于客流量较稳定的时间段,在同一时间段(或周转时间)内,应尽可能使各种行车间隔镶嵌均匀。

例5-1

某路段在客流低峰时的周转时间为55min,车辆总数为12辆,试确定其行车间隔,要求为整数。

解:① 行车间隔时间的计算值为 $55 \div 12 = 4.58(\min)$。

② 取整:取两个接近原计算值的行车间隔时间,即4min和5min。

③ 对车辆数进行分配,必须满足以下条件:

a. 调整后的各种行车间隔拟分配车辆数之和为车辆总数。

b. 调整后的行车间隔与拟分配的车辆数相乘并求和,等于车辆的周转时间。

设行车间隔为 4min 有 x 辆车,行车间隔为 5min 有 y 辆车,则:

$$\begin{cases} x + y = 12 \\ 4x + 5y = 55 \end{cases}$$

解得: $\begin{cases} x = 5 \\ y = 7 \end{cases}$。

按行车间隔由小到大的顺序排列,得:

$$t_{间} = 55/12 = (4\text{min} \times 5, 5\text{min} \times 7)$$

即在该线路客流低峰时,行车间隔为 4min 的应有 5 辆车,行车间隔为 5min 的应有 7 辆车。

(5)车班数。

车班数包括车班总数及按不同车班工作制度运行的车班数。

①确定车班总数。

$$\sum B = \frac{\sum T_d + \sum T_c}{t_B} \tag{5-3}$$

式中: $\sum B$ ——车班总数(车班);

$\sum T_d$ ——线路工作总时间(h);

$\sum T_c$ ——全部车辆收发车调控时间之和(h);

t_B ——车班工作时间定额(h)。

车辆的路线工作总时间即全部车辆在路线上的工作时间之和,其计算方法可分别按周转时间或营业时间段来计算。

②确定车班数。

通过计算车班系数(ΔA),选定车班工作制度,从而确定按车班工作制度运行的车班数(B_i)。

$$\Delta A = \sum B_i - 2A_0 \tag{5-4}$$

式中: A_0 ——线路车辆数(辆)。

如果 $\Delta A > 0$,则车班工作制度为三班工作制。其中,第一、第二工作班的车班数均为 A_0,即 $B_1 = B_2 = A_0$;而第三工作班车班数 $B_3 = \Delta A$;如果 $\Delta A = 0$,则全部车辆双班制,每工作班车班数均为 A_0,即 $B_1 = B_2 = A_0$;如果 $\Delta A < 0$,且 $|\Delta A| < A_0$,则为单班与双班兼有的车班工作制。其中,按单班工作的车班数 $B_1 = |\Delta A|$,按双班工作的车班数 $B_2 = B_3 = A_0 - |\Delta A|$;如果 $\Delta A < 0$,且 $|\Delta A| = A_0$,则为单班工作制,车班数 $B_1 = A_0$。

4)调度形式

行车调度形式是依据客流在线路的时间、方向、断面等方面的动态分布确定的。行车调度形式以客流动态和车辆运行方式区分,一般有以下四对形式:正班式和加班式、双向式和单向式、全程式和区间式、全站式和大站式。上述每对形式分别从车辆运行的时间、方向、断面、速度四个方面反映其不同点。正班、双向、全程和全站式是全日线运行必备的基本形式,其他的调度形式都是从中派生出来的。此外,根据实际状况还派生有高峰跨线联运车、套路线的定时定点特约班车、机动车等调度形式,以适应不同客流的需求。

调度形式是行车组织设计的前提之一,正确选用调度形式,将有利于乘客方便出行和提高运营效率。由于公共汽电车的运营受客流、道路、人员素质、环境等诸多因素的影响,所以一条线路的调度形式不宜过多,一般以不超过两种为好。调度形式有以下三种:一是加班式的确定。当线路客流动态在时间上具有较大的不平衡性,昼夜性客流变化幅度较大,按客流量和不同的满载定额标准计算出的高峰配车数(周转量)大于非高峰的配车数(周转量)时,就产生了加班车的调度形式。二是单向式的确定。当线路客流动态在方向上具有较大的不平衡性,两个方向客流量差距很大时,可采用单向式。一般如高单向高断面通过量大于低单向高断面通过量30%以上时,可考虑部分车辆采用单向式。三是区间式的确定。当路线客流动态在断面上具有较大的不平衡性,某区段断面上的客流量很高时,可采用部分车辆开设区间方式予以解决。

3. 行车作业计划编制的内容

编制行车作业计划的目的就是编制行车时刻表。线路行车时刻表是组织线路运营的具体作业计划,它指导线路各个车组运营生产的全过程;线路行车时刻表依据客流的不均衡规律确定营业时间各时组的行车频率、行车调度方法;行车时刻表为提高公共交通的整体服务水平提供了条件;行车时刻表具有计划管理和经济核算的功能。

行车作业计划编排的主要内容就是根据运行参数,排列各时段车次的行车时刻。应注意的是,在具体编制过程中,若发现有些参数的初算值不符合要求,应予以修正,直到符合要求为止。

(1)安排和确定行车班次(路牌)。行车路牌是车辆在线路运行的次序或秩序,车辆的路牌号也称为车辆运行的次序号。

起排的方法有两种:一种是从头班车的时间排起,自上而下、从左向右顺序地填写每一车次的发车时刻直到末班车;二是从早高峰配足车辆的一栏排起,然后向前推算到头班车,这种方法能较好地安排每辆车的出车顺序,也能较经济地安排运行时间,待全表排好后,再定车辆的次序号,并填进车辆进、出场时间,这样比先定序号后排时间的方法要简便一些。

(2)行车间隔的排列行车间隔必须按车辆周转时间除以行驶出辆数的计算方法确定,不得随意变动,避免车辆周转不及时或行车间隔不均匀。可以通过适当压缩或增加车辆在始末站的停站时间来调节。

(3)增减车辆的排列线路上运行的车辆是按时间分组,随着客流量的变化有增有减。车辆不论加入或抽出,均要考虑前后行车间距的均衡,要注意做到既不损失时间,又不产生车辆周转时间不均的矛盾,并做到车辆均匀的加入或抽出,就能做到配车数量、行车间距虽有变化,但行车仍保持其均匀性。

(4)全程车与区间车的排列在编制行车作业计划时,由于全程车与区间车的周转时间不等,混合行驶时,不仅要注意区间断面上的行车间隔均衡,而且要求区间车与全程车合理相间,充分发挥区间车的效能,以方便乘客。如果区间断面上的发车班次与全程车无法对等,不能相间行驶时,也要注意配合协调,间隔均匀。

(5)行车人员用餐时间的排列。连班路牌安排行车人员用餐时间,一般有三种方法:一是增加劳动力代班用餐;二是增车增人填档,替代用餐行驶的车辆参加运行;三是不增车不增人,用拉大行车间距的方法,让出用餐所需要的时间。

必须注意,选用任何一种方法均应考虑线路用餐时运能与运量要保持供需平衡。同时应避开客运高峰时间,一般以 15~20min 为宜。

三、调度管理

调度是公共汽电车从事运营生产的组织形式和手段。通过合理地调度车辆、劳动力,为乘客提供安全、舒适、便捷的服务,同时也能为完成企业的营运计划和各种经济技术指标而开展工作。运营调度是城市公共汽电车企业经营管理的主体,因此,运营调度的质量已成为公共汽电车企业经济效益和社会效益的重要标志。

鉴于调度工作在城市公共汽电车运营生产中的重要性,调度人员除应具有较强的专业知识和业务能力外,还应常常深入运行现场,开展客流调查,掌握客流演变的规律,严格执行调度方面的规章制度,应用推广无线电通信设备和电子技术,使调度信息反馈更加及时,调度机制更贴近客运市场的需求。

根据城市规模的大小和公交企业设备的配备情况,各地可因地制宜地建立二级或三级调度制。对各项调度指令,调度管理人员应坚决予以执行。

1. 调度的分类

1) 按调度内容和目标分

按调度内容和目标的不同,调度分为静态调度和动态调度。

静态调度主要是确定线路、人力、车辆及发车计划,其目标是在运能供应和满足客流需求的条件下,提高效益,尽量提高运行车千米和车速。动态调度主要是根据道路交通情况、车辆运行状况、突发事件及其他实时信息,修改规定的车辆运行时刻表,以保证车辆准点率、行车间隔,维持设定的服务水平。

2) 按调度体制分

按调度体制不同,调度可分为一级调度、二级调度和三级调度。

城市公共汽电车调度机构的设置可以根据城市规模的大小、企业的设备状况因地制宜建立二级或三级调度制,大城市由于线路、车辆、人员较多,一般实行三级调度制,中小城市则实行二级调度制。其中,一级调度是公司总调度,由公司分管营运的副经理兼任主任,另设副主任若干名负责全公司的营运调度管理工作。二级调度是分公司(车场)调度,由副经理(场长)兼任主任,另设副主任若干名,负责场辖路线的营运调度管理工作。三级调度是车队(线路)调度,由车队副队长任组长,副组长一般由线站调度长兼任,负责现场调度指挥。

2. 调度形式及选择

1) 调度形式

车辆的调度形式是依据客流的时间分布、方向、断面等要素的特征所采用的运输组织形式。在城市公共汽电车运输过程中,采用合理的调度形式,有利于改善乘客拥挤、平衡车辆及路线负荷,提高运输生产率和运输服务质量,促进城市公共汽电车的发展。

(1) 按车辆工作时间分。

按车辆工作时间,调度形式分为正班车、加班车与夜班车。

正班车,车辆在正常运营时间内连续工作相当于两个工作班,是每条营运加班车一种辅助调度形式。实行双班制、连续工作,所以又称双班车、大班车;加班车是一种辅助调度形式,主要是在客流高峰时,上线营运的车辆,并且一日累计工作时间相当于一个工作班,也包括临时性的加车,又称单班车;夜班车是为满足夜间乘客的需要而开行的班车。一般只在夜间乘客较多的某些干线上营运,班次较疏,定时运行,是衔接正班车的一种辅助调度方式。

(2)按车辆运行和停站方式分。

按车辆运行和停站方式,调度形式可分为全程车、区间车、快车(大站车、直达车)、跨线车以及定班车等。

全程车是一种基本调度形式。全程车的车辆从线路起点发车直到终点站止。必须在沿线各固定停车站点依次停靠,按规定时间到达各站点、全程双向行驶。区间车是一种辅助调度形式。车辆只在某一客流量的高区段之间行驶。大站车是一种快速的调度形式。车辆仅在沿线乘客集散量较大的站点停靠并在其间运行。直达车是快车的一种特殊形式。车辆仅在线路的起讫点停靠,直达运行。跨线车是客运高峰时间带有联运性质的一种调度方式。跨线车不受原来行驶线路的限制,根据当时客流集散点的具体情况确定起讫点,有利于疏运高峰乘客、减轻换乘车的负担,方便直达。定班车是为接送有关单位职工上下班或学生上下学等情况而组织的一种专线调度形式。车辆按路线定班次、定时间和定站点运行。

2)调度形式的选择

车辆的各种调度形式,均有其适用的线路、客流等条件的要求,调度人员必须合理选择,才能有效调度车辆和人员,提高服务质量。

(1)全程车、正班车调度形式。

所有的营运线路均需以全程车、正班车作为基本调度形式,并根据线路客流分布与客运需求的特殊性辅以其他调度形式。一昼夜的某段营运时间内出现客流高峰时,采用加班车调度形式。客流高峰时段,通过计算客流时间不均衡系数确定,时间单位可取小时。其中时间不均匀系数($k_{时}$)是营运路线营运时间内,某一小时的客运量与平均每小时客运量之比,表示客流在营运时间内各小时分布的不均匀程度。通常,将$k_{时} \geq 1.8$称为客流高峰小时;$k_{时} \leq 1$称为客流低峰小时;$k_{时}$介于前二者之间时,称为客流平峰小时。$k_{时}$大于1.8~2.2时,有开行加班车调度形式的必要。

(2)区间车调度形式。

当线路出现连续的大客流量路段时,可开区间车;不连续的则开设大站车。对于路段客流高峰的判断,可通过路段不均匀系数或差值法确定。

①路段不均匀系数($k_{路}$)是指单位时间内,营运线路某路段的客流量与该线路平均客流量之比。通常,将$k_{时} > 1$,称为客流高峰路段;若$k_{路}$在1.2~1.5之间时,属于正常调节范围,不一定开设区间车;若$k_{路}$大于1.2~1.5时,可采取开行区间车调度措施,改善客流高峰时段的运输服务工作。

②差值法。路段客流量差指单位时间内某路段客流量与各路段平均客流量之差。当路段客流量差大于2~4倍的车辆额定载客量时,在该路段可以采取开行区间车的方式予以解决。区间车调度形式的采用,还要考虑线路站距,车辆掉头的道路条件等因素。

(3)快车(大站车、直达车)调度形式。

客流动态沿运输方向的分布具有较大的不平衡性,长期看是均衡的,一般有去有回;而从短期看,客流存在方向上的不平衡性,用方向不均匀系数表示。方向不均匀系数($k_{方向}$)是营运线路的两个方向中的高单向客流量与平均单向客流量之比。$k_{方向}$大于界限值(1.2~

1.4)时,可考虑部分车辆在客流较小的方向开行大站车;若始末站的乘客集散量都很大,全程正班车、加班车、大站车以及区间车均不能满足需要,可开行直达车。由于城市公共汽电车受多因素影响,调度形式的选用除根据线路客流情况进行有关计算外,尚需考虑道路与交通条件、企业自身的组织与技术条件以及有关运输服务质量要求等因素。在同一条线路上,调度形式不宜过多,一般不超过两种。

3. 智能化调度管理

城市公共汽电车行业是劳动密集型行业。长期以来,管理依靠人工化、经验化的模式,科学技术应用较少。随着社会的发展,近年来各地利用现代科学技术为客运智能化管理进行了各种探索,努力为乘客提供全过程的安全、方便、迅速、准点、舒适的出行条件,主要表现在出行前的全方位信息查询服务、出行途中的候车站点信息服务、换乘枢纽点的信息服务和车厢内的信息服务,以及运行状态的自动化监控调度管理和电子收费管理等。下面主要从三个方面介绍智能化调度的应用与发展。

1)信息管理

信息管理比较具有代表性的有公交乘客电话问询系统、公交 IC 卡工程和公交车辆调度电子显示屏。其中,公交 IC 卡工程是指"交通一卡通"可在公交、地铁、轻轨、轮渡和出租汽车上使用。由于公共交通卡除可进行票务结算外,还可获得线路、车辆数、日期、票价等相关运营资料,为运营管理提供了基础管理信息。公交车辆调度电子显示屏主要显示线路名、发车方向、本班车的车号、发车时间以及广告语等信息。

2)智能化调度管理系统

智能化调度管理系统主要包含公交枢纽站计算机调度系统、GPS 和车载管理器(又称"黑匣子")。

3)信息服务

为乘客提供信息服务是城市公共汽电车服务的内容之一。将上述公共汽电车的运行计划及组织情况等信息(如行车时间表)以适当的形式发布给乘客就是一种很好的服务形式。发达国家的城市公共汽电车运行均有详细的时刻表,并且将其张贴在中途各车站上。随着城市公共汽电车企业运输服务水平和居民出行质量的提高,相信公共汽电车时刻表也将出现在我国城市公共汽电车站牌和互联网等媒体介质上。

四、车辆管理

1. 车辆全过程管理

城市公共汽电车是企业为社会服务的交通工具,也是企业的资产,它将直接影响企业的经济效益和社会服务效益,因而车辆的全过程管理十分重要。车辆的全过程管理,可简单分为全寿命周期、季节性、一天和重点管理。

1)车辆的全寿命周期管理

车辆的全寿命周期管理是指从购置新车开始直至车辆报废的全过程,分为购置新车、维护维修、过程控制管理、技术跟踪、车辆报废更新五部分。

(1)购置新车。应根据企业发展的需要、市场的需求和车型管理的要求来选择车辆。车辆购置后,车辆管理员应及时将车辆技术参数、主要总成的参数、使用日期等有关资料立卡建档。

（2）维护维修。车辆投入营运后，根据车辆行驶里程和维护计划的规定，安排车辆各级车身、机电维修，并建立相应台账，实行质量监控、单车成本核算等。这一过程贯穿于车辆使用的全过程。

（3）过程控制管理。车辆过程控制管理贯穿于车辆使用的全过程，控制内容根据各企业管理模式而不同，有车辆年度检查、节日检查、早夜出场例行维护管理、报废和季节性管理等。

（4）技术跟踪。对车辆实行技术跟踪，掌握其自然损坏的规律，研究解决问题的办法，避免重复质量事故的发生，为以后购置新车、决定技术参数、选用总成以及车辆技术改造作参考。尤其是新车型、新总成、新技术以及新材料的应用初期，必须派专人实行技术跟踪。

（5）车辆报废更新。企业可根据车辆使用年限或行驶里程或环境保护等技术因素更新报废。更新报废的车辆应符合国家车辆报废的规定办理退出营业，实行报废。车辆报废时应健全报废手续，及时、统一处置报废车辆，符合旧车报废时对零部件处置的有关规定。

2）车辆的季节性管理

车辆除日常管理外，还应根据不同季节调整管理，加强检查。在不同的季节里，车辆燃料（电力）消耗、机件磨损、润滑油的品种、蓄电池电解液的相对密度、轮胎气压的高低等都有不同。尤其冬夏两季，冬季要预热、保温、防冻、防滑等；夏季要降温、防爆、防气阻，都应根据季节的特点采取相应的技术措施，保证车辆完好。

3）年度和节日车辆大检查

年度和节日车辆大检查是由企业技术管理部门，根据政府车辆监理部门的统一布置、组织对在用车进行检查。

4）车辆的一日管理

除正常维护车辆外，还应加强每天的管理工作。车辆的一日管理主要指车辆的例行维护。

2. 车辆质量管理

车辆质量管理基本上分为维修质量管理和使用质量管理。对车辆维修质量一般实行三级管理网络。这三级分别是：公司检验科，设专职检验员；修理公司，设质量技术管理员，简称技管员；维修质量小组，设有质量员，负责维修中的材料质量，执行工艺规范，以及故障信息的分析等，并对车辆维修状态实行技术管理。对车辆使用质量实行二级管理网络。这二级分别是：公司技术科，设专职机务管理员；车队，有机务员或行车管理员，负责车辆使用中的故障分析、能源消耗、例行维护、乘务员操作技能等，并对车辆使用过程实行管理。

3. 主要技术经济定额和计算方法

城市公共汽电车运营企业的技术经济定额是企业在一定的生产条件下，实行计划管理和推行经济核算的基础，是考核和评价企业的管理水平、完成任务好坏、生产水平高低和对国家贡献大小的主要依据。合理的技术经济定额是促进企业生产、推动企业发展的巨大力量。目前，城市公共汽电车运营企业的技术系统考核的定额指标主要有12项。

（1）完好车率（%），是指营运车辆的完好车日数与保管车总车日数之比，是技术部门为实现以营运服务为中心的一项重要指标，它反映了技术系统的工作效率及提供完好车辆的效果。计算公式为：

$$完好车率 = \frac{完好车日数}{保管车总车日数} \times 100\% \tag{5-5}$$

式中，完好车日数位保管车总车日数与正在维护和暂时不具备行驶条件等待维护的车日数之差。

（2）工作车率(%)，是指统计期内工作车日与运营车日的百分比。计算公式为：

$$工作车率 = \frac{工作车日}{运营车日} \times 100\% \tag{5-6}$$

式中，工作车日是指统计期内为运营而出车工作的运营车辆的车日总数，单位为车日。运营车辆只要当日出车参加过运营，不论其运营时间长短、运行次数多少、是否发生过修理或停运均计算一个工作车日。运营车日是指统计期内所有运营车辆与运营天数的乘积，单位为车日。

（3）里程利用率(%)，是指统计期内总行驶里程中载客里程所占的比重。计算公式为：

$$里程利用率 = \frac{载客里程}{总行驶里程} \times 100\% \tag{5-7}$$

式中，载客里程是指运营车辆按规定载运乘客行驶的里程，包括运营车辆为载运乘客在线路行驶的里程，即线路载客里程和其他载客里程。总行驶里程是指运营车辆所行驶的全部里程。

（4）高峰小时最大断面满载率(%)，是指高峰小时客流量除以高峰小时断面客位数所得值的百分比。计算公式为：

$$高峰小时最大断面满载率 = \max\left(\frac{线路上(下)行方向高峰小时最大断面客流量}{线路上(下)行方向高峰小时断面运力}\right) \tag{5-8}$$

式中，单方向高峰小时最大断面客流量是指一天中一条运营线路同方向上所有断面的小时客流最大值，单位为人次/h。

（5）行车燃料消耗(L/100km)，是指统计期内运营车辆每行驶百公里平均消耗的燃料数量。计算公式为：

$$行车燃料消耗 = \frac{车辆燃料消耗总量}{总行驶里程} \times 100 \tag{5-9}$$

（6）行车电能消耗($kW \cdot h$/100km)，是指统计期内电车每行驶100km运营里程平均消耗的电能。计算公式为：

$$行车电能消耗 = \frac{电车运营电能消耗总量}{运营换算里程} \times 100 \tag{5-10}$$

式中，运营换算里程是指每类运营车辆运营里程与对应换算系数的乘积和。

（7）车辆平均故障时间(s/百车公里)，是指统计期内运营车辆每行驶100km运营里程平均发生的故障时间。计算公式为：

$$车辆平均故障时间 = \frac{车辆故障时间总和}{运营里程} \tag{5-11}$$

（8）触线网故障频率(次/万km)，是指统计期内电车每行驶万km运营里程触线网平均发生的故障次数。计算公式为：

$$触线网故障频率 = \frac{接触线网故障总次数}{运营里程} \times 10000 \tag{5-12}$$

(9)车辆平均报废里程(km),是指统计期内运营车辆从新车投入使用到批准报废平均行驶的里程,为所有报废车的总行驶里程之和与报废车数的比值。计算公式为:

$$车辆平均报废里程 = \frac{所有报废车辆总行驶里程}{报废车辆数} \tag{5-13}$$

(10)车辆大修平均间隔里程(km),是指统计期内车辆相邻两次大修间隔内(首次大修从车辆投入使用起计算)平均行驶的里程。计算公式为:

$$车辆大修平均间隔里程 = \frac{相邻两次大修间隔内所有车辆总行驶里程}{所有大修车辆数} \tag{5-14}$$

(11)轮胎平均报废里程(km),是指统计期内轮胎自新胎开始使用至报废为止平均行驶的里程。计算公式为:

$$轮胎平均报废里程 = \frac{所有报废轮胎总行驶里程}{报废轮胎条数} \tag{5-15}$$

(12)车辆平均故障时间(s/百车公里),是指统计期内运营车辆每行驶100km运营里程平均发生的故障时间。计算公式为:

$$车辆平均故障时间 = \frac{车辆故障时间总和}{运营里程} \times 100 \tag{5-16}$$

式中,车辆故障时间总和指运营车辆发生故障,影响本车正常运营占用的时间,单位为s。

五、定制公交服务

1. 定制公交概述

随着互联网的普及应用,出现了"互联网+公交"服务的新模式,为多元化公共交通的发展提供了新途径。《城市定制公交服务规范》(JT/T 1355)对定制公交的定义如下:通过整合出行起讫点、出行时间等相近出行需求,向乘客提供预定线路或车次的一种差异化、集约化、高品质的城市公共交通服务,并提出宜采用一人一座的高品质运输车辆的要求。运行线路以一站直达或者大站停靠的快速到达为主,正点率不应低于90%。服务票价略高于常规公交票价。定制公交作为常规公交的一种补充服务模式,满足了部分乘客对高品质公交服务的需求。

定制公交对小汽车出行具有相当的替代性,有利于将小汽车出行转移到公共交通出行,抑制小汽车过快增长,降低小汽车使用强度,缓解交通拥堵和"停车难"问题,减少机动车尾气排放,降低能源消耗,改善城市空气质量,提升城市宜居水平。此外,还有利于改善公共服务质量,提升社会幸福指数,节约社会财富。

2. 定制公交运行模式

1)基本模式

根据《城市定制公交服务规范》,定制公交运营线路可分为通勤定制公交、交通客流集散地定制公交、商务定制公交和其他类型定制公交。近年来,大数据技术的成熟为实时获取交通信息提供支撑,其他类型的定制公交研究也在有序推进。

定制公交主要运营模式有多点对多点、多点对单点、单点对单点、单点对多点四种。一线城市的居住区和上班区具有明确的点对点特征,可采用单点对单点的运营模式。二线城市的居住区和上班区集中度不够、客流不足,可适当增加沿途站点,采用多点对多点的运营模式。定制公交运营线路与模式是多样的,但定制公交的基本特征不变,多人合乘体现了"公共交通"属性,可预约、长距离、无换乘的高品质服务更是其优势和特点所在。

2)定制公交与其他公共交通对比

与常规公交相比,定制公交的优势在于可预约,舒适度高,线路中间无站点,更加便捷。与地铁相比,定制公交更舒适,建设周期短,运营成本低。对比出租汽车,定制公交价格实惠,更环保。根据相关文献和标准,定制公交与其他公共交通模式对比情况见表5-2。

定制公交与其他公共交通模式对比　　　　　　表5-2

项目	定制公交	常规公交	地铁	出租车
服务人群	相对固定	动态、不可预约	动态、不可预约	动态、可预约
路权	公交专用车道、机动车道、混合车道	公交专用车道、机动车道、混合车道	专用轨道	机动车道、混合车道
线路长度	10~30km	8~12km	15~35km	—
运行路线	相对灵活	固定	固定	不固定
站间距	1500~2000m	500~800m	1000~2000m	—
站点分布	站点集中于线路首末端	站点均匀分布	站点均匀分布	—
运行速度	30~60km/h	15~25km/h	35~80km/h	20~60km/h
单车容量	25~30人/辆	约120人/辆	250人/节	4~7人/辆
环境污染	低	中	低	高
运营成本	中	低	高	高
建设周期	短	短	长	短
出行成本	中	低	中	高
舒适程度	一人一座	无固定座位	无固定座位	一人一座

3. 定制公交线路

1)通勤定制公交线路

依据早、晚交通高峰时段的乘客需求,以一站直达或大站停靠快速到达等多种服务形式,满足高峰时段乘客通勤需求。

2)交通客流集散地定制公交线路

以交通客流集散地(普速铁路车站、高速铁路车站、机场等)为起讫点,以一站直达或大站停靠快速到达等多种服务形式,满足乘客交通客流集散地换乘需求。

3)商务定制公交线路

商务定制公交线路可串联市区主要旅游景点、商业区、宾馆等,满足商务、旅游等需求。

定制公交线路宜依托公交专用车道规划线路,可选择城市快速路等高等级道路运行。应优先利用现有的公共交通站点,必要时可单独设置停靠站点。应合理控制中途站点数量,缩短乘客的出行时间。站点设置应充分考虑与其他交通方式的接驳,方便乘客换乘。

第五节 城市出租汽车服务与管理

一、概述

城市出租汽车服务具有方便、舒适、灵活、全天候,以及"门到门""路到门""路到路"等特点的运输服务方式,目前已成为重点满足个性化与支付能力较强的出行需求的公共交通方式。

在传统巡游模式服务的巡游出租汽车(简称"巡游车")基础上,随着"互联网+出租汽车"服务模式的出现,网约车应运而生。网约车是以移动互联网信息平台为介质,提供相应的车辆和驾驶劳务服务,满足消费者个性化出行的智能城市交通服务类型。网约车是"互联网+"时代涌现出的智能新型交通业态,移动互联网信息平台是网约车的媒介,消费者的差异化、个性化出行是其要实现的目的,而中高端消费者是其主要服务对象,互联网共享经济是其本质。

1. 基本属性

由于出租汽车的共享程度不及大中容量公交广泛,而且具有更接近于私人物品的性质,因此,现阶段绝大多数城市将其定义为非公益性的公交方式。实践中,出租汽车的市场性与公用性并行不悖。由于公益性"弱",出租汽车的运营完全由市场机制主导;又因其囿于公交范畴,行政干预充斥于行业发展的各个领域,市场主体(出租汽车经营者)的非市场性特征浓重,由此引发的摩擦与冲突铸成了出租汽车行业的诸多"顽疾"。网约车较传统的巡游车而言,最大的不同是其网络预约特征,而在运营模式上并无本质的区别。

2. 定位

出租汽车(含网约车)的属性,决定了其具有不经济与不可或缺两个特性。所谓不经济,是指相对于大中容量公交,出租汽车是一种效率低,对环境和道路交通压力大,便捷但不经济的公交方式,不宜作为城市公交的主体形式。所谓不可或缺,是指随着消费水平的提高,人们必然会对出行提出更高要求,如舒适、方便、快捷等,同时还存在诸如就医、赶火车或者航班因出行时间有特殊需求的乘客需求,而这些要求是大中容量公交所不能及的。相对而言,出租汽车比私人小汽车可持续,因此出租汽车有其独特发展空间。

出租汽车的定位基本可以确定为满足具有一定消费能力群体的个性化出行、部分公务出行和社会大众特殊出行需求的交通方式,是大中容量公交的补充。此外,出租汽车还具有以下两项基本功能:

(1)抑制低效率车辆的增长。在满足出行需求方面,出租汽车具有接近私家车的特性,但其长期成本较私家车低得多,而且使用效率高。有关资料表明,出租汽车的使用效率相当于私家车的8~10倍。通常,出租汽车越发达,服务越完善,便越能抑制私家车的购买与使用,缓解停车难、道路拥堵等问题,进而减轻环境污染。此外,我国目前正在进行公务车制度改革,出租汽车可以在很大程度上有效替代公务车,满足公务员的出行需求。

(2)展示城市形象。虽然出租汽车在城市公交出行中的分担率不高,一般不会超过20%,但其行驶的里程及活动的覆盖面绝不亚于大中容量公交的总和,而且服务对象中外来人员和国际友人占相当大比重。而且,出租汽车的服务水平与驾驶员的职业道德水准直接体现一个城市的精神文明状况。

二、出租汽车规模测算

出租汽车的规模控制是出租汽车行业管理中重要工作之一。规模测算方法通常是通过预测乘客需求来确定出租汽车的平均增长速度和具体数量。其基本模型如下。

1. 需求模型

$$N = \frac{ABC}{D} \tag{5-17}$$

式中：N——预测期出租汽车需求量（辆）；

A——规划期城区人口（p），包括城区常住人口（A_1）和城区流动人口（A_2），即 $A = A_1 + A_2$；

B——每人每日平均出行数［次／（人·日）］；

C——出租汽车乘车率，指人们乘出租汽车出行在全部出行中的比例（%）；

D——出租汽车平均每日载客量（人次／车次）。

2. 平均增长速度模型

$$V = \sqrt[n]{\frac{N_n}{N_p}} \times 100\% \tag{5-18}$$

式中：V——预测期内每年出租汽车平均增长速度（%）；

N_n——预测期末出租汽车需求量（辆）；

N_p——预测期基年出租汽车数量（辆）；

n——预测期时间长度（年）。

三、出租汽车行业法规

1. 出租汽车行业法规体系

出租汽车行业法规体系一般由基本法规、衍生法规和具体法规三部分组成，如图5-8所示。

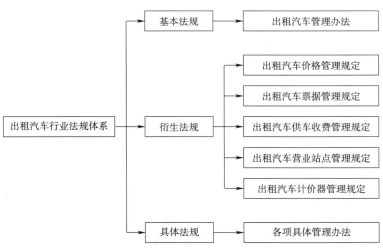

图 5-8　出租汽车行业法规体系

2. 出租汽车行业的指导监管

出租汽车行业法规的实施主要体现在行业管理的指导工作监督中,指导监督的主要内容是保证出租汽车的"六个统一"。

(1)统一出租汽车的车辆要求。由于出租汽车在服务上具有方便、舒适、迅捷和安全等特点,因此必须对投入营运服务的出租汽车的要求作统一规定,包括车辆的技术性能,车辆上的空调、音响、计费器、报警器等设施及车辆容貌,不符合规定的车辆不准投入营运。根据实际情况,有时还要对用车品牌、车型及排量等做出规定。

(2)统一出租汽车的服务标志。为方便乘客租车和监督服务质量,出租汽车必须有统一的服务标志,包括顶灯、经营者名称、专用牌照、驾驶员服务卡、营运证及租价标准等。有条件的城市还可以统一车身颜色。

(3)统一证件。为提高出租汽车行业的经济效益和社会服务效益,必须对经营者、驾驶员、调度员及车辆加强管理和监督,以提高行业素质。对经营者,应就开业、临时停业、歇业、车辆增减及经营方式等方面,根据实际情况制订统一规定;对驾驶员、调度员应在技术业务水平和职业道德等方面提出要求,并对培训工作作出规定;对车辆是否符合统一规定的要求也应定期检验。为保证这些规定的实施,现在通常采用的手段是颁发各类合格证件,如对合格的经营者发放经营许可证,对合格的驾驶员发放从业资格证,对符合规定要求的车辆发放营运证。统一证件是行业统一管理的重要手段。

(4)统一运价。要贯彻"多家经营、统一管理"的方针,必须统一行业运价。根据优质优价的原则,通过对不同车辆车型、不同使用时间、不同行驶地点、舒适条件以及车辆新旧程度等因素进行考虑,制定行业统一运价,促进行业内公平竞争。

(5)统一发票管理。发票是收费凭证,也是乘客监督投诉的依据,必须对发票的式样、使用和管理作统一规定。

(6)统一监督、处罚规定。包括建立专职稽查队伍进行监督检查;定期或不定期地与工商、税务、公安以及物价等管理部门开展联合大检查,组织经营单位的检查人员统一行动,联合随机检查;设立义务和特约监督员,帮助客运管理部门随机检查;做好投诉处理工作,鼓励社会监督。

四、城市出租车运价及规则

1. 出租汽车运价的影响因素

合理的出租汽车运价体系对于提高行业竞争力、促进行业的良性发展起着至关重要的作用,因此,运价规则的制订就显得异常重要。但由于运输行业的复杂性,使得影响运价的因素比较多,主要有运输成本、运输供求关系、国家经济政策及各种运输方式之间的竞争等。因此,要制订合理的运价体系就必须综合考虑这些因素的影响,并对相关因素进行全面分析。

1)运输成本

运输成本是指运输企业在进行运输生产过程中发生的各种耗费的总和。就出租汽车行业来说,其运输成本包括为提供运输劳务而产生的各种支出,所有的这些支出均由出租汽车驾驶员承担,主要包括供车(承包)款、燃油费用、上缴规费和车辆的日常维护与维修费等。正常情况下,运输企业为了能抵偿运输成本而不至于亏本并能扩大再生产,要求运价不低于运输成本。因此,运输成本便成为形成运价的重要因素和最低界限。在出租汽车行业中,出租汽车企业的利润获得是通过向驾驶员收取一定的费用来实现的,因此在该行业中运价的制订要以驾驶员的单车经营成本为基准,在此基准上由驾驶员作为劳务的提供者所获取的利润再进一步在企业与驾驶员之间进行分配。要保证驾驶员与企业的利润得到实现,就要求运价不能低于驾驶员的单车经营成本。

2)运输供求关系

运输市场的供求平衡,不仅会因运输市场价格对供给和需求的调节而引起,而且还会因为运输供给和需求对市场价格的调节而产生。考察运输供求对运价的影响,主要是指后者。运输供给和需求对运价的调节,通常是由于供求数量不同程度的增长或减少引起的。为方便分析,以假定其中一个量不变为前提来讨论供给和需求对运价的影响。若运输需求不变,那么,运输供给与运价就是反比关系。也就是说,随着运输供给的下降,运价将会上升,反之,运价将会下降。若运输供给不变,那么,运输需求与运价是正比关系。随着运输需求的下降,运价也会下降;反之,运价也会上升。

3)国家经济政策

国家在运输业的经济政策对于运输业的运价水平起导向作用,对运输业实行的税收政策、借贷政策、投资政策等均会直接或间接地影响运价水平。长期以来,国家对属于第三产业的运输业给予了很大扶持,在以上诸方面均实行优惠政策。例如,目前对运输业所征营业税是第三产业中最低的,其税率为3%。从运输价格的理论构成来看,运价主要由运输成本,利润和营业税金三部分组成。如果营业税率较低,在运输成本和利润不变的情况下,运价可随之降低。

4)各种运输方式之间的竞争

各种运输方式之间的相互竞争对于出租汽车运价的制订也是一个不可忽略的因素。当下的交通运输环境是一个开放的、竞争的市场,各种交通工具、方式之间的竞争日趋激烈。就洛阳市各种交通方式而言,这种竞争主要来自公交车、大型客车等方面。且随着近几年来城市交通建设的进一步加强,这种竞争的压力也日趋明显。这种影响主要体现在运输速度、方便性、舒适性、经济承受能力及能否实现"门到门"运输这五个方面。因此,对于出租汽车行业来说,其运价与公交车、大型客车等交通方式运价之间的比价关系,将是制订合理运价体系的一个非常重要的衡量指标。

2. 出租汽车定价原则

1)政府定价为主市场调节为辅

出租汽车是政府管理行业,其市场定位是政府在发展城市交通的总体政策下,按照适度发展原则确定的,决定了出租汽车运价必须以政府定价为主。在政府定价的前提下,给予企业一定的定价自主权,允许企业根据市场情况,结合自身品牌建设的需要,在合理的幅度内适当调整运价,以增加行业内部的竞争。但是,运输企业调价必须经过政府备案审查,并在一定的时间内不得变动,保持运价稳定性。

2)反映供求关系的变化

单纯的行政定价是不可能灵敏地反映供求关系变化的,要使运价能够反映供求关系的变化,必须给企业相应的定价权限。运输企业有了定价自主权,就可以根据供求关系变化,对运价进行自动调整。

3）优质优价原则

对不同车种车型、不同使用时间、不同行驶地点、舒适条件、车辆新旧等因素进行综合考虑，制定合理的运价体系。

4）与国民经济发展相适应原则

要考虑居民收入增长水平，还要与同等城市水平相比较，既不能过高，也不能过低。

5）公平负担的原则

经营者和消费者共同承担成本的增加部分。近年来，油价上涨频繁，久居高位，运输成本增加，单纯的由出租汽车驾驶员来承担运输成本的增加已不符合市场经济的发展，现实中也行不通。因此，增收燃油附加费和建立油价-出租汽车运价的联动机制是需要考虑的事情。

第六节 城市公共自行车系统及组织

一、城市公共自行车定义及构成

1. 城市公共自行车系统定义与发展

1）城市公共自行车定义

公共自行车是一种在公共场合为多目标人群提供具有网络特征、自助式、短途的自行车租赁服务的系统，是一种个人化的大众公共交通方式。关于名称，即可称"公共自行车"，又可称"自行车共享"。我国《城市公共自行车交通服务规范》（GB/T 32842）对公共自行车的定义为：供公众免费或以较低的费用租用，停放在公共场所，并能实现各公共自行车服务站点之间统一租车和还车的自行车交通方式。

2）城市公共自行车发展历程

在1965年7月28日的荷兰阿姆斯特丹，一个环境关注组织将50辆普通的自行车涂成白色，投放到城市街头，供市民完全自由地免费使用，这被众多的研究者认为是第一代的共自行车的起源。然而，由于完全自由使用，第一代公共行车系统无法解决车辆被盗窃与被破坏的问题，导致大部分的第一代系统最终不得不早早结束。20世纪90年代，第二代公共自行车系统开始出现，相较于第一代公共自行车系统，第二代公共自行车系统实现了许多变革，应对高强度的使用进行了特殊的车辆设计，采用了固体轮胎，在车轮处设置了广告板，并且引入特别设计的通过投币使用的带锁自行车架，形成了最早的公共自行车站点的概念。但是由于用户的匿名使用而使第二代公共自行车系统仍受到偷盗问题的困扰。而且由于第二代公共自行车系统对使用时间没有限制，因此为了使用的方便，使用者仍会长时间占用公共自行车辆，从而使得系统的周转产生问题，影响了系统的稳定性与可靠性，因此系统的借用率很低。公共自行车系统在20世纪90年代末期步入第三代，欧洲的公共自行车租赁行业开始采用计算机、无线通信和互联网技术，实现了数字化管理和运营。该类型的单车采用定制化设计的车辆，设有固定桩式的站点，使用智能卡需提供个人信息注册取车，前30min免费使用，超出时间收取少量费用。如今，第四代公共自行车系统可以使用互联网对公共自行车进行实时定位,用户也可以通过手机等设备查看站点实时信息。

公共自行车系统在中国的发展始于2005年,国内最早的公共自行车系统在北京落地,作为中国公共自行车发展的雏形,它的关注度与吸引力都是很小的。2008年5月,杭州公共自行车系统正式投入运营,该系统以规模大、发展迅速为特点,立刻被当地市民所接受,并且获得良好的社会反响。这也使得杭州建设的公共自行车系统被其他有意推广公共自行车出行的城市所借鉴学习。至此,公共自行车系统在国内全面推广,中国也一跃成为世界上公共自行车市场增长最快、发展最成功的国家之一。2015年,随着中国移动互联网的快速发展,公共自行车领域出现了以ofo为代表的互联网共享单车运营模式,该模式下的无桩共享单车更加便捷,自行车的停放不再受限于站点的布局,更加便捷的无桩共享单车开始取代有桩公共单车。目前哈罗、美团、滴滴青桔等众多服务品牌的共享单车成为中国城市居民出行多样化选择的重要手段。

2. 城市公共自行车系统构成

应用电子技术、智能卡技术、无线通信和互联网技术的当代公共自行车系统一般由公共自行车、站点、自行车道网、停保基地、调度车和后台管理系统等部分构成。

公共自行车配备车筐、二次停车锁、挡泥板、铃铛、尾灯、可调节坐垫,内置GPS定位芯片和射频识别(RFID)标签,一般不设后座。普通的公共自行车寿命为3~5年。站点一般由顶棚、锁止器、自助服务机、服务亭和广告牌组成,提供面向用户的借还车服务,站点设备寿命为5~8年。锁止器分为永久固定式和可移动式两类。自行车道成网络状连接各个站点,让用户能安全骑行到达目的站点。停保基地主要负责定期对公共自行车关键部件进行维护,维持车辆良好性能,存放一定量的车辆供调度使用,进行回收损坏严重的车辆以及站点的保修工作。调度车来往于各站点与停保基地之间,听从运营调度子系统的命令,履行车辆调度、运送维修车辆的工作,依托停保基地停放。后台管理系统由数据管理子系统、运营调度子系统、查询统计子系统和异常监控子系统等部分组成,一般由公共自行车服务商提供。数据管理子系统集信息、清结算等模块于一体,记录每辆车每个锁墩的使用;运营调度子系统监控各站点空满信息,发出调度命令;异常监控子系统对站点无车、故障、断线、报警等状态进行监控管理,识别坏车。

二、城市公共自行车系统管理

1. 政府监督企业服务

1)"车"的指标反映投放车辆数是否充足

每车日平均使用次数也称周转率,单位为"次/(天·辆)"。不能简单说周转率高就好,需要研究投放车辆数与公共自行车需求的关系、周转率与维修率的关系。周转率高必然导致维修率高,将车辆周转率和日均修车量结合考虑,从侧面反映投放车辆数是否充足。佛山市的调查数据显示,每车日平均使用次数大于10次,则维修率上升明显,此时,应加大投放车辆数,适应需求的增长。公共自行车丢失率等于丢失公共自行车数量与投放车辆数之比,反映公共自行车系统防盗机制。减少车辆被盗的发生是运营商的责任,如果车辆被盗持续发生,政府应该责令运营商改进系统防盗,减少损失。在办卡实名制的前提下,用户蓄意借车不还事件可杜绝。丢车情况大多发生在用户误以为成功还车而离开,给其他人盗车机会。

若每个站点均有视频监控,能有效降低丢车率。

2)"卡"的指标反映市民使用公共自行车出行的意愿

一是办卡人数,二是日活跃用户人数。办卡数的增减直观地表现公共自行车的吸引力,其中日卡和周卡的数量表现公共自行车对外地游客的吸引力。当前我国制度下,政府决心推行一个项目时,少不了行政干预,有可能出现有关部门强制机关单位和企业为职工办卡的情况,这将使得办卡数的指标作用减弱。真正体现公共自行车日常出行魅力的指标是日活跃用户人数,这群人才是最经常使用公共自行车的人。若日活跃用户人数持续下跌,系统运营商应该分析是否因为服务水平下降导致用户减少。

3)"墩"的指标反映站点的服务水平

无法提供借还服务的时间即一个站点无车可借和无位可还的时候,将每个站点无法提供借还服务的时间累加则得到系统服务缺失时间,政府可据此了解运营商的调度能力。因为站点在使用高峰期满位或空站,有两个可能:一是锁墩建设数量不足,二是车辆调度能力滞后。在锁墩建设数一定时,系统服务缺失时间很大程度受调度能力影响。

2. 车辆调度管理

1)公共自行车调度的基本原理

公共自行车调度主要是解决用户"无车可借,无处可还"的问题,同时在解决该问题的基础上,需要尽可能降低运营商的调度成本。在调度之前需要形成高效的调度方案,即需要确定调度车辆的行驶路线和装卸货方案。公共自行车调度问题的理论基础来源于车辆路径问题(VRP),即车辆在满足一系列约束条件的情况下,按照指定路线进行行驶,并在租赁点进行装货作业,以达到预先设定的目标。在确定目标的情况下,根据约束条件和假设情况的不同,分为以下六种情形。

(1)根据调运车辆数目的不同,可以分为单车辆调度和多车辆调度。在系统使用率低的情况下,运营商可以采用单车辆调度,即使用一台调度车辆,完成系统的自行车调度,以获取更低的调度成本。当系统使用率高的情况下,多车辆调度可以在规定时间内更加高效地完成调度计划。

(2)根据公共自行车系统运行效率的不同,可以采用静态和动态调度方式,若采用静态调度方式,则运营商在车辆调度过程中,自行车租赁站点的存量不会发生改变。即模型假设在调度过程中,公共自行车系统处于静止状态。动态调度指公共自行车系统仍然在运营,站点的存量在调度过程中发生改变,调度车辆必须在调度过程中根据存量的变化来改变调度策略,以达到最优化目标函数。

(3)调运车辆根据不同的要求,可以采取不同的行驶路线,若调度车辆完成调运后返回中心车场,则被定义为封闭调度问题;相反,开放调度问题指调度车辆在完成调度计划后不需要返回车场。本书在研究公共自行车调度问题的过程中,根据实际情况,采用封闭调度方式。

(4)根据运输网络中车场的分布,采用不同的调运方案,单车场调度问题指系统中只有一个调度中心,所有调度车辆全部从同一个调度中心出发;多车场是指运营系统中具有多个调度中心,根据预先设定,调度车辆从不同调度中心出发,完成调度计划。

(5)根据调运车辆在租赁站点的操作业务,可以分为取货、送货和取送货调度。取货和送货调度只进行一项装卸作业,即进行取货或者送货作业;取送货一体化调度是指车辆调度过程中,需要完成取货和送货两项作业。本书中,自行车库车辆需要在同一个租赁站点完成不同车辆的取货或者送货作业,属于取送货一体化调度。

(6) 不同的问题模型,优化目标不尽相同。单目标优化问题指模型的目标函数仅有一个,如在公共自行车调度优化过程中求解,运营成本最少、用户满意度最高等。而多目标问题,指优化模型中具有多个目标函数,多数情况下这些优化目标具有相互制约的特性,无法通过相互比较来判断哪一组解是最优的,只能通过求得最优解集的方式来求解多目标函数模型。

2) 公共自行车调度影响因素分析

在进行公共自行车车辆系统调度时,需要考虑多方面的因素,主要包括以下五个方面:

(1) 租借使用需求。租借使用需求是进行调度服务的基础和依据,根据公共自行车租赁系统的使用状况,一些租赁点的租车和还车的行为基本平衡,可以实现自动动态平衡,对这样的租赁点无须进行调度服务;而对那些无法进行自动协调,即还车量远大于租车量或租车量远大于还车量的租赁点,就需要借助调度服务调整各个租赁点的公共自行车配置,以保障系统能够正常提供租还车服务。

(2) 调度车辆规模。主要是调度运输车辆的数量,调度运输车辆规模是影响调度运输服务成本、服务质量的影响因素之一。车辆过少,恐难以满足需要调度运输服务的各租赁点的时间窗要求,无法满足系统服务需要;车辆过多,则将同时增加车辆及人员成本,造成浪费。

(3) 道路交通条件。道路条件是指道路的宽度、通行能力、交通管制等,是进行车辆路径安排的物质基础和条件,交通条件是道路上车辆数量、速度等。道路交通条件是影响调度车辆路径安排的影响因素之一,直接影响调度效率,尤其是在早晚高峰时期,道路交通条件对调度效率的影响很大。

(4) 经济效益。经济效益是支持公共自行车租赁企业可持续发展的物质基础,降低成本是提高经济效益的有效手段之一,不同的调度方法将产生不同的调度安排,影响企业的调度成本。

(5) 社会效益。公共自行租赁服务是对传统城市公共交通方式补充,是解决城市交通问题的新思路、新方法,与人民生活息息相关。在考虑企业经济效益的同时,也要将社会效益作为重要考虑因素,通过适当的调度服务,提高公共自行车租赁系统的服务质量。

3) 公共自行车租赁系统调度成本分析

城市公共自行车租赁系统具有企业性及公共性双重特性,既要追求成本最小化,经济效益最大化,实现其企业性;又需要政府严格限制其价格,保障其有效供给,维护市民利用,实现社会效益最大化。公共自行车租赁系统调度成本主要包括两方面:一是公共自行车租赁系统企业进行调度服务的成本,二是公共自行车租赁系统使用者的出行时间成本,其中前者又可分为车辆成本和人员成本。在进行调度时,要统筹考虑上述两方面因素,将其成本具体分为车辆成本、人员成本、时间成本等。其中,车辆成本调度运输车辆在服务过程中,因车辆折旧、汽油消耗等而产生的费用,一般与车辆数量及运行距离有关。人员成本指企业需支付给调度人员的工资福利等,一般与调度车辆数量、人员工作量等有关。时间成本指调度运输车辆到达公共自行车租赁点不及时,造成公共自行车使用者被迫等待租车或还车而产生的成本,该项指标也是衡量公共自行车租赁系统社会公益性的主要指标之一。

4)公共自行车调度方式

根据公共自行车系统的经营状况,运营公司会采用不同的调度方式,当公共自行车的用户需求较少时,运营方可以采取静态调度的方式,仅仅需要在夜间进行统一调度,当自行车使用率较高时,运营方需采用动态调配的方式,在日间进行站点间调配。

(1)日间调度。

当用户使用公共自行车的频率非常高,自行车流动性非常大的时候,会造成站点间分布不均衡,造成用户需求无法响应,这时运营企业会采取日间调度方式。运营企业的调度依据来源于两个方面:第一,根据站点锁装刷卡反馈回系统的信息,调度中心可以有效得知车辆在各站点间的分配信息,可以从多余车辆的站点运输到短缺车辆的站点;第二,运营公司具有以往较为丰富的数据信息,可以通过数据统计获得用户使用公共自行车的规律,如早高峰多是从生活区行驶到交通枢纽,可以通过提前调度的方式,应对客户需求。同时,日间调度将受到多种因素的影响,如天气状况、车流高峰所造成的拥堵、节假日需求的变化等。

(2)夜间调度。

当公共自行车使用率较低时,运营企业会采用夜间调度的方式,主要目的是对第二天租赁站点的自行车数量进行合理配置。夜间调度相对于日间调度所受到的干扰较少,公共自行车的使用率低,夜间城市道路的车流量小,受到非常规因素影响的概率也较小,所以通常夜间调度会采用静态调度方式。静态调度方式假设各站点间的自行车存量不变,根据以往数据分析,设立预期站点分配目标,制定调度路线进行车辆调度。

复习思考题

1. 简述城市交通运输系统的构成,分析不同城市交通运输发展模式以及特征。
2. 城市道路公共交通运输的方式主要有哪些?特点如何?
3. 城市轨道交通的主要形式有哪些?其列车运行图包含哪些内容?
4. 城市公共汽车主要的运行参数有哪些?运营调度主要形式有哪些?其适用特点和选择原则如何?
5. 城市公共汽电车运营企业的技术系统考核的定额指标有哪些?
6. 定制公交能提供的定制服务有哪些?特点是什么?
7. 简述城市出租汽车运营组织形式、行业管理和企业管理分别有哪些内容。
8. 分析城市公共自行车调度的基本原理和影响因素,并探讨运营企业常用的不同调度策略和方法。

第六章

铁路运输系统及组织

第一节 铁路基础设施

铁路基础设施由线路、场站、信号设备、通信设备等构成。

一、铁路线路

铁路线路是由路基、桥隧建筑物(包括桥梁、涵洞、隧道等)和轨道(包括钢轨、轨枕、联结零件、道床、防爬设备和道岔等)组成的一个整体工程。铁路线路是列车运行的基础。

根据铁路线路在路网中的作用、性质、设计速度和客货运量,我国《铁路线路设计规范》(TB 10098—2017)(简称"线规")将铁路等级分为高速铁路、城际铁路、客货共线铁路和重载铁路,具体定义见表6-1。

铁路等级划分　　　　　　　　　　　　　　　　　　　　表6-1

等级	定义
高速铁路	设计速度250km/h(含预留)及以上、运行动车组列车、初期运营速度不小于200km/h的客运专线铁路
城际铁路	专门服务于相邻城市间或城市群,设计速度200km/h及以下的快速、便捷、高密度客运专线铁路
客货共线铁路	旅客列车与货物列车共线运营,旅客列车设计速度200km及以下的铁路
重载铁路	满足列车牵引质量8000t及以上、轴重27t及以上、在至少150km线路区段上年运量大于4000万t三项条件中两项的铁路

其中,客货共线铁路进一步可分为Ⅰ、Ⅱ、Ⅲ、Ⅳ级,其划分应符合以下规定,具体见表6-2。

客货共线铁路等级划分　　　　　　　　　　　　　　　　表6-2

等级	定位	近期年客货运量
Ⅰ级	铁路网中起骨干作用的铁路	≥20Mt
Ⅱ级	铁路网中起联络、辅助作用的铁路	[10Mt,20Mt)
Ⅲ级	为某一地区或企业服务的铁路	[5Mt,10Mt)
Ⅳ级	为某一地区或企业服务的铁路	<5Mt

注:1.铁路设计年度分为近期和远期。近期为交付运营后第10年,远期为交付运营后第20年。
　　2.年客货运量为重车方向的货运量与由客车对数折算的货运量之和。每日1对旅客列车按1.0Mt年货运量折算。

高速铁路、城际铁路、客货共线Ⅰ级和Ⅱ级铁路、重载铁路的设计速度应根据运输需求、工程条件等因素综合技术经济比选确定,宜采用表6-3中规定的数值。当沿线运输需求或地形差异较大,并有充分的技术经济依据时,可分路段选定设计速度,路段长度不宜过短。

设计速度(km/h)　　　　　　　　　　　表6-3

铁路等级	高速铁路	城际铁路	客货共线Ⅰ级	客货共线Ⅱ级	重载铁路
设计速度	350、300、250	200、160、120	200、160、120	120、100、80	100、80

根据用途和归属,铁路车站线路可分为正线、站线、段管线、岔线及特别用途线,如图6-1所示。

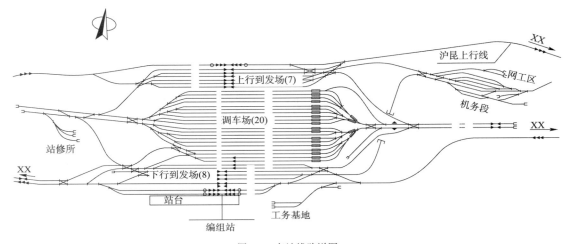

图6-1　车站线路详图

Ⅲ、XXV:正线;1、2、4-8、29-34:到发线;9-28:调车线;38、39:牵出线。

正线是指连接车站并贯穿或直股伸入车站的线路。正线可分为区间正线及站内正线,连接车站的部分为区间正线,贯穿或直股伸入车站的部分为站内正线。

站线包括以下四类:
(1)供接发旅客列车或货物列车用的到发线;
(2)供解体或编组货物列车用的调车线和牵出线;
(3)办理装卸作业的货物线;
(4)办理其他各种作业的线路,如机车走行线、存车线、检修线等。

站内正线及站线由车站负责管理,机车车辆由区间、段管线、岔线等地点进入站内正线或站线时,都应经车站允许。

段管线是指机务、车辆、工务、电务、供电等段专用并由其管理的线路。如机务段内机车整备线、三角线,车辆段内车辆检修作业用的线路以及工务、电务段内停留轨道车及其他车辆的线路。

岔线是指在区间或站内接轨,通向路内外单位的专用线路。

特别用途线是指为保证行车安全而设置的安全线和避难线。

1. 路基

路基是轨道的基础，指用以铺设钢轨设施的路面。在铁路工程中，路基常见的两种基本形式是路堤和路堑，如图 6-2 所示。当铺设轨道的路基面高于天然地面时，称为路堤；当铺设轨道的路基面低于天然地面时，称为路堑。

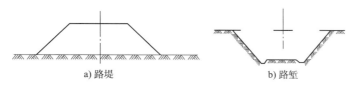

图 6-2　路基的基本形式

高速铁路区间主要是电力牵引复线路基，横断面除应为适应高速行车需要而作出的规定外，还要为高速运行安全并为线路检查维修提供方便，因此设计了较宽的路肩。法国高速铁路路基宽度规定为 12.6m；日本东海道新干线为 10.7m；山阳新干线为 11.6m；意大利高速线为 13m；德国则采用 13.7m；我国高速铁路路基宽度规定为 13.8m。

2. 桥隧建筑物

当铁路线路要通过江河、溪沟、谷地以及山岭等天然障碍，或者要跨越公路、铁路时，就需要修建桥隧建筑物，以使铁路线路得以继续向前延伸。桥隧建筑物包括桥梁、涵洞、隧道等，如图 6-3 所示。

a) 桥梁　　b) 涵洞　　c) 隧道

图 6-3　桥隧建筑物

随着高速铁路的发展，隧道在高速线路上也大量出现。高速铁路隧道与普速铁路隧道最大的区别在于当列车高速通过隧道时，产生的空气动力学效应对行车、旅客舒适度、列车相关性能和洞口环境的不利影响十分明显，同时对于防排水标准、防灾救援和耐久性等方面也有较高的要求，因此应保证高速线路上隧道的质量，减少维修工作量，延长隧道建筑物的使用寿命。

3. 轨道

轨道由钢轨、轨枕、联结零件、道床、防爬设备和道岔等主要部件组成，具体如图 6-4 所示。它起着机车车辆运行的导向作用，直接承受由车轮传来的巨大压力，并把它传给路基或桥隧建筑物。

钢轨是列车行驶的支撑设施，列车通过车轮与钢轨的摩擦得以前进、减速并制动停车。在我国，钢轨的类型或强度以每米长度的质量表示，现行的标准钢轨类型有 75kg/m、60kg/m、50kg/m、43kg/m、38kg/m。我国钢轨的标准长度有 12.5m 和 25.0m 两种。特重型、重型轨采用 25.0m 标准长度钢轨,其他类型轨道可采用 12.5m、25.0m 标准长度钢轨。此外,还有专供曲线地段铺设内轨用的标准缩短轨若干种。

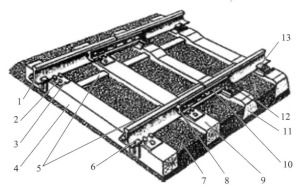

图 6-4 轨道的基本组成

1-钢轨;2-普通道钉;3-垫板;4、9-木枕;5-防爬撑;6-防爬器;7-道床;8-双头夹板;10-螺栓;11-钢筋混凝土轨枕;12-扣板式中间联结零件;13-弹片式中间联结零件
注:图中多种类型扣件仅为示例所用,并非现场线路实际使用情况。

轨距是指两条平行钢轨的内侧距离,可分为宽轨、窄轨和标准轨三类。标准轨距为 1.435m,凡大于此数者为宽轨,小于此数者为窄轨。现行《中华人民共和国铁路法》第三十八条规定:"新建国家铁路必须采用标准轨距。窄轨铁路的轨距为 762 毫米或者 1000 毫米"。我国铁路主要采用标准轨距(中国台湾地区铁路为窄轨铁路,轨距为 1.067m),俄罗斯、芬兰等国家则使用 1.524m 的宽轨系统。目前,各国高速铁路都采用标准轨距。

轨枕是铺设在钢轨下面的坚固耐用物体,可以使两轨保持一定的轨距,以确保行车安全,并承受列车行驶所产生的压力。轨枕有多种材质类型,如木枕、钢枕、混凝土枕等。木枕现如今的应用已经少见,现行应用的轨枕中,混凝土枕以其尺寸精度高、使用寿命长、稳定性高和养护工作量小、材料来源广泛等优势被广泛应用,提高了列车运行的安全性和舒适性。混凝土枕虽然坚固,但也不是"金刚不坏"。在日常工作中,如遇轨枕发生严重破损,会临时申请"天窗"作业进行处理更换,而在对既有线进行大型改造时,则会进行大型换枕施工。

联结零件包括接头联结零件和中间联结零件两类。接头联结零件用来联结钢轨间的接头,钢轨接头处必须保持的缝隙叫作轨缝。中间联结零件(又称扣件)的作用是将钢轨紧扣在轨枕上,并保持其稳固位置,防止钢轨做相对于轨枕的纵向或横向移动。

道床是铺设在路基面上的石渣(道渣)垫层。道床的主要作用是支撑轨枕,把从轨枕上部的压力均匀地传递给路基,并固定轨枕的位置,防止轨枕纵向或横向移动,缓和机车车辆轮对对钢轨的冲击。若遇到雨天,道床利于排水,避免轨枕积水妨碍行车安全。我国铁路一般都采用碎石道床。

因列车运行时纵向力的作用,使钢轨产生纵向移动,有时甚至带动轨枕一起移动,这种现象叫作轨道爬行。轨道爬行往往引起轨缝不均、轨枕歪斜等线路病害,对轨道的破坏性极大,严重时还会危及行车安全,必须采取有效措施加以阻止。常用的防爬设备有穿销式防爬器和防爬撑。

在铁路车站,为保证机车车辆及列车能够由一条路线进入或通过另一条路线,必须在不同路线的钢轨会合处铺设路线连接设备,在路线连接设备中,应用最广泛的就是道岔。通常铁路列车通过道岔时,须降低行车速度。

二、铁路车站

铁路车站是铁路运输的基本生产单位,它集中了与运输有关的各项技术设备,如客货运业务设备、运转设备,机务、车辆检修设备和信联闭设备等。在铁路车站上除了办理旅客与货物运输的各项作业外,还要办理与列车运行有关的各项作业。车站按业务性质可分为货运站、客运站和客货运站;按技术作业性质可分为编组站、区段站和中间站,编组站和区段站统称为技术站;按其地位、作用、办理运输业务和技术作业量等综合指标可分为特等、一、二、三、四、五不同的等级站。

铁路车站的设置主要基于客货需求以及运输效率等方面的考虑,涉及经济学、社会学、政治学等诸多因素。一方面,从客货需求来看,城市常住人口、流动人口、外出流向、人均收入及消费水平、产业结构等是优先考虑的重要因素,对铁路沿线有人流聚集的地方需设置客运站满足其乘车需求,对货源集中的资源出产地、制造业发达地、大型企业所在地,需设置货运站满足货源输送的要求。另一方面,从运输效率来看,在同一运行区段中,如若站间距离较长,可能会对区间列车通过能力造成影响,因此需设立部分不办理客货运业务的中间站点。而对于涉及机车牵引整备、列车编组等专业用途的区段站和编组站,也会据实际情况进行设立。

1. 客运站

客运站设在客流较大的大、中等城市,为旅客办理客运业务,设有旅客乘降设施。客运站是铁路旅客运输的基本生产单位,其主要任务是组织旅客安全、迅速、准确、方便地上下车;办理行包、邮件的装卸搬运;组织旅客列车安全、正点到发和客车车底取送;为旅客提供高质量的服务。有的客运站还兼办少量的货运作业。

2. 货运站

货运站是专门办理货物装卸作业以及货物联运或换装的车站,也办理少量的客运或货车中转作业。按其服务对象的不同,可分为城市企业、居民和仓库区服务的公共货运站;为不同铁路轨距之间货物换装服务的换装站;为某一工矿企业或工业区生产服务的工业站;为港口服务的港湾站等。

3. 中间站

中间站是为提高铁路区段通过能力,保证行车安全并为沿线城乡及工农业生产服务而在铁路牵引区段内设置的车站。中间站除办理列车的通过、交会、越行外,还办理日常客、货运输和调车及列车技术检查作业。仅办理列车会让和越行,必要时可兼办少量旅客乘降作业的车站在单线铁路上称会让站,在双线铁路上称越行站。

4. 区段站

区段站设在牵引区段的起讫点,其主要任务是为邻接的铁路区段供应及整备机车或更换机车乘务组,并为无改编中转货物列车办理规定的技术作业。此外,还办理一定数量的列车解编作业及客货运业务。在设备条件具备时,还进行机车、车辆的检修业务。

5. 编组站

编组站设在路网交叉或汇合地点,是路网中车流的主要集散点,办理大量货物列车解体和编组作业,是列车的"制造工厂"。编组站以处理改编中转货物列车为主,编解各种货物列车,负责路网上和枢纽地区车流的组织;同时还供应列车动力,对机车进行整备和检修,对车辆进行日常维修和定期检查。

区段站和编组站统称技术站,但区段站以办理无改编中转货物列车为主,仅解编少量的区段、摘挂列车;而编组站主要办理各类货物列车的解编作业,且多数是直达列车和直通列车。

三、铁路信号与通信设备

铁路信号设备是信号、联锁、闭塞设备的总称。它在保障行车安全、提高运输效率和改善行车工作人员的劳动条件方面发挥着重要作用。

通信设备是指挥列车运行,组织运输生产及进行公务联络等的重要工具,应能做到迅速、准确、安全、可靠,使全国铁路的通信系统能成为一个完善与先进的铁路通信网。

1. 铁路信号设备

1) 信号

信号是指示列车运行和调车工作的命令。铁路列车必须按照信号的指示行驶,以确保行车安全。信号装置一般分为信号机和信号表示器两类。

信号机按类型分为臂板信号机、色灯信号机和机车信号机(图6-5)。信号机按用途分为进站、出站、通过、进路、预告、接近、遮断、驼峰、驼峰辅助、复示、调车信号机。

a) 臂板信号机

b) 色灯信号机(色灯型信号)

c) 色灯信号机(灯列型信号)

d) 机车信号机

图6-5 信号机类型

信号表示器分为道岔、脱轨、进路、发车、发车线路、调车及车挡表示器。

(1) 臂板信号机。臂板信号的臂板长约1.5m,日间通过臂板的上下位置给驾驶员传递信号,夜间则以灯光的颜色来传达信息。臂板信号可分为二位式与三位式。二位式其横臂伸成水平表示停车,其臂上举或下落与水平呈45°斜角表示安全。三位式则横臂伸成水平表示停车,其臂呈45°斜角表示注意,其臂垂直或落下表示安全;夜间则以红灯表示停车,绿灯表示安全,黄灯表示注意。

(2) 色灯信号机。由于臂板信号在操作上不够灵敏,而且容易损坏,故大多数铁路均已改用电源灯信号。其形式可有两种:单以颜色表示者称为色灯型信号,二位式多用红、绿两色,三位式及多位式,则多加一黄色;以位置表示者则称为灯列型信号,灯光为白色,以灯光排列方式来表示行车命令,灯列垂直表示安全,灯列45°表示注意,水平表示停车。

(3) 机车信号机。上述两种信号均属于固定信号，装置于固定地点，给予司机明确的行车指示，但当列车速度高，或气候恶劣、视线不佳时，司机可能产生错觉，因而机车信号应运而生。它是利用轨道电路的钢轨传送不同的电流波，送达驾驶室内，表示不同的信息，驾驶室内则有不同的色灯，表示所接收信息的意义。每当信息改变时，警铃会发出声响，以提醒司机注意。

2) 联锁

列车进站、出站和车站内的调车工作，主要是根据车站上信号机的显示进行的，而列车和机车车辆的运行进路，则又依靠操纵线路上的道岔来排列。因此，在道岔和信号机之间以及信号机和信号机之间，必须建立一种相互制约的关系，才能保证安全和提高运输效率。这种相互制约的关系叫作联锁。为完成这种联锁关系而安装的技术设备叫联锁设备。

联锁设备的任务是，保证车站范围内行车和调车的安全，并提高车站通过能力，改善有关行车人员的劳动条件。

各种联锁设备，应满足下列条件：

(1) 在放行列车或进行调车工作以前，必须先将进路上的所有道岔扳到正确位置，防护这一进路的信号机才能开放。

(2) 当防护某一进路的信号机开放以后，这一进路上的所有道岔应全被锁闭，不能扳动。

(3) 当某一进路的信号机开放以后，所有敌对进路（相互间有冲突的进路）的信号机应全被锁闭，不能开放。

(4) 在主体信号机开放以前，预告信号机不能开放；在正线出站信号机开放以前，进站信号机不能显示正线通过的信号。

3) 闭塞

在单线铁路上，上行和下行两个方向的列车，按不同的时间在同一条正线上运行；在双线铁路上，一般情况下，上行和下行两个方向的列车，分别占用一条正线；在区间每一条正线上，虽然不会有对向列车，但还是可能有同向列车。为了防止同向列车在区间内追尾，或对向列车在单线区间内对撞，区间两端车站值班员在向区间发车钱，必须办理行车联络手续，这就叫作行车闭塞。

用来办理行车闭塞的设备叫作闭塞设备。闭塞设备必须保证在一个区间内同时只能有一个列车占用这一基本原则的实现。我国《铁路技术管理规程》规定，行车基本闭塞方法采用半自动闭塞和自动闭塞两种。

采用半自动闭塞时，以出站信号机或通过信号机的进行显示作为列车占用区间的凭证。出站信号机不仅要和发车进路上的有关道岔相互联锁，而且要受闭塞机的控制。由于这种闭塞制式既需要人工操纵，出站信号机又具有自动恢复定位的特性，所以叫作半自动闭塞。

自动闭塞是由运行中的列车自动完成闭塞任务的一种设备。将两个相邻车站之间的区间正线划分成若干个小段——闭塞分区（其长度一般为1200～1300m），每个分区的起点设置一个通过信号机进行防护。由于闭塞分区内装有轨道电路，因而能够正确反映列车的运行情况和钢轨是否完整，并及时传给通过信号机显示出来，向接近它的列车指示运行条件，保障行车安全。由于通过色灯信号机的显示是随着列车的运行由列车自动控制的，不需要人工操纵，所以叫作自动闭塞。

2. 铁路通信设备

铁路通信设备是保证正确、及时地组织铁路运输,指挥列车运行和为旅客提供各种服务的重要设备,同时又是确保铁路各部门、各单位相互间的公务联络,使分布在全国的铁路网紧密地联系成一个整体的重要工具。

铁路通信按传输方式可分为有线通信和无线通信两大类;按服务区域可分为长途通信、地区通信、区段通信和站内通信等;按业务性质不同可分为公用通信、专用通信及数据传输等。

铁路专用通信一般是指专门用于组织、指挥铁路运输及生产的专用通信设备。这些设备专用于某一目的,接通一些指定用户,一般不与公务通信的电报、电话网连接。

目前我国铁路通信系统已成为一个独立的主要信息传递系统。可靠、易维修及大容量是对普通通信及铁路专用通信的共同要求。

四、铁路列车控制系统

铁路行车方式在命令传达与信息显示上已可达到实时状态,但是对于在铁路上运行的列车还缺乏直接控制的能力。因此,若司机在列车运行过程之中,因健康或气候等因素致使列车无法遵循调度命令行车时,仍可能发生严重的行车事故。开发铁路列车自动控制系统(Automatic Train Control,ATC)的目的就在于,在列车运行过程中,当有违规现象发生时,可以及时予以制止,以避免重大意外事故的发生。列车自动控制系统的发展经历了列车自动报警及停车装置、列车速度自动控制装置和列车自动操纵装置的发展过程。

(1)列车自动报警及停车装置。列车自动报警及停车装置已初步达到列车自动控制的目标,可以在列车冒进时,自动启动列车制动装置,迫使列车停车。这一设施是在信号机前方 1500~1800m 处,装设一警告用感应器(W 点),并于信号机前方 150m 处装设一停车感应器(S 点)。当信号机显示停车信号时,列车一经过 W 点时会自动发出声响,警告司机,司机必须在 4s 内按下按钮确认,否则列车将自动启动制动装置,迫使列车停车。若列车超过 S 点时停车,则列车亦会自动制动停止前进,以确保列车按信号显示停车。

(2)列车速度自动控制装置。这项装置不仅可以控制列车冒进,还可以控制列车按照各行车区间的限制速度运行,若司机超速,则该装置将强制使列车自动减速至限制速度。

(3)列车自动操纵装置。列车自动操纵装置的目的在于实现列车运行的自动化,人工只需处理紧急例外情况。

(4)列车自动控制(Automatic Train Control,ATC)系统。列车自动控制系统是一种将列车运行过程全部加以整合,并采用自动控制方式实现列车运行的系统。这一系统由列车自动监督系统、列车自动防护系统和列车自动操纵系统 3 部分组成。

①列车自动监督(Automatic Train Supervision,ATS)系统。系统功能是协助控制中心的调度员监督整个系统是否按列车运行图运行。

②列车自动防护(Automatic Train Protection,ATP)系统。系统功能是监视轨道的状况及列车的运行速度,以保证列车在最安全的状况下运行,并向列车司机提供必要的信息和警告信号,保持适当的制动距离,以防止列车追撞或进入未经许可的区间。

③列车自动操纵(Automatic Train Operation,ATO)系统。系统的最终目标是要实现在控制和运行上的完全自动化,列车不仅无须人员驾驶,调度也全部由控制中心统一完成,在操

作上完全实现自动化。

第二节　铁路运输车辆

一、铁路车辆

1. 概述

铁路车辆是在铁路轨道上用于运送旅客、货物和为此服务或原则上编组在旅客列车、货物列车中使用的单元载运工具。在铁路车辆上一般没有动力装置,需要把车辆连挂编成一列,由机车牵引在线路上运行,才能达到运送旅客和货物的目的。

依据用途来划分,铁路车辆可分为客车和货车。

依据轴数来划分,铁路车辆可分为四轴车、六轴车和多轴车。四轴车的4根轴分别组成两个相同的转向架,我国铁路上的大部分车辆均采用这种形式。

1)客车

客车指供运送旅客和为此服务的或原则上编组在旅客列车中使用的车辆。按其用途不同,又可以分为运送旅客的车辆(如硬座、软座、硬卧、软卧车)、为旅客服务的车辆(如餐车、行李车)以及特种用途的车辆(如邮政车、公务车、医务车、卫生车、文教车、发电车等)。

(1)硬座、软座、硬卧、软卧车:设有硬、软席座椅设备或卧铺设备的车辆,如图6-6所示。

a) 硬座

b) 软座

c) 硬卧

d) 软卧

图6-6　硬、软座/卧车辆

(2) 餐车：设有厨房、餐室及储藏室（或有小卖部）和炊事设备，供旅客在旅行车饮食就餐使用的车辆。

(3) 行李车：设有行李间及行李员办公室，供运输旅客行李及物品的车辆。

(4) 邮政车：设有邮政间及邮政员办公室，供运输邮件使用的车辆。

(5) 公务车：供国家机关人员办公专用的车辆。

(6) 医疗车：设有医疗设备，在铁路沿线进行医疗的车辆。

(7) 卫生车：设有简单医疗设备，供运输伤病员使用的车辆。

(8) 文教车：设有文化和教育用器具及设备的车辆。

(9) 发电车：设有动力机械驱动的发电设备的车辆。

2) 货车

货车指供运输货物和为此服务的或原则上编组在货物列车中使用的车辆。按用途可分为通用货车和专用货车。通用货车指适用于运输多种货物的车辆（如平车、敞车、棚车等），专用货车指专门运输某一种货物的车辆（如散装水泥车、集装箱车、煤车等）。

(1) 平车：底架承载面为一平面，通常两侧设有柱插，有些还设有可活动向下翻倒的端门和侧门的车辆，如图6-7所示。

(2) 敞车：不设车顶，车底为平底或浴盆（单浴盆或双浴盆）型，供运输各种无须严格防止湿损、日晒的货物的车辆，如图6-8所示。通常其端墙和侧墙的高度在0.8m以上。

图6-7 平车

图6-8 敞车

(3) 棚车：设有车顶和门、窗（或通风口），可防止雨水进入，供运输各种需防止湿损、日晒或散失的货物的车辆，如图6-9所示。

(4) 水泥车：供运输散装水泥的车辆。按卸货方式可分为上卸式水泥车和下卸式水泥车等。

(5) 集装箱车：设有固定集装的装置，供运输集装箱的专用车辆。

(6) 煤车：供运输煤炭的车辆。通常具有固定的侧墙和卸货用的特殊车门。

2. 铁路车辆的基本构造

铁路车辆的种类虽然很多，但其构造都

图6-9 棚车

是相似的。每一辆车均由车体及车底架、走行部、车钩缓冲装置、制动装置和车辆内部设施等 5 个基本部分组成。

1）车体及车底架

车体是旅客乘坐或装载货物的部分,车体一般和车底架构成一个整体,其结构与车辆的用途有关（如上述所示的不同种类的货车与客车）。

车底架是车体的基础。它承受车体和所装货物的质量,并通过上下心盘将质量传给走行部。在列车运行时,它还承受机车牵引力和列车运行中所引起的各种冲击力,所以必须具有足够的强度和刚度。

货车车底架由端梁、枕梁、纵梁、横梁、侧梁和中梁等组成,如图 6-10 所示。

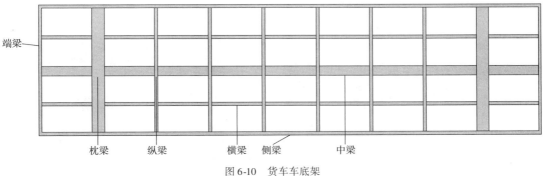

图 6-10　货车车底架

客车车底架构造和货车车底架相似。客车两端必须设置通过台,所以两端各有一个通过台架。

2）走行部

走行部的作用是引导车辆沿轨道运行,并把车辆的全部质量传给钢轨。它保证车辆以最小的阻力在轨道上运行,并能顺利地通过曲线。

在具有四个轮对的四轴车上,四个轮对分成相同的两部分,每一部分叫转向架（图 6-11）。它由两个轮对、轴箱油润装置、侧架、摇枕、弹簧减振装置等组成一个整体,并通过摇枕上的下心盘、中心销和车底架枕梁上的上心盘对接。四轴车采用两个转向架的形式后,能相对于车底架自由转动,缩短了车辆的固定轴距,便于车辆顺利通过曲线。

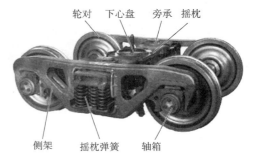

图 6-11　铸钢侧架式转向架

3）车钩缓冲装置

车钩缓冲装置可使机车和车辆或车辆和车辆之间实现连挂,并且传送牵引力和制动力,缓和列车运行或调车作业时所产生的冲击力。

车钩主要有插销式车钩、螺旋车钩、自动车钩和密接式车钩等类型。插销式车钩是最早出现的车钩类型,如图 6-12 所示,其两侧凹陷,中间有凸槽或凹槽。将一侧凸槽插进凹槽,并使用连接销插进孔中,从而实现连挂。该种车钩结构简单,使用方便,但牵引力小,缺乏缓冲,现已基本被淘汰。图 6-13 为螺旋车钩,其利用铁钩扣在铁链槽中进而拧紧把手,实现连挂。解挂的过程与连挂相反,先拧松把手,后脱开扣在铁链的钩子。这种车钩不仅人工作业危险系数高,而且只能传递拉力而不能传递推力,所以出现了自动车钩,如图 6-14 所示。自动车钩至今已应用百年,由美国工程师 Janney Coupler 发明,因此又称詹氏车钩,由钩头、钩身和钩尾三部分组成,车钩前端粗大的部分称为钩头,在钩头里面装有钩舌和钩锁铁两个部件,当两个车钩靠近时,钩舌受到撞击而转动,里面的钩锁铁就会自动落下,将车钩锁紧。车钩后部称为钩尾,是安装在车辆底架上的部分,其内部有一系列的螺纹孔,可以通过旋转钩尾来改变其位置,从而实现车钩的开闭。詹氏车钩虽然实用,但是车钩处间隙过大,高速行驶时不安全。所以,现在高速铁路动车组列车车厢连接采用的是密接式车钩。如图 6-15 所示,密接式车钩由连挂系统、缓冲系统和安装及吊挂系统三部分组成,具有体积小、质量轻的特点。

图 6-12　插销式车钩

图 6-13　螺旋式车钩

图 6-14　自动车钩

图 6-15　密接式车钩

缓冲器是为了缓和并削减冲击力,提高列车的平稳性,延长车辆使用寿命,在车钩后面安装的装置。常见的缓冲器有环簧缓冲器、橡胶缓冲器以及液压式缓冲器等。

4) 制动装置

制动装置是用外力迫使运行中的机车车辆减速或停车的一种设备。它不仅是列车安全、正点运行的重要保证,而且也是提高列车质量和运行速度的前提条件。因此,制动装置的性能好坏,对铁路的运输能力和行车安全都有直接影响。

我国机车车辆上的制动装置一般包括空气制动机、手制动机和基础制动装置三个部分。空气制动机又称自动制动机,是利用压缩空气产生制动力的,一般作为列车制动用。手制动机是用人力进行制动的,一般只在调车时对个别车辆或车组实行制动使用。基础制动装置装设在转向架上,是直接对车辆施行制动的部件。

5）车辆内部设备

车辆内部设备是一些能良好地为运输对象服务而设于车体内的固定附属装置。

客车的电气、给水、取暖、通风、空调、座席、卧铺、行李架等装置均属于车辆内部设备。货车类型内部设备也千差万别。如冷藏车、家畜车等各有其特殊的内部设备。

二、牵引动力

机车是铁路运输的牵引动力。机车将客车或货车连挂成为列车，由机车牵引沿着钢轨运行。在车站内，车辆的转线以及货物取送车辆等各项调车作业，都需要通过机车完成。

铁路采用的牵引动力种类很多。从运用上分为客运机车、货运机车和调车机车。客运机车要求速度快，货运机车要求功率大，调车机车要求具备机动灵活的特点。从牵引动力上，机车可分为蒸汽机车、内燃机车、电力机车和动车组四种常见类型。

（1）蒸汽机车。蒸汽机车是早期的铁路机车类型，它利用燃煤将水加热成水蒸气，再将水蒸气送入汽缸，借以产生动力，来推动机车的车轮转动，如图6-16所示。这类机车的主要优点是价格低廉，并且维修容易，缺点则是牵引力不够大，热效率很低（只有5%~9%），还需要设置专用的上煤及给水设备。因此，蒸汽机车已逐渐被内燃机车、电力机车等所取代。

（2）内燃机车。内燃机车利用柴油作为燃料，以内燃机运转、发电机产生电流作为动力来源，再由电流牵引电动机，使其带动车轮转动，如图6-17所示。这类机车的优点是热效率较高（可达30%），灵活机动，独立性强，单节机车功率大，缺点则是机车构造较复杂，制造、维修等费用较高，制造大功率的车用柴油机受到限制，并且对大气和环境污染较大。

图6-16　蒸汽机车

图6-17　内燃机车

（3）电力机车。电力机车是利用机车上的受电弓将轨道上空接触电线网的高压电直接输入至机车内的电动机，再将电流导入牵引电动机，使之带动机车车轮转动，如图6-18所示。电力机车构造简单，所用电能可由多种能源（如火力、电力、核能等）转换而来，机车电气设备工作稳定、安全可靠，而且具有起动快、功率大、效率高、不污染环境等优点，目前被世界各国铁路所广泛使用。

（4）动车组。铁路列车除了以机车连挂客、货车牵引行驶之外，还可将驾驶室及动车与客车合编在一起，这种车在铁路运营上称为动车组，如图6-19所示。动车组是由动车与拖车组成、固定编组使用的车组。动车组中带有动力的车辆称为动车，不带动力的车辆称为拖车，列车两端都带有驾驶室，可在线路上往复运行。除高速铁路、城际铁路、市郊客运用的动车组外，城市中的地铁列车和轻轨电车也属于动车组的范畴。

图 6-18　电力机车　　　　　　　　　　　图 6-19　动车组

动车组可分为动力集中和动力分散两种牵引方式。

列车两端固定配置专用动力车,中间均为拖车即为动力集中动车组。动力集中动车组易于检修维护,但由于动力设备集中于两端,功率提升受空间制约,而且轴重比较大,达到 17t 以上,对线路要求苛刻。

列车的动力车有多个,且既可在两端又可在中间分布的动车组是动力分散动车组。动力分散动车组功率提升空间大,轴重可在 14t 以下,可靠性高、编组灵活、列车利用率高,而且头车也可以设置旅客席位,起动加速性能好等优点明显,因此,动力分散动车组已成为技术发展趋势。

第三节　铁路客运组织

一、铁路客运管理模式

1. 铁路局管理模式

铁路局是中国铁路管理体制的特色产物,是新中国铁路诞生后的典型行政化管理模式。这种基本模式是国务院设有铁道部,按照"铁道部—铁路局—铁路分局—站段"的四级管理体制负责全国铁路的规划建设、运营管理等所有业务。1998 年,铁道部实行政企分开,通过界定政府管理职能、社会管理职能、企业管理职能,逐步分离主辅企业和单位。2005 年,全国 41 个铁路分局全部撤销,进入"铁道部—铁路局—站段"的三级管理体制。2013 年,铁道部实行铁路政企分开,将铁道部拟定铁路发展规划和政策的行政职责划入交通运输部,组建国家铁路局,承担铁路行政管理职责;组建中国铁路总公司(2019 年 6 月改制成立中国国家铁路集团有限公司,简称"国铁集团"),承担铁路企业职责;不再保留铁道部。

国铁集团在地方设立集团公司,如中国铁路哈尔滨局集团有限公司、沈阳局集团有限公司、北京局集团有限公司、太原局集团有限公司、呼和浩特局集团有限公司、郑州局集团有限公司、武汉局集团有限公司、西安局集团有限公司、济南局集团有限公司、上海局集团有限公司、南昌局集团有限公司、广州局集团有限公司、南宁局集团有限公司、成都局集团有限公司、昆明局集团有限公司、兰州局集团有限公司、乌鲁木齐局集团有限公司、青藏集团有限公司等 18 个铁路局集团公司,负责辖区内铁路建设、运输和安全主体责任。目前一般所说的铁路局即为上述 18 个铁路局集团公司。

国家铁路局在地方设立监督管理局,如沈阳铁路监督管理局、上海铁路监督管理局、广州铁路监督管理局、成都铁路监督管理局、武汉铁路监督管理局、西安铁路监督管理局、兰州铁路监督管理局、北京铁路督察室等8个地区监管局,负责辖区内的相关铁路监督管理工作。

2. 集团管理模式

我国铁路客运管理目前实施的是集团管理模式,即国铁集团、各铁路局集团公司、站段三级管理模式。实行铁路局集团直接管理站段的管理模式,减少了运力配置的中间环节,有利于提高组织管理效能,优化运输组织,提高运输效率;有利于减少运营管理成本;有利于铁路局更好履行安全责任主体的职责,提高安全管理效率。其中,国铁集团负责铁路运输统一调度指挥,统筹安排路网性运力资源配置;铁路局负责管辖范围内运输工作的统一指挥、集中调度;站段负责基层的运输生产活动,主要有车务段、机务段、工务段、电务段、车辆段、供电段、客运段、建筑段、生活段等组织。车务段主要负责列车在车站范围内的调度工作,管辖辖区内的各大小铁路车站,以及相应货运和客运的计划和营收。机务段主要负责铁路机车的运用、综合整备和整体检修。工务段主要负责铁路线路及桥隧设备的保养与维修工作。电务段主要负责铁路信号设备的维修保养工作。车辆段主要负责铁路车辆的运营、整备、检修等工作。供电段主要负责铁路供电设备的维修保养工作。客运段主要负责旅客列车工作人员的管理工作。建筑段主要负责铁路配套站房建设及维修保养等工作。生活段主要负责旅客列车的餐饮服务等。

二、铁路旅客运输的特点

铁路旅客运输的直接服务对象是人,是具有不同旅行需求和不同支付能力的人群构成的旅客。因此,其工作性质和组织原则与货物运输有着较大的区别。在组织和管理旅客运输工作中,应注意以下几个特点:

(1)旅客运输的主要服务对象是广大旅客,其次是行李、包裹和邮件。因此,要求铁路集人、车、路为一体,不断加强铁路技术装备和服务设施的现代化水平,扩大服务内容、提高服务质量,最大限度地满足不同层次旅客在旅行中的物质和文化生活需要。

(2)旅客运输需求的时空不均衡性。从空间上看,居民消费水平高的发达地区,旅客出行的需求总量较大;从一条运输通道较长时期的统计结果看,其上、下行方向的客流量基本平衡,发送和到达的客流总量差别很小,但从短时期看,因受农事忙闲、节假日、气候等因素的影响,一年内的各个季度、月度以及一月内各日,甚至一日内各小时之间客流量都有较大的波动。因此,要求铁路客运技术设备及其运输能力必须预留一定的后备。

(3)旅客列车的编组一般是固定的,其始发、终到站以及到、发和途中运行的时刻也是固定的。旅客列车时刻表的编制要适应客流变化,充分满足旅客旅行的需求。因此,对旅客列车的运行组织,在准确性、安全性、可靠性和方便性上的要求远比货物列车严格。旅客可根据自己的旅行需要自主选择乘车日期、车次、到站和座别,自行购买车票、托运行李,到车站指定地点候车,按时检票上车;当列车运行至到站时,旅客即自动下车、验票出站,领取行李。如果在旅客乘车站与到达站之间没有直通列车,旅客还应在途中规定的换乘站转车。

(4)旅客车辆(包括餐车、行李车)一般都是按铁路局固定配属于各客运车辆段。这种固定配属关系便于掌握车辆的运用和维修,确保客车质量;同时,担当旅客列车乘务工作的客运乘务组一般也是固定随车值乘,便于熟悉情况。这同铁路大部分货物车辆实行全路通用、不固定配属的运用和管理办法有较大的区别。

(5)旅客运输计划只有年度的客运量计划和客运机车和客车车底的运用计划,平时只依据节、假日客流调查资料所编制的重点节假日计划,来调整年度的客运量计划和机车车辆运用计划,而不再编制月度客运量计划。并且,客流量和流向既是基于人形成的,又受一系列社会因素的影响,其变化的随机性较货运量大。因此,旅客运输计划的编制,必须对客流做大量的调查和对客运统计资料进行详细周密的分析。

(6)客运站的位置要求紧靠城市,并且要与市内运输及其他各种交通工具有密切的配合。客运站的旅客列车到发线一般是按方向、车次固定使用,不能随意更动,临时变更到发线须经铁路局列车调度员同意。

(7)选择旅客列车的质量标准、速度和密度时,要进行综合比较。应根据运输市场竞争的需要,注重提高旅客列车的速度,缩减旅客在旅途中的时间。同时,根据不同地区的需求特点,减少列车编组或增加列车开行密度和频率,以提供更方便的运输服务。由于旅客的需求层次不同,旅行目的和支付能力不同,旅客列车也有优质、特快、直快、慢车等各种等级之分,因此,列车质量、速度和密度应分别按列车的等级规定。

三、铁路客流和旅客列车的分类

1. 铁路客流

铁路客流由流量、流向、流距、流时四个要素组成,分别表示客流的数量、方向、行程和客流产生的时间。

客流可按不同特性进行分类,按照旅行距离可以分为长途、中途和短途客流;按照身份职业可以分为工、农、商、学、兵客流。目前,我国铁路采用按照旅行距离结合铁路局管辖范围的分类方法,将客流分为直通、管内和市郊3类客流。

1)直通客流

乘车行程跨及两个铁路局及其以上的客流称为直通客流。一般来说,直通客流的旅行距离较长,在途时间较长,各种物质和文化需求较多,需要提供卧车和餐车,旅客注重列车快速、环境舒适和高标准的服务。

2)管内客流

乘车行程在一个铁路局范围之内的客流称为管内客流。通常,管内客流的旅行距离较短,除少数运程较长的列车以外,一般不需要配备卧车和餐车,旅客注重乘车便捷。

3)市郊客流

往返于大城市和附近郊区之间的客流,这一客流主要是通勤职工、通学学生和去城镇赶集的客商,旅客乘车距离短,要求开行列车次数多,时刻适宜,旅客注重列车准点、便捷。

2. 铁路旅客列车分类

铁路部门针对不同的客流和不同的线路设备条件开行不同等级的旅客列车。目前,我国现行铁路旅客列车分为高速动车组旅客列车、城际动车组旅客列车、动车组旅客列车、直达特快旅客列车、特快旅客列车、快速旅客列车、普通旅客列车、通勤列车、临时旅客列车和旅游列车等类型。其划分依据主要是运行速度的差异、停站次数和停站时间的不同。

除了以列车运行速度作为旅客列车分类的主要依据之外，从管理的需要出发，旅客列车还有其他的分类方法：

（1）根据客流的性质，旅客列车可分为直通列车、管内列车和市郊列车三种。

（2）根据开行期限的不同，旅客列车可分为常规旅客列车和临时旅客列车，前者是在各年度列车时刻表中正式规定开行的客车，后者则是在一定期限内临时加开的客车。

（3）根据列车的编组构成，列入旅客列车管理范围的还有混合列车，这类列车的编组内容除包括运输旅客的车辆外，还包括一定数量运输货物的车辆。这种混合列车通常在客流量很小的支线上运营。

车次是不同种类列车的标志。从车次编码可以识别列车的种类、等级、运行方向和运距的大体情况。车次编码的基本要求是唯一性、简单性、易识别、方便管理。国铁集团规定全路向首都、支线向干线或指定方向为上行方向的车次，均编为双数车次，反之为下行方向，编为单数车次。我国现行旅客列车车次编码的规定见表6-4。

旅客列车分类表　　　　　　　　　　　表6-4

列车种类		车次	示例
高速动车组旅客列车	跨局	G1～G5998	
	管内	G6001～G9998	
城际动车组旅客列车	跨局	C1～C1998	
	管内	C2001～C9998	
动车组旅客列车	跨局	D1～D3998	
	管内	D4001～D9998	

续上表

列车种类		车次	示例
直达特快旅客列车		Z1～Z9998	
特快旅客列车	跨局	T1～T4998	
	管内	T5001～T5998	
快速旅客列车	跨局	K1～K6998	
	管内	K7001～K9998	
普通旅客列车	普通旅客快车	跨三局以上 1001～1998	
		跨两局 2001～3998	
		管内 4001～5998	
	普通旅客慢车	跨局 6001～6198	
		管内 6201～7598	

续上表

列车种类		车次	示例
通勤列车		7601~8998	
临时旅客列车	跨局	L1~L6998	
	管内	L7001~L9998	
旅游列车	跨局	Y1~Y498	
	管内	Y501~Y998	

四、铁路旅客列车票价

根据铁路旅客列车席别的不同，铁路运输通过收取不同票价提供分层次的运输服务。铁路旅客列车的席别，有硬座、软座、二等座、一等座、特等座、商务座、硬卧、软卧、高级软卧、二等卧、一等卧之分。

票价的制定方法有里程比例制、递远递减制、区域制和均一制4种，目前我国铁路采用递远递减制。依据《铁路客运运价规则》，旅客票价包括客票票价和附加票票价两部分，客票票价分为硬座、软座客票票价，附加票票价分为加快、卧铺、空调票票价。旅客票价是以每人每千米的票价率为基础，按照旅客旅行的距离和不同的列车设备条件，采取递远递减的办法确定。

根据高速铁路运输服务的特点，2015年我国提出并实施了高速铁路的票价由基价、里程、分段、折扣、上浮、递远递减率及其他费用共同决定的原则，其中基价包括每千米造价和一定的利润率,且应当依据线路等级和列车时速来决定客票基价。

为了进一步提高市场竞争能力,铁路部门常常根据运输服务对象和季节的不同而采用不同的票价营运。2020年,京沪高速铁路公司对京沪高速铁路运行时速300~350km的高速铁路动车组列车票价进行优化调整,改变之前固定票价的惯例,根据客流情况,区分季节、时段、席别、区段等,建立灵活定价机制,实行优质优价,有升有降的动态调整票价机制。

五、旅客运输计划

铁路为了充分满足广大城乡人民在旅行上的需要,并保证经济合理地使用技术设备和通过能力,必须有计划地组织旅客运输。在社会主义市场经济条件下,为不断调整产品结构,适应多变的旅客运输市场需求,运输计划在生产经营活动中的统筹安排和综合平衡作用就显得更加重要。编制旅客运输计划是铁路组织旅客运输不可缺少的前提。它不仅是确定旅客列车对数和客运机车车辆需要数的基础,同时也是确定客运设备、客运机车车辆修造计划以及客运运营支出计划的重要依据。

1. 旅客运输计划的分类

旅客运输计划一般是年度计划,但根据执行期间的不同,也可以分为如下几种:

(1) 长远计划。一般为五年计划或更长时期的规划,根据国民经济与社会发展规划的期间(例如五年规划)进行编制,主要是规定旅客运输的发展方向、特点、速度及有关的主要指标。

(2) 年度计划。根据长远计划和年度的具体情况编制,是旅客运输的任务计划。在年度计划中,一般包括按季度分配的数字。

(3) 日常计划。根据年度计划任务,考虑到旅客运输节假日、季节及日常波动情况进行编制,它是指导日常旅客运输工作,保证合理运用技术设备,及时输送客流的重要依据。

2. 旅客运输计划的主要内容

铁路旅客运输计划的内容包括确定旅客列车对数、行驶区段和列车编组,继而编制旅客列车运行图。以上内容由系列指标作为基础才能确定,这些相互联系的指标,则构成铁路旅客运输计划的指标体系。

(1) 旅客发送人数,是指一定时期内,一个车站、铁路局或全路始发的全部旅客人数,其中包括由国际联运铁路和新建铁路接运的旅客人数。旅客发送人数应分直通、管内和市郊运输进行计划和实际统计。

(2) 旅客运输量,就全路而言,旅客发送人数也就是旅客运输量;而对每个铁路局来说,旅客运输量则包括发送旅客人数、接运到达旅客人数和接入通过旅客人数之和。

(3) 旅客周转量,是指在一定时期内一个铁路局或全路所完成的旅客人公里数。

(4) 旅客平均行程,是指铁路运送的每一位旅客的平均运输距离。

旅客运输的数量及其行程方向构成为客流。应当指出,大部分客流是基于个人旅行上的需要自然形成的,但它又受一系列社会因素的影响,因此,深入研究这些因素,掌握客流变化规律,是正确编制旅客运输计划的重要前提。

3. 编制旅客运输计划的主要依据

(1) 客流调查资料。

客流调查是制定旅客运输计划的基础。根据客流调查资料,可以掌握客运量的变化和发展情况;对于大批团体客流和节假日客流,可通过专门的调查直接确定流量和流向,从而为制定计划客流提供可靠的资料。

(2)旅客运输的统计报告资料。

历年的旅客运输统计报告资料,是掌握旅客运输变化规律的重要材料。根据统计资料,可以分析历年来实际客流的流量、流向的变化规律和增长率,查明旅客运输的季节性波动特点。通过分析各方向各次列车乘车人数的统计资料,可以确定各区段旅客列车的座席利用率。

通过客流调查,并结合客运统计报告资料的分析,即可掌握吸引地区客流产生与变化的一般规律。它不仅是编制长远计划、年度计划的重要依据,而且也是编制旅客列车运行图、掌握日常客流变化和改善客运设备,进行客运基本建设的必要资料。

4. 旅客运输计划编制方法

编制旅客运输计划,是为了合理地确定旅客列车对数、行驶区段和列车编组,为编制旅客列车运行图提供可靠的依据,以便充分发挥客运设备的使用效能,更好地满足广大人民群众利用铁路旅行的需要。

铁路旅客运输计划一般根据国民经济计划规定的铁路旅客运输任务和各铁路局的客流资料,采取上下结合、集中编制的方法进行编制,其基本步骤如下:

(1)国铁集团召集各铁路局集团公司,根据国家经济和社会发展计划的建议任务和各集团公司编制的客流计划草案,参照各集团公司实际完成情况,分配各集团公司下年度的旅客运输任务,即旅客运输量和旅客周转量。

(2)各集团公司根据任务数字、客流资料和本年度管内各线完成实际数据,编制各自的旅客运输计划草案,上报国铁集团。

(3)由国铁集团审核、平衡、调整各集团公司上报的数字,并确定下年度的旅客运输计划。

确定年度计划客流的方法,主要采用间接计算法,而对一部分客流则可以采用直接计算法,即根据取得的计划资料,直接计算旅客运输量及其流向。例如迁厂、预期举行的大型展览会、运动会等有组织的客流,以及购买定期客票的市郊客流和部分节假日客流,都可通过专门调查来计算。

间接计算法,就是利用客流调查和客流统计所取得的实际资料和未来发展数据资料,加以分析比较,根据以往的年度客流变化和发展规律,结合计划年度可能预见的情况,推算计划期间客流可能增长的程度,在上一年度客流实绩的基础上,确定计划年度的旅客运输量。通过间接计算法确定的发送旅客人数,只能作为总的运量控制数字。为了编制旅客列车运行图和加强日常旅客计划运输工作,还必须做出分方向、分区段的客流量,并须按直通、管内和市郊三种客流分别确定其流向和平均行程。

第四节 铁路货运组织

一、铁路货物运输特点

新中国成立后,伴随着我国铁路基础设施的不断完善,铁路货物运输能力在不断增加。

铁路货运因其运量大、运距长、运输经济性强等特点,在货运市场中逐渐体现出固有优势和特点。特别是结合我国资源分布特征、工农业产业布局,呈现出我国铁路货运功能特点。

(1)我国铁路物流的源汇点和运输通道很大程度上受到煤炭运输的影响。受煤炭资源分布的影响,北方地区尤其是华北和东北地区的铁路运输量显著高于南方地区。山西、内蒙古和陕西等(煤炭)资源输出省(自治区、直辖市)成为铁路物流的主要源点,而拥有煤炭转运港的北方沿海省(自治区、直辖市)成为铁路物流的主要汇点。

(2)铁路货流覆盖范围广,但铁路货运出现两极分化现象。内陆地区的工业化进程推动了中西部省(自治区、直辖市)铁路货运量的增加以及相互之间货运联系的加强。然而东部沿海地区因城市密度大,产业点分布密集,工业产品、半成品运距相对短,高速公路发达,故除煤炭等资源性物资外,铁路货运比重减弱。

(3)多式联运的发展和产业结构的调整影响着我国铁路货运格局。一方面,虽然铁路的建设和升级改造在一定程度上提高了铁路运输能力,但多式联运的发展降低了部分运输环节对铁路运输的依赖,从而减少了部分地区的铁路货运量。另一方面,虽然内陆省(自治区、直辖市)的工业化进程增加了对大宗货物的运输需求,但是以钢铁企业为代表的重化工业趋向于沿江、沿海发展的布局战略增强了对国外资源和水运的依赖,从源头上减少了铁路的运输需求。

(4)高速铁路的发展进一步影响我国的铁路货运格局。一方面,我国的高速铁路网络承担了大量的旅客运输任务,这极大地释放了原铁路基础设施货物运输能力。另一方面,在我国电商和快递行业快速发展的背景下,高速铁路运输在提供快捷的包裹运输服务上提供了一定的发展潜力。

(5)随着对外开放的进一步扩大,我国的国际贸易运输需求和过境、陆桥运输有了一定的发展空间,发展与国际贸易运输接轨的集装箱多式联运在铁路货运中越显重要。在"一带一路"倡议和中亚五国倡议背景下中欧班列和中亚班列的建设极大地提升了中国与欧洲、"一带一路"沿线各国、中亚五国、西非、南非等国家集装箱联运量的规模,优化铁水联运、陆海互补的运输模式成为推动铁路货运发展的主要方向。

(6)在继续发挥大宗物资运输的主力作用和跨区中长距离运输优势的同时,以快速货运和重载成为两个主要的发展方向。前者以开行快速货物列车、集装箱直达列车和快速冷藏列车、快速行包邮政列车为标志,旨在谋求提高铁路在高附加值货物运输市场的竞争力并保持一定的市场份额,培植铁路经济效益新的生长点;后者则以开行重载铁路单元列车和干线铁路5000t重载列车为主要标志,旨在继续保持铁路在大宗、散装货物运输的传统优势,不断提高铁路运输的经济效益。

二、铁路货物运输的基本条件

铁路货物运输,一般是根据托运人的要求,在规定时间内,将一定品名和数量的货物从指定的发站,安全、完整地运到指定的到站,并交付给收货人。

根据《铁路货物运输规程》等文件的规定,我国铁路货物运输分为整车、零担和集装箱三类。而运输基本条件是承运人、托运人和收货人之间权利、义务和责任的规范,是铁路货物运输合同的主要内容。

(1)整车货物。

一批货物的质量、体积或形状需要以一辆以上货车运输的,应按整车托运。

(2)零担货物。

一批货物不够整车运输条件的,按零担托运。按零担托运的货物,一件体积最小不得小于 $0.02m^3$(一件质量在 10kg 以上的除外),每批不得超过 300 件。一件货物质量超过 2t,体积超过 $3m^3$ 或长度超过 9m,经发站确认不致影响中转站和到站装卸车作业的,可按零担办理。未装容器的活动物,在管内运输时,如属于铁路局规定范畴,也可按零担办理。而对于蜜蜂、需要冷藏、保温或加温运输的货物、规定限按整车办理的危险货物、易于污染其他货物的污秽品以及不易计算件数的货物,不得按零担托运。

(3)集装箱货物。

一批货物符合集装箱运输条件的,可以按集装箱托运。集装箱按箱主分为铁路箱和自备箱,前者是由承运人提供的集装箱,后者是由托运人自有或租赁的集装箱。铁路通用箱不得装运煤、焦炭等易污染箱体的货物。在一定季节和区域内不易腐烂、变质、冻损的易腐货物,经托运人和承运人协商一致并签订书面协议后,在保证不影响货物质量的前提下,可使用通用集装箱(即用来装运普通成件有包装货物的集装箱)装运。

铁路货物运输以批为单位。一批是铁路承运货物、计收运费、交付货物和处理事故的单位。因此,按一批托运的货物,托运人、收货人、发站、到站和装卸地点相同(整车分卸货物除外)。其具体规定是:

(1)整车货物每车为一批,跨装、爬装及使用游车(即保障超长超限货物运输安全的车辆)的货物,每一组为一批。

(2)零担货物或使用集装箱运输的货物,以每张货物运单为一批,使用集装箱运输的货物,每批必须是同一箱型,至少一箱,最多不超过一辆货车所能装运的箱数。

运输条件不同或性质相抵触、不能在一起运输的货物,不能按一批托运。例如易腐货物和非易腐货物、危险货物与非危险货物、保价运输货物与非保价运输货物、投保运输险货物与未投保运输险货物等。

三、铁路货物运输组织的基本原则

负责运输、计划运输、均衡运输、直达运输、合理运输和集中化运输是铁路货物运输组织应遵循的基本原则。

1. 负责运输

负责制是现代企业管理的根本制度,也是对铁路货物运输的基本要求。负责制对外表现为在铁路与用户之间建立和健全适应市场经济体制的运输合同制度,对内表现为以责任制为中心,规范和完善与货物运输有关的各个部门和环节的各项负责制,以保证货物运输的安全、完整和及时送达。铁路在接受发货人的货物承运之后直至将货物送达收货人之前,对货物的承运、保管、装卸、运输和交付过程负有全面责任,与货物运输有关的部门和个人应将负责运输的原则贯彻始终。保证货物安全完整和及时送达,在发生各种违约情况下及时、正确地实行理赔,严肃认真地进行事故和违章分析,明确责任,是负责运输的主要标志。

2. 计划运输

计划经济条件下,统一的铁路运输计划既是国家进行社会产品和物资分配的重要组成部分,也是铁路进行运能分配、平衡运量和运能、组织运输生产的重要依据。市场经济条件下,经济主体的多元化和运输需求的多样化,使铁路运输计划的职能、编制原则和方法发生了较大的变化,主要表现为货物运输计划更多地面向运输市场营销,适应运输市场需求的动态变化,以经济效益为中心,安排活动设备配置和通过能力的利用,货物运输计划的编制和执行具有更大的自主性和灵活性、更强的时效性和应变能力。考虑到铁路运输生产的整体性和联动性,运输计划仍然是铁路集约化经营的重要管理手段,仍然是铁路组织运输生产、实行集中统一指挥的重要工具。在铁路运输能力的"瓶颈"限制地段,也还不能完全通过市场机制来分配运力。因此,在市场经济条件下,削弱或取消运输计划的方法并不可行。

3. 均衡运输

均衡运输是指货物运输在数量和时间安排上尽可能地均衡,货物的流量和流向尽可能稳定,以保证良好的铁路运输工作秩序,充分利用铁路的运输能力。实际上,运输均衡是相对的,不均衡是绝对的。真正意义的均衡运输应当体现在运输的瓶颈地段和关系全局的重要环节,在这些地段和环节,均衡运输可以保证最充分地利用有限的通过能力,而不均衡运输则意味着损失运输能力和降低困难方向的运输需求满足率。因此,均衡运输更本质的含义是,以能力富余地区的不均衡运输保证能力困难地区的均衡运输。这是由铁路运输生产规律决定的基本原则。需要注意的是,只要运输数量和时间的不均衡不影响运输服务质量和服务水平,即使某些运输技术指标有所降低,也是必然的,可以接受的,没有必要片面强调均衡运输。运输均衡性的考核评价,应从实际出发,在市场营销效益的"得"和运输技术指标的"失"之间求得合理的平衡。

4. 合理运输

运输合理化,是指在实现社会产品生产、流通、供应和销售的运输过程中,以社会劳动耗费和物流总成本的最小化为依据,力求使货物的运量、运程、流向和中转环节合理,保证充分有效地和节约地使用运输能力,以最少的运输资源耗费,及时、准确、迅速、均衡、质量良好地满足运输需求。运输合理化,有利于节约能源和减少因运输引起的环境污染,符合经济社会和交通运输可持续发展的要求。组织合理运输,是铁路货运工作组织必须遵循的基本原则。应当认为,所有导致额外增加运输资源消耗的运输都是不合理的。合理运输应从整个社会物流系统的配置和运作的角度来审视,应当符合整个社会物流合理化的总目标。

5. 直达运输

直达运输,严格地说是指货物在发站装车后编成列车直接运到站,在运输途中既没有货物的中转作业,也没有车辆的改编作业。根据现行的铁路车流组织办法,车辆在运输途中延误时间最长、作业费用最多的是在技术站的改编作业,因此,通常将组织无改编通过技术站的货物列车统称为货物直达运输组织,简称直达运输。直达列车是效率很高的车流组织形式,一般分为装车地组织的始发、阶梯直达列车和技术站组织的技术直达列车两大类。直达列车组织,是铁路车流组织的最主要的内容。

6. 集中化运输

集中化运输,是指关闭某些货运量很小的车站,把货运作业集中到少量技术装备先进、货物装卸和运输能力大、劳动生产率高的货运中心站上进行,实现规模经营和集约化经营的运输方式。集中化运输可以取得以下效果:

(1)由于停办一些车站的货运业务,可以减少货运工作的定员。
(2)集中的货运作业可提高货运中心站的作业效率和货运设备及装卸机械的利用率。
(3)减少摘挂列车在中间站的停站次数和作业时间,降低其运营支出。
(4)集中的货运作业,有利于合理利用基建投资,实现货物运输现代化。

但是,关闭货运站可能造成中心站设备和人员增加、短途搬运费用增加,公路短途运输量增大等实际情况。因此,关闭某些货运站,将货运作业集中于少数中心站的合理性,应根据中心站的服务半径及其工作量所取得的经济效益与关闭某些货运站后可能造成的损失进行比较来确定。

四、铁路货物运输的组织方法

1. 铁路货物运输组织过程

我国铁路货物运输组织一般按照"坐商收货、按图行车"的组织策略进行,并按照日班计划进行具体的运输组织工作。货物被吸引至铁路后,按照铁路运输计划进行装车和在途运输,根据货物列车编组计划规定将货流组织成车流,再将车流组织成列流,结合货物运输整个过程列车运输区段的划分,选择与列车运行图相适应的运行线,以完成列车运行及货物输送。铁路货物运输组织过程如图 6-20 所示。

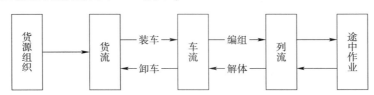

图 6-20　铁路货物运输组织过程

2. 货物列车编组计划

1) 货物列车编组计划的内容

分散于全路各站的重空车流,经过车流组织工作,有计划地纳入到各种列车之中,实现车流向列车流的转变。这一车流组织的结果就是货物列车编组计划,是铁路运输工作一个十分重要的技术文件。

货物列车编组计划具体回答下列问题:

(1)在哪些车站编组列车。
(2)编组到达哪些车站的列车。
(3)编组什么种类的列车。
(4)列车中编挂什么去向的车流。
(5)车流编入列车的方式是怎样的。
(6)给各种列车规定哪些车次。

2）货物列车编组计划的作用

货物列车编组计划在铁路运输组织工作中具有十分重要的作用。主要体现为：

（1）货物列车编组计划以保证铁路运输服务质量、加速车辆周转、加快货物送达为总体目标，将路网上错综复杂的车流，按照运输性质及距离远近分别组织到不同种类的列车中去，因而它是全路一定时期车流组织的基础性计划，起着梳理车流、规范列流的作用。

（2）货物列车编组计划规定了各种列车的发站、到站、编组内容及车流编挂方式，这在很大程度上确定了各技术站、货运站的办理车数和改编车数，即各站的到、发、解、编作业任务和相应的设备运用方法，因而它是全路车站作业分工的统一战略部署。

（3）货物列车编组计划是货运计划与列车运行图之间的重要联系环节，它所规定的列车发、到站、列车数量、列车种类及定期运行的列车等是编制列车运行图的基础性资料。

（4）货物列车编组计划是路内外联系的重要纽带，它所规定的"五定"班列、装车地直达列车、空车直达列车、快运货物列车等把产、供、运、销各部门联成一体，有利于促进工农业生产和市场经济的发展。

（5）在日常运输组织工作中，通过调整和适当变更货物列车编组计划，可以缓和能力紧张状况，起到疏导车流、保证畅通的作用。

（6）货物列车编组计划的优化方案是制定远期路网发展规划、确定枢纽规模和布局、进行站场改造扩建的重要依据。

3）货物列车编组计划的编制

编制货物列车编组计划的具体工作程序为：

（1）确定货物列车编组计划实行期间的计划运量，并在此基础上制定日均计划重空车流。

（2）检查各铁路方向的运量负担，选择车流径路（即车辆从始发站被输送至终到站所经过的路线）或制定分流办法。

（3）审定各线路列车质量标准和换算长度，研究可能发生的补轴、减轴作业问题，制定某些方向统一质量标准的办法。

（4）审查各主要站的装卸、改编能力即各项技术标准，研究提高能力、增加任务的可能性。

（5）编制快运货物列车（即挂有机械保温车组或保温车，定期开行，以较高速度运送鲜活、易腐货物及日用消费品的列车）编组计划，包括货运"五定班列"编组计划，集装箱快运直达列车编组计划以及其他快运货物列车编组计划等。

（6）编制始发直达列车（即由一个车站所装的货车组成，通过一个及以上编组站不进行改编作业的列车）编组计划，包括一站始发、阶梯直达及基地直达等列车的编组计划。

（7）编制空车直达列车（即在一个或数个卸车站，或者在技术站由空车编成而成的直达列车）编组计划。

（8）编制技术直达列车（即在技术站编组，通过一个及以上编组站不进行改编作业的列车）和相邻编组站间的列车编组计划。

（9）检查并最后确定货物列车编组计划，计算有关指标，整理货物列车编组计划文本，总结编制工作，拟定保证措施等。

同时，还要为编制列车运行图提供列车分类、对数、车流接续和固定时刻、固定车次要求等资料。

第五节　列车运行图

一、铁路列车运行图概述

1. 列车运行图的概念

列车运行图是用以表示列车在铁路区间运行及在车站到发或通过时刻的技术文件，它规定了各次列车占用区间的程序，列车在每个车站的到达和出发（或通过）时刻，列车在区间的运行时间，列车在车站的停站时间，以及机车交路、列车质量和长度等，是全路组织列车运行的基础。

铁路的运输组织生产过程非常复杂，无论是旅客运输还是货物运输，都要利用多种铁路技术设备，要求各个部门、各工种、各项作业之间互相协调配合。列车运行图作为铁路行车组织的基础，其编制质量直接影响着铁路系统的运输效率与服务质量。

一方面，列车运行图是铁路运输企业实现列车安全、正点运行和经济有效地组织铁路运输工作的运行生产计划，如它规定了铁路线路、站场、机车、车辆等设备的运用，以及与行车有关部门的工作，并通过运行图把整个铁路网的运输生产活动联系成为一个统一的整体，严格地按照一定的程序有条不紊地进行工作，保证列车按运行图运行，它是铁路运输生产的一个综合性计划。另一方面，列车运行图是铁路运输企业向社会提供运输供应能力的一种有效形式。从这个意义上讲，供社会使用的铁路旅客列车时刻表及"五定"货运班列运行计划，实际上就是铁路运输服务能力目录。因此，列车运行图既是铁路组织运输生产和产品供应销售的综合计划，也是铁路运输生产联结厂矿企业生产和社会生活的纽带。

2. 列车运行图的表示方法

列车运行图是运用坐标原理对列车运行时间、空间关系的图解表示，因而实际上它是对列车运行时空过程的图解。

在列车运行图上，对列车运行时空过程的图解可以有两种不同的形式。

（1）以横坐标表示时间，纵坐标表示距离。这时，列车运行图上的水平线表示分界点中心线，水平线间的间距表示分界点间的距离；垂直线间距表示时间。

（2）以横坐标表示距离，纵坐标表示时间。这时，列车运行图上的水平线间距表示时间；垂直线表示分界点中心线，垂直线间的间距表示分界点间的距离。

目前我国铁路列车运行图采用第一种图形表示形式。

为满足不同的使用需求，列车运行图按时间划分方法的不同，主要有以下 3 种格式。

（1）二分格运行图（图 6-21）。它的横轴以 2min 为单位用细竖线加以划分，十分格和小时格用较粗的竖线表示。二分格图主要在编制新运行图时使用。

（2）十分格运行图（图 6-22）。它的横轴以 10min 为单位用细竖线加以划分，半小时格用虚线表示，小时格用较粗的竖线表示。十分格图主要供列车调度员在日常调度指挥工作中编制调度调整计划和绘制实际运行图时使用。

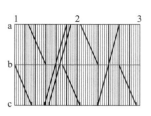

图 6-21 二分格运行图　　　图 6-22 十分格运行图

（3）小时格运行图（图 6-23）。它的横轴以 1h 为单位用竖线加以划分。小时格图主要在编制旅客列车方案图和机车周转图时使用。

在运行图上，以横线表示车站中心线，它的位置一般按区间运行时分的比例确定，即按整个区段内各车站间列车运行时分的比例来确定车站中心线位置。采用这种方法时，可以使列车在整个区段的运行线基本上是一条斜直线，既整齐美观，也易于发现列车区间运行时分上的差错。如图 6-24 所示，$A—B$ 区段下行方向货物列车运行时分共计为 150min，采用这一方法确定车站中心线位置时，首先确定技术站 A、B 的位置，然后在代表 A 站的横线上任取一点 A，并以 A 点所对应的时间为原点，在代表 B 站的横线上向右截取相等于 150min 的 BF 线段，得 F 点，同时按 $A—a$、$a—b$、$b—c$、$c—d$ 和 $d—B$ 区间的列车运行时分，将 BF 线段划分为 5 个时间段，连接 A、F 两点，得一斜直线。过 5 个时间段端点作垂直线，在 AF 斜直线上可得 4 个交点，过各交点作水平线，即为代表 a、b、c、d 车站的中心线。

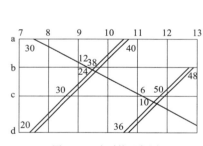
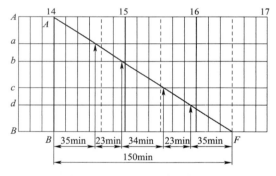

图 6-23 小时格运行图　　　图 6-24 按区间运行时分比例确定车站位置示意图

运行图上的列车运行线（斜线）与车站中心线（横线）的交点，即为列车到、发或通过车站的时刻。根据列车运行图的格式，到发时刻有不同的表示方法。在二分格图上，以规定的标记符号表示，不需填写数字（例如：" | "表示 min，" ↑ "表示 30s）；在十分格图上，填写 10min 以下数值；在小时格运行图上，填写 60min 以下数值。所有表示时刻的数字，都填写在列车运行线与横线相交的钝角内。列车通过车站的时刻，一般填写在出站一端的钝角内。

在运行图上，铺画有许多不同种类的列车运行线。为便于识别，对各种列车采用不同的表示方法，并对每一列车冠以规定的车次，标在区段的首末两端区间相应列车运行线的上方。上行列车的车次为双数，下行列车的车次为单数。我国铁路规定向首都方向为上行方向，反之为下行方向。

3. 列车运行图的分类

按使用范围及铁路线路的技术设备（如单线、复线）和列车运行速度、上下行方向的列车数量、列车的运行方式等条件,列车运行图可分为多个类型。

1)按使用范围分类

(1)铁路内部使用的列车运行图。它是铁路组织运输生产的依据,是实现按图行车的技术组织措施,是确保铁路运输产品质量的基础。在我国,通常以图形形式提供给铁路内部使用。

(2)社会公众使用的列车运行图。它对铁路来说是铁路运输产品的供销计划,对社会公众来说,则是旅客安排旅行计划、货主安排货物销售计划的依据。目前在我国,有旅客时刻表和"五定"班列时刻表两种列车运行图,供社会公众使用。旅客列车时刻表和班列时刻表在新运行图实行之前向社会公布。

2)按照区间正线数分类

(1)单线运行图。在单线区段,上下行方向列车都在同一正线上运行,因此,两个方向列车必须在车站上进行交会,如图6-25所示。

(2)双线运行图。在双线区段,上下行方向列车在各自的正线上运行,因此,上下行方向列车的运行互不干扰,可以在区间内或车站上交会,但列车的越行必须在车站上进行,如图6-26所示。

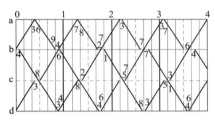
图6-25 单线成对平行运行图

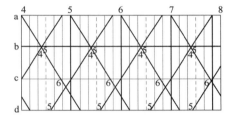
图6-26 双线成对平行运行图

(3)单双线运行图。在有部分双线的区段,单线区间和双线区间各按单线运行图和双线运行图的特点铺画运行线,如图6-27所示。

3)按照列车运行速度分类

(1)平行运行图。在同一区间内,同一方向列车的运行速度相同,且列车在区间两端站的到、发或通过的运行方式也相同,因而列车运行线相互平行,如图6-25和图6-26所示。

(2)非平行运行图。在运行图上铺有各种不同速度的列车,且列车在区间两端站的到、发或通过的运行方式不同,因而列车运行线不相互平行,如图6-28所示。

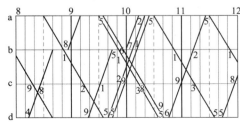
图6-27 单双线运行图

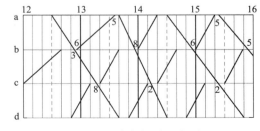
图6-28 单线非平行运行图

4)按照上下行方向列车数分类

(1)成对运行图。上下行方向列车数相等的列车运行图称为成对运行图,如图6-25和

图 6-26 所示。

（2）不成对运行图。上下行方向列车数不相等的列车运行图称为不成对运行图,如图 6-29 所示。

5）按照同方向列车运行方式分类

（1）连发运行图。在这种运行图上,同方向列车的运行以站间区间为间隔。单线区段采取这种运行图时,在连发的一组列车之间不能铺画对向列车,如图 6-29 所示。

（2）追踪运行图。在这种运行图上,同方向列车的运行以闭塞分区为间隔,在装有自动闭塞的单线或双线区段上采用,如图 6-30 所示。

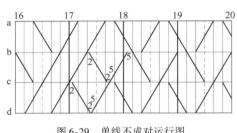
图 6-29　单线不成对运行图

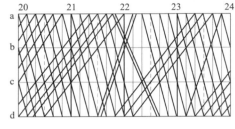
图 6-30　双线追踪非平行运行图

需要注意的是,以上分类都是针对列车运行图的某一特点加以区别的。实际上,每张列车运行图都有多方面的特点,例如图 6-30 所示的某一区段的列车运行图,同时具备双线、非平行、追踪的特点。

二、铁路列车运行图要素

铁路列车运行图要素包括：列车区间运行时分,列车在中间站的停站时间,机车在基本段和折返段所在站的停留时间标准,列车在技术站、客货运站的技术作业时间标准,车站间隔时间、追踪列车间隔时间。

1. 列车区间运行时分

列车区间运行时分是指列车在两相邻车站或线路所之间的运行时间标准,它由机务部门采用牵引计算和实际试验相结合的方法进行查定。

列车区间运行时分按车站中心线或线路所通过信号机之间的距离计算。由于旅客列车和货物列车的运行速度各不相同,上下行方向的线路平面、纵断面条件和列车质量也不相同,所以列车区间运行时分应按各种列车和上下行方向分别查定。此外,列车区间运行时分应根据列车在每一区间两个车站上不停车通过和停车两种情况分别查定。列车不停车通过两个车站所需的区间运行时分称为纯运行时分。列车到站停车的停车附加时分和停站后出发的起动附加时分,应根据机车类型、列车质量及进出站线路平面、纵断面条件查定。

2. 列车在中间站的停站时分

列车在中间站的停站时间由下列原因产生：

（1）进行必要的技术作业,如摘挂机车、试风和列车技术检查,机车乘务组换班等。

（2）客货运作业,如旅客乘降、行李、包裹、邮件的装卸,车辆摘挂等。

（3）列车在中间站的会车和越行。

列车进行技术作业和客货运作业的时间标准,由每一车站通过分析计算和实际查标相结合的方法分别确定。

3. 机车在基本段和折返段所在站的停留时间标准

机车在基本段和折返段所在站办理必要作业所需要的最小时间,称为机车在基本段和折返段所在站的停留时间标准。机车在折返段所在站应办理的作业有:在到发线上的到达作业、机车入段走行、机车在段内作业、机车出段走行、在到发线上的出发作业。综合以上各项作业所需要的时间,便可得出机车在折返段所在站的停留时间标准。

4. 列车在技术站、客货运站的技术作业时间标准

为了保证车站与区段工作协调,必须编制与车站技术作业过程相配合的列车运行图。因此,在编制列车运行图时,需具备技术站、客货运站技术作业过程的主要作业时间标准,包括:

(1) 在到发车场办理各种列车作业的时间标准。
(2) 在驼峰或牵出线上解体和编组列车的时间标准。
(3) 旅客列车车底在配属段、折返段所在站的停留时间标准。
(4) 货物站办理整列或成组装卸作业时间标准。

5. 车站间隔时间

车站间隔时间是指在车站上办理两列车的到达、出发或通过作业所需要的最小间隔时间。常用的车站间隔时间包括不同时到达间隔时间、会车间隔时间、同方向列车连发间隔时间等时间。

1) 不同时到达间隔时间($\tau_{不}$)

在单线区段,来自相对方向的两列车在车站交会时,从某一方向列车到达车站时起,至相对方向列车到达或通过该站时止的最小间隔时间,称为不同时到达间隔时间,如图6-31所示。

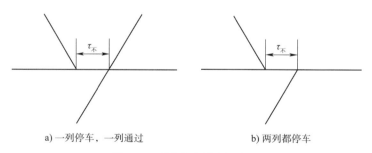

a) 一列停车,一列通过   b) 两列都停车

图6-31 不同时到达间隔时间图

不同时到达间隔时间由车站准备接车进路、开放进路信号作业时间和列车通过进站距离所需时间组成。

2) 会车间隔时间($\tau_{会}$)

在单线区段,自列车到达或通过车站时起,至由该站向同一区间发出另一对向列车时止的最小间隔时间,称为会车间隔时间,如图6-32所示。

会车间隔时间由车站值班员监督列车到达或通过后,为向同一区间发出另一列车所需办理必要作业的作业时间组成。

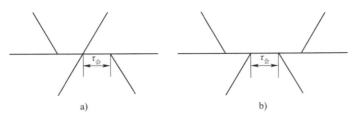

图 6-32　会车间隔时间图

3）同方向列车连发间隔时间（$\tau_{连}$）

在单线或双线区段，从列车到达或通过前方邻接车站时起，至由车站向该区间再发出另一同方向列车时止的最小间隔时间，称为同方向列车连发间隔时间。根据列车在前后两站停车或通过的不同情况，连发间隔时间可有下列 4 种形式：

（1）两列车通过前后两车站，如图 6-33a）所示。
（2）第一列车在前方站停车，第二列车在后方站通过，如图 6-33b）所示。
（3）第一列车在前方站通过，第二列车在后方站停车，如图 6-33c）所示。
（4）两列车在前后两站均停车，如图 6-33d）所示。

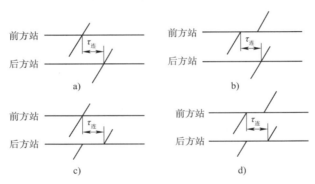

图 6-33　连发间隔时间图

按照连发间隔时间组成因素的不同，可以将上述 4 种形式的连发间隔时间归为两种类型。第一种类型为图 6-33a）、图 6-33b）两种形式，其共同点是列车均在后方站通过，其不同点仅在于前者是前方站值班员监督列车通过，后者是监督列车到达；第二种类型为图 6-33c）、图 6-33d）两种形式，其共同点是列车均在后方站停车，其不同点仅在于前者是前方站值班员监督列车通过，后者是监督列车到达。

通过对连发间隔时间组成因素的分析可以看出，第一种类型连发间隔时间的组成因素及车站办理作业的内容与不同时到达间隔时间基本相同；第二种类型连发间隔时间所包括的作业内容则与会车间隔时间基本相同。但必须注意，连发间隔时间是发生在前后两个车站上，而不同时到达和会车间隔时间是发生在同一个车站上。

6. 追踪列车间隔时间

在自动闭塞区段，一个站间区间内同方向两列或两列以上列车，以闭塞分区间隔运行，称为追踪运行。追踪运行列车之间的最小间隔时间，称为追踪列车间隔时间，如图 6-34 所示。追踪列车间隔时间，决定于同方向列车间隔距离、列车运行速度及信联闭设备类型。

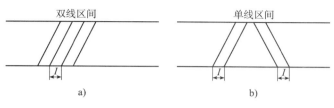

图 6-34　追踪列车间隔时间图

三、铁路运行图的编制方法

全国铁路网应统一编制列车运行图。编制运行图铺画列车运行线时,一般先铺画旅客列车运行线,然后在此基础上铺画货物列车运行线。

1. 旅客列车运行图编制

在运行图上铺画旅客列车运行线分为两步进行。第一步先编制旅客列车开行方案,第二步再根据列车开行方案详细铺画旅客列车运行线。

根据铁路现有的路网布局、设备条件和服务水平,将具有不同性质、不同出行距离和时间要求的旅客组织到一定的列车上,以便安全、迅速、方便、经济地送达目的地,是铁路旅客列车开行方案的主要任务。旅客列车开行方案实质上是旅客列车编组计划,是为输送不同流量、流程的旅客提供合理的旅客列车服务网络,将体现不同需求的客流得以选择不同等级、种类和行程的旅客列车。因此,旅客列车开行方案,在一般情况下是直接将客流组织到旅客列车的运送方案。

编制旅客列车运行方案主要解决以下问题:

1) 方便旅客出行

(1) 符合旅客出行规律,规定适宜的旅客列车始发、终到和途中经停主要车站的时刻。

(2) 运程适宜的大城市间开行的旅客列车,应尽可能按"夕发朝至"的要求安排列车始发和终到时刻。

(3) 直通列车宜在下午或晚间开,但不宜过晚(迟于 0:00);宜在白天到,但不宜过早(早于 6:00),在城市交通的配合下,直通列车也可以规定不早于 7:00 开,不晚于 0:00 到。

(4) 管内旅客列车以白天运行为宜。个别列车亦可在夜间运行,但始发时刻不宜过晚,到达时刻不宜过早。

(5) 在几个方向会合的枢纽站,旅客由一方向转往另一方向时,或者通过车辆换挂,或者通过中转换乘,均要求各方向列车运行时刻适当衔接,以减少换挂车辆的停留时间或中转旅客的候车时间。如果同时满足各方向旅客的要求确有困难时,则应照顾中转直通客流较大的方向。

(6) 保证管内旅客列车与直通旅客列车在运行时刻上的衔接配合。方便中、小站出发的旅客由管内列车换乘直通列车,到达中、小站的旅客由直通列车换乘管内列车。如管内列车数较多,则最好在直通列车前后各开一次管内列车,以利于中小站旅客的换乘。当管内旅客列车数较少而某一方向(例如上行方向)直通列车换乘管内列车的客流占优势时,亦可只在直通列车的后面开行一次管内列车,为优势方向客流服务。

(7) 重视铁路旅客列车在到发时刻上与城市其他交通工具的相互配合。

2) 经济合理地使用机车车辆

直通与管内旅客列车的到发时刻,除应力求便利旅客外,还应照顾旅客车列(又称车底)和客运机车的经济使用。若将去程列车的到发时刻与回程列车的到发时刻结合起来考虑,并适当改变列车到发时刻,就有可能减少需要的车底数。

旅客列车运行方案图上运行线的铺画方式,对客运机车的运用也有很大影响。如图6-35所示,通过适当调整列车的到发时刻,可使机车由4台减少至3台。因此,在编制旅客列车运行方案图时,在考虑为旅客提供方便及减少车列需要数的同时,必须注意加速机车周转。由于在编制方案图时,直通列车先于管内列车铺画,所以列车运行与机车周转相互配合问题,主要是在编制管内旅客列车运行方案时才有可能加以全面考虑的。

3) 保证旅客列车运行与客运站技术作业过程的协调

由于旅客列车到发时刻的特殊要求,大客运站在一昼夜的某一段时间内,往往会出现列车密集到达或出发的情况。在编制列车运行方案时,列车密集到发的间隔时间应与车站技术过程相协调,否则将不能保证车站正常接发列车。

4) 为货物列车运行创造良好条件

实践证明,在客车方案图上尽可能均衡地铺画旅客列车运行线,不仅有利于车站客运设备的有效利用,保证旅客列车的良好运行秩序,而且有利于货物列车均衡运行,加快机车车辆周转。

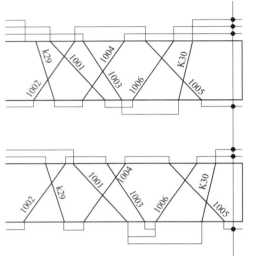

图6-35 旅客列车运行方案与机车周转关系图

在实际工作中,同时实现上述各项要求往往比较困难,在编制客车方案时,应根据具体情况,权衡利弊,合理安排。旅客列车运行方案应按照先国际、后国内,先直通、后管内,先快车、后慢车的顺序进行编制。根据旅客列车运行方案,同样按照上述各种列车的铺画顺序,可在二分格运行图上详细铺画各种列车运行线,即所谓铺画详图。在编制列车运行详图时,除国际联运的旅客列车在国境站的接续时刻不得变更外,其他列车的运行时刻尚可作小量必要的调整,以便创造更好的列车会让和运行条件,并与货物列车运行较好地配合。

2. 货物列车运行图编制

在旅客列车运行图编制以后,货物列车运行线的铺画也可分为两个步骤,即先编方案图,然后根据方案图编制详图。但在运量大、区间通过能力比较紧张的单线区段,由于在编方案图时,很难对限制区间给予准确的安排,所以一般不编方案图,直接在二分格运行图上编制详图。

1) 货物列车运行方案图编制

在编制货物列车运行图时,应注意解决以下方面的问题:

(1) 列车运行图与列车编组计划的配合。

① 按照货物列车编组计划所规定的列车种类、列车数,并考虑适当的波动,在运行图上铺画相应的货物列车运行线。

②对有稳定车流保证的定期运行的列车,应在运行图上定出固定运行线,从始发站到终点站使用统一的车次,这种列车通过沿途各技术站时应有良好的接续。

③对没有稳定车流保证的技术直达列车和直通列车,在两编组站间使用直通列车车次。经过编组站时,相邻区段不同车次的运行线也要考虑适当的衔接。

④运行图上铺画的运行线与车流密切结合。例如,装车地直达列车由始发站出发的时间,应结合有关厂矿、企业的生产和装车情况;空车直达列车的运行线要根据空车产生的规律,从始发站开始铺画,使运行线与车流最大限度地结合起来。

(2)列车运行图与车站技术作业过程的配合。

列车运行不均衡是导致货车在车站产生各种等待停留时间和浪费车站通过能力、改编能力的主要原因。因此,在编制运行图时应力求使各方向列车在技术站均衡到发,并使各方向改编列车和中转列车交错到发,为车站创造均衡而有节奏的工作条件。

由于受旅客列车铺画位置的影响,以及为保证邻局、邻区段货物列车有良好的运行条件,往往会造成货物列车运行线在运行图上不能均衡排列,在一段时间内产生列车密集到开的现象。在这种情况下,铺画运行图时应注意符合如下要求:

①列车到达技术站和由技术站出发的间隔时间,应考虑车站的到发线数目及列车占到发线的时间,以保证车站能不间段地接发列车。

②到达技术站解体的列车,其间隔时间应与驼峰或牵出线的作业进度相适应,以减少列车待解停留时间。

③由技术站编组出发的列车,其间隔时间应与编组牵出线的编组作业进度相适应,以减少待发停留时间。

(3)列车运行图与机车周转的配合。

为了加速机车周转,保证机车在机务段所在站停留时间符合规定的标准,不断改进机车运用指标(如机车走行公里、机车牵引总重吨公里、机车供应台次、机车全周转时间、机车日车公里、列车平均总重和机车日产量等),在编制列车运行图时,应注意使列车运行与机车周转紧密配合。为此,在编制运行图时应根据规定的行车量、机车运用方式和机车在机务段所在站停留时间标准,并考虑机车乘务组连续工作时间等因素,顺序将列车运行线和机车周转画在运行图上。

货物列车运行方案图的编制有如下两种方法:

①由方向的一端开始,顺序铺画货物列车运行线。

②由方向中间的某一局间分界站开始向两端延伸铺画。

在个别区段,当通过能力利用率接近饱和时,运行图的编制最好就由这一最繁忙的区段开始。

2)详图编制

根据货物列车运行方案图,可在二分格运行图上具体铺画各区段的货物列车运行线。在铺画详图时,应注意以下方面的问题:

(1)保证行车安全和旅客乘降安全。为此,铺画运行图必须做到:

①遵守不准同时接发列车的有关规定。

②保证车站间隔时间及列车追踪间隔时间符合各站所规定的标准。

③避免某方向列车在禁止停车的车站上停车。

④遵守规定的机车乘务组工作和休息时间标准。

⑤列车在车站会车和越行时,同时在车站上停车的列车数应与该站的到发线数相适应。

(2)有效地利用区间通过能力。在单线区段,通过能力有较大富余时(利用率在70%以下),为保证机车的良好运用,货物列车运行线可从机车折返站开始成对铺画。这时,尽可能使列车到达折返站与该机车牵引相反方向列车出发的间隔时间等于机车在折返段所在站的作业时间标准。当在运行图上铺画的列车对数达到区间通过能力利用率的80%以上时,为了有效地使用区间通过能力,该区段应从限制区间开始铺画货物列车运行线,即在运行图上铺完旅客列车运行线之后,从限制区间开始铺画规定数量的货物列车运行线,然后再从限制区间分别向其他区间顺序铺画。

(3)提高货物列车旅行速度。影响旅行速度的主要因素是会车和越行次数及其停站时间。因此,在铺画运行图时,必须尽量减少列车的会车和越行次数及其停站时间。

①铺画在旅客列车之前的货物列车,应尽可能使之通过各中间站,以避免在区段内被旅客列车越行。

②当在区段内无法避免越行时,应尽可能将越行地点规定在有技术作业的车站上,或者规定在两相邻区间运行时分最小的车站上。

③在旅客列车之后铺画货物列车时,应尽量使客货列车之间能够铺画交会的对向货物列车,以减少会车停站时间。

④在单复线区段,可从最困难的单线区间开始铺画列车运行线,并尽可能使列车在复线区间内进行交会。

在运量较大的区段上,为确保列车运行图与车站作业相协调,在铺画运行图之后,应对区段站、编组站、主要客运站和货运站的咽喉道岔和到发线的占用情况进行图解检查。

3. 高速客运专线列车运行图编制

高速客运专线与既有线相比有很大不同,可以概括为高速度、高密度、高舒适性和高安全性。因此,编制高速客运专线和既有线的列车运行图有较多的不同,特别是采用高速线上运行多种速度高速列车的运输组织模式下,更产生了许多运行图编制的新特点。

(1)运行图铺画目标不同。高速客运专线列车运行图的编制应最大程度方便旅客出行,以提高旅客服务质量和维持良好的列车运行秩序为目标。在此基础上,尽可能使列车旅行时间最小、始发和终到时间合理、非旅客乘降作业的停站次数最少和停站时间最短、动车组使用数量使用组数最少。对于既有线来说,由于运能和运量不相匹配,反映在运行图编制上,应充分利用既有线路通过能力,缩小列车运行间隔时间,增加列车开行对数,并使列车的旅行时间、货物列车接续时间最短和机车使用台数最少。

(2)线路上运行的列车属性和种类不同。高速客运专线上运行的是不同等级高速旅客列车,且各等级的列车速度差较小,列车种类相对较少,而既有线基本上是客货混线,运行旅客列车和货物列车,列车等级、种类较多,列车间的速度差别较大。

(3)运行图编制顺序不同。高速线上运行的都是旅客列车,通常较低速度的高速列车为跨线列车(即可由普速、快速线上线至高速铁路,或由高速铁路下线至普速、快速线运行的列车),在考虑列车等级和运行距离的前提下,总体上应先铺较高速度的本线列车(即主要在一条高速线上运行的列车),再根据跨线列车在高速客运专线衔接站的到发时刻,铺画跨线列车,并对相邻线路的运行图校验列车的始发、终到时间是否合理。而在既有线上运行的旅客列车等级高于货物列车,因此,应先铺画旅客列车,再铺画货物列车。

(4) 运行图的铺画策略不同。从高速客运专线列车运行图编制的目标出发,高速客运专线运行图的铺画策略应该是:高速列车的开行数量、运行顺序、运行速度、越行或待避车站等都基本相同,将定期列车、季节列车和临时列车以不同运行线铺画在基本运行图中,充分考虑不同日期、不同时间段、不同出行目的的旅客要求。而既有线运行图在满足旅客列车开行数量和一定程度的出行时间范围基础上,保证不同种类的货物列车运行线分布比较均匀,使编组站和区段站不同时间段作业负荷趋于合理。

(5) 运行图的优化调整策略不同。高速客运专线上运行的全部为旅客列车,虽然可能速度、停站次数存在不同,但均对列车始发和终到的时间范围、列车旅行速度、列车正点率等方面提出了较高要求。此外,对于跨线列车的调整,还要照顾到跨线列车在相邻线路途经主要客运站的到达和出发时刻是否能符合票额分配的要求。既有铁路由于是客货混行,旅客列车较货物列车有较高的调整优先级,旅客列车的铺画先于货物列车。

(6) 列车运行图可铺画运行线的时间段不同。高速电气化铁路维修天窗(工务和接触网维修)的设置,使高速客运专线列车运行图可用来铺画列车的时间带较既有线的时间带大为减少,即1天24h减去大约6h的维修天窗时间和无效时间。维修天窗时间同时割裂了可循环使用的连续的运行图时间,使上高速线的长运程跨线列车的始发时间范围缩短。而对于既有铁路维修(施工)天窗的设置则相对比较灵活,同一区间在不同时间区域内(季节或日期),根据运输组织实际要求,可以交错采用矩形天窗(即需同时影响上、下行正线行车设备正常使用而安排的作业时间)和V形天窗(即列车运行图预留的、对运营线单方向行车设备进行维修作业的时间),而且天窗时间也较短。

高速客运专线列车运行图的编制应遵循以下原则:

(1) 高速客运专线列车运行图编制原则上纳入全路编图工作,统一编制。

(2) 高速客运专线列车运行图应合理选择运行图结构,有条件的线路要尽可能采用周期性列车运行图,条件较好的线路可采用周期与非周期结合的运行图(即在周期性列车运行图的基础上添加一些开行频率低、运行时间长的非周期运行线)。

(3) 严格遵守各种间隔时间和作业时间标准。

(4) 适应高速客运专线客流特点,最大程度满足旅客出行需要,尽可能按时段、频率安排列车运行线。

(5) 协调好高速客运专线与既有线列车到发时刻的衔接。

(6) 高速客运专线通常以本线列车为主、跨线列车为辅,本线高速列车必须合理分布,跨线列车应尽量减少对本线高速列车的影响,列车等级按速度等级划分,速度高的列车等级高于速度低的列车,高等级高速列车可越行低等级高速列车,停站少的高速列车可越行停站多的高速列车,但要尽可能减少列车之间的越行,因为越行会导致较长的停站时间。

(7) 尽可能提高动车组的运用效率。

(8) 尽可能提高列车旅行速度,合理安排列车停站,并使运行图保持合理的弹性。

4. 列车运行图编制的现代化

列车运行图长期以来都是人工编制的。由于所要解决的问题错综复杂,每次编图往往有数百人次参加,历时数月之久。在编图人员技术水平不一、编图工作繁重必须分头并进的情况下,很难做到多方案优选。所编出的运行图质量差别也很大。同时,因编图费工费时,又不得不减少编图次数,延长执行期间。另外,由于运量测算不准、施工期限变动、机型调整、设备改造等给运行图带来的影响,只能在小范围内用临时调整运行图的方法来解决,因此,更谈不上从总体上进行优化。列车运行图的编制方法、手段及管理体制,在市场型、效益型和服务型转变过程中,要求不断创新方法,逐步实现列车运行图编制的自动化和智能化,加快编图速度,缩短编图周期,提高编图质量,把编图人员从复杂繁重的手工劳动中解放出来,使列车运行图的编制和调整工作进入一个新的阶段。

利用计算机编制列车运行图是一个有效的手段,主要体现在以下几方面:

(1)提供了高效的数据处理手段,减轻了列车运行图编制和数据资料处理中的劳动强度,提高了处理的速度和精确度,降低了出错率。

(2)保障了列车运行图编制的科学性,提供了多方案辅助决策的信息,有利于方案的评估和选择;在此基础上,吸取人工编图的先进经验,使列车运行图成为智能化的产物,从而保证列车运行图的质量。

(3)实现了系统资源共享,保证了编图信息的存储、传输及处理,改善了数据信息的管理和交流,实现了编图业务的整体化,提高了编图效率,为实现铁路运营管理现代化打下了基础。

(4)缩短了列车运行图编制全过程的时间,提高了铁路适应市场和特殊需要的应变能力,改善了铁路运输服务水平,提高了铁路运输经济效益。

(5)促进了全路技术设施合理配置和设备能力的协调,有利于设备应用效率的综合发挥,有利于促进员工素质及服务水平的提高,提高了铁路参与市场竞争制胜的能力。

我国从20世纪60年代开始尝试利用计算机编制列车运行图,经历了单机编制区段列车运行图、单机编制铁路局运行图、联网辅助编制全国铁路旅客列车方案图、联网编制全路旅客列车运行图、联网编制全路客货列车运行图的研究发展过程,目前已实现计算机辅助编制列车运行图。从力求最优化的目标建立数学模型,到从力求实用、确保编图质量的目标建立人机交互的辅助决策系统;从单个研究双线运行图、单线运行图、枢纽地区运行图到整体研究网状线路运行图,实现列车运行图信息管理,已探索出一条适合我国铁路运输特征的计算机编制列车运行图的技术发展路线。

复习思考题

1. 铁路线路的等级是如何划分的?
2. 试述铁路车站的分类。
3. 试述铁路信号设备的构成。
4. 试述铁路客流和旅客列车的分类。
5. 试述铁路客运计划的编制方法。
6. 试述列车运行图概念、分类、要素。
7. 试述列车运行图的编制方法。
8. 了解高速铁路未来的发展趋势。

第七章

水路运输系统及组织

第一节 水路运输概述

一、水路运输简述

水路运输简称"水运",是指利用船舶、排筏和其他浮运工具,在江、河、湖泊、人工水道及海洋上,完成旅客与货物运输的一种运输方式。它是一种古老而重要的运输形式,被用于国内和国际贸易、旅行、军事行动以及其他各种目的,在不同的情况下有不同的用途和特点。

水路运输在一些特定情况下可能比其他运输方式更具优势。例如,对于远距离、大量货物的运输,水路运输通常比陆路运输或空中运输更经济高效。此外,对于岛屿、沿海地区以及水路交通便捷的内陆城市,水路运输是一种重要的运输方式。然而,水路运输也面临一些挑战,例如天气和海洋状况的不确定性,港口和码头的繁忙与拥堵,以及海洋污染等环境问题。为了确保水路运输的安全和高效,需要有严格的监管和管理。

二、水路运输分类

按照不同的分类属性,水路运输有多种分类方法。

1. 按航行区域分类

水路运输分为远洋运输、沿海运输、内河运输。远洋运输通常是指除沿海运输以外所有的海上运输,在实际操作中又有"远洋"和"近洋"之分,这种区分主要以船舶航程的长短和周转的快慢为依据。沿海运输是指利用船舶在沿海区域各地之间的运输。内河运输是指利用船舶、排筏和其他浮运工具,在江、河、湖泊、水库及人工水道从事的运输。

2. 按贸易种类分类

水路运输分为外贸运输和内贸运输。外贸运输指本国同其他国家和地区之间的水路贸易运输;内贸运输指国家内部各地区之间的水路贸易运输。

3. 按运输对象分类

水路运输分为旅客运输和货物运输。旅客运输是指以旅客和部分货物为载运对象的运输,包括单一客运(包括旅游)和客货兼运。货物运输是指以货物为载运对象的运输,包括散货运输、杂货运输和集装箱运输。散货运输指无包装的大宗货物,如石油、煤矿、矿砂等的运输;杂货运输指批量小、件数多或较零星的货物运输;集装箱运输(Container freight transport)是以集装箱容器为载体,将货物集合组装成集装单元,运用大型装卸机械进行装卸、搬运作业,采用大型载运工具完成运输任务,是现在国际货物往来的主要运输方式。

4. 按船舶运营组织形式分类

水路运输分为定期船运输、不定期船运输和专用船运输。定期船运输是选配适合相应营运条件的船舶,在规定航线上,定期停靠若干固定港口的运输;不定期船运输指船舶的运行按照运输任务或者按租船合同组织运输;专用船运输指企业自置或租赁船舶从事本企业自有物资的运输。

第二节 水路运输基础设施

水路运输基础设施包括港口内设施和航道。

港口是位于海、江、河、湖及水库沿岸,具有水陆联运设备及条件,可供船舶安全进出和停泊的运输枢纽,是水陆交通的集结点,是工农业产品和外贸进出口物资的集散地,是船舶停泊、装卸货物、上下旅客及补充给养的场所。为实现所承载的各项功能,港口必须拥有足够的水域、陆域和码头等设施。

航道是水域内供船舶安全航行的通道。为了能够指引船舶航行、提供导航信息、确保船舶安全、预防事故,相关部门会在航道中设置相应的航道设施。

一、港口设施

港口是水运客、货的集散地,是水陆运输的衔接点,是沿海或内河水域的人工设施,用于装卸货物、停靠和修理船舶、提供船舶服务以及进行其他与海上交通相关的活动。港口设施是为了支持这些活动而建设的各种设施和设备。港口设施可以分为港口水域设施和港口陆域设施。

1. 港口水域设施

港口水域设施指港口内的水域区域内所设置的各种设施,这些设施旨在支持港口的航运活动、船舶进出港口、货物装卸和船舶停泊等功能。一般包括进港航道、港池、锚地、防波堤等。

1)进港航道

进港航道是指船舶从海上或内河进入港口时所航行的通道。它是连接外海或河流与港口水域的重要航道,确保船舶安全进出港口。一般在其一侧或两侧设置导堤,以使进港船舶有良好的掩护条件。在天然水深不足必须人工浚深的情况下,航道轴线应选择在回淤最小的地段。其深度要保持最大设计船型在航行期间能随时通过。

2)港池

港池是指港口区域内的人工水池或人工水域,用于船舶停靠、作业、驶离、转头等操作。港池按构造形式分,有开敞式港池、封闭式港池和挖入式港池。开敞式港池内不设闸门或船闸,水面随水位变化而升降。封闭式港池内设有闸门或船闸,用以控制水位,适用于潮差较大的地区。挖入式港池在岸地上开挖而成,多用于岸线长度不足,地形条件适宜的地方。

对于河港或与海相连的河港,一般不需要修筑防浪堤坝,如上海黄浦江内的各港区和天津海河口的港口。对于开敞海岸港口,如烟台、青岛、大连等,为阻挡海上风浪与泥沙,保持港内水面的平静与水深,必须修筑防波堤。港池在建造上要保持足够的水深和足够宽广的水域,以保证船舶吃水靠泊作业。

3) 锚地

锚地是指供船舶在水域停泊抛锚的区域,通常位于港口进出口或附近的海域。船舶可以在锚地内进行安全停泊、避风防台、等待检验引航、水上过驳、编解船队及其他作业。按位置不同,锚地可划分为港外锚地和港内锚地,常以港口防护建筑物为界限。港外锚地一般采用锚泊,供船舶候潮、待泊、联检及避风使用,有时也进行水上装卸作业。港内锚地供船舶待泊或装卸作业使用,一般采用锚泊或设置系船浮筒、船簇桩等。

4) 防波堤

防波堤是一种人工建筑物,通常位于海岸线或河口入口处,用于减缓波浪冲击和阻挡沙土淤积,起到防护、引导和导流的作用,保护港口、海港、船舶码头、沿海建筑和岸线等免受海浪和潮汐的影响。

2. 港口陆域设施

港口陆域设施指港界线以内陆域面积中作业的设施和辅助作业的设施。如装卸作业地带布置的仓库、货场、铁路、道路、站场、通道等,辅助作业地带布置的车库、工具房、变(配)电站、作业区办公室、消防站等。

1) 码头

码头是指供船舶停泊、装卸货物和旅客上下船的岸边设施,通常位于海岸线或河岸边,用于船舶在港口或内河停靠。码头是港口的核心设施之一,它是港口水域设施与陆域设施的连接点。

码头有多种类别,按码头的平面布置分有顺岸式、突堤式、挖入式等。挖入式码头又分为挖入式港池或半挖入式;突堤码头又分窄突堤(突堤是一个整体结构)和宽突堤(两侧为码头结构,当中用填土构成码头地面)。按断面形式分,有直立式、斜坡式、半直立式和半斜坡式。按结构形式分,有重力式、板桩式、高桩式、斜坡式、墩柱式和浮码头式等。按用途分,有件杂货码头、专用码头(渔码头、油码头、煤码头、矿石码头、集装箱码头、游艇码头等)、客运码头、供港内工作船使用的工作船码头以及为修船和造船工作而专设的修船码头、舾装码头。

2) 集疏运设施

港口集疏运设施是指港口内部用于集散、转运货物的设施,它们的功能是将货物从陆上或水上运输工具(如货车、火车、船舶)转移到其他运输工具,或者将货物从其他运输工具转移到陆上或水上运输工具,实现货物的快速、高效运输和转运。包括港区道路、港口铁路和通行各种流动机械、运输车辆以及为货物装卸、转运的设备。

3) 仓库与货场

仓库是专供进出港口的货物临时或短期存放保管的建筑,是港口的重要组成部分。仓库主要作用是便利货物储存、集运,加速车、船周转,提高港口通过能力,保证货运质量。按存放货物的种类分为件货仓库、散货仓库、危险品仓库及冷藏库等;按其位置分为前方仓库和后方仓库;按其特点分为专用仓库、通用仓库、单层仓库与多层仓库等。

货场是在港内堆存货物用的露天场地。它的性质和作用与仓库相同。凡不需进库的货物一般在货场存放。货场有件杂货场和散杂货场两类。件杂货场一般都需要进行铺砌,所用材样视货物种类和装卸设备类型而异,有混凝土、沥青混凝土、块石、碎石等多种。专门堆放集装箱的货场也被称为集装箱堆场。

4）港口给排水与供电

港口给水系统是为船舶和港口的生产、生活、环境保护与消防提供用水,根据不同用途的需要提供不同的水量、水压和水质。港口排水系统的任务是及时地排除港区的生产水、生活污水及地面雨水,对有害的污水进行净化处理,达到环境保护的要求后才排放,以防止对环境水域的污染。港口供电对象主要是装卸机械、维修设备、港口作业辅助设施、照明、通信与导航设施等。

5）港区船舶和船舶基地

为保证港口生产与安全,需要配备各种辅助船舶,如拖轮、供水船、燃料供应船、起重船、垃圾船、巡逻艇、搜救船等。建设船舶基地用于港区各种辅助船舶的停泊与维护。

二、航道设施

航道设施是指为船舶航行和导航提供支持和服务的设施,它们通常设置在航道中,用于标示航道的方向、深度、宽度和安全区域,确保船舶安全通航。航道设施主要包括通航设施、助航设施、航道整治设施和其他设施。

1. 通航设施

为帮助船舶克服航道上下游水位落差,顺利通过河道上的闸、坝而修建的通航建筑。通航设施常见于内河航道,主要有船闸和升船机两类。运河通道如巴拿马运河以及我国长江三峡都具有各级船闸和升船机。

1）船闸

天然河流和运河的水面坡度限制形成阶梯形的纵断面形成水面落差,必须借助专门的通航建筑使船舶通过落差。船闸是一种箱形结构的设施,由上、下游引航道与上、下游闸首连闸室组成(图7-1)。借助室内灌水或泄水来调整闸室中的水位,使船舶在上、下游水位之间做垂直的升降。船闸按照所处位置可分为海船闸、河船闸和运河船闸。船闸根据沿船闸轴线方向的闸室数目可分为单级船闸、双级船闸和多级船闸。中国的三峡大坝船闸是全球最大的船闸,由两个相邻的五级连续船闸组成(图7-2)。而世界最大的单级船闸则是比利时的伯特拉赫特船闸,长达500m,宽68m,深度27.5m。

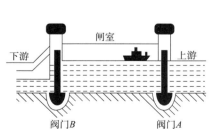

图7-1 单级船闸平面图

图7-2 三峡大坝的五级船闸

2）升船机

升船机是一种用于提升或降低船舶的装置,帮助船舶克服地形的高度差,使得船舶可以从一个水位移动到另一个水位。升船机构造主要包括承船厢、斜坡道或垂直构架、连接建筑、机械传动机构和电气控制系统。升船机的使用可以大大减少建设船闸的成本和时间,同时也可以大大提高船舶通过障碍的速度。当前世界上最大的升船机是中国白鹤滩水电站升船机,可以提升超过 3000t 的船舶。

2. 助航设施

助航设施通常指的就是航道标志,航道标志是以特定的标志、灯光、音响或无线电信号等,供船舶确定船位、航向,避离危险,使船舶沿航道或预定航线安全航行的助航设施。内河航标一般分为三等,而海区航标主要有视觉航标、音响航标和无线电航标三种。

3. 航道整治设施

为改善航道航行条件,政府和相关企业常采取炸礁、疏浚和构筑整治设施等措施。航道整治设施是指起整治航道、导流、导沙、固滩和护岸等作用的建筑。航道整治设施种类繁多,形式多样,其结构和建筑材料均有不同。常用的有丁坝、锁坝、顺坝、潜坝、护岸、格坝、底墙、转流物等。航道整治设施的主要作用是固定边滩、束窄河床、加大水流速度以冲深和稳定航道,其次可以调整岸线、导引水流等作用。

4. 其他航道设施

为了综合利用水资源,航道中通常需要建造其他的水工设施,包括挡水建筑物和泄水建筑物、水电站、坝岸连接建筑物、过木建筑物、过鱼建筑物、取水建筑物等。

第三节 船舶与装卸机械

船舶是水路运输系统的核心。它们是用于在水上运输货物和人员的载运工具。船舶种类繁多,按照不同的标准可以进行多种分类。

一、船舶

用于交通运输和港口作业的各类民用船舶是水路运输系统不可或缺的部分。按航行的区域分有远洋船、近洋船、沿海船和内河船等,按用途可分为货船、客船和其他船舶。

1. 货船

货船是专门运输货物的船舶,占全球船舶数量的 90% 以上。按照服务对象和运输货物不同,货船又可以分为杂货船、集装箱船、干散货船、液体散货船和其他专业船舶。

1)件杂货船

件杂货船是指主要运载成包、成箱、成捆杂件货的船(图 7-3),运载的货物通常不能集装箱化。件杂货船定期航行于货运繁忙的航线,多用于班轮运输。船舶航行速度较快,船上配有足够的起吊设备,船舶构造中有多层甲板把船舱分隔成多层货柜以适应装载不同的货物。近年来,新建件杂货船往往是多用途的,因为其对各种货物的适应性强,能载运大件货、集装箱、件杂货,以及某些散货。

2)集装箱船

集装箱船是一种专门用于运输国际标准集装箱的货船(图 7-4),是现代国际贸易和物流运输中最重要的船舶类型之一,由于它装卸效率极高,停港时间大为缩短,并减少了运输装卸中的货损,因此得到迅速发展。集装箱船的容量通常是用标准集装箱(TEU)的数量来衡量,表示运载20ft标准集装箱的能力。集装箱船的分类,按装卸方式分为吊装式、滚装式、载驳式;按专用程度分为全集装箱船、部分集装箱船、可变换集装箱船;按载箱量分为灵便型、次巴拿马型、巴拿马型、超巴拿马型和马六甲型等,见表7-1。

图 7-3 件杂货船

图 7-4 集装箱船

不同类型船舶载质量 表 7-1

序号	船舶类型	集装箱量(TEU)
1	灵便型集装箱船	2000 以下
2	次巴拿马型集装箱船	2000~3000
3	巴拿马型集装箱船	3000~5000
4	超巴拿马型集装箱船	5000~11000
5	马六甲型集装箱船	11000 以上

3) 干散货船

干散货船是装载运输谷物、煤、矿砂、盐、水泥等大宗干散货物的船舶的统称。因为干散货船运输的货种单一,不需要进行包装成捆、成包、成箱的装载运输,货物不怕挤压,便于装卸,所以都是单甲板船。散货船的特点是:单层甲板,尾机型,船体肥胖(图7-5),航速较低,因常有专用码头装卸,船上一般不设装卸货设备。

散货船按照运输用途的不同,可分普通散货船、专用散货船、兼用散货船、特种散货船。按照吨位不同,分为灵便型(6万载重吨以下)、巴拿马型(6万~10万载重吨)、好望角型(超过10万载重吨)。其中灵便型细分为极灵便型(Ultramax)、超灵便型(Supramax)、大灵便型(Handymax)、小灵便型(Handysize)四种船型。

4) 液体散货船

液体散货船,是指专门载运散装液态货物的运输船舶。按照运载货物的不同,液体散货船分为油船、液化气船(图7-6)和液体化学品船。按载重船型分为以下几个级别:通用型(1万载重吨以下)、灵便型(1万~5万载重吨);巴拿马型(6万~8万载重吨);阿芙拉型(8万~12万载重吨);苏伊士型(12万~20万载重吨);VLCC(20万~30万载重吨)、ULCC(30万载重吨以上)。

图 7-5　干散货船

图 7-6　液化天然气船

5) 滚装船

滚装船是专门设计用于运输车辆和其他可滚动货物的船舶(图 7-7),其货物装卸过程中,车辆可以自行驶上船舶,也可以自行驶下船舶,因此被称为"Roll-on/Roll-off"。

2. 客船和客货船

客船是一类专门用于运载乘客进行船上旅行和娱乐的船舶(图 7-8)。客船根据其设计、用途和服务等方面的不同可以分为邮轮、旅游船、汽车客船、滚装客货船等类型。

图 7-7　滚装船

图 7-8　客船

3. 其他船舶

其他船舶包括为从事水上工程业务的工程船,如挖泥船、起重船、救捞船、布设船、打桩船等。其次是为航行服务或进行其他专业工作的船舶,包括破冰船、领航船、供应船、消防船、测量船、航标船、交通船、浮油回收船、拖船和推船、钻探船、科学考察船和深潜船等,如图 7-9 所示。

4. 船舶运输能力

船舶运输运力,指的就是船舶的载货能力,包括舱容(按体积算)、载质量(以质量算),与船舶动力无关。

(1) 船舶质量性能。它包括船舶的排水量和载质量,计量单位以公吨表示。

①排水量是指船舶排开同体积的水重,亦等于船上的总质量。排水量可以分为空船排水量和满载排水量。空船排水量是指船舶空载时的排水量,也就是空船质量,包括船体、机器及设备、锅炉中的燃料及冷凝船中的淡水等质量的总和;满载排水量是指船舶满载时,吃

水达到某一载重线时的排水量,包括空船质量、货物、燃料、物料及淡水、船员和行李以及船舶常数等质量的总和。

a) 破冰船

b) 领航船

c) 供应船

d) 拖船

e) 钻探船

f) 深潜船

图 7-9　各类船舶

②载质量可分为总载质量和净载质量。总载质量是指在一定吃水的情况下,船舶所能装载的总质量,即船舶总载质量等于船舶满载排水量减去空船质量。在一定吃水时,它是一个定值;净载质量是指船舶所能装运的最大限度的货物质量,即从总载质量中扣除燃料、淡水、粮食和供应品、船用备品、船员和行李以及船舶常数后的质量。

(2) 载货容积性能。船舶载货容积性能包括货舱容积和船舶登记吨位,计算单位以 m^3 或 ft^3 折算的登记吨表示。

①货舱容积。货舱容积是指船舶实际能容纳装载货物的空间。一般分为散装容积和包装容积两种。

散装容积是指货舱内能装散货(例如粮谷、矿石、煤炭、盐等)的货舱容积。包装容积是指货舱内能装包装件货的货舱容积,该容积比散装容积小,一般为散装容积的 90% ~ 95%。

舱容系数也是船舶的质量容积性能,也是反映载货性能(指宜装重货或轻货而言)的质量指标。舱容系数 ω 是指船舶货舱容积与船舶净载质量的比值,即每一净载重吨占有多少立方米的货舱容积。

$$\omega = \frac{V_{\text{coh}}}{D_{\text{n}}} \tag{7-1}$$

式中:ω——舱容系数;

V_{coh}——船舶货舱总容积;

D_{n}——船舶净载质量。

因为船舶净载质量是随航程不同而变化的,舱容系数也是变化的。一般船舶资料中所指的舱容系数是指最大续航能力情况下的数值。

②船舶登记吨位。船舶登记吨位也是船舶的重要容积性能,它是为船舶注册登记而规

定的一种以容积为计算的丈量单位。船舶登记吨位一般分为总吨位 GT 和净吨位 NT 两种。

船舶总吨位包括量吨甲板，以及船体容积加上量吨甲板以上有遮蔽场所的容积，此外尚需扣除船舷的安全设备、航海、卫生等场所所占的容积，被 100ft³ 或 2.83m³ 去除所得的数值，就是该船的总吨位，即：

$$\text{GT} = \frac{V_\text{m}}{100\text{ft}^3 \text{ 或 } 2.83\text{m}^3} \tag{7-2}$$

式中：GT——船舶总吨位；

V_m——船舶丈量容积（ft³ 或 m³）。

总吨位主要表示船舶规模的大小，作为船舷数量的统计单位和计算净吨位的基础。同时，也可作为客货船计算定期租金的依据和海损事故计算赔偿的基础。净吨位是船舶能够实际营运的空间，就是从总吨位中减去非营运的容积，即扣除船员宿舍、机舱、物料舱、压水舱等容积后得到。它是船舶向港口缴纳各种费用和税收的依据。加计管船舶在港的停泊费，以及拖带引水费、进坞费及海关税等费用。此外，还有运河吨位，它是指船舶通过运河时，如苏伊士运河、巴拿马运河、基尔运河等必须交付通过的运河费，其征收标准按特定的运河吨位计算。

二、港口机械

港口装卸机械是完成港口货物装卸的重要手段，用于完成船舶与车辆的装卸、货物的堆码、拆垛与转运等。港口流动的装卸机械有较大型的轮胎起重机、履带起重机、浮式起重机（图 7-10）；固定装卸机械有门座起重机、岸边起重机、集装箱起重机（图 7-11）；还有各种连续输送机械，如带式输送机队、斗式提升机、气力输送机、螺旋输送机和油气管道等（图 7-12）。

a) 轮胎起重机

b) 履带起重机

c) 浮式起重机

图 7-10 各类流动的大型装卸机械

a) 门座式起重机

b) 岸边起重机

c) 集装箱起重机

图 7-11 各种固定装卸机械

a) 带式输送机　　　　　　　b) 斗式提升机　　　　　　　c) 油气管道

图 7-12　各种连续式输送机械

随着水上交通运输的发展,适应船舶与码头的大型专业化发展的需要,港口机械的大型、高速专业化是一个发展方向。但有时为了克服单一效能的专用码头和设备不能充分发挥其效率的缺点,也出现了以集装箱作业为主的多用途门座式起重机、多用途装卸桥等。此外,装卸机械与一般工业发展一样,标准化、系列化、自动化、智能化到智慧化是其发展方向。图 7-13 为我国智能化码头发展的一个典型代表——上海洋山港自动化码头。

图 7-13　上海洋山港自动化码头

第四节　水路运输组织管理

一、航线类型

1. 按航程远近划分

1) 远洋航线

远洋航线在实际工作中有"远洋"和"近洋"之分。远洋航线通常是指国与国之间或地区间经过一个或数个大洋的国际海上运输,其航程距离较远,船舶航行跨越大洋运输的航线。如我国至非洲、欧洲、美洲等地区进行的运输。近洋航线通常是指我国与其他国家或地区间,只经过沿海或大洋的部分水域的海上运输,如我国与朝鲜半岛、日本及东南亚各国所进行运输的航线。远洋与近洋航线的区别主要以船舶航程的长短和周转的快慢为依据。

2）内河航线

航行于内河的船舶,除客货轮、货轮、推(拖)轮、驳船以外,还有一定数量的木帆船、水泥船、机帆船。内河的航线通常多利用天然河流,因此建设投资少,运输成本低。如我国以长江干流为主的内河航线。

3）沿海航线

沿海航线的范围包括:自辽宁的鸭绿江口起,至广西壮族自治区的北仑河口止的大陆沿海,以及我国所属的诸岛屿沿海及其与大陆间的全部水域内的运输。

2. 按航线区域划分

1）北大西洋航线

西欧(鹿特丹、汉堡、伦敦、哥本哈根)—北大西洋—北美洲东岸(新奥尔良港途经佛罗里达海峡)。

2）亚欧航线(苏伊士运河航线)

东亚(横滨、上海等途经台湾、巴士海峡)—东南亚(新加坡、马尼拉等)—马六甲海峡—印度洋(孟买、卡拉奇等)—曼德海峡(亚丁)—红海—苏伊士运河(亚历山大)—地中海—直布罗陀海峡—英吉利海峡—西欧各国。

3）好望角航线

西亚(阿坝丹等)、东亚、东南亚、南亚—印度洋—东非(莫桑比克海峡)—好望角—大西洋—西非—西欧,载质量25万t以上巨轮无法通过苏伊士运河,需绕行非洲好望角。

4）北太平洋航线

亚洲东部、东南部—太平洋—北美西海岸(旧金山、洛杉矶、温哥华、西雅图等)。

5）巴拿马运河航线

北美洲东海岸—巴拿马运河—北美洲西海岸。

6）南太平洋航线

亚太地区(悉尼、惠灵顿)—太平洋—南美洲西海岸。

3. 按航线地理位置划分

1）太平洋航线

太平洋中的航线主要包含有四条,分别是远东至北美西海岸航线;远东至加勒比、北美东海岸航线;远东至南美西海岸航线;远东至东南亚航线。

2）大西洋航线

大西洋中的航线主要包含五条,分别是西北欧、北美东海岸至加勒比航线印度洋航线;西北欧、北美东海岸经至地中海、苏伊士运河至亚太航线;西北欧经地中海至南美东海岸航线;远东至南美西海岸航线;南美东海岸经好望角至远东航线。

3）印度洋航线

印度洋中的航线主要包含有三条,分别是波斯湾经好望角至西欧,北美航线;波斯湾经东南亚至日本航线;波斯湾经苏伊士运河、地中海至西欧,北美运输线。

二、班轮运输

班轮运输又称定期船运输,是指固定船舶按照公布的船期表或有规则地在固定航线和固定港口间运行的运输组织形式。从事班轮运输的船舶称为班轮,主要承运件杂货,班轮运输对所有托运人提供货运空间,且不论船舶是否被装满都要按计划日期启航。

1. 班轮运输特点

班轮运输,又称提单运输,是指托运人将一定数量的货物交由作为承运人的航运公司,航运公司按固定航线,沿线停靠固定的港口,按固定船期、固定运费所进行的海上货物运输。

(1) 班轮运输具有"四固定"的特点,即航线、港口、船期和运费率固定,保证了货物的顺利运输,这也是班轮运输的最基本特征。

(2) 手续简单,货主方便。承运人负责装卸和理舱,托运人只需要将货物交给承运人即可,省去了烦琐的手续和程序,使货主更省心省力,更方便地运输货物。

(3) 承运人对货物的负责时段是从货物装上船起,到货物卸下船为止,即"船舷至船舷"或"钩至钩"。

(4) 承运双方的权利义务和责任豁免以签发的提单为依据,并受同意的国际公约制约。

2. 班轮航线参数

1) 航线总距离和港口间各区段的距离

航线总距离和港口间各区段的距离是计算航次时间和船舶到、离港时间的基础,也是用于计算运费的距离。海上运输采用海里(n mile)为单位,内河运输采用千米(km)为单位。1n mile 等于1.852km。

2) 船舶准班率

保证班期是班轮运输组织的核心工作。在营运过程中尽量避免不按时抵达港口,即通常所说的"脱班"现象,脱班越多,运输服务质量越差,从而影响公司的声誉和竞争力。船舶按船期表公布时间抵离港口的准时程度可用准班率 K 衡量:

$$K = \frac{n_0 - n_1}{n_0} \times 100\% \tag{7-3}$$

式中:n_0——一定时期内(年、月)计划航次数;

n_1——同一时期内脱班的航次数。

3) 航线有效期

航线有效期决定于航线所处的地区和航线种类。例如,我国沿海有效期一般是全年;北方有冰冻区域的有效期主要取决于封冻期的长短;季节性航线的有效期只是全年和航期中的部分时间。

4) 平均装卸定额

该定额反映航线上各港口的平均装卸效率和组织管理水平。

3. 班轮航线布局

班轮运输航线有多种布局形式,有多港挂靠式、干线配支线式、多角航线、单向环球航线和小、大陆桥等,最主要的是多港挂靠式和干线配支线式两种,两种布局示意图如图7-14所示。

(1) 多港挂靠式,也叫环绕式,这种航线布局比较简单,不涉及转运集散等作业,船舶按照航线船期表中预先指定好的港口挂靠次序和挂靠时间依次进行挂靠,形成一个闭合的环形回路,是传统杂货船采用的最主要的航线布局形式。

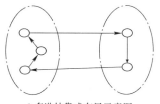
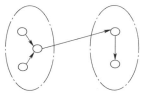

a) 多港挂靠式布局示意图　　　b) 干线配支线式布局示意图

图 7-14　班轮航线布局示意图

（2）干线配支线式，也称轴辐式，港口被划分为枢纽港和喂给港，货物在枢纽港进行转运作业。这种航线布局是由干线船挂靠长距离航线两端的少数的几个枢纽港，再由支线船将枢纽港和喂给港联系起来。这样的运输形式能够充分利用大船的舱位空间，以此来形成规模经济，降低因空载造成的运输成本，但部分货物要经过两次装卸，在一定程度上增加了装卸费用的支出。

（3）多角航线，是指挂靠三个或三个以上的港口的航线。它最大的特点是只有去程，没有回程，多在岛屿之间或局部区域内运输中采用。

（4）环球航线，指环绕地球的航线，它可以将世界上的主要大陆联系在一起，可以促进全球经济贸易的发展。

（5）小、大陆桥航线，指集装箱的海陆或陆海联运，即集装箱通过海运，再由陆桥铁路或公路运送至内地或陆桥另一侧海岸的目的地，或者相反方向的运输。

三、不定期船运输

不定期船运输是指船舶的运行没有固定的航线，而是按照运输任务或按租船合同所组织的运输。

1. 不定期船运输特点

船东随时根据货主的需求在时间、地点和内容上发生的变化，组织船舶运输的一种营运方式称为不定期船运输。不定期船的主要运输对象是货物本身价格较低的大宗散货，如煤炭、矿石、粮食、铝矾土、石油、石油产品及其他农、林产品和少部分干杂货。这些货物难以负担很高的运输费用，但对运输速度和运输规则性方面要求不高，不定期船运输恰好能以较低的营运成本满足它们对低廉运价的要求。在不定期船市场上成交的租船合同形式主要有光船租船合同、期租合同、程租合同、连续航次租船合同、包运合同等。在以上几种合同中，合同期长短逐次减少，传播出租人承担的费用逐次增多。

2. 租金计算

1) 航次租船

航次租船又称为定程租船，是以航程为基础的租船方式。在这种租船方式下，船方必须按租船合同规定的航程完成货物运输服务，并负责船舶的经营管理以及船舶在航行中的一切开支费用，租船人按约定支付运费。航次租船的合同中规定装卸期限或装卸率，并计算滞期和速遣费。

航次租船的主要依据是航次经济性。根据货源情况和装卸港、航线情况进行航次估算。所谓航次估算，是船舶经营者根据各待选航次的货运量、运费率、挂靠港口、船舱特性及航线参数等有关资料,估算各航次的航次收入、航次成本和航次每天净收益,从而预知某个航次是否盈利。特别是当有多个航次货载机会时,根据估算结果,经营者就可作出最有利的决策,即选择单位时间净收益最大的航次签订运输合同。因此,航次估算是船东或经营人进行航次租船决策的基础,它被广泛地应用在不定期船的运输组织中。

一艘船在某航次每天净收益的计算公式为:

$$V_{dn} = \frac{v_n - c_v}{T} - c_{do} \tag{7-4}$$

式中:V_{dn}——每天净收益;

v_n——航次净收入;

c_v——航次费用;

T——航次时间;

c_{do}——每天营运费用。

航次经济性的优劣通常用每天净收益指标来衡量。一般来说,每天净收益大的航次自然对船东具有较大的吸引力,但单纯的盈利数字高低并不是唯一决定性的因素,有时还要注意到船主偏好的航行方向,或考虑到下一航次易于获得货载的港口位置等其他因素。

2)船舶期租

在期租过程中,通常船舶出租人负有保证船舶适航性的义务,并基于此收取一定的租金。因此,期租保本费率就是每一载重吨、每一个月分摊的船舶出租人为提供适航船舶和船员所发生的全年所有费用,也叫船舶期租租金基价,简称 H/B(Hire Base)。即:

$$H/B = \frac{C_{total}}{DWT \times Mon} \tag{7-5}$$

式中:H/B——船舶期租租金基价;

C_{total}——船东为提供适航船舶和船员发生的年总费用;

DWT——船舶总载重吨;

Mon——年营运用月数。

式(7-5)的分子部分所列费用通常包括船舶资本费、维修费、保险费、船员工资费、润料费及应分摊的管理费等。船舶营运月数是指一年内能出租给租船人实际使用的月数,国外航运公司通常以全年11.5个月(或350天)计算。这一数值大小取决于船龄及船舶的技术状况。

用 C/B(Charter Base)表示期租金费率,则期租船舶的经营盈亏值为:

$$PLV_{dwt} = C/B - H/B$$

式中:PLV_{dwt}——船舶每月每载重吨盈亏值,$PLV = (C/B - H/B) \times DW$;

PLV——船舶每月盈亏值;

DW——船舶总载质量。

对船东来说,他只要把世界各地报来的期租租价 C/B 与他的具体船舶的租金基价 H/B 比较,就可得知是否有利可图。

3. 船舶闲置

在航运市场上,需求随着世界经济的发展和贸易量的变化经常发生变化,而作为供给的船舶吨位一旦形成,一般是比较稳定的。因此,在运输需求与实际运力之间常会出现不平衡的现象,导致运价上下波动。当货少船多,运价下跌时,船舶盈利逐渐减少,甚至出现亏损,企业被迫就要考虑封存(闲置)一部分运力,以减少亏损,调整供需关系,使运价回升。尽管发现亏损就意味着运输收入不能抵偿运输成本,但也不能一旦发生亏损就草率地将船舶封存起来,因为届时还会有一部分收入以抵偿营运成本的支出。而船舶封存起来以后,仍需要发生一定的维持费用,如资本费(折旧费)、看守费用、保险费、维护保养费等,称其为封存成本或闲置成本,虽然船舶的闲置成本远低于其营运成本,但这些成本却得不到任何来自船舶自身的补偿。权衡这两种状态的经济得失,可以得出船舶封存的经济条件。

在日常的经营工作中,为简便、直接地判别,可将上述亏损额与封存成本之间的比较转换为费率之间的比较,以便根据市场运费率的高低,直接作出反应。

下面分别给出程租和期租的封存费率。

1) 程租船舶

因为达到封存点时,航次亏损额 = 航次总成本 − 航次运费收入 = 在航次时间内的封存成本。所以,航次运费收入 = 航次总成本 − 在航次时间内的封存成本,即:

$$f_1 = \frac{(K_f + K_v - K_I) \times t_v}{Q} \tag{7-6}$$

式中:f_1——封存点所对应的运费费率;

　　　t_v——程租航次时间;

　　　K_f——船舶每营运天固定成本;

　　　K_v——船舶航次中平均每天变动成本(此项有时不与时间相关);

　　　K_I——船舶封存时每天封存成本;

　　　Q——船舶运载量。

当市场上承租费率 f 大于 f_1 时,尽管可能亏损但继续营运在经济上看也是合适的;当 f 小于 f_1 时,从经济上看,船舶应封存。

2) 期租船舶

因为达到封存点时有:期租保本费率 − 期租租金费率 = 每月每载重吨封存成本,即:

$$H/B - C/B = \frac{K_I \times 30}{\text{DW}} \tag{7-7}$$

所以,封存租金费率为:

$$(C/B)_1 = H/B - \frac{K_I \times 30}{\text{DW}} = \frac{(K_f - K_I) \times 30}{\text{DW}} \tag{7-8}$$

当市场期租租金费率 C/B 大于 $(C/B)_1$ 时,尽管船舶营运可能出现亏损,但继续营运还是合适的,只有当 C/B 小于 $(C/B)_1$ 时才可以说船舶继续营运已失去了经济意义。

四、运输成本

1. 航运成本分类

通常航运成本可以划分为资本成本、运营成本和航次成本。其中,船舶资本成本是指船舶运营者为购买或租赁船舶所支付的成本,主要由折旧和贷款利息两部分组成,用于衡量资本投入的回报率和投资项目的可行性;船舶运营成本是指船舶在正常运作过程中所需支付的费用,这些费用包括船舶的日常运营、维护和管理等方面的支出;航次成本为船舶每完成一次完整航行所需支付的总成本,是船舶运营的重要指标之一,用于评估航次的经济效益和可行性,主要包括燃油费、集装箱装卸费、船员薪酬、港口使费、运河费等。

1)按照成本计入方式划分

按照成本费用的归属和计入方式,可以将航运企业的船舶运营生产成本分为直接成本和间接成本。直接成本指每艘船舶直接计算的费用,包括折旧费、修理费、船员工资、燃料费、润料费、运河费、港口费、代理费以及其他航行费用等;间接成本是指以某种方法分摊到各船上的费用,包括行政管理费、财务费用、办公用品费以及其他岸上的费用。

2)按照是否与运量相关划分

按照成本费用支出是否与国际运输船舶运量有关,可分为固定成本与可变成本。固定成本是指在一定时间内,其发生总额不受运量增减变动而影响的相对固定费用,只要航运公司一经建立,即使运量为零,固定成本也会相应发生;可变成本是指总额随着运量、到发港、组织方式等因素变动而变动的费用。

2. 航运成本构成

航运成本构成是指航运企业在进行船舶运营生产过程中所发生的各项费用。在船舶总成本中,折旧即船舶资本成本占比最大。航运成本构成如图7-15所示。

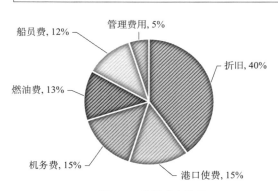

图7-15 航运成本构成

1)固定成本项目

航运作为资本密集型产业通常会产生大量的固定成本,其中除船舶的折旧外还包括许多条目,常见固定成本的构成如下:

(1)船员费:包括船员工资、伙食费、各类补贴、津贴以及其他社会福利费。

(2)润料费:主要包括各种船舶机械使用的润滑油及清洁剂的费用。该项费用约占燃料费5%~15%。

(3)物料费:船舶营运消耗的各类材料费用。

(4)折旧费:船舶在使用寿命期间由于自然磨损和年限推移而产生的价值减少所带来的费用。折旧法一般分为直线折旧和加速折旧两种,其中直线折旧法最为常见。

(5) 修理费：船舶在航行和使用过程中，由于设备故障、损坏或定期维护所需要进行修理和维护所产生的费用。

(6) 保险费：船舶营运者为防止发生不可抗力灾难，保护船舶、货物、第三方利益而支付的保险费用。

(7) 管理费：从事船舶管理活动所支出的费用及支付人员工资等。

2) 可变成本项目

可变成本与船舶航次数与货物运输量相关，因此常见的可变成本的通常在船舶航次过程中产生：

(1) 燃料费。船舶在航行、停泊、装卸作业时所消耗燃油费用的总和。在总成本中占13%左右。在航次费用的成本构成中，占60%左右，如果航程较长，其所占比例可能会更大。

(2) 港口税费。在港口、运河或特殊航行所发生的各项费用总和，主要包括船舶吨税、停泊费、码头费、引航费、拖船费、装卸费、运河通过费等。

3. 经济航速计算

在实际航行中，当航速不受抵达时间限制，以节约燃油、船舶维持最低水平为目的，只考虑船舶经济效益的影响，船长可根据当时气象与海况，采用某个合适的航速航行，该航速被称为经济航速。

$$KV_s^3 = \frac{1}{2}S_v \tag{7-9}$$

式中：K——船舶机能系数；
　　　V_s——经济航速；
　　　S_v——船舶每天固定费用。

$$K = \frac{24 \times 10^{-6} C_f g N}{V^3} \tag{7-10}$$

式中：C_f——燃油价格；
　　　g——燃油消耗率；
　　　N——主机功率；
　　　V——船舶航速。

$$S_{nm} = (K_{fc} + KV^3) \times 24 \times V \tag{7-11}$$

式中：S_{nm}——船舶航行每海里的费用；
　　　K_{fc}——船舶每天固定费用。

例：某油轮每天的固定费用为 14500 美元，$K=6.8$，则：

$$V_s = \left(\frac{14500}{2 \times 6.8}\right)^{\frac{1}{3}} = 10.2(\text{mile/h})$$

$$S_{nm} = (14500 + 6.8 \times 10.2^3) \times 24 \times 10.2 = 88.7(\text{美元})$$

如果按 $V=12.5$ 计算，

则：

$$S'_{nm} = (14500 + 6.8 \times 12.5^3) \times 24 \times 12.5 = 92.60(\text{美元})$$

采用经济航速可节省燃油费：$(92.6-88.7)/92.6 = 4.3\%$。

采用经济航速航行,虽然是每海里的航行费用降到最低,但航次时间却增加了,因此,船长再决定使用经济航速航行时,应充分考虑到货载、市场机会损失、目的港等多方面情况,并从货主利益角度考虑其因航次时间延长所造成的资金利益损失等。

五、船舶调度问题

班轮船舶调度问题(liner ship scheduling problem)旨在优化班轮船舶的部署、船期表以及集装箱运输量。单航线班轮船舶调度问题,以最小化运营成本为目标,决策班轮船舶的船期表(到港、离港时间)、船舶部署数量、船舶速度以及集装箱运输量,并通过建立非线性混合整数规划模型来刻画班轮船舶调度问题。随后,设计一个外部近似算法将模型线性化,线性化后的模型可以通过 CPLEX、LINGO 等商用求解器进行有效的求解。

1. 符号说明与问题假设

本节的符号如下:

I:单一航线上的航段集合;

Q:OD 对集合;

q^{od}:单一航线上的起运港 o 到目的港 d 的集装箱运输需求量(每周);

L_i:单一航线上第 i($\forall i \in I$)个航段的距离(n mile);

Cap:单一航线上的装载能力;

β_i:在第 i($\forall i \in I$)个挂靠港处理单位集装箱所需的时间(h);

C^{fix}:表示一艘集装箱船的固定运营费用(美元/每周);

C^{fuel}:船用燃料的价格(每 t);

$C_i^{container}$:在港口 i($\forall i \in I$)处理(装载或卸载)一个集装箱的费用(美元)。

此外,为了表述我们的问题,本节考虑以下假设:

(1)集装箱运输需求是固定的。

(2)在成本结构方面,本书考虑了固定船舶营运成本、燃油成本和港口费用。

(3)本书考虑每条航线的每周服务频率。

2. 问题描述

对于单一特定的航线,可以通过如下公式描述:

$$p_1 \rightarrow p_2 \rightarrow p_3 \rightarrow \cdots \rightarrow p_{n-1} \rightarrow p_n \rightarrow p_0 \tag{7-12}$$

式中,p_1 是航线上船舶访问的第一个港口,p_n 是航线上船舶访问的最后一个港口,从 p_i 到 p_{i+1} 的航程,被定义为航线上的航段 i($\forall i \in I$)。此外,在不失一般性的前提下,本节考虑了班轮调度问题中的航速优化问题。一般来说,燃油消耗对船舶航行速度非常敏感,关于速度和油耗的关系,如下定义:

$$G_i(v_i) = a_i (v_i)^{b_i}, \forall i \in I \tag{7-13}$$

式中,G_i 表示船舶在航段 i($\forall i \in I$)上的油耗(t/天),v_i 表示船舶在航段 i($\forall i \in I$)上的航行速度,参数 a_i 和 b_i 为油耗系数。

3. 决策变量与优化模型

模型的决策变量为:

n:单一航线上部署船舶的数量;

t_i^{arr}：船舶到达港口 i($\forall i \in I$)的时间；

t_i^{dep}：船舶离开港口 i($\forall i \in I$)的时间；

t_i^{port}：船舶在港口 i($\forall i \in I$)停靠的时间；

f_i：航段 i($\forall i \in I$)上运输的集装箱数量；

x_i^{od}：在航线上 i($\forall i \in I$)的从起运港 o 到目的港 d 的集装箱数量；

v_i：船舶在航段上 i($\forall i \in I$)上的速度。

非线性混合整数规划模型构建如下：

$$\min C^{\text{fix}} \times n + \sum_{i \in I} C^{\text{fuel}} \times L_i \times G_i(v_i) + \sum_{i=1}^{N} \sum_{(o,d) \in Q} C_i^{\text{container}} \times (x_i^{od}) \quad (7\text{-}14)$$

约束条件：

$$f_i \leq Cap, \forall i \in I \quad (7\text{-}15)$$

$$f_{i-1} + \sum_{(o,d) \in Q} x_i^{id} - \sum_{(o,d) \in Q} x_i^{oi} - f_i = 0 \quad (i = 2, 3, \cdots, N) \quad (7\text{-}16)$$

$$f_N + \sum_{(1,d) \in Q} x_1^{1d} - \sum_{(o,1) \in Q} x_1^{o1} - f_1 = 0 \quad (7\text{-}17)$$

$$\sum_{(o,d) \in Q} (x_i^{od} \times \beta_i) \leq t_i^{\text{port}} \quad (i = 1, 2, 3, \cdots, N) \quad (7\text{-}18)$$

$$x_o^{od} = q^{od}, \forall (o,d) \in Q \quad (7\text{-}19)$$

$$x_d^{od} = q^{od}, \forall (o,d) \in Q \quad (7\text{-}20)$$

$$t_t^{\text{dep}} - (t_i^{\text{arr}} + t_i^{\text{port}}) = 0 \quad (i = 1, 2, \cdots, N-1) \quad (7\text{-}21)$$

$$t_{t+1}^{\text{arr}} - (t_i^{\text{dep}} + L_i/v_i) = 0 \quad (i = 1, 2, \cdots, N-2) \quad (7\text{-}22)$$

$$t_{n-1}^{\text{dep}} + L_{n-1}/v_{n-1} - t_1^{\text{arr}} - 168 \leq 0 \quad (7\text{-}23)$$

$$0 \leq t_1^{\text{arr}} \leq 168 \quad (7\text{-}24)$$

$$\sum_{i=1}^{N} \sum_{(o,d) \in Q} (x_i^{od} \times \beta_i) + \sum_{i \in I} L_i/v_i \leq 168 \times n \quad (7\text{-}25)$$

$$v_{\min} \leq v_i \leq v_{\max}, \forall i \in I \quad (7\text{-}26)$$

$$f_i \geq 0 \quad (i = 1, 2, \cdots, n) \quad (7\text{-}27)$$

$$x_i^{od} \geq 0, \forall (o,d) \in Q \quad (7\text{-}28)$$

$$t_i^{\text{arr}}, t_i^{\text{dep}}, t_i^{\text{port}}, n \in Z^+ \cup \{0\}, \forall i \in I \quad (7\text{-}29)$$

其中，168 为一周总的小时数。目标函数(7-14)表示集装箱班轮运输每周总的运营成本最小，其中运营成本由三部分组成，第一部分是船舶固定成本，第二部分是船舶整个运输过程中的燃油成本，第三部分是集装箱在挂靠港口处理(装载或装卸)集装箱的成本；约束(7-15)表示在任何一个航段行驶的船舶的载货量不能超过船舶载能力；约束(7-16)、约束(7-17)为流量守恒约束；约束(7-18)约束了船舶在港口的停靠时间；约束(7-19)和约束(7-20)分别约束了集装箱在起运港一定被装载、在卸货港一定被卸载；约束(7-21)~约束(7-24)约束了船舶到港时间与船舶离港时间；约束(7-25)表示对周服务频率进行了约束；约束(7-26)约束船舶的行驶速度；约束(7-27)~约束(7-29)是对决策变量的约束。

4. 求解方法

班轮船舶调度模型是典型的非线性混合整数规划模型。油耗与速度关联的非线性函数 $G_i(v_i)$ 使得模型无法直接用商用求解器进行求解。因此，可设计一个外部近似算法用以将模型线性化。

首先,本节定义变量 u_i 如下:
$$u_i = 1/v_i, \forall i \in I \tag{7-30}$$
然后,替换与速度决策变量相关的约束(7-25)和约束(7-26)为:
$$\sum_{i=1}^{N} \sum_{(o,d) \in Q} (x_i^{od} \times \beta_i) + \sum_{i \in L} L_i \times u_i \leq 168 \times n; \tag{7-31}$$
$$1/v_i^{\max} = u_i^{\min} \leq u_i \leq u_i^{\max} = 1/v_i^{\min}, \forall i \in I \tag{7-32}$$
用函数 $Q_i(u_i)$ 来代替原有的非线性函数 G_i:
$$Q_i(u_i) = G_i(1/u_i), \forall i \in I \tag{7-33}$$
因此,目标函数(7-14)可替换为:
$$\min C^{\text{fix}} \times n + \sum_{i \in I} C^{\text{fuel}} \times L_i \times Q_i(u_i) + \sum_{i=1}^{N} \sum_{(o,d) \in Q} C_i^{\text{container}} \times (x_i^{od}) \tag{7-34}$$
通过 $G_i(v_i)$ 可推导出 $Q_i(u_i)$ 如下:
$$Q_i(u_i) = g_i(1/u_i) = \frac{a_i (1/u_i)^{b_i}}{24 \times (1/u_i)} = a_i (1/u_i)^{1-b_i}/24, \forall i \in I \tag{7-35}$$
由于 $Q_i(u_i)$ 在 $[u_i^{\min}, u_i^{\max}]$ 上是凸,因此目标函数是凸的。

考虑到函数 $Q_i(u_i)$ 的凸性,本节用一个分段线性函数来近似它。为了控制近似误差,本节可以定义一个绝对目标值误差 ω,即近似得到的解在目标值上不应比最优解差 ω 以上。在我们的算法中,我们按照航程距离的比例分配航程腿之间的总误差 ω。定义 $\overline{\omega}$ 为:
$$\overline{\omega} = \frac{\omega}{C^{\text{fuel}}} \times \frac{1}{\sum_{i \in I} L_i} \tag{7-36}$$

如果对于 $Q_r(u_r)$ 的近似误差不高于 $\overline{\omega}$,可以认为目标函数总体误差不高于 ω。现在,本节介绍了一种算法,它生成一个分段线性函数,用尽可能少的片段来逼近凸函数 $Q_r(u_r)$,并令 $Q_i'(u_i)$ 表示 $Q_r(u_r)$ 的导数。
$$Q_i'(u_i) = a_i(1-b_i)(u_i)^{b_i}/24 \tag{7-37}$$

图 7-16 描述了其算法过程。

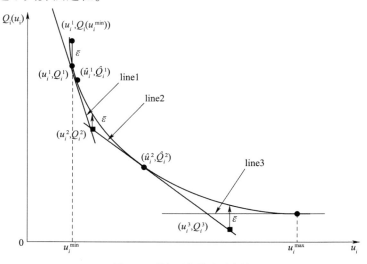

图 7-16 外部近似算法示意图

外部近似算法的步骤如下：

步骤1：用 Ψ 表示近似分段直线集合，$\Psi \neq \emptyset$。设 $k=0$，$u_i^1 = u_i^{\min}$ 和 $Q_i^1 = Q_i(u_i^1) - \bar{\varepsilon}$，$k = k+1$，判断不等式 $\dfrac{Q_i(u_i^{\max}) - Q_i^k}{u_i^{\max} - u_i^k} \geq Q_i'(u_i^{\max})$。

步骤2：若不等式成立，且节点 $[u_i^k, Q_i(u_i^k)]$ 在切直线 $Q_i(u_i)$ 与 $u_i^{\max}$ 之下。则将满足函数的直线 $Q_i - Q_i(u_i^{\max}) = Q_i'(u_i^{\max})(u_i - u_i^{\max})$ 添加到集合 Ψ。当前步骤结束，转步骤3。若不成立。在 Ψ 中添加经过节点 $[u_i^k, Q_i(u_i^k)]$ 且满足 $Q_i(u_i)$ 的外延直线 k，表示为：假设直线 k 在点 $(\hat{u}_i^k, \hat{Q}_I^k)$ 处表示为 $Q_i(u_i)$ 的外延线。可得出等式 $\hat{Q}_I^k = a_i(\hat{u}_i^k)^{1-b_i}/24$，其中 $\dfrac{\hat{Q}_I^k - Q_i^k}{\hat{u}_i^k - u_i^k} = \hat{Q}_i(\hat{u}_i^k) = a_i(1-b_i)(\hat{u}_i^k)^{-b_i}/24$。结合上述等式，通过等分搜索估计 $\hat{u}_i^k$，则直线 k 表示为：$Q_i - Q_i^k = \dfrac{\hat{Q}_I^k - Q_i^k}{\hat{u}_i^k - u_i^k}(u_i - u_i^k)$。当前步骤结束，重复步骤2。

步骤3：于直线 k，当 u_i 表示 $u_i^{\max}$ 值，Q_i 表示如下：$Q_i^k + \dfrac{\hat{Q}_I^k - Q_i^k}{\hat{u}_i^k - u_i^k}(u_i^{\max} - u_i^k)$。若上述值不小于 $Q_i(u_i^{\max}) - \bar{\varepsilon}$，即当 u_i 取值为 $u_i^{\max}$ 时，直线 k 与函数 $Q_i(u_i)$ 之间的差距不大于 $\bar{\varepsilon}$，那么可以得出结论："当 u_i 取值为 u_i^k 和 $U^{\max}$ 之间的任意值时，直线 k 与函数 $Q_i(u_i)$ 之间的差距也不大于 $\bar{\varepsilon}$"。当前步骤结束，转步骤3。若大于 $Q_i(u_i^{\max}) - \bar{\varepsilon}$，则直线 k 上存在一个点 (u_i^{k+1}, Q_i^{k+1})，使得 $u_i^k < u_i^{k+1} < u_i^{\max}$ 且 $Q_i^{k+1} = Q_i(u_i^{k+1}) - \bar{\varepsilon}$。通过分段搜索法进行点的数值估计，类似上述的 $\hat{u}_i^k, \hat{u}_i^{k+1}$，在此不做重复描述。当前步骤结束，转步骤1。

步骤4：设 K_i 为 k 的当前值，即 Ψ 的行数。以下通用形式 $Q_i = \text{slope}_{ik} \times u_i + Q - \text{intercept}_{ik}$ 表示 Ψ 中由步骤1定义的直线 k，$k = 1, 2, \cdots, K_i$。用 $\bar{Q}_i(u_i)$ 表示的线性近似函数，可写成：$\bar{Q}_i(u_i) = \max\{\text{slope}_{ik} \times u_i + Q - \text{intercept}_{ik}, k = 1, 2, \cdots, K_i\}$。

接下来，式(7-34)中的 $Q_i(u_i)$ 可以被 $\bar{Q}_i(u_i)$ 替换：

$$\min C^{\text{fix}} \times n + \sum_{i \in I} C^{\text{fuel}} \times L_i \times \bar{Q}_i(u_i) + \sum_{i=1}^{N} \sum_{(o,d) \in Q} C_i^{\text{container}} \times (x_i^{od}) \tag{7-38}$$

算法1和函 $Q_i(u_i)$ 的凸性表明：

$$Q_r(u_r) - \bar{\omega} \leq \bar{Q}_r(u_r) \leq Q_r(u_r), \forall i = I \tag{7-39}$$

因此，通过使用分段线性函数 $\bar{Q}_i(u_i)$ 代替 $Q_i(u_i)$，可以将总目标值误差控制在误差水平 ω 之内。此外，本节通过引入新的决策变量 Q_i，将提出的非线性模型可以转化为线性混合整数规划模型如下：

$$\min C^{\text{fix}} \times n + \sum_{i \in I} C^{\text{fuel}} \times L_i \times Q_i + \sum_{i=1}^{N} \sum_{(o,d) \in Q} C_i^{\text{container}} \times (x_i^{od}) \tag{7-40}$$

约束条件：

$$t_{t+1}^{\text{arr}} - (t_i^{\text{dep}} + L_i \times u_i) = 0 \quad (i = 1, 2, \cdots, N-2) \tag{7-41}$$

$$t_{n-1}^{\text{dep}} + L_{n-1} \times u_i - t_1^{\text{arr}} - 168 \leq 0 \tag{7-42}$$

$$\sum_{i=1}^{N}\sum_{(o,d)\in Q}(x_i^{od}\times\beta_i)+\sum_{i\in I}L_i\times u_i\leq 168\times n \tag{7-43}$$

$$Q_i\geq\text{slope}_{ik}\times u_i+Q-\text{intercept}_{ik},\forall i\in I,\forall k\in K \tag{7-44}$$

该线性模型可以通过商用求解器 CPLEX 高效求解。令原混合整数非线性规划模型的最优目标值为 Opt。用 LB 来表示近似模型(线性模型)的最优解,同时 LB 也是 Opt 的下界。将近似模型(线性模型)的最优解作为原模型(非线性模型)的一个可行解。因此,Opt 的上界可以定义为:

$$UB=C^{\text{fix}}\times n^*+\sum_{i\in I}C^{\text{fuel}}\times L_i\times G_i(1/u_i^*)+\sum_{i=1}^{N}\sum_{(o,d)\in Q}C_i^{\text{container}}\times(x_i^{*od}) \tag{7-45}$$

根据外部近似机制,目标函数值之间的关系可表示为:

$$LB\leq Opt\leq UB\leq LB+\omega \tag{7-46}$$

复习思考题

1. 水路运输的主要特点是什么?
2. 简述班轮运输和不定期船运输的区别和联系。
3. 航运公司在编制船期表时需要注意哪些问题?
4. 为什么不定期船运输需要向货主提供低廉的运输服务?不定期船的经营者通常采取哪些措施以提供低廉的服务?
5. 在航运市场中,当货少船多,运价下跌时,船舶盈利逐渐减少,甚至出现亏损,企业就要被迫考虑封存(闲置)一部分运力,以减少亏损,调整供需关系,使运价回升。现假设一艘程租船舶的航次时间为 7 天,每航次总成本为 3 万美元,船舶每营运天固定成本为 4000 美元,每天变动成本为 2000 美元,封存时每天封存成本为 500 美元,船舶运载量为 5000t。试计算:

(1)当市场承租费率为每载重吨 10 美元时,该船舶应继续营运还是封存?

(2)当市场承租费率为每载重吨 5 美元时,该船舶应继续营运还是封存?

(3)若船东考虑将该船期租,年营运用月数按 11.5 个月计算,目前航运市场上的期租船舶租价为 5 万美元每天,则该船东是否应该将船舶按照期租的方式出租继续运营。

6. 某航运公司有三条货船提供航次租船服务,它们的船舶信息记录如下表所示。试求这三条船航次每天的净收益。哪艘船能为班轮公司带来最高的收益?这能说明航运领域中的什么现象?

船名	航次时间(天)	每天营运费用(美元)	航次固定成本(美元)	航次变动成本(美元/天)	航次净收入(美元)	船舶载重吨(t)
A	7	2000	3000	1000	100000	8000
B	15	2500	10000	2000	250000	10000
C	30	3000	20000	3000	600000	15000

第八章

航空运输系统及组织

1903年12月17日,美国莱特兄弟发明的重于空气且受控持续动力飞行的航空器,开启了航空时代,航空运输业则是第一次世界大战结束后才开始发展。航空运输发展迄今为止仅百余年,但因其具有快速、便捷、舒适、安全、高效益性、国际性和机动性等特点,在国际、长距离和地面交通不便地区以及应急救援运输中优势明显,已经广泛应用于国际政治、经济、军事科技、社会生产和生活各个方面。在现代综合交通运输体系中,航空运输在长距离尤其是国际客货运输和高价值货物运输方面具有不可替代的作用。随着经济社会的发展,其运输产值所占比重不断上升,已经成为现代综合交通运输体系中至关重要的组成部分。

第一节 航空运输系统组成

航空运输系统是一个复杂的、包括多个组成部分的体系,由载运工具、线路、运输节点以及系统中的控制和管理等子系统组成。航空运输系统最核心的部分包括航空公司子系统、机场子系统和空管子系统组成。这些部分协同工作,以确保安全、高效地运输乘客和货物。航空运输过程是一个复杂的生产过程,需要空中与地面多方面的保障与服务工作密切配合,通过多层次的综合协调共同完成。航空运输系统的载运工具(飞机)一般主要由各类航空经营者(航空公司)来提供,他是运输生产的主体,是航空运输系统直接面对旅客或货主的最主要部分。

飞机:飞机作为航空运输中的载运工具,负责实际的运输任务。航空运输中的各项活动,均是围绕飞机而开展的,如航空公司运营、航线设计,以及机场规划设计与管理等,因此,飞机是航空运输系统的核心。根据不同的用途,飞机可以分为客机、货机以及商务飞机等。客机主要用于运送旅客,货机用于运输货物,而商务飞机则主要用于公司或私人用途。

机场:机场是航空运输的节点,提供起飞、降落、乘客换乘、货物装卸等服务。机场通常包括跑道系统、航站楼(客货)、停机坪、行李处理区、安检区等设施。

空中交通管理系统:为了安全和高效起见,要求飞机在机场及航路中的活动应当按照一定的规则组织进行,这就是空中交通管理。空中交通管理系统负责监控和控制飞机在空中的运行,确保飞行安全、有序。这个系统包括空中交通管制员、雷达、卫星通信设备等。空中交通服务、空域管理、空中交通流量管理等空中交通管理在航空运输系统中的作用不可或缺。航路导航设施也是重要的航空运输基础设施。

飞行航线:飞行航线是飞机在空中运行的路径,它们连接不同的城市或地区。航线需要经过规划和批准,以确保飞行的安全和效率。

航空公司和支援服务:航空公司是提供航空运输服务的主体单位,负责飞机的运营、维护、安全管理等。航空公司是航空运输系统直接面对旅客或货主服务的最主要部分,即使延误是由恶劣天气或飞机流量管理造成的,也会造成旅客对航空公司的抱怨。支援服务包括飞机制造商、机场运营商、旅行社等,它们为航空公司提供必要的支持,确保航空运输的顺利进行。

旅客通过与航空公司接触的界面感受航空公司的服务质量,包括机票销售、航站楼服务和机上服务等,但航空公司的服务质量取决于服务链上的每个环节,从机队规划(机型的选择)、航线规划、航班计划、机务维修到运行控制,甚至为旅客服务的信息系统,处处都体现出航空公司的服务水平和服务质量。

图 8-1 所示为航空运输系统的基本构成,各单元分工协作,共同完成航空运输的各项业务活动。航空运输体系除了上述四个基本组成部分外,还有商务运行、机务维护、航空供应、油料供应、地面辅助及保障系统等。

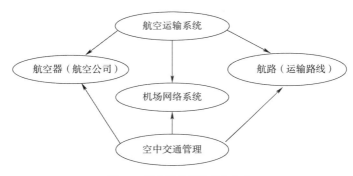

图 8-1 航空运输系统基本构成

为了保障各国、各区域间航空运输服务和管理的协调配合,诞生了国际航空运输组织机构,如国际民航组织(ICAO)和国际航空运输协会(IATA)等,负责制定和推广航空运输的国际标准和规范,促进不同国家和地区之间的航空运输合作。

为保障用户的服务质量,特别是安全服务,各国政府都有政府监管机构,如中国民用航空局,负责对本国航空运输行业的监管,包括航空公司、机场、飞行员等的许可和监督,以及制定相关的法规和政策。

航空运输运行过程由众多的支持系统构成,如图 8-2 所示,系统的边界是"机场陆路到达系统"。它的外部是社会系统的其他部分和气象等自然系统,系统的服务对象是运输需求发生地(需求源)。机场公司和空中交通管理局则为航空公司提供生产保障服务,帮助和支持航空公司完成运输生产任务。因此,航空公司在航空运输系统内部是机场和空管局的客户。

航空运输与外部环境社会的关系如图 8-3 所示。

为区分民用航空与军用航空,使用各类航空器从事除了军事性质(包括国防、警察和海关)以外所有的航空活动,称为民用航空。民用航空一般分为两个部分:商业航空与通用航空。商业航空即航空运输,是指以航空器进行经营性的定期或不定期的乘客、货物或邮件的空中运输以换取收入。经营性表明航空运输是一种商业活动,以盈利为目的。通用航空指除商业运输以外的其余部分,一般分为工业航空、农业航空、体育竞赛飞行、教练机等。

虽然航空运输在运输量方面与其他运输方式相比是较少的,但由于其快速、远距离运输能力及高效益性，其运输产值所占比重不断上升，在经济全球化的浪潮中和国际交往中发挥着不可替代的重要作用。

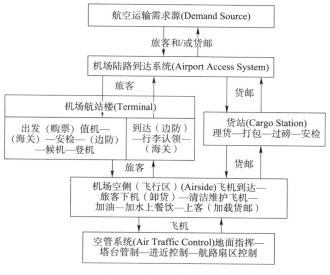

图 8-2　航空运输支持系统

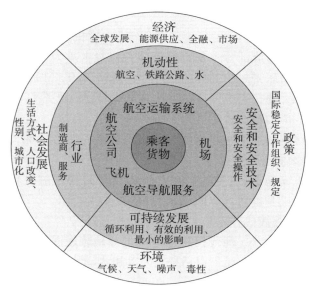

图 8-3　航空运输系统与外部环境社会的关系

第二节　商用飞机

航空运输业是全球经济的重要组成部分，其载运工具不仅是现代交通运输体系的重要组成部分，更在促进全球经济发展、文化交流和科技进步方面发挥着关键作用。民用飞机是用于非军事目的运人载物的交通工具，分为商用飞机和通用飞机。商业飞机主要用于国内和国际的干线客机、货机或客货两用机,以及国内的支线运输机。商业飞机的特点是它们以盈利为目的,进行经营性的客货运输,是交通运输系统的一部分,与铁路、公路、水路和管道运输共同构成国家的交通运输系统。商业飞机的运营特别强调安全性、经济性和舒适性,确保旅客在飞行中的生命安全是最首要的要求。通用飞机包括公务机、农业机、林业机、轻型多用途机、巡逻救护机、体育运动机和私人飞机等。通用飞机用于非商业目的,如公务飞行、农业作业、林业作业、体育运动等。本教材仅介绍商用飞机。

一、商用飞机结构

商用飞机主要由机身、机翼、尾翼、起落架、发动机等部分组成(图8-4)。

图8-4 商用飞机结构组成

机身是飞机的主体,布置有客舱、行李舱和服务舱(货机则安排货舱),前部布置驾驶舱和操纵系统。飞机的其他组成部分也都直接安装在机身上。为了保证旅客的安全和舒适,现代客机的客舱都使用增压密封舱,舱内装有空调、供氧、救生等设备。

机翼是飞机产生升力并在空中保持稳定性的主要部分。机翼上有襟翼、副翼等操纵面。大多数机型都把主要的燃油箱安置在机翼里面。

尾翼通常由垂直尾翼和水平尾翼组成。垂直尾翼上安装方向舵,水平尾翼上安装升降舵,两者均为飞机的重要操纵面。

起落架是飞机起飞离地前、着陆后滑跑和地面滑行时使用的机轮组及其支架的总称。多数飞机的起落架在飞机升空后可以收入机身,以减小飞行阻力。在雪地或水上起降的飞机起落架,可以用橇板或浮筒代替轮子。

发动机是飞机的动力装置。现代民用运输机主要是装用涡轮喷气发动机、涡轮风扇发动机的喷气飞机和涡轮螺旋桨飞机。以活塞式发动机为动力装置的飞机已不被用于主要航班运输,并正在逐渐被淘汰。

二、商用飞机的分类

商用飞机按照用途可分为客机、货机、客货两用机、客货混合型飞机;按航程分为远程飞机、中短程飞机和支线飞机;按照飞机宽度尺寸分宽体机和窄体机等。

客机即专门设计用于运送乘客的飞机,其特点是通常配备有舒适的乘客座椅、娱乐系统、餐饮服务和其他为旅客舒适和便利而设计的设施。客机主要用于商业客运,包括国内和国际航线。常见机型如波音737、空客A320系列等。货机则是专门设计用于运输货物的飞机,通常具有较大的货舱空间,无乘客座椅,一般还配备有专门的货物装卸系统,用于快递、货物运输、军事物资运输等。一些较大的航空公司,尤其是货运航空公司,开辟定期的货运航班,使用全货机运输。常见机型如波音747全货机、空客A300-600、运20等。客货两用机提供了更大的灵活性,它既可以运送乘客也可以运输货物。这类飞机的机舱可以快速转换,适应不同的运输需求,适用于旅客和货物运输需求不固定的航线。常见机型如波音737-20QC即是典型的"客货快速转换型",其机身和地板都进行了加强,并且使用了很多"快拆"结构。最著名的"客货混装型"飞机是波音747,在747-200的时代,波音公司就开始了"客货混装"的尝试,机舱的前半截是客舱,后半截是货舱,这样不仅解决了大物件的运输问题,也解决了既要远程越洋,乘客不多的问题。

按照航程及在航线结构中的作用,商用飞机可以分为远程飞机、中短程飞机和支线飞机。远程飞机是指那些能够执行跨洲际或长距离的国际航班。远程飞机的航程为10000km左右,可以完成中途不着陆的洲际跨洋飞行,这些飞机通常具有较大的尺寸,能够携带更多的燃料和乘客,提供更高的舒适度。常见机型如波音777、波音747、空客A350和空客A380等。中短程飞机主要用于中等距离的航线,通常是国内或区域间的航线,这些飞机的尺寸和航程能力适中,常见机型如波音737系列、空客A320系列、我国研制的C919等。中程飞机的航程为3000km左右。近程飞机的航程一般小于1000km,适用于城市间的商业航班,是商业航空中最常见的飞机类型之一。支线飞机是指那些用于旅客流量较少的短途或区域航线的飞机,这些飞机通常较小,能够容纳的乘客数量也较少,但它们可以在较短的距离内提供有效的服务,适用于旅客流量较少的航线,如连接偏远地区或小型城市。常见机型如巴西航空工业公司的E系列飞机、加拿大庞巴迪的CRJ系列等。

中国民航业使用的飞机类型涵盖了从窄体到宽体、从短程到远程的各种机型。窄体飞机如波音737系列和空客A320系列等,主要用于中短途航线;宽体飞机如波音777、787和空客A330、A350等,用于长途国际航线。此外,中国也在积极发展和推广国产飞机,如C919和ARJ21,这些飞机未来有望在国内外航线上发挥更大的作用。

1. 商用飞机主要机型

经过近一个世纪的发展,民用航空运输在速度和运力两个方面都有非常大的进步。作为民航运输的承载者,飞机自身也经历了长时间发展演变和多次技术革命创新,不断引入航空科学技术的最新成果,并不断适应世界航空运输业发展变化的需求。

全世界的飞机制造商市场是一个持续整合的过程。20世纪初,飞机制造商市场非常多元化。美国洛克希德公司成立于1926年,麦道公司是美国主要的航空航天制造公司和国防承包商,由麦道飞机公司和道格拉斯飞机公司于1967年合并而成,道格拉斯飞机公司的DC-3是民用航空史上的一个重大里程碑,自1935年问世以来,共生产了13000余架。DC-3主宰了一个时代,它在民用航空史上的地位是空前的。洛克希德公司及其竞争对手麦道公司因开发远程宽体飞机以与波音747和计划中的波音777竞争而失败,洛克希德公司于1984年退出商用飞机领域。麦道公司1997年被其主要竞争对手美国波音公司收购合并。

美国波音公司成立于1917年,并于1958年交付了第一架商用喷气式飞机——波音707。此后,该公司推出了一系列成功的客机,例如B727、B737、B747、B757、B767、B777和B787。波音737系列是飞机制造商有史以来制造的最成功的飞机。波音公司从2001年到

2018 年净利润稳定增长。但波音 737MAX 在全球范围内停飞以及波音 787 的发动机问题导致波音公司在 2018 年遭受 6.36 亿美元的历史最高损失。

空中客车公司成立于 1970 年,旨在将欧洲主要位于法国、德国、英国和西班牙的分散的商用喷气客机制造行业整合为一个强大的抗衡和国际竞争对手,主要针对美国的飞机制造商。空客第一架商用飞机宽体 A300 于 1974 年交付。自成立以来,空客通过一系列窄体和宽体飞机逐步扩大产品范围,成功从波音手中夺取了市场份额。过去几年,就每年交付的飞机数量而言,空客与波音持平。2018 年底,空客 A320 系列以在役 7251 架超越了波音 737 的 6757 架,成为商用飞机历史上销量最高的飞机。2019 年,空客交付的飞机总数甚至超过了波音交付的飞机总数。

比较波音和空客两家公司的主要机型,虽然设计理念完全不同,但作为相互竞争全球市场的两家垄断性公司,主要对应机型之间的产品功能差异较小。从载客量、性能、燃油效率和航程等方面进行比较,空客 A320 与波音 737 系列、空客 A350 与波音 787 甚至空客 A380 与波音 747-8 都是非常相似的产品。波音 777 每座位英里的成本与空客 A330 非常相似。波音公司 737 系列机型和空客 A320 系列飞机的订单均已经超过 15000 架。图 8-5 是波音与空客公司主要机型的座位数对比。

图 8-5 波音与空客公司主要机型的座位数对比

加拿大支线飞机制造商庞巴迪和巴西航空工业公司通过升级和扩大其支线涡轮螺旋桨飞机型号进入支线喷气机市场,专注于生产小型(50 座)和中型(50~100 座)商用涡轮螺旋桨飞机和喷气式飞机(图 8-6)。目前它们是全球主要的支线飞机供应商。考虑到空客和波音分别与庞巴迪和巴西航空工业公司的战略合作伙伴关系,在全球民用飞机市场上,空客和波音现在实际上构成了双头垄断。

　　　　a) 加拿大庞巴迪CRJ客机　　　　　　　　b) 巴西ERJ客机

图 8-6　典型支线客机

中国民航飞机的研发与发展历程大致分为四个阶段：第一阶段，20 世纪 70~80 年代艰难起步，中国第一次尝试自主研发大型飞机运-10，但由于技术水平和经济条件的限制，运-10 项目在 1986 年被迫终止。第二阶段，20 世纪 90 年代通过对新舟 60 的尝试进行了反复探索。第三阶段，21 世纪初以 ARJ-21 项目为代表的缓慢发展。第四阶段，运-20 和 C919 成功自主研发并投入航线运营，初见成效。每个阶段都标志着中国在民航飞机制造领域的重要进步。

C919 是中国商用飞机有限责任公司研制的窄体喷气机，如图 8-7 所示。它在性能上与波音 737 和空客 A320 具有竞争趋势。从运-10 到运-20，从 ARJ-21 到 C919，再到今后的 C929，中国一直在努力提升其在全球民航制造业中的地位。

图 8-7　中国制造 C919 商用飞机

波音公司和空客公司主要机型、中国的 C919，以及加拿大和巴西的典型支线飞机的主要参数对比见表 8-1。

主要商用飞机参数对比　　　　　　　　　　　　　表 8-1

机型	类型	座位数	航程(km)	长度(m)	翼展(m)	等级	首飞年份
波音 737	窄体	85~215	5950~7080	39.5	35.8	4C	1967
波音 747	巨型	366~605	14310~15050	70.6	64.4	4E	1969
波音 787-10	巨型	335~420	11910~14095	68	60	4E	2018

续上表

机型	类型	座位数	航程(km)	长度(m)	翼展(m)	等级	首飞年份
空客 A320	窄体	100~240	5740~11110	37.57	34.1	4C	1987
空客 A350	宽体	250~440	14350~17950	60.54	64	4E	2013
空客 A380	巨型	555~853	10400~15700	79.75	72.75	4F	2007
C919	窄体	156~168	3800~5900	38.9	35.8	4C	2017
ERJ-170	窄体	70~122	2590~3330	29.9	26	4C	2003
CRJ-200	窄体	50	1825~2888	26.77	21.21	4C	1996

2. 商用飞机主要性能

商用飞机性能选型是否合理决定了航空公司运营成本、运营网络构建等。飞机性能主要体现在为航线适应性、航线经济性、机场适应性和客运市场定位等方面。

商用飞机的航线性能主要体现在航程能力、业载能力和巡航高度三个指标。

航程能力是指飞机在满载燃料和乘客(或货物)的情况下能够飞行的最远距离。航程是商用飞机设计时的一个关键考虑因素,它决定了飞机能够执行哪些类型的航线。航程受到多种因素的影响,包括飞机的设计、发动机效率、载重以及风速等。对于长距离的国际航班,航程尤为重要。商用飞机的航程可以从几百公里到超过 1 万 km 不等。例如,短程的窄体客机(如波音 737 或空客 A320 系列)通常具有 3000~6000km 的航程,适合国内或区域航线。而远程的宽体客机(如波音 777 或空客 A350)则可以飞行超过 10000km,适合跨洲际飞行。

业载能力是指在航线距离相同条件下,装载旅客和货物的能力。业载能力越强,运输的旅客和货物越多。商用客机载客量是指飞机能够搭载的乘客数量,这个数字取决于飞机的型号、座位布局以及航空公司的具体配置。例如,窄体客机(如波音 737 或空客 A320 系列)通常能搭载 150~240 名乘客,而宽体客机(如波音 777 或空客 A350)的载客量则在 250~400 名乘客之间。用于连接小型或偏远地区机场的支线飞机,它们的载客量通常在 50~100 名乘客之间。航空公司在配置飞机时,会根据其航线需求、运营成本和目标市场来决定座位布局。

巡航高度是指飞机在完成爬升阶段后,进入稳定飞行状态时巡航阶段飞行的高度。巡航高度能力越强,航空器所适用的航线范围越广,经济性也会得到大大的改善。巡航高度的选择基于多种因素,包括飞机的性能、燃油效率、航线条件、天气情况以及空中交通管制的规定。不同型号的飞机有其最佳巡航高度,这通常是在飞机设计和测试阶段确定的。在这个高度,飞机可以达到最高的燃油效率和最佳的性能。选择合适的巡航高度对于确保航班的安全、准时和经济性都至关重要。

航线经济性一般可采用巡航速度间接衡量,可反映出燃油经济性和驾乘人员的成本。商用飞机的巡航速度是指飞机在稳定飞行状态(通常是在高空中)时的速度。这个速度是在飞机设计和优化过程中确定的,以确保在给定航程和载重条件下,飞机能够以最经济的方式飞行。巡航速度通常在 800~900km/h 之间,不同型号的飞机有不同的最佳巡航速度。例如,窄体客机(如波音 737 或空客 A320 系列)和宽体客机(如波音 777 或空客 A350)的最佳巡航速度可能会有所不同。具体速度取决于多种因素,如飞行高度、风速和天气条件、载重等。商用飞机的巡航速度是综合考虑飞机性能、燃油效率和飞行效率后确定的一个平衡点。航空公司会根据航线的具体情况和运营需求安排飞行员的选择适当的巡航速度,以实现最佳的运营效率和乘客舒适度。

商用飞机对机场适应性主要体现在对跑道长度、跑道坡度限、机场高度和机场道面等的要求上。如飞机起飞和降落所需的跑道长度取决于飞机的型号、质量、环境条件(如温度、海拔和风速)以及发动机的性能等多种因素。这些因素共同决定了飞机在起飞和降落过程中所需的跑道长度,以确保安全起飞和降落。飞机的起飞和降落跑道长度通常在制造商提供的飞行手册中给出,这些数据是基于标准条件(如海平面、标准大气压和温度)计算的。在实际操作中,需要根据当前的环境条件和飞机的实际质量来调整这些数据。

以上这些性能指标是评估商用飞机性能的关键因素。不同类型的飞机在这些指标上各有优势,航空公司通常会根据其航线网络和运营需求选择合适的飞机型号。表8-2给出了典型商用飞机的关键性能指标比较。

典型商用飞机主要性能对比 表8-2

机型	座位数	航程(km)	起飞跑道长(m)	经济巡航速度(kt)	经济巡航高度层
B737-8	85~215	5950~7080	2300	460	FL 410
B747-4	366~605	14310~15050	3300	510	FL 450
B787-8	335~420	11910~14095	2820	470	FL 430
A321	100~240	5740~11110	2190	450	FL 390
A340-5	250~440	14350~17950	3200	480	FL 410
A380	555~853	10400~15700	2970	520	FL 430
C919	156~168	3800~5900	2100	485	FL390
ERJ-170	70~122	2590~3330	1644	450	FL350
CRJ-200	50	1825~2888	1922	410	FL310

第三节 民航运输机场及设施

一、民航机场及分类

机场是航空运输网络中的节点,是航空运输活动的起点和终点。航空运输机场是为飞机和旅客服务的设施,是空运货物的集散地,也是航空运输的组织、调度中心,旅客和货物的运输服务在机场完成,飞机的维护与保障也在机场完成。机场布局决定了航线的构成和航路的设置,机场的规模也决定了进出航线上的航班密度以及所采用的机型。随着航空运输的发展,机场网点不断增多,逐渐与航线、运力形成不可分割的空运网络。因此,机场是航空运输活动的中心,是航空运输系统最重要的基础设施。

机场可以是一个非常简单的结构,有一条供飞机起飞和降落的小型跑道,以及一个用于准备旅客登机、行李处理、海关或旅客检查等手续的设施设备。现在的大型运输机场每天可处理数十万名旅客,拥有多达2~6条平行跑道,每天可起降数千架飞机,其基础设施非常完善,酒店、会议中心和商业区等也是不可或缺的一部分。

机场的空间布局和等级结构,与其所依托的城市的航空运输需求、航线和航班安排互相影响。因此,机场系统是一个多目标、多功能、多部门、环境复杂、结构复杂的大系统。根据机场的业务范围、功能作用、规模等,可划分为不同级别进行规划建设和运营管理。

1. 机场等级划分

民用机场的等级划分有多种角度,一般根据跑道的性能及相应的设施来进行划分,按这种能力的分类,称为飞行区等级,它决定了什么类型的飞机可以使用这个机场。为制定各类机场及其功能的几何设计标准,采用字母和数字代码等描述符对机场进行分类。为了向机场设计师提供协助,并在飞机运作的机场设施的设计上提供合理的一致性,国际民航组织(ICAO)、美国联邦航空管理局(FAA)等分别编制了机场设计准则。我国遵循 ICAO 的规定。

ICAO 规定,民用机场飞行区应按指标 I (基准代码)和指标 II (基准代字)进行分级,该指标组合的目的在于使机场飞行区的各种设施的技术标准能满足在该机场运行的飞机性能需求。飞行区指标 I (基准代码)代表拟使用该飞行区各类飞机中最长的基准飞行场地长度,分为 1、2、3、4 四个等级,表示飞机性能所对应的跑道性能和障碍物的限制。飞行区指标 II (基准代字)按拟使用该飞行区跑道的各类飞机中的最大翼展或最大主起落架外轮外侧边的间距,分为 A、B、C、D、E、F 六个等级,两者中取其较高要求的等级。该飞行区划分方法的意图是提供一个简单的方法,将有关机场特性的许多规范相互联系起来,为准备在该机场上运行的飞机提供一系列与之相适应的机场设施,即根据机场所需用起降机型的种类来确定跑道几何尺寸或所需道面强度。它们相应的数据见表 8-3。

ICAO 的机场飞行区等级表 表 8-3

等级指标 I		等级指标 II		
代码	飞机基准飞行场地长度 L(m)	代字	翼展(m)	主起落架外轮间距(m)
1	$L<800$	A	$WS<15$	$T<4.5$
2	$800 \leqslant L<1200$	B	$15 \leqslant WS<24$	$4.5 \leqslant T<6$
3	$1200 \leqslant L<1800$	C	$24 \leqslant WS<36$	$6 \leqslant T<9$
4	$L \geqslant 1800$	D	$36 \leqslant WS<52$	$9 \leqslant T<14$
		E	$52 \leqslant WS<65$	$9 \leqslant T<14$
		F	$65 \leqslant WS<80$	$14 \leqslant T<16$

表 8-3 中的飞机基准飞行场地长度(m)是指飞机在标准条件下,即海拔为 0、气温为 15℃,无风,跑到纵坡为 0 的情况下,以该机型最大全质量起飞所需的最小场地长度和最小起飞距离。飞行场地长度也表示在飞机中止起飞时所要求的跑道长度,因而也称为平衡跑道长度。飞行场地长度是对飞机的要求来说的,与机场跑道的实际距离没有直接的关系。飞机基准飞行场地长度并不等于实际跑道长度,它包括跑道、净空道、停止道的长度,同时必须考虑该机场的海拔高度、机场基准温度的影响。表中的第二要素代字应选择翼展或主起落架外轮外侧之间距两者中要求较高者。

等级指标为 4F 的机场最大可起降飞机为空中客车 A380 等四发远程宽体超大客机;等

级指标为 4E 最大可起降飞机为波音 747、空中客车 A340 等四发远程宽体客机；等级指标 4D 可服务的最大飞机为波音 767、空中客车 A300 等双发中程宽体客机。我国自行研制并已投入使用的 C919 是干线民用飞机，对标波音 737 系列和 A320 系列，属于 4C 类机场适航飞机；而未来 C929 是中国自主研发的一款远程宽体客机，对标的是波音 787 和空客 A350，属于 4E 级别机场适航飞机。

类似地，美国 FAA 使用飞机进近速度来确定其参考代码的第一个元素，即飞机进场类别，由 A 和 E 之间的字母指定（表 8-4）。飞机进近速度定义为飞机最大着陆质量（MLW）着陆构型下失速速度的 1.3 倍。第二个元素是罗马数字 Ⅰ～Ⅵ，指定飞机所属的设计组。飞机所属的设计组是根据其两个关键物理特性中最苛刻的要求来确定的：翼展（WS）和尾翼高（TH）。例如，对于波音 737-800，飞机的进场速度为 142kn（FAA 进场类别 D）；其翼展为 112.86ft（34.4m），尾高为 41.34ft（12.6m），均属于设计组Ⅲ。因此，波音 737-800 的 FAA 参考代码是 D-Ⅲ。

FAA 机场分级方法 表 8-4

FAA 机场指标Ⅰ		FAA 机场指标Ⅱ		
进近类型	进近速度 V(kn)	飞机设计组别	尾翼高(ft)	翼展(ft)
A	$V < 91$	Ⅰ	$TH < 91$	$WS < 49$
B	$91 \leq V < 120$	Ⅱ	$20 \leq TH < 30$	$49 \leq WS < 79$
C	$121 \leq V < 140$	Ⅲ	$30 \leq TH < 45$	$79 \leq WS < 118$
D	$141 \leq V < 166$	Ⅳ	$45 \leq TH < 60$	$118 \leq WS < 171$
E	$V > 166$	Ⅴ	$60 \leq TH < 66$	$171 \leq WS < 214$
—	—	Ⅵ	$66 \leq TH < 80$	$214 \leq WS < 262$

2. 民航机场分类

根据民航机场的业务范围、在民航运输系统中发挥的作用、所在地的状况以及大部分乘机旅客的目的，按不同要求将机场划分类别，合理建设并设置相应配套设施和机构。按照用途，机场有军用机场、民用机场和军民合用机场之分，而民用机场中有的航空港（商业运输机场）又分为主要空港、一般空港、通用空港等。各国都可从不同角度对民用机场进行多种分类。图 8-8 所示是美国民用机场的分类。

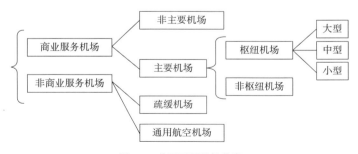

图 8-8 美国民用机场分类

我国民用机场一般按照其使用性质和作用等进行分类。下面给出常见的几种机场分类划分方法。

(1) 按航线业务范围划分，可以将民用机场分为国际机场、国内航线机场和地区航线机场。

国际机场是供国际航线定期航班飞行使用，设有出入境和过境设施，并设有固定的联检机构(海关、边防检查、卫生检疫、动植物检疫、商品检验等)的机场，如北京首都国际机场、西安咸阳国际机场等。国际机场一般也同时供国内航线定期航班飞行使用。国内航线机场是指专供国内航线定期航班使用的机场，不提供国际航班定期航班飞行使用。地区航线机场，一般指一些有特殊需要的地区区域之间定期或不定期航班飞行使用的机场。我国的地区航线机场是国内航线机场，且规模比较小，使用频率有季节性或者阶段性。在国外，地区航线机场通常是指为适应个别地区空管需求可提供短程国际航线的机场。

(2) 按照航线的布局以及其在该网络中的作用，可以将民用机场分为枢纽机场、干线机场与支线机场。

枢纽机场是指国际、国内航线密集，是全国航空运输网络和国际航线的枢纽，运输业务特别繁忙的机场。从功能上来看，是指那些能够在较短时间内将来自世界各地不同地方的客货源通过机场内航班调配分拨后运输至其最终目的地的机场。枢纽机场具有空运区位优越、空运业务繁忙、容量大和中转功能强等特点，旅客与货物在此可以很方便地中转到其他机场。美国大型枢纽机场的中转旅客比例较高，如亚特兰大国际机场、芝加哥奥黑尔机场的中转旅客均超过50%。我国枢纽机场有首都国际机场、浦东国际机场、白云国际机场等大机场，但其中转旅客百分比都不到20%。

干线机场是指以国内航线为主，可开辟少量国际航线，可以全方位建立跨省跨地区的国内航线连接的枢纽机场，运输业务量较为集中的机场。厦门、深圳、大连、桂林、三亚等重要城市或旅游城市的机场均属于干线机场。

支线机场，又称地方航线机场，是指分布在各省(自治区、直辖市)内经济比较发达的中小城市和旅游城市，或经济欠发达、但地面交通不便的城市地方机场，航线主要分布在本省(自治区、直辖市)内及至邻近省(自治区、直辖市)的短途航线，运输业务量相对较少。

(3) 根据大多数旅客的乘机目的，可以将民用机场分为始发/终程机场、经停(过境)机场、中转(转机)机场三类。

始发/终程机场，通常这类机场的始发和终程旅客占旅客总数比例较高，始发和终程的飞机或掉头回程架次占大多数。目前国内机场大多属于这类机场。

经停(过境)机场，这类机场往往位于航线上的经停点，没有或很少有始发航班飞机，只有比例不大的始发/终程旅客，有相当数量的过境旅客。飞机一般停驻时间较短。

中转(转机)机场，在这类机场中，有相当大比例的旅客乘飞机到达后，立即转乘其他航线的航班飞机飞往目的地。

除以上三种类别划分标准外，从安全飞行角度还考虑为预定着陆机场安排备降机场。备降机场是指在飞行计划中事先规定的，当预定着陆机场不宜着陆时，飞机可前往附近的备降机场着陆。起飞机场也可以是备降机场。备降机场由民航局事先确定。如太原武宿国际机场、天津滨海国际机场为首都机场的备降机场。此外，在航空运输过程中常提到备降机场，它是指在飞行计划中事先规定的，当预定着陆的机场不宜着陆时可前往着陆的机场，可分为国际备降机场和国内备降机场。

二、机场功能与组成

机场是指陆地上(或水面上)划定的一块区域(包括相关的建筑物、装置以及设备等),其全部或部分意图供飞机起飞、着陆和停放、加油、维修及组织飞行保障活动之用的场所。航空港指从事民航运输的各类机场,在我国把大型的民用机场称为空港,小型的称为航站。

航空运输机场的功能从低到高可以概括为三个层面:

(1)保证飞机安全、及时起飞和降落是机场的最基本功能。为保证飞机安全起飞,一般也应有对飞机维护和补给的能力。

(2)安全、准时、舒适地安排旅客和货物上下飞机的能力;航空运输业发展到现在,民用机场不仅仅是为飞机服务,更需要为飞机这种载运工具所服务的对象提供服务。

(3)提供方便和迅捷的地面交通连接市区,让旅客、货物顺利抵达附近城市市中心(或是由都市中心抵达机场)。国际机场还必须要有出入境管理、通关和卫生检疫相关的业务。

民用机场主要由飞行区、旅客航站区、货运区、机务维修设施、供油设施、空中交通管制设施、安全保卫设施、救援和消防设施、行政办公区、生活区、生产辅助设施、后勤保障设施、地面交通设施及机场空域等组成。按照飞机活动、旅客活动范围和货物集散范围可划分为三大部分。第一且最主要的部分为"空侧"飞机活动区,亦称飞行区(Airfield Area),由机场空域、跑道系统、滑行道系统和停机坪系统组成;第二部分为"陆侧"航站区,主要满足旅客活动和货物转运;第三部分是进出机场的地面交通系统。机场的飞机流和旅客流在机场各部分中的运行过程如图8-9所示。

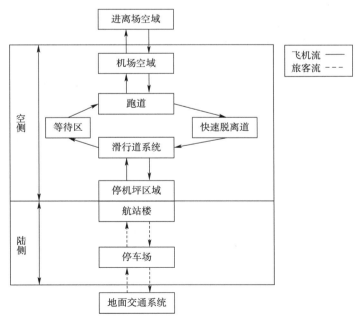

图8-9 机场的飞机流与旅客流

三、机场飞行区

1. 飞行区主要设施

机场飞行区是供飞机起飞、着陆、滑行和停放使用的场地,包括跑道系统、滑行道系统、停机坪系统以及机场空域等。图 8-10 所示为机场飞行区总体布局示意图。机场空域包括进场通道、离场通道、等待区和起落航线。

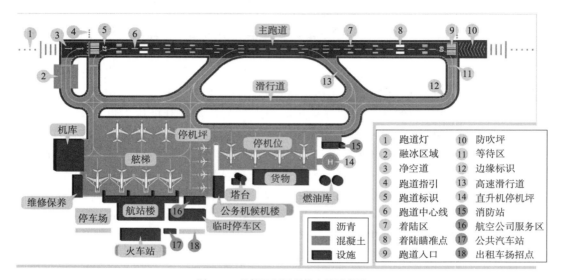

图 8-10 机场飞行区总体布局示意图

以跑道为核心的机场飞行区是机场的主要组成部分,机场飞行区通常占机场总占地面积的 80%~95%,所有的陆侧设施(客运区、货运区、陆侧交通、停车场等)通常只占总用地面积的 5%~20%。飞行区构型在决定机场的功能和容量方面起着至关重要的作用,对机场规划设计建设以及运营都有重要影响。机场飞行区规模的主要决定因素包括跑道的数量和方向、跑道系统的几何构型、机场设计所依据的尺寸标准,以及为未来的增长和/或环境缓解而预留的土地面积。跑道系统的布局在很大程度上决定了旅客航站楼、货运航站楼和其他建筑物的总体布局,以及空侧和陆侧操作的衔接。机场飞行区设计应符合国际和国家制定的一系列设计标准。

跑道直接供飞机起飞着陆用,是机场最重要的组成部分。跑道体系由跑道、道肩、停止道、净空道、升降带和端部安全区组成。在机场运行的飞机特性影响着机场设施的规划设计。飞机的几何尺寸,如长度、翼展、轮距等影响着跑道的宽度、滑行道道面宽度与间距、转弯半径,以及机坪大小、航站楼构型等。飞机质量、发动机性能等则影响着跑道的起飞着陆长度,机场跑道、滑行道、机坪道面厚度。跑道的几何设计内容为确定跑道方向和位置,所需要的长度、宽度,以及纵断面和横断面坡度。跑道的几何设计影响着整个机场的地势设计。

滑行道体系设置是把分散在机场各处的各个功能单元,跑道、旅客停机坪、机务维修区、除冰坪等联系起来,保障飞机在机场安全、高效地运行。国际民航组织(ICAO)对滑行道的解释为:陆地机场上划设的通道,供航空器滑行并规划供机场的某一区域与其他区域之间连接之用。滑行道包括:航空器机位滑行道—停机坪的部分,指定作为滑行道并仅航空器进出停机位使用;停机坪滑行道—停机坪滑行道系统的部分,作为穿越停机坪的滑行路线;快速出口滑行道——条与跑道连接成锐角的滑行道,并设计成允许着陆飞机用比在其他滑行道上更高的速度转弯脱离跑道,从而减少占用跑道的时间。

机坪是一块规定的地区以供飞机用于装卸旅客、邮件或货物、加油、停放或维护,机坪通常是有道面的,但偶尔也可能没有道面。有时草地机坪对小飞机可能就够了。

设在航站楼前的机坪称为站坪或客机坪,供客机停放、上下旅客、完成起飞前的准备和到达后各项作业用。机场中的站坪区是连接空侧和陆侧的交接面。根据它们驻留的飞机的类型,站坪分为客机坪、货机坪、长期驻留坪、服务维修坪以及通航机坪。停机坪是供航空器上下旅客、装卸货物或邮件、加油、停放或维修之用的场地,是由一个个停机位组成的。北京首都国际机场飞行区现有 15 个停机坪、328 个停机位,总面积达到 324 万 m^2(相当于 450 个足球场那么大)。停机坪(位)是航空运输机场中的重要稀缺资源。

为了承载飞机的正常运行,现代航空运输机场的跑道、滑行道、停机坪一般都进行道面铺筑,在机场规划设计建设中,一般称为机场场道工程。为满足飞机的使用要求,机场场道结构应当具有足够的结构强度、具有足够的表面抗滑能力、具有良好的表面平整度和清洁度。机场道面结构设计基本原理与公路和城市道路以及其他铺面相似。但飞机的荷载等要求相对于汽车一般大得多,尤其 B747、A380 等巨型飞机。为达到机场飞行区设计的相关标准,一般运输机场都需要有大量的基础工程、排水工程和道面铺筑工程,尤其是一些山区机场、填海机场,其土方工程量以数千万计。如重庆江北国际机场第 2、3、4 跑道扩建工程规划中,总填挖量超 1.5 万 m^3,土方投资 29.5 亿元。图 8-11 是一个典型机场的跑道系统、滑行道系统与停机坪系统组成图。

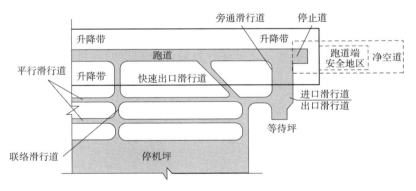

图 8-11 机场飞行区组成简图

2. 机场容量与机场跑道构型

1) 机场容量

机场总体布局主要由跑道的数目和方位,以及航站区等与跑道的相对位置决定。跑道的数目取决于机场交通需求量及风力负荷。根据需求确定机场飞行区容量,不同的跑道数目及相对位置关系可提供不同的容量服务。

根据机场交通密度(Aerodrome traffic density)的高低,可将机场跑道划分为三个档次:

(1) 低:若每条跑道平均繁忙小时的运行架次小于 15 或平均繁忙小时的机场总运行架

次小于20,属于低交通密度机场;

(2)中:若每条跑道平均繁忙小时的运行架次约为16~25或平均繁忙小时的机场总运行架次为20~35,属于中交通密度机场;

(3)高:若每条跑道平均繁忙小时的运行架次约为26及以上或平均繁忙小时的机场总运行架次大于35,该机场属于高交通密度机场。

平均繁忙小时运行架次是指全年每天最繁忙小时运行架次的算术平均值。一次起飞或一次着陆构成一次运行。

跑道及与其相连接的滑行道的布设必须满足机场容量的要求;必须适应风向和土地使用限制;其运行方式可以在飞机着陆、滑行和起飞的运行中保持最小的干扰和最短的时间延误,并满足在空中交通模式中提供适当的间隔。

跑道系统是机场服务能力的瓶颈,机场的容量一般是指飞行区容量,尤其是跑道系统的容量,也就决定了一个机场的最终容量。容量是一个不能超越的极限,否则机场运行则会受到限制。随着使用机场的需求接近能提供的服务容量极限,开始出现等待服务的用户排队现象,则产生延误。下面是几种常见的容量概念。

饱和容量:是在假设连续服务要求不违反空中交通规则,每小时跑道系统服务的飞机运行架次的期望数;是跑道在连续服务下实现其最大潜能。

实际小时容量:依据某个可接受的服务水平,即某个可接受的平均延误时间所确定的容量。例如,美国FAA把容许平均延误定为4min,实际容量一般为极限容量的80%~90%。

持续容量:是指在正常情况下持续几个小时内,每小时的飞机运行架次。

公布容量:是指在合理的服务水平下,机场每小时可以服务的飞机运行架次。多数情况下被设定为跑道系统最大容量的80%~90%。前者用于机场业绩目标的设定,后者用来限制运行架次以保证一定的服务水平。

容量与需求量的区别在于:容量是机场各基础设施容纳飞机运行数量的物理能力,独立于需求量及其波动、飞机延误量等。飞行区容量通常由跑道的容量控制。影响跑道容量的因素主要有四个方面:空管因素、机队组成、跑道构型和运行方案以及环境因素。

2)跑道构型

机场飞行区的跑道有多种构型,其中有基本构型和几种基本构型的组合。基本构型有单跑道、平行跑道、交叉跑道、开口V形跑道。更复杂的机场跑道构型多数是由这几种基本构型组成。

单跑道是机场跑道构型中最基本也是最简单的一种,图8-12所示是一个单跑道机场仿真示意图。单跑道在目视飞行规则下(VFR)的容量在每小时50~100架次之间,而在仪表飞行规则(IFR)情况下,根据不同的飞机机队组合和机场所具备的助航设备,其容量每小时在50~70架次之间。这种构型占地少,适用于中小型地方飞机场或者飞行量不大的干线机场,我国目前绝大多数运输机场采用单跑道构型。

平行跑道系统的容量在很大程度上取决于跑道的数目和跑道之间的间距。根据国际民航组织的规定,平行跑道是指跑道中心线相互平行或跑道中心线延长线之间夹角小于15°的非交叉跑道。

常见有两条、三条甚至四条的平行跑道。平行跑道之间的间距差别很大。根据间隔可以将平行跑道系统划分为近距跑、中距平行跑道,远距平行跑道,这取决于两个平行跑道之间的中心线分离。

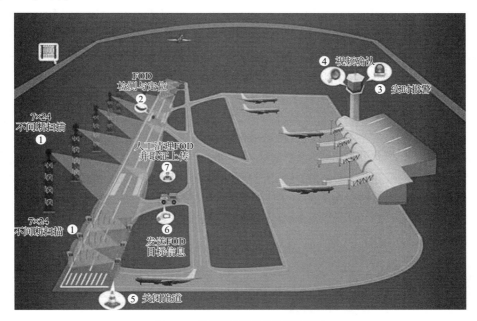

图 8-12　单跑道构型机场仿真示意图

间距为 210～760m 时称为近距平行跑道,航站区一般布置在两条跑道的一侧。中距平行跑道间距为 760～1300m,航站楼可以布置在两条跑道之间。远距平行跑道间距大于 1300m 时,航站区一般也布置在两条跑道中间。如图 8-13 所示为平行跑道构型示意图。

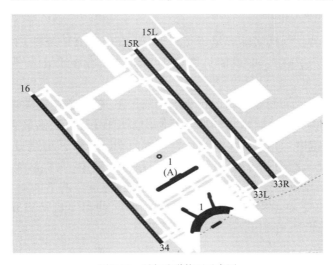

图 8-13　平行跑道构型示意图

一些机场有两条或更多的跑道以不同方向互相交叉,称为交叉跑道。当常年风向使机场的使用要求必须设置两条跑道的机场,但由于地形条件或其他原因无法设置平行跑道时;或当地风向较分散,单条跑道不能保证风力负荷大于 95% 时,都需要设置交叉跑道。设置交叉跑道构型时,一般把航站区布置在交叉点和两条跑道所夹的场地内。

两条交叉跑道的容量通常取决于交叉点与跑道端的距离,以及交叉跑道运行方式。当风强时,一对交叉跑道中只能用其中一条,该机场的容量显著减小。如果风较弱,则两条跑道可同时使用。两条交叉跑道的容量在很大程度上取决于相交的位置和跑道使用方式。交叉点离跑道起飞端和入口越远,容量越低;当交叉点接近起飞端时,容量最大。在目视飞行规则下,交叉跑道的小时容量为 50~175 架次,在仪表飞行规则下为 40~70 架次。我国民航运输机场中交叉跑道的实例比较少。图 8-14 所示为十字交叉跑道布局示意图。

两条跑道方向散开而不相交的称为"开口 V 形跑道"(图 8-15)。当有一侧强风时,单条使用;当有微风或者无风情况时,两条跑道可以同时使用。提供最大容量的运行方式是飞机起飞着陆从 V 形顶端向外散开,IFR 下每小时容量为 50~80 架次,VFR 下 60~180;当飞机起降按照 V 形向内汇聚运行时,在每小时容量 IFR 是 50~60 架次,VFR 是 50~100 架次。航站区一般布置在两条跑道所夹的场地上。

图 8-14 机场交叉跑道布局示意图

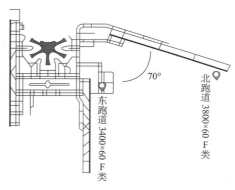
图 8-15 开口 V 形跑道布局示意图

除了跑道类型配置之外,实际容量还受到天气(VFR 和 IFR 条件)和飞机组合而造成的影响,当云层高度小于 1000ft 和/或能见度小于 3mile 时,存在 IFR 条件下的跑道容量小于 VFR 条件下的跑道容量。

通常情况下,在满足机场容量和运行要求的前提下,单跑道构型和远距平行跑道构型是最为可取的。若其他条件相同,这类构型与其他构型相比较,可提供最大的容量。从空管角度看,引导飞机在单跑道运行不像多跑道运行那样复杂。以散开型跑道构型来比较,开口 V 形跑道运行模式比交叉跑道更可取,在开口 V 形跑道构型中,飞机从 V 形端部向外散开起飞或着陆的运行策略较以相反的方式运行提供更大的容量。若不能避免采用交叉跑道,则应尽力使两条跑道的交叉点尽可能接近它们的入口端,使得飞机从离开相交点方向起飞着陆而不是向着相交点起飞着陆。

四、机场航站区

机场航站区包括航站楼建筑本身以及候机楼外的空侧部分的停机坪和陆侧部分的旅客出入车道等,它是地面交通和空中交通的接合部,是空港对旅客服务的中心地区。机场陆侧是以航站楼为界限,是机场的地面工作区,包括航站楼、陆侧道路交通系统和停车场。航站楼属于地面运输区的一部分,是一个城市或一个区域、一个国家的门户,因而也是这个国家和地区的象征,因而候机楼的建筑在考虑功能和实用之处,一般雄伟壮观,体现出地区或者国家的气质和现代化的意识。图8-16所示为北京大兴国际机场主航站楼,整体如凤凰展翅,寓意深刻。航站楼不仅外形壮观,而且内部空侧停机坪系统、航站楼内旅客服务系统、陆侧交通系统等功能完善高效,堪为世界一流。

图8-16 北京大兴国际机场主航站楼

航站楼(Terminal building,主要指旅客航站楼,即候机楼)作为航站区的主要建筑物,是旅客和行李转换运输方式的场所,其功能就是要让旅客舒适、方便和快速地实现由地面与航空运输方式的转换,其行李亦能可靠、安全、及时地和旅客同步实现运输方式的转换。航站楼一侧连着机坪,另一侧又与地面交通系统相联系,是地面交通和空中交通的接合部,是机场对旅客服务的中心地区。

根据多式联运的定义,机场是航空运输系统中唯一负责并确保旅客和货物多式联运的独特要素。旅客可以乘坐私人小汽车前往机场,也可以乘坐地铁、公共汽车或出租汽车等公共交通工具。所以,机场是模式转变发生的地方。机场必须能够使用道路系统和铁路系统(地铁、有轨电车、铁路、高速铁路)。图8-17为机场航站区与地面交通系统,是典型的航空、铁路、公路、地铁等交通方式一体的综合交通枢纽布局模式。

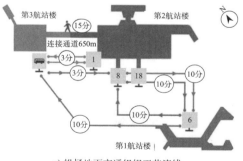

a) 机场地面交通组织工艺流线　　b) 机场地面综合交通仿真布局图

图8-17 机场航站区与地面综合交通系统

航站楼内旅客进离港路线比较复杂,包含国内出发、国际出发、国内到达、国际到达、过境和中转流程等多种旅客流程。民航运输和其他运输方式一样,它并不生产具有实物形态的物质产品,而是提供一种使旅客和货物在一定时间内发生空间位移的服务。提供服务的过程就是民航运输生产产品的过程,也是旅客的消费过程。旅客流程连接着民航各个生产部门,诸如航空公司的客运、票务部门,机场的服务、生产调度部门,物流公司的货运部门,海关的出入境管理部门等。每个部门的生产价值都最终由旅客流程来实现,因此,旅客流程是生产与消费的纽带,是民航价值的体现。

航站区以航站楼为核心建筑,一般包含下列五类设施:

(1) 连接地面交通的设施。有上、下汽车的车道边(航站楼前供车辆减速滑入、短暂停靠、起动滑出和驶离车道的地段及适当的路缘)及公共汽车站等。

(2) 办理各种手续的设施。有旅客办票、安排座位、托运行李的柜台以及安全检查和行李提取等设施。通航国际航线的航站楼还有海关、动植物检疫、卫生检疫、边防(移民)检查的柜台。

(3) 连接飞行的设施。有靠近飞机机位的候机室或其他场所,视旅客登机方式而异的各种运送、登机设施,中转旅客办理手续、候机及活动场所等。

(4) 航空公司营运和机场管理部门必要的办公室、设备等。

(5) 服务设施。有餐厅、商店等。

机场航站楼有 4 种基本构型,即线型、卫星型、指廊型及转运型,如图 8-18 所示。

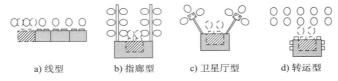

a) 线型   b) 指廊型   c) 卫星厅型   d) 转运型

图 8-18 航站楼基本构型示意图

线型航站楼布局共用等候和办理票务区域,出口通往机坪,过厅连接航站楼和门位,扩展可采用现有结构的直线延伸或发展独立的两个或更多的航站单元,可以提供充足的车道边前缘,用于地面车辆的上下客,也有利于建设公共停车场。我国的上海浦东国际机场线性航站楼布局如图 8-19 所示。

图 8-19 机场线性航站楼布局仿真示意图

指廊型布局,飞机交接面安排在从航站楼伸出的廊道上,飞机通常以平行或机头向内方式停放;每个廊道的两边有一排飞机门位,沿轴线由一个旅客过厅,作为出站厅以及旅客流通的场所,如图 8-20 所示。

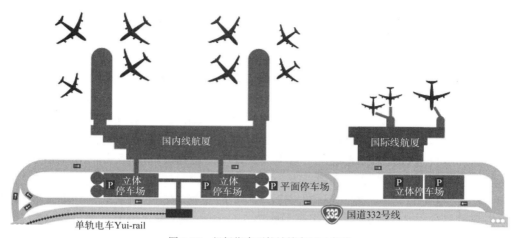

图 8-20　机场指廊型航站楼布局示意图

卫星型布局，飞机围绕的建筑物与航站楼分开，用地面或地下的通道连接。飞机一般以径向或平行位置围绕卫星停放。由于航站楼和卫星站之间的路程较远，其间的交通可用机械的旅客运输系统解决，如图 8-21 所示。

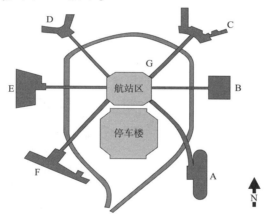

图 8-21　机场卫星型航站楼布局示意图

转运式布局，用车辆（摆渡车）运载上下机旅客，增加了飞机停放位置的灵活性以及容纳班机的数量和型号，飞机能以自身动力进出门位。航站楼建设成本低，扩建灵活，远端停机位还可以降低飞机到跑道的滑行时间和距离，避免了飞机在航站楼附近造成拥挤，也避免了飞机在航站楼区域的噪声和尾气喷袭问题。但乘客上下飞机，特别是携带行李时略显不便。有时因摆渡车行驶距离长，增加了乘客摆渡时间。

五、运输机场的其他设施

航空运输机场中除了跑道、滑行道、停机坪，以及旅客航站楼、货运航站楼、机务维修区等机场主要设施之外，一般还包括航油储备和管线等运输保障和机务保障设施，给水、排水设施、供电设施、消防与救援设施等公用设施，以及塔台、航管楼、气象设施、仪表着陆系统、灯光系统各种导航设备。此外，通信导航设施也是航空运输系统正常运行的重要支撑。

飞机在空域和地面上运行时，需要进行良好的管理，保障其安全高效地工作。各种仪表助航设备,分别安置在地面上或者飞机上,在通信导航和监视方面给飞机驾驶员提供飞行帮助,这些助航设备有的用于航路飞行,有的用于机场,在飞机起飞着陆以及地面滑行给予监视和引导等。

典型的航路助航设施有无向信标台(NDB)、全向信标(VOR)台,测距仪(DME)、甚高频全向信标台和塔康组合(VORTAC)等。机场附近的航站助航设施有仪表着陆系统(ILS)、微波着陆系统(MLS)、精密进近雷达、机场监视雷达等。航站助航设施主要供飞机在天气状况较差、能见度低时着陆使用。机场的目视助航设施一般有目视进近坡度指示系统、进近灯光系统、跑道和滑行道灯光和标志系统。目视助航设备设置在机场地面,给飞机驾驶员在飞机着陆、起飞和滑行时以目视信号和引导。

随着卫星导航等先进导航与通信技术的发展,航空运输正逐渐从陆基导航向星基导航发展,但地面导航设施,尤其是保障飞机起降安全的机场导航设施仍旧是不可或缺的。

在航空运输生产中,飞机完成一次航班飞行后,需要在停机坪完成一系列生产保障和地面准备,才能继续执行下一次航班任务。这一过程被称为飞机过站作业,它是指从飞机落地、滑行、到位,直到飞机再次推出、滑行、起飞过程中,对飞机所做的一系列地面保障工作。航空运输中的重要环节,旅客与货物等的空地交通方式转换也在停机坪完成。此项工作涉及飞机地面作业部、货运部、油料公司、食品公司、机务、联检等多个部门。地面作业保障设备多种多样,作业过程复杂。机坪保障服务与设备有很多种类,不同机型的飞机对保障服务和设备的也有不同的要求。图 8-22 所示是一个典型民航运输机在机坪作业中涉及的地面保障作业及设备。

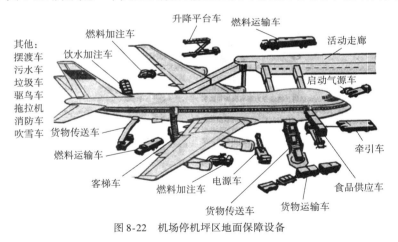

图 8-22　机场停机坪区地面保障设备

第四节　航空运输组织

航空运输是一个有组织、有计划、有规范、有标准的社会集体性运输服务过程。随着全球社会经济的快速发展,航空客货运输需求增长迅速,航空公司运力规模与机场保障规模不断增大,航空运输业面临的高效和高服务水平需求,与有限的航班时刻资源、空域资源以及航空安全等方面的矛盾越来越突出,以航空公司机队规划、组织、航班实施与管理为核心的航空运输过程已经变得越来越复杂。航空运输的计划与组织过程包括航空公司的机队规划与飞机选择、航班计划编制、运行组织与管理、机组人员调度等关键复杂问题。

一、航空运输中的航空公司

1. 航空公司作用

航空公司在航空运输体系中扮演着龙头的重要角色,其职能包括运输安全、运输效率、客户服务、运输网络、货物运输等多方面的工作。航空公司是民航的市场主体,服务主体和利润主体。航空公司直接为旅客、货主提供客货运输服务,旅客/货主向航司支付运输费用,购买运输服务获得消费者福利;航空公司再向机场、空管、航空制造、保障单位等支付成本,为后者提供利润。

机场公司和空中交通管理局为航空公司提供生产保障服务,帮助和支持航空公司完成运输生产任务,因此航空公司在航空运输系统内部是机场和空管局的客户。航空公司的服务质量取决于服务链上的每个环节,从机队规划(机型的选择)、航线规划、航班计划、机务维修到运行控制等。

2. 航空公司运营管理

航空公司的运营涉及机队规划和维护,购买或租赁飞机并确保其得到适当的维护和更新,航线规划与航班安排,与不同机场、地面服务甚至其他航空公司的合作,提供预订、登机、机上服务等,遵守航空安全标准,进行有效成本管理。航空公司的战略层次规划包括市场计划、机队规划、航线规划,战术层次的规划有航班计划、飞机排班、机组排班。操作层次的规划包括收益管理、运行控制。

航空公司将制定好的航班计划提交给相关机场和空管局,机场和空管局在此基础上形成自己的航班计划。但航空公司在设计航班计划时必须与机场当局和空管局沟通、协调,对新增的航班,还须获得他们的批准,才能最终形成自己的航班计划。有了运输计划,必须建立有效的运输组织才能使运行有章可循,按程序流动。

航空公司调度可以定义为设计全系统航班模式的艺术,在数量和质量上提供最佳的公共服务,并与航空公司的财务状况保持一致。

航空公司资源调度的一个关键要素是资源的同步。对于给定的时间表,不同的机队被分配给航班。将生成的机队分配与飞机航线规划中的航线进行匹配,以将航班与单架飞机同步。机组人员将与这些航线配对,以最大限度降低成本。各个机组成员的名册将与这些配对航班(称为"机组配对")以及飞机航线同步。在航班运营期间,同步还扩展到与网络中各个航班配对的乘客行程。图 8-23 为航空运输运营计划流程图。

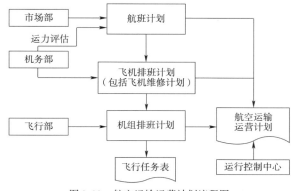

图 8-23　航空运输运营计划流程图

鉴于资源同步和追求优化的本质,航空公司调度的任务变得极其复杂。正是由于同步的需要以及成本最小化和利润最大化的追求,调度流程的优化成为一项复杂的任务,通常需要采用数学模型帮助理解进度优化。

3. 航空公司类型

航空公司因其战略定位、市场规模、经营模式、营销能力等不同,其在航空运输市场中的地位与作用也随之产生差异。

按照资产结构分类,航空公司可分为国有、地方和民营航空公司,例如中国国际航空公司、厦门航空公司和春秋航空公司等。按照经营航线类别可以分为国际航空公司、干线航空公司和支线航空公司。按照经营业务分类,有国家或旗舰承运商、包机承运商、低成本承运商以及航空货运提供商。

(1)国家或旗舰承运商(National carrier/flag carrier),是指代表一个国家进行国际和国内航空运输的主要航空公司。这些航空公司通常由政府部分或完全拥有,或者被指定为代表国家利益运营的航空公司。

国家或旗舰承运航空公司的标志和飞机常常装饰有国家的国旗或其他国家象征,代表国家的身份。虽然许多国家航空公司现在是独立运营的,但它们可能仍然得到政府的某种形式的支持。

在历史上,许多国家航空公司都是由政府直接运营的,但近年来,由于全球化和航空业的竞争加剧,许多国家航空公司已经私有化或至少部分私有化。

(2)包机航空公司,专门提供定制化的航空运输服务,这些服务通常是根据个别客户或团体的特定需求来安排的。在国际航空法中,这个概念是"非定期运输",因为这些承运人不提供定期的公共定期运输服务,不遵循固定的时刻表,而是根据客户的要求来安排飞行时间和目的地。

包机航空公司的服务特点有:灵活性和定制性,客户可以根据自己的需求选择起飞时间、目的地和飞行路线;隐私和舒适性,包机通常提供更高级别的隐私和舒适性,尤其是在使用私人飞机或商务飞机时。特殊运输需求包机服务可以满足特殊运输需求,例如运输大型货物、动物或提供医疗运输。在紧急情况下,如自然灾害或医疗救援,包机航空公司可以提供快速响应的运输服务。包机航空公司在全球航空业中占有特殊地位,它们为那些寻求更个性化和灵活服务的客户提供了一种替代传统航空公司服务的选择。

(3)低成本航空公司,其发展得益于20世纪70年代末民航的自由化和强烈的经济导向。因此,低成本和网络运营商的差异化尤为重要。低成本航空公司专注于向选定目的地提供大陆航空运输客运服务,而网络航空公司则组织洲际客运和货运。低成本航空领域的先驱美国西南航空于1971年6月开始运营。在欧洲,航空运输自由化始于1987年,花了10年时间才达到一定的普及程度。因此,欧洲低成本航企在20世纪90年代发展起来。1996年,一些低成本航空公司连接了20个机场,每周有800个航班。如今,低成本航空公司已成为航空运输系统的重要组成部分。仅在欧洲,该细分市场就有600架飞机每周提供25000次航班。低成本航企取得巨大成功的原因在于其一致的商业模式。他们主要针对价格敏感的客户,仅提供运输作为核心服务,并将生产方面的复杂性和成本降至最低。从典型航段长度来看,低成本航空航班主要集中在600~5000km的短程和部分中程航程。

(4)航空货物运输,是民用航空的相关业务。当使用下层甲板货舱(腹部货物)时,可以通过指定的货机或与客运结合来完成。纯货机大多是由原来的客机改装而来。全球货机中只有一小部分是新飞机。航空货运公司专门从事货物运输业务,航空运输的典型货物是那些随着时间的推移很快就会失去客户利益的货物,包括普通货物、特殊货物(如危险品、活体动物、贵重物品等)以及快递和邮件服务。航空货运大大降低了这些货物在运输过程中的资金锁定成本和被盗风险。这些公司可能拥有自己的飞机,或者与客运航空公司合作,使用客机的腹舱空间来运输货物。值得注意的是,航空货运量仅占全球货运量的1%。但这很小的份额仅占全球货运价值的40%左右。对于某些类型的货物,时间价值至关重要,因此航空运输是有回报的。

航空货运公司通常拥有专业的运输设备和技术,能够处理各种类型的货物。这些公司通常拥有广泛的全球航线网络,能够将货物运送到世界各地的目的地。航空货运的优势在于运输的时效性和可靠性,尤其是在运输高价值或时间敏感的货物时。许多货物航空公司提供定制化的物流解决方案,以满足客户的特定需求。航空货运公司是全球化供应链的关键组成部分,对于国际贸易和全球经济的流动起着至关重要的作用。

(5)航空公司联盟,是由多个航空公司组成的全球性合作组织,旨在通过共享资源、协调航班和提供无缝连接,为乘客提供更广泛的目的地网络和更优质的服务。这些联盟通常包括多家国际航空公司,它们在航班安排、票价、行李处理和会员福利等方面进行合作。由于航空自由,国家航空公司在另一个国家运营并不容易或不可能。扩展自己的网络并进入新市场的一种方法是建立联盟。例如,汉莎航空作为星空联盟的创始人之一,现在能够将自己的目的地网络从约400个目的地扩展到其他合作伙伴提供的约1200个目的地。航空公司联盟的主要优势有代码共享、会员福利、协调的航班时间、共享机场设施等。全球主要的航空公司联盟有星空联盟(Star Alliance)、寰宇一家(One World)、天合联盟。这些联盟通过合作,不仅扩大了各自的服务范围,也为乘客提供了更多选择和便利。

通过选择具有适当网络的合作伙伴来覆盖全球所有感兴趣的细分市场,是所有联盟的共同策略。成员航空公司相互调整其飞行计划,以提高运营效率。这种合作对于管理机场的航班时刻限制以及在没有自己的航班的情况下提供前往目的地的通道也很有用。个别航空公司的机队规模可以减少,个别航班的载客率可以提高。此外,个别航空公司的市场影响力也通过联盟品牌不断增加。航空货运市场也出现了类似的趋势,综合物流需求迫切需要航空货运联盟。但货运在某种程度上更加复杂,这取决于时间因素以及货运代理和货运航空公司之间的额外竞争。

我国航空公司"领头羊"是国航、东航、南航三大航空公司,随后有海航、深航、厦航等航空公司,以春秋航空为代表的低成本、以华夏航空为代表的支线型航空公司正在快速发展。而美国拥有全球最大的航空客货运输市场,航空公司竞争业态成熟。美国境内注册的航空公司超过80家,包括美航、达美、美联航传统"三巨头",以及西南航空、捷蓝航空等一批极具影响力的低成本航空公司,还有精神航空、阿拉斯加航空等区域型、支线型航空公司。

二、航线网络结构

民航运输活动发生在城市之间。航线是航空运输企业的重要资源,受到国家的严格管制。航线网络是某一地域内的航线按一定方式连接而成的构造系统。航线网络由机场、航线和飞机等要素构成,机场和航线构成了航空运输的空间分布,决定了航空运输地面和空中保障能力,而旅客、货物、行李和邮件的空中位移则是由飞机通过航线从一个机场飞到另一个机场得以实现。

拥有自己的航线是航空公司开展运营的先决条件,航线网络结构是航空公司航班运营的基础,其布局形式影响航空公司生产运营的各个方面。航线网络是航空公司航班计划、运力配置和机组安排等运行计划的先决条件,对航空公司的运行效率和客户的服务质量有着重要的影响,是航空公司生存和发展的基础。

1. 城市对航线网络

城市对航线网络,又被称为点对点式航线网络。这种航线网络中的航线是指从各个城市自身的需求出发,建立的城市与城市间的直飞航线,旅客不需要经过第三个机场(或城市)进行中转,且航线间安排航班时也无须考虑衔接问题。

城市对结构的航线为直达航线,是由点对点式航线及由其衍生出的甩辫子航线和环形航线两种改进形式组合而成的航线网络结构。在旅客或货物运输量较大的城市对之间通常采用城市对结构航线。点对点式航线是指在两个通航点之间开辟直达航线,其特点是直达航班没有中间经停点,旅途时间相对较短,飞机周转快,机组资源调配简单,运行成本相对要低,深受旅客特别是商务旅客欢迎,如图8-24a)所示。

甩辫子航线则是指在两个直达通航点间增加经停点,或在城市对航线延长线上增加经停点的航线,回程按原路返回,如图8-24b)所示。采用这类结构的航线主要原因是直飞航线没有足够的客货运量,需要通过中途机场的经停补充载运业务,以提高乘坐率或运载率降低航班成本。

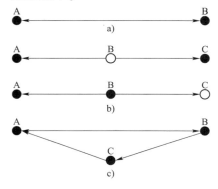

图8-24 城市对航线网络

环形航线结构与线性航线结构类似,航线之间有经停点,但不同之处是环形航线结构来回程不是同一航线,如图8-24c)所示。与城市对直飞航线相比,无论是线性结构还是环形结构,由于增加了中间经停点,对于航空公司而言,能够提高航班乘坐率和航班收入,但是对于旅客而言则增加了旅途时间。一方面,由于增加了中间经停点,便增加了飞机起飞—降落次数,因此会增加航班运行成本。

对旅客而言,在不考虑运输成本的情况下,能够节省消费者的旅行时间,城市对航线网络是最理想的航空运输方式。对于航空公司而言,由于航班间的运营没有任何的相互关联,因此也比较容易进行航班的编排,投入资本少,便于航空公司经营管理,对机场、空管等环节的要求不高。但也正是由于该航线网络中的航班间没有相互关联,其所承载的旅客仅限于该航线城市对间的旅客,而仅限于一个航空市场的需求往往是有限的,因此这种航线网络从根本上抑制了航班客座率、载运水平,赢利能力不高。由于航线在空间上都是孤立的,各航班之间没有相互联系,一条航线仅能完成两个城市间的衔接,无法实现航线网络 1 + 1 > 2 的整体效果,因此,这种航线网络结构无法实现航空运输潜在市场的开发,无论是在通达城市上还是在航班频率上都难以应对旅客日益增长的运输需求。

2. 枢纽辐射式航线网络

航空运输需求的不断增长对航空公司航线网络结构的承载能力提出了严峻的挑战,固有的点对点式航线网络结构已无法满足日益增长的市场需求。1978年,美国政府率先颁布了《航空客运放松管制法》,给予美国航空公司航线安排、运力投放、票价制定等方面更多的自由。于是,一种新型的航线网络结构应运而生,并很快被美国各大航空公司及欧洲、亚洲等各国航空公司所采用。

这种新型的航线网络结构便是枢纽辐射式航线网络,又可称为中枢辐射式航线网络或轮辐式航线网络,是指含有枢纽机场(或城市)和非枢纽机场(或城市)的航线网络模式,如图 8-25 所示。航线的安排以枢纽城市为中心,以干线形式,满足枢纽城市间旅客与货物运输的需要,同时以支线形式由枢纽城市辐射至附近各中小城市,以汇集和疏散旅客与货物,干支线间有严密的航班时刻衔接计划。严格意义上的枢纽航线网络只有枢纽机场间开通直达航线,任两个非枢纽机场间不开通直达航线,而是通过枢纽机场进行中转运输。根据枢纽数目是一个还是多个,这种航线网络又可分为单枢纽航线网络和多枢纽航线网络。

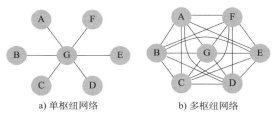

a) 单枢纽网络　　　　b) 多枢纽网络

图 8-25　轮辐式航线网络

与点对点式航线网络结构相比,中枢辐射式航线网络结构通过在枢纽机场建立航班集群,使多个航班在时间上紧密衔接,不同航线在空间上广泛联结。在枢纽机场,每一个到港航班都为同一航班集群中的其他航班输送旅客;每一个离港航班都为同一航班集群中的其他航班分流旅客。这种航线网络主要的特点是高密度、高航班频率、航线短,可为航空公司带来明显的规模经济性和范围经济性,是目前世界上被航空公司普遍选择的运营模式。开发运营一个由多个转机组合构成的中枢辐射式航线网络可大幅提高航线网络城市对的服务数量。从表 8-5 中可以看出,中枢辐射式航线网络结构中通航城市的增加,可引起提供服务城市对数量成倍的增长。从空间角度看,中枢辐射式航线网络结构中,航空公司将某些原有的中小城市间的直达航班转为在枢纽点进行中转,这必然会在枢纽点形成航线的汇聚,并产生旅客的大量聚集现象。虽然在点对点式航线网络结构中,运输需求较大的机场同样会出现这种汇聚现象,但不同之处在于,对旅客而言,点对点式航线网络结构中,该机场为旅客的始发地或最终目的地,而中枢辐射式航线网络结构中,枢纽机场只是其航程中的一个中转点而非起止点。

枢纽机场建设引起城市对服务的增加　　　　表 8-5

与枢纽相连的辐条数(条)	通过枢纽连接的航线数量(条)	以枢纽为终点并且是直达的航线数量(条)	枢纽辐射系统所服务的全部城市对数量(个)
N	$N(N-1)/2$	N	$N(N+1)/2$
2	1	2	3

续上表

与枢纽相连的 辐条数(条)	通过枢纽连接的 航线数量(条)	以枢纽为终点并且是 直达的航线数量(条)	枢纽辐射系统所服务的 全部城市对数量(个)
5	10	5	15
15	105	15	120
70	2115	70	2485
85	3570	85	3655
100	4950	100	5050

枢纽航线网络构型与枢纽机场的区域地位、基地航空公司规模及其经营战略密切相关。枢纽航线网络通常有两种构型，一是"单中心"中枢辐射型航线网络，另一类是"多中心"枢纽航线网络。"单中心"中枢辐射型航线网络，是枢纽航线结构的最基本构型，其航线主要以单个枢纽机场为中心向周边区域辐射。在这种结构中，主要以基地航空公司为主体提供区域性中转航班服务，基地航空公司在该地区的航空运输市场中，具有一定的区域性优势地位。如乌鲁木齐地窝堡机场在我国西北新疆地区具有明显的区位优势，周边阿勒泰、阿克苏、和田、且末、库车、喀什、库尔勒、克拉玛依、那拉提、塔城、伊宁等十几个地区的机场构成了以乌鲁木齐地窝堡机场为(中转)枢纽中心的辐射型航线网络，为我国广阔的西北地区提供区域性航空服务，同时通过乌鲁木齐机场连接东部主要城市和西亚地区，形成跨区域的航线网络。

枢纽机场不仅是区域航空运输的枢纽中心，一般也是区域的经济中心和综合运输中心。因此，实施中枢辐射型航线网络战略不仅需要枢纽机场和基地航空公司的共同打造，更需要地方政府的支持和协调，共同构建"中枢辐射型航线网络服务体系"(Hub And Spoke Service System)。

三、机队规划

1. 机队与机队规划

航空公司运营中，管理层必须作出的最重要最困难的决定之一是购买新飞机还是二手飞机以及选择什么机型。或者必须考虑对机队中已有的旧飞机进行现代化改造与再购买飞机哪个更具有经济意义。这就是机队管理。机队是航空公司运力(生产能力)最为重要的部分，机队管理是航空公司管理的一项重要职能。

机队是航空公司所拥有的飞机总称，包括飞机的数量和不同型号飞机构成比例关系，前者叫作机队规模，后者叫作机队结构。机队规模体现了航空公司的运输能力(简称"运力")，也用总座位数(客运运力)和总吨位数(货运运力)表示，它应当能与公司承担的市场总需求匹配；机队结构则直接影响航空公司的成本，它与航线结构和OD流需求等因素有关。从广义上讲，可以将飞机选型和飞机客舱设计、机队规模计划、机队结构优化、机队更新计划、机队配置计划等都归纳为机队规划。机队规模和结构优化决定什么机型的飞机引进多少架；飞机更新计划决定每年的引退计划，即什么机型各年新引进飞机多少架，哪些飞机需要退役；机队配置计划决定各基地部署什么机型的飞机多少架。由于现代民用飞机价格昂贵,使用周期长,机队规模和结构是否合理将长期影响航空公司的运营成本。航空公司亦重视飞机租赁与自购比例的合理安排以最优化公司财务,实现公司利润最大化。因此,机队规划是航空公司重要战略规划之一,是关系到航空公司兴衰存亡的大型投资行为。

机队规划必须权衡许多因素,包括与运行和维护相关的成本。机队规划需要平衡新飞机的价格及购买条款、维护成本二手飞机的可用性和价格、转售价值、现金周转、债务/股本比例、从贷方获得资金的情况、燃油价格、航线结构及竞争状况、航空公司战略以及劳动力成本。

在欧美国家放松管制之前,航空公司构成了相当稳定的业务,机队规划决策通常基于技术考虑,航空公司总体成本可以在一定程度上有把握地预测。航空公司会购买市场上的新飞机,尽管它们的价格很高。随交通量不断增长,航线受到政府相关机构的保护,贷款人确信贷款会按时偿还。即使实力较弱的航空公司也可以获得所需的融资,因为根据"失败的航空公司"原则,政府相关机构会在必要时为他们寻找一家实力更强的航空公司作为合并伙伴。例如,20世纪70年代初,美国的东北航空陷入财务困难,根据这一原则,东北航空并入达美航空。

放松管制改变了游戏规则。如今,在作出机队决策之前,必须对成本与收益进行更仔细的分析。二手飞机以及飞机租赁的强劲市场使许多现有航空公司能够更快地升级其机队,即使劳动力成本更高,也能与初创企业成功竞争。一些新航空公司,主要是低成本航空公司,通常采用相对便宜的二手飞机飞行,以低廉的票价侵入传统市场。而老牌航空公司必须找到新方法手段来降低与现有飞机相关的运营成本,开始关注运营成本最低、数量充足且在适当时间可用的新设备,以满足其机队和市场规划要求。

飞机技术影响着航空公司机型的选择。在放松管制之前,大规模更换飞机有很好的技术原因,20世纪60年代涡轮发动机和20世纪70年代宽体机身的出现使得生产力得到了巨大的飞跃。此后的技术进步更多的是逐步进步的过程。飞机技术的影响可以从高度创新的空客A320相对轻松地出售给主要航空公司中看出。这类飞机体现了许多真正创新的概念和采用了许多新的硬件和软件。在过去传统时代,大多数航空公司工程部门对飞机技术的根本性变革通常采取保守的态度,他们更愿意看到更多渐进的技术步骤。但如今,A320已经是一款应用广泛、历史悠久的飞机,航空公司工程部门能够在机队规划过程中愿意提供这种重要的投入。

航线网络对航空公司机队规划具有重要的影响。为了实现尽可能最低的单位成本,很多航空公司开始强调实用的轮辐式航线系统。这也对新飞机的需求产生了深远的影响。小型飞机的升力能力往往更大,满载航程更短。轮辐式网络以其他方式影响着航空公司。尽管航空运输企业长期以来一直认识到规模经济的重要性,但它也逐渐认识到,随着放松管制,范围经济可能与规模经济一样重要。这使得运营商不仅能够为更多的城市对市场提供服务,而且能够为比以往更加多样化的市场提供服务。这反过来又导致最大的航空公司需要比以往更多种类的飞机。

枢纽规模还影响了航空公司对大型飞机(例如波音767和空客A330)的决策。随着枢纽变得越来越拥挤,航班时刻限制越来越严格,人们自然会倾向于安排较大的飞机而不是较小的飞机通过枢纽,特别是在客流高峰期。这也导致依赖轴辐式网络的大型航空公司机队中某些类型的飞机激增。

2. 机队优化内容

机队规划的实质是要求在规划期内,机队的规模和结构应能保证经营战略的实现,使运力和运量基本保持均衡,不因飞机的闲置而造成运力浪费,也不因运力紧张造成市场和收益的损失,减小航空公司的经营风险。机队规模的大小直接影响航空公司的运行效益。机队规模过大,飞机载运率和利用率低,造成航空公司运力浪费,因而提高运营成本。机队规模过小,运力无法实现航空公司的市场目标,这将意味着航空公司潜在收入的损失,使航空公司在激烈的市场竞争力中处于不利地位。机队结构直接影响航空公司的运行成本,任何一种机型有其最经济的飞行剖面(飞机从起飞到降落全过程航迹的垂直投影面),只有当飞机与其所运营的航线相匹配时,才能实现预期的成本和效益水平。如果机队结构与航线结构和市场需求不符,无法实现合理的载运率或客座利用率,将提高航空公司的运行成本。

机队规划的内容包括飞机选型、机队规模发展计划、机队结构优化、机队更新替换计划、机队部署(在各基地的配置)计划。

飞机选型:为航线选择最适合机型的工作叫作飞机选型,它是机队规划的第一步工作。航线设计确定了其航程、航路空域环境、气象环境和机场终端区的地理环境,不同航线对飞机的技术经济性能有不同的要求,其最适合的机型应当结合运输商务模式和航线网络结构进行分析。

机队规模是指航空公司可以提供的总座位数和总吨位数,它直接反映了公司的经营规模,影响它的主要因素有需求预测、公司的市场范围和各市场的分担率、各航线载运率、客座率和日利用率。机队规模可用三组指标来描述。一是反映航空运输市场规模大小的市场需求指标,由客运量、货邮运输量、航线距离和客流等要素构成;二是反映航空公司运力大小的运输能力指标,如飞机架数、机型系列和飞机的业载与平均座级;三是反映航空公司运营飞机绩效的"三率"指标,即日平均利用率、客座率和载运率。三率指标是反映运力供给与需求匹配的综合指标,当出现运力供不应求时,"三率"指标相对偏高,当运力供过于求时,"三率"指标走势偏低。

机队规模基本决定了主要技术人员的规模,包括飞行员、乘务员、签派员和机务维修人员。例如,通常一架飞国际航线的飞机需要配备10~12名飞行员和25~30名客舱服务员,而国内航线一般配备6~8名飞行员和12~16名客舱服务员。

机队规模还决定了航空公司所能经营的航线数量和能运行的航班量,因而也就决定了能完成的最大运输量(运输周转量)以及市场销售和管理人员的数量。可见,机队规模反映了航空公司的规模。例如,中国南方航空股份有限公司机队规模在2024年底将拥有1007架各种型号的高性能客机,是国内飞机数量最多的公司。机队结构包括B777、B757、B737-800等波音系列飞机,A380、A330、A321、A320、A319等空客系列飞机,以及EMB145、EMB190等支线飞机。中国东方航空公司与中国商飞公司签署了购机协议,计划购买100架C919大型客机。首批5架已于2021年交付,余下的95架将在2024—2031年分批交付。

机队结构是指各种机型架数占总架数的比例或各机型飞机座/吨位数占总座/吨位数的比例,包括客货机比例、不同座级飞机的比例、不同航程飞机、不同机龄的比例等。机队结构是否合理直接影响到航空公司的运行成本和效率。机队规划应当谋求机队结构与航线结构相匹配。

如果机队结构不够合理,机型种类繁多,将导致资金投入、航材储备、人员培训等方面的费用增加。机型种类的减少可以节省相应设施设备的投入,特别是航材的储备,因而可以节省成本。不同的航空公司会根据自己的战略目标和市场需求来构建其机队结构。低成本航空公司可能会选择单一型号的飞机以降低维护和培训成本,但服务于多个目标市场的全服务航空公司则可能需要多种型号的飞机合理配置机队结构,既满足覆盖不同的航线和市场需求,又降低运行成本。

飞机置换计划是指航空公司为了更新机队,提高运营效率,降低成本,或满足市场变化的需求,而有计划地淘汰旧飞机并用新飞机替换的过程。这些计划通常涉及复杂的决策过程,考虑飞机年龄和性能、技术进步、市场变化、成本考虑、品牌形象和竞争力等多种因素。一般意义上,"置换"是以新换旧,不增加飞机,"引进"是纯增加新飞机,甚至新机型的飞机。也可以用置换包含两种含义,即置换表示既有老飞机退役又有新飞机引进。飞机置换计划的质量对航空公司运行成本也有很大影响。退役一架旧飞机可以回收飞机残值,购买新飞机要花费巨资,何时购买飞机、购买什么飞机、购买多少飞机、何时退役旧飞机、退役什么飞机等的决策都直接关系到航空公司的运营成本。

机队配置计划。如果航空公司有若干基地机场,则需要进一步根据各基地机场完成运输量的预测和各机型飞机在各基地机场的运营成本,决定在各基地机场应当投放何种机型、投放多少架飞机。考虑机队规模与结构的飞机选型与飞机置换计划等是从机队规模预测的角度进行分析,且按"从上而下"的顺序进行分析预测的宏观机队规划。该方法虽然简单易操作,但却无法准确反映出特定机型飞机执飞航线/航班的技术经济性能特点,因此用于解决长期规划问题的宏观机队规划法只能大致反映航空公司未来所需机队运力的规模与结构特点。航线机队配置是通过模拟航空公司未来微观机队规划环境,如航线网络结构、拟开航线/拟运营航班计划、旅客需求与平均票价水平,按照"从下而上"的顺序进行分析,得出航空公司机队中短期规划结果,属于微观机队规划法。该方法的优点在于可以直接给出机队的结构和在各航线/航班上的分布,但规划所需的信息量大,规划结果的精度不易把握,且模型比较复杂。

3. 机队规划模型

机队规划模型为航空公司提供基本输出——要采购的飞机数量和类型、采购时间以及以旧换新或逐步淘汰现有机队的时间。但它们也允许管理层评估改变输入信息的影响,主要是公司目标、行业环境和营销策略。将信息转化为机队规划模型,用于确定未来的飞机采购要求、飞机分配要求、财务要求以及各个规划期间的运营条件。这种机队规划模型通常称为无约束运营计划,因为它忽略系统约束以确保考虑全方位的机会。

系统约束:将各种系统约束在模型中进行体现,包括机场设施、政府监管、飞机可用性等因素。一般来说,随着交付时间的临近,系统限制变得更容易缓解。如在10年的时间内(机队规划模型的正常期限),原来的限制可能会被消除。有些限制是航空公司外部的,例如航空公司飞往的机场的设施要求,包括跑道容量、登机口容量、航站楼容量(停车场、地面通道、旅客处理)和噪声问题。政府监管机构可能会对航空公司的运营策略施加限制,从而对旨在实施该策略的飞机产生影响。飞机的可用性以及环境因素也会带来外部限制。

航空公司存在许多内部限制,包括航空公司盈利能力或缺乏盈利能力等经济现实。假设该模型需要购买 7 架宽体喷气式飞机。如果无法筹集资金进行购买,航空公司可能会考虑租赁。其他内部限制包括维护设施要求、机组人员培训设施以及现有人员实施机队规划模型的能力。

飞机评估:在考虑系统约束基础上,航空公司根据航程(长、中、短)、客运或货运能力以及直接运营成本等特征,对实施其计划所需的飞机类型进行评估。评估飞机设计特征、物理性能、维护需求、购置成本和运营经济性,确定不同飞机的技术经济指标。

飞机的设计特征包括飞机尺寸、质量概况(包括最大零燃油质量和操作员空重)、燃油容量、系统(电气、液压和环境)、座椅配置、货舱配置等因素。飞机通常考虑的技术参数称为物理性能因素,包括有效载荷范围图、起飞和着陆数据、巡航和进近速度、跑道要求和噪声性能等。对于那些在海拔远高于海平面或极端炎热气候的机场运营的航空公司来说,跑道要求是选择飞机时的一个重要物理性能因素。维护需求包括备件可用性、飞机与机队其他飞机的兼容性、产品支持、技术记录保存以及视觉和音频辅助方面的培训支持等考虑因素。设备预期使用寿命内的维护成本比较是必须研究的。维护成本受到包括飞行航段长度和外部服务费用等多种因素的影响。

购置成本包括飞机本身的成本加上备件、所需的地面设备、所需的维护和飞行培训,以及资金本身的成本或股权融资(出售债券或股票)。必须仔细检查制造商的保修和预付款计划。尽管一架飞机的实际价格可能低于另一架飞机,但考虑到这些因素,总成本可能会更高。航空公司还必须考虑以旧换新的可能性,并比较租赁与购买的潜在优势。

运营经济学分析包括飞机对公司盈利能力的潜在贡献。必须审查飞机里程和座位里程方面的收入潜力和直接运营成本。这将取决于许多因素,包括航空公司的航线结构、交通流量和构成、现有交通量、未来潜在增长、座位密度、负载系数和利用率。

暂定机队规划:根据飞机评估结果,企业规划部门将制定机队扩充和退役计划,确定飞机订单、期权和未来购买计划,为扩大后的机队准备一份预计收益表和现金流量表,预测资金需求。

演示和管理层批准:最后,向管理层演示机队规划方案,获得批准后与制造商和金融机构进行谈判,并制定人员、设施等其他规划数据。

整个规划过程需要密切合作,充分考虑各种因素,以确保机队的有效运作和航空公司的可持续发展。

机队优化的重点是对机队选择和组成以及机队发展进行建模。图 8-26 给出了机队优化模型的示例。

总成本最小的机队规划数学模型如下。

$$\min C = 365 \sum_{i=1}^{K} T_i C_i x_i \tag{8-1}$$

$$365 T_i v_i l_i x_i \leq D_i \quad (i = 1, 2, \cdots, K) \tag{8-2}$$

$$365 T_i v_i L_i x_i \geq D_i \quad (i = 1, 2, \cdots, K) \tag{8-3}$$

$$365 l \sum_{i=1}^{K} T_i v_i z_i x_i \leq \sum_{i=1}^{K} D_i \tag{8-4}$$

$$365 L \sum_{i=1}^{K} T_i v_i z_i x_i \geq \sum_{i=1}^{K} D_i \tag{8-5}$$

$$x_i \geqslant N_i \quad (i=1,2,\cdots,K) \tag{8-6}$$

式中，x_i 取正整数，是决策变量，表示第 i 类飞机的架数；T_i 为日利用率；C_i 为小时成本；N_i 是第 i 类飞机的现有架数；K 是机型总数；L 和 l 是平均高限载运率和平均低限载运率，可用式(8-8)计算。

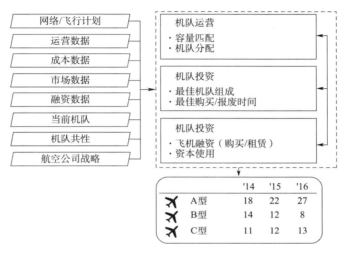

图 8-26　机队优化模型示例

上述数学模型中，"365" 表示平均每架飞机一年工作 365 天。实际情况下，由于需要停场检修，飞机也许不能出满勤，例如可能只有 320 天。

目标函数(8-1)表示优化的目标是总成本最小。

各约束条件的含义：

式(8-2)表示第 i 类机队对应低限载运率的载运量应该不大于该类机型的市场需求。

式(8-3)表示第 i 类机队对应高限载运率的载运量应该不小于该类机型的市场需求。

式(8-4)表示对应平均低限载运率的总载运量应该不大于市场总需求。

式(8-5)表示对应平均高限载运率的总载运量应该不小于市场总需求。

式(8-6)表示规划的该类飞机的数量应该不小于该类飞机的现有数量。该约束条件不是所有情况下都需要，在不必要时可以删除。

令 $a_i = 365 T_i v_i z_i$，则约束条件(8-2)和约束条件(8-3)可写为：$a_i l_i x_i \leqslant D_i, a_i L_i x_i \geqslant D_i$。因此，有：

$$\frac{D_i}{a_i L_i} \leqslant x_i \leqslant \frac{D_i}{a_i l_i} \tag{8-7a}$$

如果 $D_i / a_i L_i \leqslant N_i$，则进一步有：

$$N_i \leqslant x_i \leqslant D_i / a_i l_i \tag{8-7b}$$

令 $D = \sum_{i=1}^{n} D_i$，则 $\eta_i = \dfrac{D_i}{D}$ 是第 i 类机型的市场需求分担率，则平均低限载运率 l 和平均高限载运率 L 可按下式计算：

$$l = \frac{D}{\sum_{i=1}^{n} D_i/l_i} = \frac{1}{\sum_{i=1}^{n} \eta_i/l_i}$$

$$L = \frac{D}{\sum_{i=1}^{n} D_i/L_i} = \frac{1}{\sum_{i=1}^{n} \eta_i/L_i}$$

(8-8)

即 l 和 L 分别是 l_i 和 L_i 以 η_i 为权的加权调和平均值。

考虑到目标函数与 x_i 成正比，x_i 在满足约束条件的情况下，应当尽可能地取小值。所以根据式(8-7)，如果取：

$$x_i = \max\left\{N_i, \left[\frac{D_i}{a_i L_i}\right] + 1\right\}$$

(8-9)

则约束条件(8-2)~约束条件(8-4)将得到满足。并且可以证明如果 l 和 L 用式(8-8)计算，按照式(8-9)计算的决策变量 x_i 也将满足约束条件(8-3)和约束条件(8-4)。因此，式(8-9)给出了机队规划模型的最优解，此时最小总运行成本为：

$$\min C = 365 \sum_{i=1}^{K} T_i C_i \max\left\{N_i, \left[\frac{D_i}{a_i L_i}\right] + 1\right\}$$

如果所有机型的现有飞机架数不足，则：

$$\min C = \sum_{i=1}^{K} \frac{C_i D_i}{v_i z_i L_i}$$

(8-10)

进一步可以证明，如果 l 和 L 用式(8-8)计算，则约束条件(8-2)和约束条件(8-3)满足时，约束条件(8-4)和约束条件(8-5)将自动满足。机队规划模型可以简化为：

$$\min z = 365 \sum_{i=1}^{K} T_i C_i x_i$$

$$a_i l_i x_i \leq D_i \quad (i = 1, 2, \cdots, K)$$
$$a_i L_i x_i \geq D_i \quad (i = 1, 2, \cdots, K)$$
$$x_i \geq N_i \quad (i = 1, 2, \cdots, K)$$

(8-11)

宏观机队规划的优点是易于建立预估方案，对评估总体需求很有用，可用于中长期预测；不足之一是这种方法仅仅提供一个关于机队规划的粗略估计，可能过于简单化；不足之二是数学模型的目标函数只追求总成本最小，没有考虑收益。

四、航班计划

1. 航班计划与资源利用

航空公司基于对市场状况的预测，结合运营能力现状（如机场跑道长度、空管、航程限制等）和硬件设施限制（如值机柜台、行李处理能力、登机门位置、地面设备等），分别从战术层和战略层制订航班计划。完整的航班计划包含航线（可进行航空运输的路线）、航班（包括航线、航班号、起降时刻、起降机场等信息）、班期（某航班在周期内的哪几天被执行）、班次（每天每个航线上有多少航班）、机型（各航班所使用的飞机型号）等信息，最后以制定航班时刻表的形式公布。

航空公司航班时刻安排的任务本质上相当于资源分配和管理，重点是资源的优化利用。

航空公司时刻表规划包括四个主要任务,这些任务通常按顺序进行,即:时刻表生成、机队分配、飞机航线和机组人员排班。

资源的高效利用是航空公司调度的目标。飞机是昂贵的资产,航空公司机组人员(特别是飞行员)技术精湛且雇用成本高昂,例如 A380 机长每年可获得价值超过 25 万美元的就业待遇。航空公司调度的一个关键要素是资源的同步。同步意味着无法独立操作的两个或多个资源的配对或匹配。对于给定的航班计划时间表,不同的机队被分配给航班。然后将生成的机队分配与飞机航线规划中的航线进行匹配,以将航班与单架飞机同步。然后,机组人员将与这些航线配对,以最大限度地降低机组人员成本。之后,各个机组成员的名册将与这些配对航班(称为"机组配对")以及飞机航线同步。在航班运营期间,同步还扩展到与网络中各个航班配对的乘客行程。

2. 航班计划相关概念

航班计划可以分为广义和狭义航班计划,广义航班计划指和航空生产活动相关的一系列生产计划,包括狭义航班计划、飞机维护计划、飞机排班、机组排班等,它们之间的关系如图 8-27 所示。狭义航班计划指航班频率、班期、航班时刻以及为定期航班机型指派等的决策问题,在我国这种计划的周期是半年。

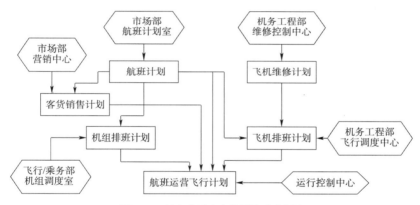

图 8-27　航空公司生产计划关系示意图

航线:民航运输飞机的飞行路线称为航空交通线,即航空公司运营的路线,由飞行的起点、经停点、终点、航路等要素组成。按起讫地点的归属不同分为国内航线、地区航线和国际航线。

航班:航班指一架飞机在两个城市之间的一次单向飞行;航班包括航班号、航班的出发机场和到达机场、出发时刻和到达时刻等要素,同航线一样,航班资源也是航空公司的宝贵资源。

时隙:有时也叫时槽,即指航班(出发/到达)时刻。在国内通常用于讨论航班起飞时刻,事实上航班着陆时刻同样重要,在美国,时隙资源也称为着陆权。它是民航局、机场方、各航空公司协调后分配给航空公司的特有资源。航空公司在繁忙机场增加航班,往往不能获得时隙资源,或者获得了航线资源,但不能获得时隙,因而不能开行航班。因此,时隙是一种资源。

航班号:航班号是为了便于组织运输生产,按一定规律给每个航班编排的一个编号。

航段：也称为航节，指完成一次起降所执行的飞行任务，是航班的最小组成单位。国内主要是点到点航班，一个航班只包含一个航班段，如北京—上海；也有一次经停航班，即一个航班包括两个航段，如深圳—南京—沈阳，即深圳至沈阳的航班，在南京经停。

班次：即航班频率，航班频率通常指的是航空公司在单位时间内（每天或每周）某条航线上航班的数量。这个指标对于评估航线的重要性、机场的繁忙程度以及航空公司的运营效率都非常关键。在分析航班频率时，需要考虑航线需求、航空公司战略、机场容量、季节性因素和经济因素。

班期：指某一航班在一周中的哪几天执行。

机型：指执行航班所使用的飞机类型，不同的机型有不同的飞行性能（如小时耗油量、航程、升限、最大起飞全重、爬升能力等），对应不同的飞机座位数、不同座舱布局，运营成本也不相同。执行航班所使用的飞机类型取决于多种因素，包括航班的性质（国内或国际）、航线的长度、预期的乘客数量、航空公司策略以及成本考量等。航空公司会根据具体的运营需求和战略目标来选择合适的飞机类型。

最小过站时间：是指一架飞机完成一个航段后，进行必要的清洁、加油、乘客和货物装卸等操作，准备开始下一个航段所需的最短时间。一般来说，国内航班的过站时间可能在 30～60min 之间，而国际航班的过站时间可能更长，通常在 1～3h 不等。然而，这些时间都是大致估计，实际的最小过站时间需要根据具体情况进行调整。航空公司会尽可能优化过站流程，以缩短过站时间，提高飞机的运营效率。

轮挡时间：滑行飞机在地面停放后，在机轮下放置轮挡，防止飞机滑动。当飞机准备运动时，地面人员撤去轮挡，从这个时候起计算飞机的运行时间至飞机着陆再次放置轮挡的一段时间，称为轮挡时间，包括飞机的滑行、爬升、飞行、进近、降落、着陆、滑行的整个过程。

旅客行程（结构）：也称旅行行程或航线安排，是指旅客在旅行过程中从起点到终点的一系列航段安排。一个完整的旅客行程通常包括出发地、目的地、中转地（如果有）、各航段的航班号、起飞和降落时间等详细信息。同一个 OD 流，可以有不同的行走路线和时刻，叫作行程结构。它反映了产品的不同质量，因此有不同的需求。

3. 航班计划的影响因素

航班计划的对外形式是航班时刻表，航班时刻表向旅客（单位和个人）提供服务信息和销售竞争的手段；旅客根据航班时刻表提供的航班时刻、机型、服务内容来选择他要乘坐的航班。对于航空公司内部而言，航班计划是航空运输企业整个生产活动流程的基础，是航空公司的具体实施计划，是组织和安排日常生产活动的主要依据，航空公司围绕着它来调配运力、安排人员，进行协调和管理。科学地制定航班计划，对于合理地制定和完成整个航空运输生产计划和组织航空运输生产经营活动有着非常重要的意义。

航空公司提前一个季度公布航班时刻表。中长期需求预测主要用于航线开发和机队规划目的，可能包含预测误差。预测消费者需求本质上是具有挑战性的。航班时刻表生成的目的是创建一个吸引潜在旅客的时刻表，同时平衡运营商飞机运力的可用性。乘客的旅行目的会影响航班选择的偏好，进而决定特定部门的需求以及服务和产品功能以及相关的客户期望。商务旅客往往在国内旅行时早上出发，晚上返回，而休闲旅客在出发时间方面更加灵活，并且往往寻求更便宜的机票。因此，航空公司通常会在商务旅客的首选旅行时间内为其提供更多航班,并对这些航班收取额外费用。这些航班通常在早晚高峰时段出发。相比之下,非高峰时段安排的航班往往更便宜,可以吸引更多休闲或对时间不太敏感的乘客。

航班时刻表生成除了确定 OD 对之间航班的出发时间外,另一个关键要素是确定每个航段的航班频率。确定航班频率的"经验法则"是,某个航段的频率越高,该航空公司(及其航班)对旅客(尤其是商务旅客)的吸引力就越大。这主要是对于市场份额,市场曝光度越高,获得更大市场份额的可能性就越大。

航班计划的影响因素分为外部因素和内部因素。外部因素主要指市场需求状况、相关机场的情况、有关地区的政治经济和文化活动情况、旅客对航班票价和机上服务以及航班出发时刻的选择行为、同业竞争和替代性竞争等情况,而且这些因素都是动态变化的。

(1)市场需求状况:包括有关空运市场的旅客、货物的流量和流向,本航空公司占有该市场的份额。

(2)有关地区的政治、经济和文化活动情况:包括该地区的工农业生产情况,产、供销关系的发展变化情况,重要的政治经济、文化旅游活动情况等。

(3)同业竞争和替代性竞争:其他航空公司的生产经营情况及策略等;其他运输方式技术和市场发展,如高速公路、高速铁路的规划与建设等。

(4)相关机场的情况:如机场容量、跑道性能(长度和厚度)、通信导航设施的先进程度、气象条件、旅客航站楼或货运仓库高峰小时生产保障能力等。

内部因素指航空公司自身对航班计划影响的因素,这些因素包括航空公司战略目标、航空公司运力、获得的机场时隙等资源、飞机维修和维护计划、航空公司现有人力、财力、物力情况。

(1)航空公司战略目标:航班计划应贯彻落实公司的战略目标,战略目标和规划是制定航班计划的准绳。

(2)运力:即航空公司各机型可用飞机数量及其飞机利用率。航班计划需要飞机去执行,飞机是否够用,是否适用,将直接影响航班计划。

(3)获得的机场时隙等资源:航班计划要优化配置这些资源,有效地降低运行成本,要保证航班计划的可操作性,又要保障经济有效性。

(4)飞机维修和维护计划:为保障飞行安全,航班计划必须保证飞机维修计划的执行。

(5)航空公司现有人力、财力、物力情况:人力资源是航空公司的宝贵资源,特别是航空专业相关人员,如飞行员、领航员、乘务员等机组相关人员以及飞机维修人员等。

4.航班计划的制定

航空运输生产飞行包括正班飞行、加班飞行、专机飞行、包机飞行和其他飞行等五种类型的飞行;其中,正班飞行是一种最主要的运输飞行,它每年完成的任务量占全部运输飞行任务量的 90% 以上。按时间维度来划分,航班计划可以划分为季度航班计划、月度航班计划以及即时航班计划。欧美国家通常分为航班计划构建和评审两个相互关联的阶段,两阶段反复迭代,直到产生满意的航班时刻表。国内航班计划的编制通常包括调查研究和预测、明确航空公司运营状况、草拟方案并比较选择,最后综合平衡确定航班计划。时间维度等不同,航班计划安排流程略有不同,一般航班计划的制定就是确定正班飞行的航线、机型、班次、航班号、班期和航班时刻等。

(1)确定航线。一般从以下两方面来考虑:一是调整原有航线,二是开辟新航线,它确定了各 OD 流的路线。

(2)确定机型。即在机队规划已获得的一个优化的机队基础上,为每个航班指派使用的机型。

确定每周班次,即确定航班频率。每周班次的确定应根据运量、运力、机型和经济效益等因素来安排。运量大、运力充足时,应当增加航班密度;反之,则应适当减小航班密度。从旅客和货主的要求来看,航班密度越大越好,这样可以随时满足其需要,降低计划延误成本。但从民航企业的角度来看,航班密度过大,就会造成载运比例下降,影响企业的经济效益。因此,应该以最大限度满足社会需要与尽可能提高企业经济效益相结合的原则来安排航班密度,使计划的每周班次能够保证载运比率达到或超过平衡载运率。

(3)确定航班号。国内航班的编号由航空公司二位英文代码加 4 位阿拉伯数字组成,航空公司代码由民航局规定公布;后面的 4 位数字第一位表示航空公司基地所在地区,第二位表示该航班终点站所在地区(1 为华北,2 为西北,3 为华中,4 为西南,5 为华东,6 为东北等);第三和第四位数字表示航班编号(顺序号),单数表示去程航班(由飞机基地出发的航班),双数则表示回程航班(即返回基地的航班)。国际航班的编号由航空公司二位英文代码加三位阿拉伯数字组成。第一位数字表示航空公司,后两位表示航班序号,单数为去程,双数为回程。

(4)确定班期。即确定航班的飞行日期。航班如若当天往返,则在去程和回程栏填写同一日期;如果航班往返不能在同一天完成,则在去程和回程栏内填写始发日期和回程到达日期。班期的确定应当本着均匀分布的原则来安排,这样既方便了旅客和货主,也便于民航企业自身的客货组织工作。

(5)确定航班时刻。即确定航班的起飞时间。起飞时刻的确定应根据季节、气候、机场条件、机场的合理使用、与其他航班的衔接、航线流量和需求分布等因素来安排。

具体航班计划的编制,需要分析旅客的出行行为和需求特征,预测旅客 OD 流;研究航空公司运力状况,对航班频率、航班时刻、机型指派和飞机排班等问题进行详细研究优化,各因素相互关联制约,涉及内容与过程繁多复杂,相关学术研究成果相当丰富且始终是研究的难点和热点,本书不再详述。

五、机组排班

1. 机组排班问题

航空机组人员人力成本占了航空公司人力成本的大部分,是航空公司仅次于燃油成本的第二大运行成本,在紧张繁忙阶段,机组资源的短缺甚至超过飞机资源。机组通常指飞行人员,包括机长、副驾驶、领航员、机械员、通信员;客舱服务人员包括乘务长、乘务员和空中保安等。

航班机组排班即根据航班属性,各个机组成员的工作资质和工作时间限制,为航班指派相应的机组人员及其飞行职责,以完成航班的飞行作业,考虑到机组人员的飞行时间、休假、训练、特殊任务等因素,还必须满足机组人员能力和每种飞机类型的最低机组人数的法律要求,是一种特殊的人员排班问题,其主要目标是机组排班成本的最小化,最大限度地提高资源效率和利用率。机组排班问题本质上是机组和航班的匹配问题,也可以说,机组排班指一定周期内(如一周或一个月)为每个机组人员(包括驾驶舱、乘务舱等人员)编排飞行值班计划。

由于适航条例还规定了飞行人员的训练和休假,完整的机组资源管理不仅包括机组执飞任务的安排,还应该考虑机组训练、培训、考核、定级管理,以及机组人员休息、休假、体检活动安排,目的是保证机组人员符合适航规定、机组队伍的成长满足公司发展的需要和航班计划的正常有效执行。在航空公司生产计划的制定流程中,机组排班是在完成航班计划和飞机排班计划制定的基础上,与飞机排班问题同时解决的。

情况不同,机组排班问题不同。如根据航线分为国内航线和国际航线的机组排班问题,或枢纽航线和点对点航线的机组排班问题。根据航班周期有每天的(Daily)和每周的(Weekly)航班的机组排班问题。根据基地的多少,有单基地机组排班问题和多基地机组排班问题。根据空勤工种的不同,分别有飞行员和乘务员的排班问题。国际航班与国内航班有不同适航规定,多数航空公司的国内航班机组和国际航班机组一般分开排班,而且国内航班占多数,只有少量国际航班,因此国际航班的机组排班问题矛盾并不突出。枢纽航线网络与点对点航线网络相比,对机组排班的影响主要表现为前者的每个航班的后续航班很多,因此航班的连接机会增多,可行的机组任务数要多,但解决问题的思路是相同的。

2. 机组排班问题相关概念及影响因素

机组排班问题受到机组的机型执照限制、航线资质限制、机组搭配限制、飞行时间限制、值勤时间限制等。机组排班问题涉及的专业名称及术语如下:

(1)机组:民航运输中的机组主要包括飞行机组和乘务员机组。飞行机组是在飞机驾驶舱中直接控制飞机飞行和操作通信设备的工作人员,包括正驾驶、副驾驶、通信员和领航员。其中,正驾驶中的一人担任航班机长,负责组织和领导航班的一切活动,副驾驶则负责协助机长的工作,包括飞机操作及仪表监控等。

(2)飞行时间:指机组成员在飞机飞行期间的工作时间,包括在座飞行时间、飞行经历时间和不在座飞行时间。

(3)值勤期:指机组成员在接受飞行任务后,从为完成此次任务到指定地点报到时刻开始(不包含从居住地到报到地点花费的时间),到任务完成后解除任务时刻为止的连续时间段。

(4)休息期:指从机组成员到达指定休息地点开始,到为执行下一个飞行任务而离开该休息地点为止的连续时间段。

(5)飞行基地:每个机组人员都从属于一个基地,常为机组人员生活所在地,机组从基地城市出发执行飞行任务,并在规定时间内返回基地。

(6)任务:任务是指一天内指派给同一机组的航班集合。

(7)任务环:指派给同一机组的、由一个或多个任务衔接而成的、起始和结束地点都为飞行基地的任务序列。当一个任务环中仅包含一个任务时,代表执飞该任务环的机组从基地出发并可在当天返回基地。然而,并非所有的任务都可在同一天内返回基地,若机组当天飞行任务的最后一个航班的降落地点不是基地,表示机组在当天任务结束后需在基地以外的城市过夜,第二天从过夜城市出发继续执行下一个任务,直至返回基地。因此,任务环可能由单一任务组成,也可能是包含在外过夜的多个任务序列组成,但该序列的开始和最终结束地点一定为飞行基地。生成一个可行的任务环需满足多种约束包括飞行时间约束、执勤时间约束和时间跨度约束等。

（8）搭机：是指飞行员以乘客的身份搭乘航班，前往异地执行飞行任务，或在任务结束后搭乘其他航班返回基地。

影响机组排班的主要因素有：

（1）机队结构。机队结构是指不同机型的飞机在机队中所占的比例。因为飞行员只能驾驶执照规定的机型，如果某机型的飞行员不够，即使其他机型的飞行员有剩余，也不能执行该机型的航班。因此，飞行员机型结构应当与飞机机型结构保持一致。

（2）机组资源结构。为保证航空运输作业的安全性，民航局对航空运输执行机组的组成、飞行资格、工作时间、休息时间等制定了明确的规定，机组排班过程须严格遵守这些规定，这是保证飞行安全的前提，也是确保排班方案合法性的依据。机组资源结构包括各机型飞行员的比例、机长与副驾驶的比例和机组人员在各基地的配制比例等。机组资源结构应当与机队结构匹配，机长与副驾驶的比例应当符合公司规定和发展需要，机组人员在各基地机场的配制影响机组调度的效率。

（3）航线结构。航线结构决定了航班飞行的小时数，影响航班之间的机组可衔接性。

（4）航班计划。航班计划包括航班频率和航班时刻，这些都对构建航班环（机组任务配对）有直接的影响。在对机组进行飞行任务指派时，每个机组执飞的航班之间的衔接需满足相关规定，主要包括过站时间衔接、航站衔接与飞机衔接。

（5）任务环不交限制：任一航班被且仅被一个机组执飞，不同机组执飞的任务环之间不存在重叠航班；任务环须起始和终止于机组的生活基地；一个任务环的时间跨度不得超过劳资协议中规定的最长时间；一个任务环每天的航班数不得超过规定的最大航班数。

（6）适航规定。关于机组的适航条例对机组的飞行时间、休息时间、培训内容、体检和休假都有明确的规定，不得违反。

（7）公司的有关规定。航空公司关于加机组、机组过夜津贴和交通住宿标准的规定，关于机长排班的资历优先权的规定，关于双机长飞行的规定，都将影响机组排班的成本，并影响机组排班的结果。

（8）航班延误或航班计划调整。当航班计划不能正常执行时，机组排班也会受到干扰，需要做必要的调整来恢复排班计划。

3. 机组排班计划的制定

在满足相关约束规定的基础上，机组排班过程需遵循以下基本原则。

1) 机组排班的合法性原则

首先，机组签派人员必须保证所产生的机组排班计划符合民航局的规章条例，如关于机组资格、飞行时间等的限制，关于机组搭配及驻外过夜天数等限制。此外，在机组排班时，应保证机组执飞的任务环起始且结束于其生活基地。对于确实无法实现的机组，需要在任务结束后通过搭机的方式使其回到生活基地。

2) 排班方案的可行性原则

在保证排班合法性的前提下，机组排班还需遵循排班方案可行性原则，即保证所得到的方案一定是可被执行的，符合航空公司现有飞行能力，并严格遵守航站衔接，过站时间衔接以及飞机衔接的要求，避免排班方案生成后的二次调整甚至多次调整。

3）公平性原则

在机组排班中,公平性是机组排班人员相当注重的原则。由于飞行工作关系到飞行安全,必须保证每个飞行员都能得到足够的休息和拥有平和的心态,因此公平性显得十分重要。不同航班任务的工作强度和飞行津贴不同,由其飞行区域、航程以及飞行时间等因素决定。例如,执飞国际航班的机组津贴相对较高,且可享受带薪年假;而对于飞行时间短、起降次数多、飞行区域复杂的航班,由于飞行难度大,工作强度高,多数机组则不愿执飞。因此,在进行机组排班时,应考虑到排班的公平性。

4）工作强度均衡原则

工作强度均衡原则主要是指对机组的年使用量尽量平衡,在周工作量、休假时间的安排、外站工作时间等方面应力求均衡,小时数尽量充分利用,并满足机组基地的平衡限制。

5）成本最小原则

建立排班系统模型的核心目的即实现机组排班的成本最小化,尽量以最低的成本在满足各种约束的条件下完成所有的航班任务。成本中包括飞行成本、在外过夜的住宿成本以及搭机成本等,需要通过模型的优化实现成本的最小化,降低航空公司的运营成本。

6）航班调整

每逢重大节日,航空公司的航线航班将会增加,必须对已有的机组排班计划进行调整。除此以外,由于航班不正常、机组人员资质的变更、飞行员病假或临时执行公务,机组排班的计划也要相应调整,所以有了机组排班计划,还需要有调度,它的目的是适应上述情况的变化,通过调整机组排班保证航班计划的正常执行。

尽管机组排班问题是一个很经典的优化问题,但具体模型的实现并不容易。

在欧美国家的航空公司,机组每个月排班一次,通过以下步骤完成:

(1) 根据航班时刻表构造一天的机组任务(Duty),Duty是一天的航班串,不一定要求回到基地。

(2) 根据Duty构造若干天的机组配对(Pairing),(一般2~3天)。即Pairing是Duty串,保证最后一个Duty能回到基地。

(3) 优化选择Pairing,保证航班都被执行和成本最小。

(4) 将各Pairing和一周要安排的体检、休息、培训等机组活动一起构造周活动串。

(5) 将周活动串与一个月需安排的训练、休假等活动一起构造月活动串,这些活动串数等于机组数。

(6) 将月活动串指派给机组。

在我国,多数航班都是点对点的,除少数在外场过夜的飞机外,大多数飞机当天都回到基地机场过夜,多数机组人员也不在外地过夜,这和欧美国家的航空公司有很大的不同。因此,上述第一步生成的机组任务(航班串)多数是单基地机场模式,这样的航班串就是航班环,一个机组任务配对只含有一个机组任务。

另外,我国航空公司机组排班工作主要由机组资源管理室负责完成,他们多数还是依赖手工方式。因此,机组排班周期较短,通常是一周,难以做到一个月的排班。具体步骤是:先根据每天航班计划,将一天中同一飞机执行的航班组合在一起,在满足民航法规的前提下组成航班串(机组任务),再考虑培训、休假、备份等的安排,最后按照随机的方式指派给相应的机组人员。在构建航班串时一般都是依靠经验,几乎不考虑成本因素。

随着航空业的快速发展,航空公司规模迅速扩大,国内大部分大航空公司都已建立多个飞行基地,但出于保证飞行安全、方便管理的考虑,各航空公司又都执行属地化管理原则,即各基地的飞行员只执飞属于本基地管理的飞机执行的航班任务,而不允许执行其他基地隶属的航班。航空公司为提高机组的利用率和航空公司的运营效率,已经开始考虑允许本基地机组人员执飞其他基地的飞行任务,需在满足航空公司相关管理条例的前提下,从公司层面上对各基地的飞行员和飞机资源进行统一调度与管理。跨基地运营需要更科学的管理、协调、计划方法和手段,传统排班方法已很难满足航空公司的运营需求,机组排班已经开发出智能优化决策支持系统,能够求解大规模机组排班问题,为航空公司提供更好的决策支持。

机组排班利用运筹学方法优化机组排班过程,可以提高计划的科学性,降低机组费用,对提高航空公司运营效率保证飞行安全都具有重要意义。机组排班问题约束繁多,模型结构复杂,是典型的 NP 难问题,需要考虑航班串的生成、选择与优化,即若干个航班根据时间和空间的先后顺序连接而成,若是单基地,生成的航班串即为航班环。如在构建机组航班环时考虑飞机选型、飞机路线的影响,可提高机组航班环的质量。更进一步地将飞机路线问题和机组航班环问题综合考虑,建立一个统一的规划模型,同时进行优化,将会获得全局最优解,当然问题将会更加复杂,研究快速求解航空运输过程中的复杂调度问题的模型与算法对工业界和学术界都有重要意义。

六、运营不确定性和不正常航班恢复

1. 航空运营不确定性

作为一种特殊的运输行业,民航运输容易受到外界因素的影响。由于天气原因、流量控制、飞机调配等因素造成的航班延误,不仅给旅客出行带来不便,也给航空公司带来巨大延误损失。航班不正常会造成航班计划更加混乱、机组人员工作超时、机组任务被打乱,也成为航空公司提高服务质量、降低运营成本的一大障碍。考虑运营不确定性的航班计划以及不正常航班计划恢复的中断管理,正是针对这一问题提出的。

正常的航班规划通常是在预计运营不会受到任何时间表干扰的情况下进行的,但这种情况在航空运输系统中是少见的。由于航空公司资源的闲置成本极高,航班之间预留的缓冲时间越高,意味着资源的闲置时间越长,这种资源浪费是航空公司难以容忍的,且航班计划的运行环境是动态变化的,如恶劣天气、机务故障等都会导致航班不正常情况的发生,即使是预留了足够的缓冲时间,也无法保证航班总是能够按照原计划运行。航班不正常是必然会发生的,一个航班的延误可能会导致所有后续航班的进一步延误。延迟传播会导致高于预期的运营成本。

由于注重效率的规划解决方案很容易受到进度扰动带来的重大成本影响,在存在计划扰动的情况下,为实现此目标而采取的过程称为计划恢复,这是中断管理的一种反应形式。航空公司运行规划需要有一定的灵活性,以应对突发情况,如恶劣天气、机械故障或其他紧急情况。可以在航空公司规划过程中考虑时刻表扰动,以减少其发生率或影响。这涉及使用鲁棒性规划技术。此类方法被描述为一种主动形式的中断管理。

为使航班计划恢复正常运作,航空公司需要对航班计划、飞机路线、机组排班、维修计

划、旅客路线及地面保障资源等进行调度和恢复,使原计划的航班任务能够顺利执行,飞机和机组能够到达原计划应该到达的机场,旅客能够顺利到达目的地,这些统称航空公司不正常航班计划恢复问题。

2. 不正常航班恢复问题

航空公司经常面临不正常航班计划恢复的实时调度问题,如何在有限的昂贵资源中调配飞机,而且保证后续航班有飞机可用、机组到位,还要兼顾飞机定期维修的要求、第二天的飞行计划不能被打乱、机组不能超时、旅客路线保证衔接等诸多的约束条件,同时还要使航班延误和取消成本最小,航空公司损失最低。因为问题的复杂度和求解要求的实时性,要求管理者必须在短时间内作出反应,给出航班计划恢复方案。

不正常航班恢复问题包括航班时刻恢复、飞机路线恢复、机组路线恢复和旅客路线恢复。不正常航班计划恢复通常是分阶段进行的:首先是飞机计划恢复,主要是通过最小化延误和取消航班的决策达到,第二阶段是机组恢复,通过重排机组计划和使用备份机组,使航班任务的执行满足民航管理局的安全规定和机组人员不超时规定;第三阶段是旅客路线恢复,将旅客指派到相应的航班上,使之能够到达预定的目的机场。采用这种恢复次序是因为飞机是航空公司里最昂贵的资源,而机组相对更容易获得,可以通过使用备份机组和加机组方式获得更多机组,重新安排机组计划。

不正常航班恢复问题的解决的难度在于,延误时间是未知的,延误成本是延误时间的函数,因此,目标函数非线性;涉及的因素多而复杂,问题规模很大,而计算时间要求很短;是混杂规划问题,算法设计困难;航班时刻、飞机路线、机组路线一体化考虑时的恢复问题规模更大,但分阶段恢复往往不能得到全局最优解,甚至上一阶段的最优解带来下一阶段问题的不可行。

航空公司不正常航班调整中面对的航班不同,优先级不同。航空公司特别重要的贵宾乘坐的航班称为 VIP 航班,这类航班需要特殊保障,如果延误对航空公司造成的损失很大,出现延误后需要优先恢复的航班。重要航班是某些竞争激烈的航线上的航班,如果航班延误,旅客流失率会很大。除 VIP 航班和重要航班以外的普通航班为一般航班。

引起航班延误的原因很多,航空公司在航班调整过程中,会对不同原因引起的航班延误给予不同的调整策略。从航空公司角度,所有原因总体上可分为两个大类:非航空公司原因导致的不正常航班:指由于恶劣天气、空中流量控制、禁航、联检以及旅客等原因所造成的航班延误或取消归结为非航空公司原因。据民航局规定,非航空公司原因导致的航班不正常,航空公司无须对旅客赔偿,但后续第五个航班以后的延误由航空公司负责。航空公司原因导致的不正常航班:指由于机务维护、航班调配、商务等原因所造成的航班不正常以及非航空公司原因引起的后续第五个以后的航班延误或取消。民航局规定,航空公司原因导致的航班延误或取消,航空公司有义务对旅客作出与延误时间相对应的赔偿和处理。

引起航班不正常的原因虽然很多,但签派员在针对具体航班延误状态调整航班时,一般针对不同原因,如机务故障、小范围流量控制、严重流量控制和机场关闭给出不同调整策略。不正常航班决策的通用调整流程为:

步骤 1:某一因素引起航班不正常。

步骤 2:航空公司运行控制中心了解影响因素的详细情况,判断是否公司原因延误。

步骤 3:运行控制中心根据了解的情况给出该飞机路线上各航班的预计延误时间,此处的预计延误时间只是一个估计值。

步骤 4：运行控制中心对受影响的首航班作出延误、取消、调整的策略。

步骤 5：对后续航班作出决策。

步骤 6：运行控制中心实时了解影响因素的发展情况，如果没有变化，则原来作出的决策不变；如果变化则重新决策。

不正常航班计划恢复通用流程如图 8-28 所示。

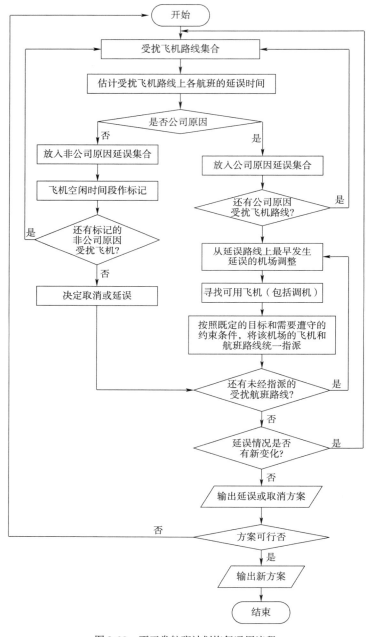

图 8-28　不正常航班计划恢复通用流程

第五节 民用航空管理体系

民航运输业在发展初期,由于社会和经济发展需求少,因此民航运输市场和运输规模相对都较小,运输的组织和经营管理相对简单。随着全球社会经济和航空工业的不断发展,民航运输业已经由当年"飞机+跑道"就可以进行飞行运输的简单生产方式,逐步发展成为一个资金密集、技术密集、风险密集的大众化国际性运输产业,拥有专业化机队的航空公司、先进跑道与设施设备、配套齐全的机场系统和基于卫星通信导航的空中交通管理系统,从行业管理到运输组织、经营管理和安全管理等领域都具有严格规范的行业管理体系和生产管理体系,以确保航空运输安全、经济和高效地发展。目前国际民航组织、国际航空运输协会、国际机场理事会三个组织在全球民航事务中发挥着重要作用。

一、国际民航组织 ICAO

1. 国际民航组织的成立

由于航空运输业天然的国际性,1910 年有关民航运输活动的组织、协调与管理就开始引起世界各国的关注和重视,19 个欧洲国家开始起草《巴黎国际航空公约(草案)》。第二次世界大战即将结束时,世界各国于 1944 年成立了"国际民航组织"(International Civil Aviation Organization, ICAO), 1947 年 4 月《国际民用航空公约》正式生效。该公约(国际上统称《芝加哥公约》)规定, ICAO 是联合国经济社会理事会(Economic and Social Council)中的一个专门机构,是世界上协调和管理国际民航事务的永久性最高权力机构。ICAO 专门负责处理联合国成员国之间的国际民航事务,协调世界各国政府之间在民航领域的经济和法律事务,研究国际民航问题,制定民航国际标准和规章,推广使用安全措施。《国际民用航空公约》是国际民航运输领域一部重要的基本法典,对国家领空主权、无害通过权利、保障国际飞行安全等技术和行政管理,以及"国际民航组织"的作用与职责等方面都作出了具体规定和明确说明。

在 ICAO 成立之初,当时的中国政府在《芝加哥公约》上签字,并于 1946 年 2 月 20 日批准该公约。1971 年 11 月 19 日,国际民航组织第 74 届理事会通过决议,承认中华人民共和国政府为中国唯一合法政府。1974 年 2 月,我国决定承认《国际民用航空公约》,并自该日起参加该组织的活动。中国从 1974 年起连续当选为理事国,并在蒙特利尔设有常驻该组织理事会的中国代表处。1977 年,国际民航组织第 22 届大会决定中文作为这个组织的工作语言之一。图 8-29 为该组织的徽标。

图 8-29 "国际民航组织"徽标

2. 国际民航组织的组织机构

国际民航组织(ICAO)的组织机构由大会、理事会和秘书处三级框架组成。

(1)大会。大会是国际民航组织的最高权力机构,由全体成员国组成。大会由理事会召集,一般情况下每三年举行一次,遇有特殊情况时或经五分之一以上成员国向秘书长提出要求,可以召开特别会议。大会决议一般以超过半数通过。参加大会的每一个成员国只有一票表决权。但在某些情况下,如《芝加哥公约》的任何修正案,则需三分之二多数票通过。大会的主要职能为:选举理事会成员国,审查理事会各项报告,提出未来三年的工作计划,表决年度财政预算,授权理事会必要的权力以履行职责,并可随时撤回或改变这种权力,审议关于修改《芝加哥公约》的提案,审议提交大会的其他提案,执行与国际组织签订的协议,处理其他事项等。大会召开期间,一般分为大会、行政、技术、法律、经济五个委员会对各项事宜进行讨论和决定,然后交大会审议。

（2）理事会。理事会是向大会负责的常设机构,由大会选出的33个缔约国组成。理事国分为三类:第一类是在航空运输领域居特别重要地位的成员国,第二类是对提供国际航空运输的发展有突出贡献的成员国,第三类是区域代表成员国。比例分配为10∶11∶12。理事会设主席一名。主席由理事会选举产生,任期三年,可连选连任。

理事会下设财务、技术合作、非法干扰、航行、新航行系统、运输、联营导航、爱德华奖八个委员会。每次理事会开会前,各委员会先分别开会,以便将文件、报告或问题提交理事会。理事会的主要职责包括:执行大会授予并向大会报告本组织及各国执行公约的情况;管理本组织财务;领导属下各机构工作;通过公约附件;向缔约各国通报有关情况,以及设立运输委员会,研究、参与国际航空运输发展和经营有关的问题并通报成员国,对争端和违反《芝加哥公约》的行为进行裁决等。

（3）秘书处。秘书处是国际民航组织的常设行政机构,由秘书长负责保证国际民航组织各项工作的顺利进行。秘书长由理事会任命。秘书处下设航行局、航空运输局、法律局、技术合作局、行政局五个局以及财务处、外事处。此外,秘书处有一个地区事务处和七个地区办事处,分设在曼谷、开罗、达喀尔、利马、墨西哥城、内罗毕和巴黎。地区办事处直接由秘书长领导,主要任务是建立和帮助缔约各国实行国际民航组织制定的国际标准和建设措施以及地区规划。

ICAO还与联合国的其他组织之间有着密切的合作,主要有世界气象组织、国际电信联盟、万国邮政联盟、世界卫生组织和国际海事组织。一些非政府组织也参与ICAO的合作,如"国际航空运输协会""国际机场理事会""飞行员国际联合会"等。

3. 其他国际性民航组织

国际民航组织、国际航空运输协会、国际机场理事会三个组织各自在民航业的特定领域内发挥着不可或缺的作用,共同推动着全球民航业的安全、高效和可持续发展。通过合作和协调,它们帮助建立了一个全球性的框架,使得国际航空旅行和货物运输成为可能。

除了三大国际性民航管理组织之外,还有其他国际民航业务管理组织,例如成立于2001年的国际航空电信协会(Civil Air Navigation Services Organisation,CANSO),是全球空中导航服务提供商的组织,总部位于荷兰阿姆斯特丹,旨在推动安全、高效、可持续的空中航行服务。通过国际民航管理机构的协调与管理,世界各国民航运输企业在国际民航活动中实行统一的技术标准、航行规则、操作规范,执行统一的价格体系、价格标准、票据规格和代码标准,遵循统一的国际法规准则,以公正处理国际航空事务。特别是航空公司联盟这一跨国家跨地区的国际性航空运输组织形式出现以后,民航运输活动涉及的国际事务更加广泛、更为复杂。随着国际民航运输业的发展,世界上不少地区先后成立了区域性国际民航运输管理机构,制定本地区民航运输活动的行为规范,协调本地区国家间民航运输业务关系,以保障本地区航空运输的航行安全、公平竞争和有序发展。虽然这些组织不属于任何一个国家的政府,但是它们在许多方面直接和间接地影响着本区域各国政府对国际航空运输业的管理和政策。在欧洲、拉丁美洲、非洲及加勒比地区都已经有这样的地区性组织存在。

二、国际航空运输协会

1. 国际航空运输协会的性质、宗旨及职能

国际航空运输协会(International Air Transport Association,IATA)是一个由世界各国航空公司所组成的国际性行业组织,其前身是1919年在海牙成立并在第二次世界大战时解体的国际航空业务协会,总部设在加拿大的蒙特利尔,执行机构设在日内瓦,在华盛顿、日内瓦、新加坡、贝鲁特、布宜诺斯艾利斯等地设有地区业务服务处,在北京、曼谷、日内瓦、伦敦、内罗毕、里约热内卢、达喀尔等地设有地区办事处,在瑞士的日内瓦设有账务清算所。和监管航空安全和航行规则的国际民航组织相比,IATA实际上是一个由承运人(航空公司)组成的全球性协调组织,是为航空公司服务的非政府、非营利性的航空公司行业协会,是全世界有影响力的航空运输组织,其会员航空公司定期国际航班客运量约占全球的总客运量82%。该组织会徽如图8-30所示。

图8-30 "国际航空运输协会"徽标

世界上大多数国家的航空公司属于国家所有,即便是非国有航空公司,由于国际民航运输业务仍然受到所属国政府的管理或控制,因此航空公司的国际航空运输活动实质上都是在政府授权或指导下进行的。IATA在协调和沟通各国政府之间的国际民航运输业务关系、协调国家与航空公司之间的政策方面,发挥着重要的桥梁作用。它制定运价的活动,也必须在各国政府授权下进行,它的清算所对全世界联运票价的结算是一项有助于世界空运发展的公益事业,因而国际航协发挥着通过航空运输企业来协调和沟通政府间政策,解决实际运作困难的重要作用。

IATA的宗旨是"代表、领导和服务世界民航运输业",促进国际民航运输安全、规范和经济的发展,促进航空运输企业之间、民航运输业界与其他民航组织之间的合作,使世界大众享受安全可靠的航空运输服务。

IATA的主要职能是:执行ICAO制定的国际标准和规范,制定国际航空客货运输价格,统一运载规则、运输手续和票据格式,协助航空公司之间财务结算和法律事务,促进航空公司之间的合作与交流,协助发展中国家的航空公司人员培训。

2. "国际航空运输协会"的组织机构

IATA的最高权力机构是"年度大会"(Annual General Meeting),每年召开一次,经执行委员会召集,也可随时召开特别会议。所有正式会员在决议中都拥有平等的一票表决权,如果不能参加,也可授权另一正式会员代表其出席会议并表决。全体会议的决定以多数票通过。在全体会议上,审议的问题只限于涉及国际航空运输协会本身的重大问题,如选举协会的主席和执行委员会委员、成立有关的委员会以及审议本组织的财政问题等。

常设机构是"执行委员会"(Board of Govermors),执行委员会由"年度大会"选出的执行委员,即空运企业代表组成,行使"年度大会"赋予的权利,负责实施大会制定的各项任务。执行委员会成员任期三年,每次年会改选三分之一成员,协会的年度主席是执委会的当然委员。常设委员会有运输业务、技术、财务和法律委员会;执委会下设秘书长、专门委员会和内部办事机构,维持协会的日常工作。秘书处是日常办事机构,下设五大部门,成员及政府关系合作部,安全、运行及基础设施部,市场与商业服务部,行业与财务部以及合作服务部。执委会的职责,包括管理协会的财产、设置分支机构、制定协会的政策等。执委会的理事长是协会的最高行政和执行官员,在执委会的监督和授权下行使职责并对执委会负责。执委会的职责,包括管理协会的财产、设置分支机构、制定协会的政策等。

三、国际机场理事会

国际机场理事会(Airports Couneil International,ACI)原名为国际机场联合协会(Airports Association Council International),于1991年1月成立,1993年1月1日改称国际机场理事会。国际机场理事会成立以前,世界机场行业有三个国际性组织:国际机场经营者协会(AOCI)、国际民航机场协会(ICAA)和西欧机场协会(WEAA)。为协调三个机场协会之间的关系,建立与各政府机构、航空公司、生产商和其他有关方面的联系,1970年,机场协会协调委员会(AACC)成立。1985年,西欧机场协会解散。1991年1月,机场协会协调委员会与国际机场经营者协会和国际民航机场协会合并为国际机场联合协会,1993年1月正式更名为国际机场理事会(ACI)。

国际机场理事会是全世界所有机场的行业协会,是一个非营利性组织,其宗旨是加强各成员与全世界民航业各个组织和机构的合作,包括政府部门、航空公司和飞机制造商等,并通过这种合作,促进建立一个安全、有效、与环境和谐的航空运输体系。

1."国际机场理事会"的宗旨与作用

国际机场理事会的宗旨是"加强各成员与全世界民航业各个组织和机构的合作,包括政府部门、航空公司和飞机制造商等,并通过合作,促进建立一个安全、有效、与环境和谐的航空运输体系"。

国际机场理事会的主要职责是:

(1)为发展一个安全、环保和高效的航空运输系统,使机场为航空运输作出最大贡献。

(2)建立与民航运输业、股东、政府及国际机构之间的合作。

(3)代表机场的权益,协调国际组织和机场所属国政府法律、政策和标准。

(4)提高公众对机场在社会和经济发展中重要性的认识,推进机场在航空运输系统中的发展。

(5)促进机场之间的最大化合作。

(6)为成员机场提供先进的行业知识、建议和支持,帮助机场培养管理与运行方面的出人才。

(7)发挥AC1的全球组织能力和广泛资源作用,为所有成员提供切实可行有效服务。

2."国际机场理事会"的组织机构

国际机场理事会下设6个常务委员会,由来自各成员机场在内的各个领域的专家组成,负责制定本领域的有关规章和政策,执行"大会"制订的工作计划。

(1)经济委员会。涉及的主要领域有机场收费系统、噪声和旅客服务收费、高峰小时收费、特许权经营及其他非航空收入、财务统计与机场融资、客运和货运市场分析与预测、国家税收与航权、航空运输和其他高速交通的竞争、机场对地方经济发展的影响及航线开发等。

(2)环境委员会。涉及的主要领域有机场航空器噪声、飞机发动机排放和空气质量、环境管理、地下水管理、废物管理、野生动物管理、机场资源管理及机场现场维修等。

(3)机场设备与服务委员会。涉及的主要领域有旅客行李及货邮服务设施、机场服务质量、旅客和行李自动化服务、机场内外部交通设施、危险品及毒品管理、站坪调度及航班计划协调、设备及安保关系协调等。

(4)安保委员会。涉及的主要领域有旅客与行李安检、机场通道控制、安检技术与设备、生物安保技术、货物安检技术、机场应急救援及安保审计等。

(5)安全与技术委员会。涉及的主要领域有机场规划、空域及机场容量评估、目视助航技术、未来导航技术、机场设备安装、机场运行安全、站坪安全和场内车辆运行及废旧飞机拆除与迁移等。

(6)信息技术委员会。涉及的主要领域有制定促进机场信息发展的政策、机场自动化技术、通信技术及设备设施、机场客货运输信息服务技术及设备设施等。

ACI在世界几大区域还设有分会,分别负责协调该地区的相关事务。目前的六个地区分会是:亚洲地区分会,欧洲地区分会,拉丁美洲/加勒比海地区分会,北美地区分会,太平洋地区和非洲地区分会。

2024年1月,ACI与中国民用机场协会共同签订谅解合作备忘录,就参与国际事务、数据分享、安全运行、低碳管理、服务质量提升、团体标准推广、人才借调计划等方面开展深入交流与合作。

ACI与其他国际组织保持密切往来,包括"国际民航组织""国际航空运输协会""飞行员国际联合会""国际空中交通管制员联合协会""国际航空工业联合协会"等。ACI在ICAO内享有观察员身份,在联合国经济理事会中担任顾问。

四、中国民航管理体系

我国是由中国民用航空局来负责管理民航事务。自1949年新中国成立以来发展至今,我国民航经历过多次体制调整和改革。特别是经过2002年中国民航行业管理体系结构重大体制改革以后,我国民航的行业管理更加专门化,其显著特点是加强了行业管理和监督,重点突出民航运输安全和市场秩序管理,不再兼管航空运输企业的资产和经营。

1. 中国民用航空局组织与职能

中国民用航空局(简称"中国民航局"或"民航局",CAAC)是中华人民共和国国务院主管民用航空事业的由部委管理的国家局,归交通运输部管理。其前身为中国民用航空总局,在1987年以前曾承担中国民航的运营职能;2008年3月,由国务院直属机构改制为部委管理的国家局,同时更名为中国民用航空局。其主要职责是提出民航发展战略和中长期规划,与综合运输体系相关的专项规划建议,按规定拟订民航有关规划和年度计划并组织实施和监督检查;起草相关法律法规草案、规章草案、政策和标准,推进民航行业体制改革工作;承担民航飞行安全和地面安全监管责任;负责民航空中交通管理工作;承担民航空防安全监管责任;拟订民用航空器事故及事故征候标准,按规定调查处理民用航空器事故;负责民航机场建设和安全运行的监督管理;承担航空运输和通用航空市场监管责任;拟订民航行业价格、收费政策并监督实施,提出民航行业财税等政策建议;组织民航重大科技项目开发与应用,推进信息化建设;管理民航地区行政机构、直属公安机构和空中警察队伍。

中国民用航空局下设7个地区管理局,包括民航华北、东北、西北、华东、中南、西南和新疆管理局。每个地区管理局下面按照省、自治区和直辖市范围分别设有若干省(自治区、直辖市)民航安全监督管理局(简称安监局),见表8-6。

各地区管理局管辖的监管局　　表8-6

地区管理局	安全监督管理局
华北地区管理局	北京、天津、河北、山西、内蒙古
东北地区管理局	黑龙江、吉林、辽宁、大连
华东地区管理局	上海、江苏、浙江、山东、安徽、福建、江西、厦门、青岛、温州
华南地区管理局	河南、湖北、湖南、广西、海南、广东、深圳、桂林、三亚
西南地区管理局	四川、重庆、贵州、云南、丽江
西北地区管理局	陕西、甘肃、宁夏、青海
新疆地区管理局	乌鲁木齐、喀什

近年来,中国民航局进一步深化改革,转变政府职能,减少行政审批,下放机场安全、机场建设、通用飞机引进等部分管理权限。简化运输飞机引进、通航飞行任务审批程序,采取登记方式管理的国内航线已占88%。扩大实行市场调节价范围,取消国内票价下浮幅度限制。开展通用航空短途运输、航空公司和维修单位一证多地运营试点,放宽私用驾驶执照申领标准。航空企业积极推进战略转型,全行业呈现出规模网络型航空公司、低成本航空公司和航空物流公司多元化发展态势。

2. 中国航空运输协会与中国民用机场协会

目前我国除政府对民航运输业进行管理之外,还有两大社会组织协助民航管理局进行行业管理。

"中国航空运输协会"是由国航、东航、南航等九家航空公司发起、经中国民航局和民政部批准于2005年成立的一个全国性民航组织,总部设在北京。"中国航空运输协会"以航空公司为主体,由民航企事业单位法人和社团法人自愿参加的行业性组织。"中国航空运输协会"的主要职责是:

(1)根据民航局授权和政府部门委托,组织对航空公司及有关专业人员进行岗位技能培训,进行专业岗位或代理人等的资质和资格认证。

(2)组织与推进国际与海峡两岸业界的联系与交流。

(3)协助政府对民航运输企业的市场行为进行监督,反对不正当竞争,维护航空运输企业的合法权益。

"中国航空运输协会"的最高权力机构是"会员大会",每年召开一次。协会的执行机构是"理事会",由"会员大会"选举产生,每年至少召开一次会议。"理事会"的主要职责是:执行"会员大会"的决议;选举和罢免理事长、副理事长、秘书长;筹备召开"会员大会"决定会员的吸收和除名;决定设立办事机构、分支机构(专业委员会)、代表机构和实体机构;制定协会内部管理制度;领导本协会各机构开展工作;决定其他重大事项等。

"中国民用机场协会"是经中国民航局、民政部批准于2006年成立的中国民用机场行业性组织(不含香港特别行政区、澳门特别行政区和台湾地区),总部设在北京。"中国民用机场协会"的主要职责是有:

(1)举办与机场业务相关的交流活动。
(2)开展与机场业务相关的信息收集、分析咨询和评比服务。
(3)受政府委托,起草机场行业标准,推动新技术运用。
(4)根据机场行业发展需要和趋势,向政府有关部门提出政策或立法建议。
(5)组织开展与机场业务相关的国际交流与合作。

"中国民用机场协会"的最高权力机构是"会员代表大会",至少每一年举行一次。"理事会"是"会员代表大会"的执行机构,在大会闭会期间行使"会员代表大会"赋予的权力,领导协会开展日常工作,每年至少召开两次会议。"理事会"其主要职责有:执行会员代表大会的决议;选举和罢免理事会理事长、副理事长和秘书长;制定会费收取标准;筹备召开会员代表大会,审定大会议事日程,决定大会举行的日期和地点等;决定会员的吸收;决定设立办事机构、分支机构、代表机构;决定副秘书长、各机构主要负责人的聘任;领导协会各机构开展工作;制定协会内部管理制度和协会发展计划;决定其他重大事项等。

五、民航法规体系

航空法是关于人类进行民用航空活动所牵涉的各种法律关系和规章的总体。航空活动出现即使人们意识到必须制定有关法律来管理航空活动。最著名的即1919年的《空中航行管理公约》,以及1944年12月7日签订于芝加哥、1947年4月4日正式生效的《国际民用航空公约》。航空法规体系的特点是天然具有国际性,且是一个有特定的领域和独立的系统,航空法规体系具有很强的综合性,其体系一直在不断完善之中。

航空法的范围涉及所有参与航空活动的各个有关方面,包括航空活动的空间、航空器、航空活动使用的地面场所和设施、使用和维护航空器的各类人员、其他与民用航空活动有关的各类人员和组织。

航空法作用在于维护国家的领空主权,从全系统观点出发确保航行安全,协调各航空企事业单位的关系,促进民用航空高效、持续、健康发展,加强安保,打击犯罪和破坏活动等。

政策源于法律,法律源于最高权力机关。目前我国已初步形成了以《中华人民共和国民用航空法》为基础的中国民航法规体系。我国现行的民航管理的相关法规分为以下三个层级:

(1)民航法:法律是由全国人大及其常委会制定的规范性文件,其效力高于其他民航法规和规章。目前我国民航最主要的法律是《中华人民共和国民用航空法》,它规定了我国民用航空的基本法律制度,是制定其他民航法规规章的基本依据。其内容包括领空主权、民用航空器、航空人员、民用机场、航空运输,以及航空刑法等。

(2)行政法规和行政法规性文件。第二层次主要是指国务院根据宪法和法律制定或批准的规范民用航空活动当中各主体之间法律关系的规定。目前,我国现行有效的行政法规和行政法规性文件共有 27 个,如《中华人民共和国飞行基本规则》《民用航空安全保卫条例》《外国民用航空器飞行管理规则》《民用机场管理条例》等。

(3)规章、程序、通告:由民航局制定,将民航法与国务院条例进一步细化,使其具备更细致和可操作性。民航局局长以民航局令发布的各类民用航空规章为第三层次,如图 8-31 所示。规章是民航法规体系中内容最广、数量最多的规定。现行有效民航规章共 114 部。民航规章涉及民用航空活动的方方面面,是民航主管部门实施行业管理的重要依据。根据所规范的内容划分,民航规章包括行政规则、航空器、航空人员、空中交通管理、一般运行规则、运行合格审定、学校及经审定合格的其他部门、机场、经济与市场管理、航空安全信息与事故调查、航空安全保卫等 11 大类。其中,行政规则类又分为行政程序规定和委任代表;经济与市场管理类又分为经营许可管理、运输规则、投资与竞争规则和其他等 4 类。

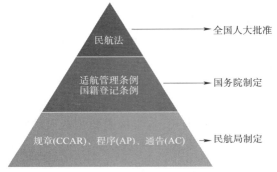

图 8-31　航空运输法规层次体系

需要指出的是,民航体制改革的深入以及国家依法治国方略的推行,对中国民航法规体系建设提出了更新更多的要求,既要制定新的法律、法规、规章以填补法律空白,又要结合新情况与时俱进地修订或者废止现有法律、法规、规章,中国民航法规体系建设是一个艰巨而持续的过程。

复习思考题

1. 阐述航空运输系统的主要基本构成。
2. 阐述商用飞机的主要分类方法和典型飞机主要机型的性能。
3. 按照国际民航组织(ICAO)制定的标准,民用机场等级是如何划分的?
4. 机场跑道构型有哪几种?一般根据什么原则确定?机场航站楼构型有哪几种?各有何特点?
5. 试绘制航空运输运营计划流程图。
6. 航线网络结构有哪几种?影响航线网络结构的主要因素是什么?其适用特点如何?
7. 机队规划主要内容是什么?机型选择的原则和依据有哪些?
8. 谈谈影响航空公司航班计划的因素,并说明如何制定航班计划。
9. 什么是机组排班问题?影响因素有哪些?计划制定的原则是什么?
10. 了解国际民航领域的主要组织机构,以及我国民航管理体制和主要法规。

第九章

集装箱运输组织

第一节 集装箱及集装箱运输

一、集装箱的定义

集装箱,是能装载包装或无包装货进行运输,并便于用机械设备进行装卸搬运的一种成组工具。

国家标准中,定义集装箱为具备如下条件的货物运输设备:

具备下列条件的货物运输设备:

(1)具有足够的强度,在有效使用期内能反复使用;

(2)适用于一种或多种运输方式运送货物,途中无须倒装;

(3)设有供快速装卸的装置,便于从一种运输方式转到另一种运输方式;

(4)便于箱内货物装满和卸空;

(5)内容积大于或等于 $1m^3$($35.3ft^3$)。

注:此术语既不包括车辆也不包括一般包装。

二、集装箱箱型和分类

1. 集装箱箱型

各国政府参照国际标准并考虑本国的具体情况来制定本国的集装箱标准。我国集装箱国家标准《系列1集装箱 分类、尺寸和额定质量》(GB/T 1413—2023)规定的集装箱分类和尺寸见表9-1。

集装箱分类和尺寸　　　　表9-1

集装箱箱型	公称长度		外部高度	
	m	ft	mm	ft-in
IEEE	13.7	45	2896	9ft 6in
IEE			2591	8ft 6in
IAAA	12.2	40	2896	9ft 6in
IAA			2591	8ft 6in
IA			2438	8ft
IAX			<2438	<8ft

续上表

集装箱箱型	公称长度		外部高度	
	m	ft	mm	ft-in
IBBB	9.1	30	2896	9ft 6in
IBB			2591	8ft 6in
IB			2438	8ft
IBX			<2438	<8ft
ICCC	6.1	20	2896	9ft 6in
ICC			2591	8ft 6in
IC			2438	8ft
ICX			<2438	<8ft
ID	3	10	2438	8ft
IDX			<2438	<8ft

根据标准系列1集装箱宽度均为2438mm(9ft),高度有如下四种:

(1)箱高为2896mm(9ft 6in)的集装箱,其箱型定为1EEE、1AAA、1BBB、1CCC型。

(2)箱高为2591mm(8ft 6in)的集装箱,其箱型定为1EE、1AA、1BB、1CC型。

(3)箱高为2438mm(8ft)的集装箱,其箱型定为1A、1B、1C和1D型。

(4)箱高小于2438mm(8ft)的集装箱,其箱型定为1AX、1BX、1CX和1DX型。

外部尺寸:表9-1中所示的外部尺寸和允许公差适用于各种类型集装箱,但对允许降低高度的罐式集装箱、敞顶集装箱、干散货集装箱、平台集装箱和台架式集装箱除外。

额定质量:表9-1中所示的外部尺寸适用于各种类型的集装箱,但对于特殊的运输,该表中指定的任何类型的集装箱都可以使用更高的值,只要这些集装箱的最大总质量R不超过36000kg,并且已经按照其实际额定值R进行测试和标记,并将其视为国际标准化组织ISO集装箱。

2. 集装箱分类

我国集装箱国家标准《集装箱术语》(GB/T 1992—2023)更新了"台架式集装箱""保温集装箱""隔热集装箱"等多项术语和定义,根据集装箱按运输方式、货物种类和箱体结构分为不同的类型,集装箱分类原则如下:

除另有说明外,集装箱能够适应公路、铁路和水路运输的要求,按集装箱设计中所考虑装运货物品种的不同,分为以下两类:

普通货物集装箱,包括所有无特殊要求的或除了专用集装箱以外的各种箱型,在此基础上还可根据其结构和作业特点进一步细分;

特种货物集装箱,用于装运对温度敏感的液态、气态或固态物料或特种货物的集装箱。在此基础上可根据相应的物理参数如温度和实验压力等进一步细分。

1)普通货物集装箱

除装运温控货物、液态或气态货物、散货、汽车和活动物等特种货物的集装箱以及航空集装箱以外其他类型集装箱的总称。

(1) 通用集装箱。

设有刚性箱顶、侧壁、端壁和底部结构，至少在一个端部设有箱门，以便于装运普通货物，且具有风雨密性能的全封闭集装箱，如图9-1所示。

图9-1 通用集装箱

(2) 专用集装箱。

具有能够不通过箱体的端门进行货物装卸，以及透气或通风等功能的特殊结构的普通货物集装箱。这类集装箱的定义属于以下四种：

①封闭式透气/通风集装箱。

具有刚性箱顶、箱壁与箱门，以及与外界大气进行气流交换的装置的全封闭的特殊用途集装箱，其通风方式是既能自然流通，也能借助通风机械实现。

②敞顶集装箱。

没有刚性箱顶，但具有通过可转动或可拆卸的顶梁来支撑的柔性顶棚或可移动的刚性顶盖，其他部分与通用集装箱类似的特殊用途集装箱，如图9-2所示。

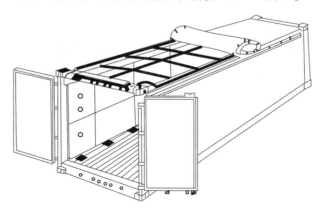

图9-2 敞顶集装箱

③平台式集装箱。

没有上部结构的载货平台，其平面尺寸和最大总质量以及供搬运和紧固作业的设施等均符合标准集装箱要求的集装箱，如图9-3所示。

④台架式集装箱。

无侧壁且其底结构与平台式集装箱相同的集装箱。其中，包括带有不完整的上部结构和固定端部结构的台架式集装箱、带有不完整上部结构和端部结构可折叠的台架式集装箱和带有完整上部结构的台架式集装箱，如图 9-4 所示。

图 9-3　平台式集装箱

图 9-4　折叠式台架箱

2）特种货物集装箱

用于装运温室货物、液态或者气态货物、散货、汽车和活动物等特种货物的集装箱。

（1）保温集装箱与隔热集装箱。

设有带隔热的壁板、箱门、箱底和箱顶，以减少箱内、外热量交换的集装箱。

①冷藏集装箱。

带有或不带蒸发控制（ERU），使用液化气等制冷单元的（消耗冷剂式）保温集装箱，如图 9-5 所示。

图 9-5　冷藏集装箱

②内置机械式制冷/加热集装箱。

设有嵌入式加热和制冷单元的保温集装箱。

③加热式集装箱。

设有加热装置的保温集装箱。

（2）罐式集装箱。

由一个或多个罐体和框架两个基本部分构成，并符合《系列 1 集装箱　技术要求和试验

方法 液体、气体及加压干散货罐式集装箱》(GB/T 16563)要求的集装箱,如图 9-6 所示。其中"单罐或多罐"由专为装载货物用的单个或多个容器和管路以及为防止货物流动而设置的附件所组成的结构件,"框架"是由罐体的底架、端框和所有承力构件组成的结构,用以传递由于罐式集装箱在起吊、搬运、固缚和运输中所产生的静载和动载。

图 9-6 罐式集装箱

(3)干散货集装箱。

用于装运无包装干散货,设有便于装满和卸空的开口的集装箱,如图 9-7 所示。

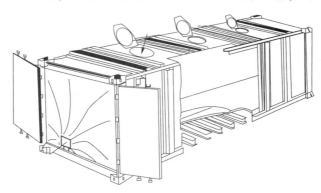

图 9-7 干散货集装箱

①无压干散货集装箱。

用于运输固体干散货物,能承受在运输无包装固体干散货物过程中由于装卸货物和运输运动所产生的载荷,并具有装卸料口及有关配件的集装箱。

②有压干散货集装箱。

靠物料自身的重力或外部压力进行装载和卸载的干散货集装箱。

③箱型干散货集装箱。

具有多边体的储料空间,至少在一个端部(下端)设有出料口,通过箱体的纵向倾斜进行卸料的无压干散货集装箱。

④戽斗型干散货集装箱。

设有储料戽斗,能够在集装箱处于水平状态下通过戽斗下部的出料口进行卸料的无压干散货集装箱(这种箱型一般不能装运普通包装货物)。

(4)以货种命名的集装箱。

专门或基本上用于装运某种特定货物的集装箱,如装运汽车或动物的集装箱等。

3）空运集装箱

（1）航空集装箱。

适用于空运，具有平齐的底面和在航空器内限动的相应装置，能在空运设备上设置的辊道系统上平移或转向的轻型集装箱，如图9-8所示。

图9-8 航空集装箱

（2）空陆水联运集装箱。

具有航空集装箱特点，又能适应水运和陆运条件并满足多式联运需求的联运集装箱。

4）铁路专用集装箱

传统的铁路专用集装箱按箱型分有1t箱、5t箱、10t箱、20ft箱、40ft箱。其中20ft箱和40ft箱是国家标准集装箱，目前广泛采用。各类铁路专用集装箱尺寸见表9-2。

铁路专用集装箱分类和尺寸　　表9-2

	箱型	外部尺寸(mm) 长×宽×高	内部尺寸(mm) 长×宽×高	容积(m^3)	自重(kg)	载重(kg)
小	1t TJ1	900×1300×1300	830×1264×1150	1.21	175	825
中	5t TJ5B	1968×2438×2591	1825×2352×2335	10.02	940	4160
	10t TBJ10	3070×2500×2650	2921×2402×2396	16.81	1618	8382
大	20ft(6m)	6058×2438×2591	5867×2330×2350	32.1	2032	18288
	40ft(12m)	12192×2438×2591	12062×2350×2380	6706	2990	27490

三、集装箱运输

1. 水路集装箱运输

水路集装箱运输是把货物装在集装箱内用船舶运送的一种现代化的水路运输方式，主要以海上国际集装箱运输为主，海上国际集装箱运输是指集装箱运输船舶装载的国际集装箱货物经由海上从一个国家或地区运至另一个国家或地区的国际运输。

1）水路集装箱运输的优势

集装箱运输的货物是装在密闭的、尺寸和强度都很大的集装箱内，因此在运输过程中，集装箱具有高强度的外包装作用。此外，集装箱运输还具有下述优点：①提高装卸效率，减轻劳动强度；②有利于实行多式联运，避免货物捣载，防止货损货差；③加速车船周转，加快货物送达;④节省包装费用,简化理货手续;⑤减少营运费用,降低运输成本。所以,采用集装箱运输,对货主、船公司和港口都会带来相应的经济效益。

2)水路集装箱运输的分类

(1)按水路运输的经营方式分类。

按经营方式可分为定期船运输(班轮运输)和不定期船运输(租船运输)两类。

(2)按集装箱航线的地位分类。

干线运输:是指相对固定的世界主要集装箱航线的运输。其特点是货源稳定,运量大,中途挂靠港数量少,挂靠港装卸能力强,沿途对货物的消化能力或中转能力强。

支线运输:是指不在国际主航线上,在某个区域范围内营运的航线。

(3)按集装箱运输的地域分类。

海上集装箱运输:包括在远洋的沿海进行的集装箱运输。这类运输使用的船舶吨位大、运量大、效率高、在集装箱水路运输中占主要地位。

内河集装箱运输:利用河流、湖泊形成的自然优势进行的集装箱运输常称内支线运输。

3)水路集装箱运输的基本条件

货运:货运量大且稳定,航线两端货运量要基本平衡。

设备:能够在运输过程的各个环节更新有关设备。

运输条件:相适应的内陆运输条件。

管理要求:能够进行调度、回收、修理等复杂管理。

2.公路集装箱运输

公路运输以其机动灵活、快速直达的优势,在集装箱运输与多式联运中成为重要的环节,在集装箱的各种运输方式之间起着衔接和辅助的作用,即通过路上的短驳,将各种运输方式连接起来,为铁路、港口(水运)、航空港的集装箱提供集疏运服务,也自成为一个独立的集装箱运输系统,为货主提供运输服务。所以,公路集装箱运输在集装箱内陆运输系统和海陆联运中,都占有重要的地位。

1)集装箱运输对公路和运输车辆的要求

(1)对公路技术规格的要求。

运输大型集装箱,应考虑轴负重和双轴负重,为了最大程度利用轴负重,可使用不受高度限制的低拖车。所以,对公路基本建设的最低要求是公路网的载运能力至少等于车辆轴负重的要求,以及车辆运行时对车道宽度、曲线、限高的要求。

(2)对运输车辆的要求。

公路集装箱运输的车辆是根据集装箱的箱型、种类、规格尺寸和使用条件来确定的,一般分为普通货运汽车和拖挂车两种。普通货运汽车适用于小型集装箱,适合短距离运送;拖挂车适用于大型集装箱,适合长途运输。拖挂车的技术性能较好,被广泛用于集装箱运输。

(3)配备必备的装卸机械。

公路集装箱运输的装卸作业主要在场、站或货主自己的库场上进行,为了适应某些货主以及公路集装箱货场作业的要求,需要配备一定数量的装卸集装箱的机械设备。

(4)公路集装箱营运管理。

公路集装箱的营运管理主要指两方面:一是货运组织工作;二是车辆的运行管理。

①货运组织工作：包括集装箱运输的货源组织、集装箱的业务管理和装卸作业、运费结算、集装箱的保管及交付、与其他部门的衔接配合工作等。

②车辆运行管理：车辆运行管理是指集装箱业务量的分配、车辆运行计划制定、运输工作的日常管理、集装箱车辆在线路上的运行组织管理、集装箱的运输统计分析等。

2）公路集装箱运输对多式联运的作用

在国际集装箱由海上向内陆延伸的运输系统中，公路集装箱中转站（也称"公路集装箱货运站"）是一个重要作业环节，也是集装箱货物交接及划分风险责任的场所。它集"门到门"运输、中转换装、集装箱交接、堆存、拆装和货物仓储以及集装箱的清洁、检验和修理等多种作业功能于一体，并可揽货、代办提箱、报关、报验等业务，与船公司、港口、国际货运代理等企业及"一关三检"、理货、保险等部门有着密切的业务联系和协作关系。正是它的多种作业功能，决定了其在国际集装箱运输系统中的重要地位和作用。

（1）公路集装箱中转站是国际集装箱运输在内陆集散和交接的重要场所。

随着外向型经济和国际贸易的发展，内陆地区外贸商品的进出口频率和数量显著增多。公路集装箱中转站的建立，可预先在腹地集中出口货物，按流向将货物进行合理配积载，拼装成箱，再根据运输要求及时向港口发运。具备"一关三检"的中转站，货物还可就地通关。这样的运输组织形式可以显著提高进出口货物的集装化程度，有效地减少货损货差，缩短集装箱周转时间，提高集装箱的利用率。

（2）公路集装箱中转站是港口向内陆腹地延伸的后方库场。

通过公路集装箱中转站堆存、仓储和中转等功能的发挥，可使进口国际集装箱货物能够快速有效地从港口运往内地，及时交付收货人。出口集装箱货物可根据货物的流量、流向、品类及船期安排，有计划有准备地按期起运，进港上船。内陆公路集装箱中转站的设立，等于将港口的后方库场延伸到了内陆腹地，大大缩短船、箱、货的在港停留时间。

（3）公路集装箱中转站是海上国际集装箱向内陆延伸运输系统的后勤保障作业基地。

内陆公路集装箱中转站的设立起到海上国际集装箱向内陆延伸运输系统后勤保障作业基地的作用。因为集装箱在使用寿命期间，为保证不危及人身安全并及时取消其存在的缺陷，集装箱经营人都要通过合同方式委托集装箱堆场经营人按照《国际集装箱安全公约》对集装箱定期进行检验和修理。公路集装箱中转站一般具备上述作业所需的软硬件条件。

（4）公路集装箱中转站既是内陆的一个口岸又是国际集装箱承托运等各方进行交易和提供服务的中介场所。公路集装箱中转站的设立是国际集装箱由港口向内陆腹地延伸运输系统中的一个重要"窗口"。它既是内地办理国际集装箱进出口业务的一个口岸，又是国际集装箱货主、货代、船公司、集装箱管理部门、公路运输企业以及与之有关的"一关三检"等各方进行交易和为之监管服务的中介场所。公路集装箱中转站完善的设施和规范有效的运作，能保证国际集装箱运输在内陆延伸系统中的顺利进行。

（5）公路集装箱中转站的设立可改善内陆地区的投资环境，从而能促进外向型经济的快速发展，随之又带动国际集装箱运输在内陆的推广和应用。

随着内陆外向型经济的快速发展，对国际集装箱运输的需求将更加迫切。这既是中国经济发展的需要，也是与国际贸易接轨的要求。而内陆公路集装箱中转站的建立将促进内陆集装箱运输的发展。由于国际集装箱运输的发展将进一步优化内陆招商引资环境，提高国际贸易管理水平,增强出口产品的竞争力,从而大大推动内陆外向型经济的快速发展。

3. 铁路集装箱运输

铁路集装箱运输经过货源组织、计划配装、装车、中转、卸车、交付等运输过程来完成。因此,与传统的零担运输和整车运输不同,有其相应的组织方法和管理手段。集装箱铁路运输是铁路提高服务质量非常有效的运输方式,当前我国铁路集装箱运输的铁路箱归中国国家铁路集团有限公司所有。

铁路集装箱货源组织形式包括以下几种。

(1)整列的集装箱货源。

同一品名的整列集装箱货源较少,但在与海运联运时,即与集装箱码头相连的枢纽站接运时,由于集装箱船载箱量大,铁路则需要编排整列的、到达同一终点站的集装箱直达列车。

(2)整车的集装箱货源。

整车的集装箱货源比较普遍。目前,有些国家铁路集装箱专用车长度一般为18.3m(60ft),最长的达27.4m(90ft),一节整车可装载3~4个6.1m(20ft)的集装箱。有些国家的铁路为了争取集装箱货源,规定集装箱运价按整车收取,集装箱总长不得超过24.4m(80ft),装载按车计费。因此,如何配装一节整车的集装箱数量对每箱运费的分摊很有关系。

(3)整箱的集装箱货源。

对货运量较少的货主来说,在其货源能装满一个整箱,但不够一节整车时,有些国家铁路为方便这些货主托运集装箱,则采取按箱计费的办法。

(4)拼箱的集装箱货源。

拼箱的集装箱货源是由运输部门根据不同货主托运的货物,加以整理后装载的集装箱货物,也就是一箱几个货主的货物。

4. 航空集装箱运输

航空运输是一种现代化的运输方式,具有运送速度快、安全性能高、货物破损少、不受地面条件限制等特点。航空集装箱运输具有安全和快捷两项明显优势,所以高价值且具有时间性的货物优先选择该种运输方式。

目前,在空运业务中,进出口货物主要采用两种方式:一种是班机运输,另一种是包机运输。前者运输有固定的航线和起飞时间、到达时间,运价一般是从出发地机场至到达地机场的运价,地面运输则由收、发货人自行负责。后者是指指定起飞、到达时间,其费用(包机费)也是按来回程计算的。

1)航空集装箱运输的特点

(1)货物运输快速便捷。

专用飞机的出现,最大程度地缩短了运输的时间和距离,它不受江河山川等地形条件的影响,能跨越国界、地界飞行,这对需要急运货物的货主来说,是一种最快捷便利的运输方式。

(2)安全性能高。

随着高科技在航空运输中应用和不断对飞机进行技术革新,要求地面服务、航行管制、设施保证、仪表系统、状态监控等技术都要得到提高,从而保证了飞机飞行的安全性,而且采用的是集装箱装载,因此,航空集装箱运输的安全性是比较高的。

(3) 货物运输的价值性与经济性。

一般来说,价值越高的货物越是采用安全性能高、运输时间短的运输方式,航空集装箱化运输的出现,正是适应了这种高价值的物品。

(4) 航空货运市场也就是集装箱货运市场。

集装箱运输技术虽在全世界被广泛采用,然而无论是水路承运人、公路承运人或铁路承运人,在他们所承揽的货物中,有适合集装箱运输的货物,也有不适合集装箱运输的货物。但是对于航空承运人所承揽的货物,一般均为适箱货物。也就是说,航空承运人的货运市场,就是集装箱货运市场。

(5) 货物的价值是判定其是否适于空运的主要条件。

适于空运的特定货物的价值越高,其采用空运的可能性就越大。因为:①空运运费比水路、公路、铁路的运费都要高,而货物价值越高,则越容易承担较高的运费。②货物价值越高时,采用空运给货主带来的好处也更大,这种好处包括能保证货运质量、能使商品即时投放市场、能减少货物的库存量等。

可见,货物的高价值无疑是促使货物采用航空运输的一个重要特征。随着全球经济一体化的不断加强和世界贸易的高速扩展,具有快速、可靠、灵活以及高附加值的航空集装箱运输在整个货运领域中所占的位置越来越突出。

(6) 货物的运送时间要求是判定其是否采用空运的重要因素。

有些货物的价值虽然并不很高,但其运送的时间要求却很高,这类货物如特定的普通件货或急件货物,在航空货运量中占有相当大的比重。这是由于区域经济的分工与协作以及不同的自然地理条件使产品产生差异,因而促使不同地区之间的货物要进行流通。

2) 航空集装箱的限制

需要注意的是,航空运输的集装箱在尺寸、结构和容积方面和其他运输方式使用的集装箱不同,空运集装箱不需要重型角铸件、角柱,不受海运或其他装卸作业的压力,同时,还要避免飞机的损伤和飞机承重,所以空运集装箱不符合国际标准化装卸设备的要求,当空运成组货载与海运或其他运输方式开展集装箱多式联运时,必须在机型、箱型等方面进行改革,使空运的集装箱符合国际标准化的要求。

第二节 集装箱多式联运组织

一、国际集装箱多式联运概述

国际多式联运(international multimodal transportation; international intermodal transportation),简称多式联运,是指在集装箱运输的基础上产生和发展起来的,按照多式联运合同,以至少两种不同的运输方式,由多式联运经营人将货物从一国境内的接管地点运至另一国境内指定交付地点的货物运输方式。国家标准《物流术语》(GB/T 18354—2021)将"多式联运"(Multimodal Transportation; Intermodal Transportation)定义为"货物由一种运载单元装载,通过两种或两种以上运输方式连续运输,并进行相关运输物流辅助作业的运输活动"。多式联运适用于水路、公路、铁路和航空多式联运方式,其中,国际贸易中,85%~90%的货物是通过海运完成的,所以海运在国际多式联运中占据主导地位。

多式联运作为集约高效的现代化运输组织模式,产生于1960年左右,并在1980年后随着集装箱技术的成熟开始快速发展。欧美发达国家自20世纪80年代以来,通过各种政策措施大力发展多式联运,尤其是跨入21世纪后,均把多式联运作为交通运输系统优化的主导战略,目前已经形成了发展形式多样、设施装备先进、标准体系完善、运输组织顺畅、政策保障有力的多式联运推进体系,多式联运比例不断增长且发展势头强劲。

多式联运一般运输体积大、数量多的货物,具有集装箱运输的特点,所以多式联运是在集装箱运输的基础上发展起来的,为了实现货物运输效益的最大化的联合运输组织方式。一份合同、一次托运、一次付费、一次保险通过一张单证完成多式联运的全程运输,由多式联运经营人对整个运输过程负全部责任。虽然有多种运输方式的参与,但由于整个运输过程的目标一致性,看作一个整体进行运输组织工作,是一个连续的、最优的、综合的一体化货物运输。多式联运中包含多种运输方式,各种运输方式各自有自己的优缺点,因此才采用相互联合运输的方式,最大化运输效率,提供运输的最优效果。

二、集装箱多式联运的优越性

开展国际集装箱多式联运具有许多优越性,表现为以下几个方面。

(1)简化运输程序。在国际多式联运方式下,无论货物运输距离有多远,由几种运输方式共同完成,且不论运输途中货物经过多少次转换,一切运输事项均由多式联运经营人负责办理。而托运人只需办理一次托运,订立一份运输合同,一次支付费用,一次保险,从而省去托运人办理托运手续的许多环节。同时,由于多式联运采用一份货运单证,统一计费,因而也可简化制单和结算手续,节省人力和物力。此外,一旦运输过程中发生货损货差,由多式联运经营人对全程运输负责,从而也可简化理赔手续,减少理赔费用。

(2)缩短运输时间,提高货运质量。在国际多式联运方式下,各个运输环节和各种运输工具之间配合密切,衔接紧凑,货物所到之处中转迅速及时,大大减少货物的在途停留时间,从根本上保证了货物安全、迅速、准确、及时地运抵目的地,因而也相应地降低了货物的库存量和库存成本。同时,多式联运系通过集装箱为运输单元进行直达运输,尽管货运途中须经多次转换,但由于使用专业机械装卸,且不涉及槽内货物,因而货损货差事故大为减少,从而在很大程度上提高了货物的运输质量。

(3)降低运输成本。由于多式联运可实行门到门运输,因此对货主来说,在货物交由第一承运人以后即可取得货运单证,并据以结汇,从而提前了结汇时间。这不仅有利于加速货物占用资金的周转,而且可以减少利息的支出。此外,由于货物是在集装箱内进行运输的,因此从某种意义上来看,可相应地节省货物的包装、理货和保险等费用的支出。

(4)提高运输管理水平。对于区段运输来说,由于各种运输方式的经营人各自为政,自成体系,其经营业务范围受到限制,货运量相应也有限。而一旦由不同的运输经营人共同参与多式联运,经营的范围可以大大扩展,同时可以最大限度地发挥其现有设备的作用,选择最佳运输线路,组织合理化运输。

另外,从政府的角度来看,发展国际多式联运具有重要意义。一是有利于加强政府部门对整个货物运输链的监督与管理;二是保证本国在整个货物运输过程中获得较大的运费收入分配比例;三是有助于引进新的先进运输技术;四是减少外汇支出;五是改善本国基础设施的利用状况;六是通过国家的宏观调控与指导职能,保证使用对环境破坏最小的运输方式达到保护本国生态环境的目的。

三、多式联运组织要素

由于多式联运运输的复杂性,其运输组织需要以下要素来支撑运作:

(1)多式联运经营人。多式联运经营人是指与托运人签订多式联运合同并对运输过程承担全部责任的合同主体。国际多式联运活动中,只有多式联运经营人才有权签发多式联运提单,并且负责赔偿在整个联合运输过程中任何地方所发生的货物灭失或者损坏。由于国内运输并没有"多式联运提单"的概念,因此内贸多式联运并不需要严格意义上的多式联运经营人。多式联运经营人主要集中在外贸多式联运领域,并且主要是国际集装箱多式联运。

(2)多式联运承运人。多式联运承运人是指以运送货物或者组织货物或承诺运送货物为主营业务并收取运费的人。多式联运承运人又可以分为实际承运人和缔约承运人;实际承运人是指实际从事货物运输或者部分运输的承运人;缔约承运人是指以明示或者默示方式承担运输责任的承运人,如无船承运人、无车承运人。

(3)多式联运规则。多式联运规则是关于多式联运中的货物运输组织与管理、参与人的权利和义务、经营人的赔偿责任及期间、定价机制和违约处理、运输单证的内容和法律效力等方面的协议、标准或规范。多式联运规则是多式联运运作的核心。

(4)多式联运站场。多式联运站场是货物在各种运输方式之间转运的实际发生地。多式联运站场既可以是铁路集装箱中心站、港口码头、公路货运站,也可以依托堆场或者仓库等设施。

(5)标准化运载单元。主要指国际标准集装箱、可脱卸箱体(swap-body)、厢式半挂车(semi-trailer),也包括物流台车(笼车)、集装袋等。

(6)多式联运专用载运机具。主要包括铁路集装箱平车、厢式半挂车平车;整车货车或半挂车专用滚装船舶;铁路商品车运输专用车辆;公铁两用半挂车及其转换架等。

(7)转运设施装备。多式联运转运设施和装备是实现多式联运运作机械化的重要条件,实现高效的多式联运所必需的转运设施装备包括但不限于门式起重机、桥式起重机、集装箱堆高机、叉车、托盘等。

(8)多式联运信息系统。跨运输方式的信息交换共享和互联互通是多式联运运作的重要基础条件。通过多式联运信息系统,可以实现货物跨运输方式、全程的实时追踪和在线查询。

四、多式联运运输组织形式

多式联运是多种运输方式联合运输的一种组织形式,一般包括两种或两种以上的运输方式,可以包括铁路运输、公路运输、水路运输和航空运输几种。一般的联合运输是同一种交通工具之间的联运,如"海海""陆陆",与多式联运的本质上就有着很大的区别。多式联运一般分为"公铁联运""海陆联运""海空联运"等主要运输组织形式。

1. 公铁联运

公铁联运是我国各个地区之间组织多式联运的重要联运形式,公路和铁路是客运和货运重要运输方式,铁路运输容量大,适合长距离运输,这两种方式的联合主要是以铁路运输为干线运输,公路运输则因其覆盖范围广,可为铁路进行集疏运,如图9-9所示。

2. 海陆联运

海陆联运是国际多式运输的主要组织形式,水路运输的运量大、成本低,国际运输的距离较长,因此以海运运输为主,铁路或者作为海路向内陆的延伸。在陆地一侧的运输采用铁路较多,或者视情况选择公路运输,将以集装箱为运输方式的货物运送到相应的海运的港口,进行换装和后续海运运输。因此,海陆运输又可分为海运-铁路联合运输(图9-10)和海运-公路联合运输两种具体形式。

图9-9　公铁联运场景图　　　　　　　图9-10　海陆联运场景图

3. 陆桥运输

陆桥运输在国际多式联运中发挥着非常重要的作用,是远东/欧洲国际多式联运的主要形式。陆桥运输是将横贯在大陆的铁路或者公路作为运输的中间桥梁,连接大陆两端的海运航线与集装箱专用车辆,与海陆联运的区别在于海陆联运是以海运为中间环节,连接两端的陆地运输。严格地讲,陆桥运输也是海陆联运的一种形式,只是因为其在国际多式联运中的独特地位,因此作为一种单独的运输组织形式。

4. 海空联运

海空联运又被称为空桥运输,在运输组织方式上,空桥运输与陆桥运输有所不同,陆桥运输在整个货运过程中使用的是同一个集装箱,不用换装,而空桥运输的货物通常要在航空港换入航空集装箱。这种联运组织形式是以海运为主,只是最终交货运输区段由空运承担。

海空联运中的航空运输具有运输速度快、时间短的优势,且海运的价格较低,这两种方式的联合运输使得运输效率和运输成本都能得到明显的提升,是对时间要求较高的货物运输的首选方式。但其实,海空联运还是要借助陆地运输的辅助,不可能直接完成海运和空运的衔接。海空联运弥补了航空运输运费贵的缺点,减小了海运的运输时间长的缺陷,完美结合提高了运输服务水平。

五、多式联运网络优化模型

在多式联运网络中,货物在枢纽点处进行中转,此外枢纽节点还担负货物集中与分配等任务,在部分联运网络中枢纽点处还要进行清关处理。枢纽在多式联运网络中担任着重要的角色,是多式联运网络的核心。因此,枢纽选址问题也是多式联运网络优化问题的核心问题,此外,如何在考虑运输流量、运输货物量等实际运输过程中的限制条件下,合理规划多式联运的路径,使运输总成本和时间达到最优。

1. 多式联运网络枢纽选址优化

根据同一非枢纽节点可以连接中心枢纽的个数的不同,可以将枢纽中值问题分为单一分配枢纽选址问题和多重分配枢纽选址问题。

多式联运网络选址优化问题的模型通常需作如下假设:

(1)网络中有 n 个节点,其中枢纽节点的个数为 p,非枢纽节点数为 $n-p$,并且 p 和 n 均为已知量。

(2)轴辐式网络各个节点之间的流量已知。

(3)单位运输成本及规模运输的成本折扣系数 α 已知。

(4)起讫节点对之间的运输没有容量限制,枢纽之间的运输工具无运输能力限制。

目标函数通常由三部分构成:非枢纽节点到枢纽节点之间的运输成本,枢纽节点之间的规模运输成本以及枢纽节点到非枢纽节点之间的运输成本。

1)单一分配轴辐式网络优化模型

对于单一分配的轴辐式网络,每一个非枢纽节点只允许与一个枢纽节点连接,也就是说,每个非枢纽节点上的货物流必须经过一个或两个枢纽节点进行中转运输,不允许直接运输问题描述为:给定节点集 N,节点个数为 n,枢纽个数为 p,要求确定 p 个枢纽的位置及非枢纽节点到枢纽节点的路径分配情况,f_{ij} 表示节点 i,j 之间的货物流量,c_{ij} 表示节点 i,j 之间的单位运输成本,α 表示枢纽节点之间的运输成本折扣系数,$\alpha \in (0,1)$,具体的数学模型如下:

$$\min \sum_{i \in N} \sum_{j \in N} f_{ij} \left(\sum_{k \in N} c_{ik} x_{ik} + \alpha \sum_{k \in N} \sum_{m \in N} c_{km} x_{ik} x_{mj} + \sum_{m \in N} c_{mj} x_{mj} \right) \quad (9\text{-}1)$$

$$\sum_{k \in N} x_{ik} = 1, \forall i \in N \quad (9\text{-}2)$$

$$\sum_{k \in N} x_{kk} = p \quad (9\text{-}3)$$

$$(n - p + 1) x_{ik} - \sum_{i \in N} x_{ik} \geq 0, \forall k \in N \quad (9\text{-}4)$$

$$x_{ik} \in \{0,1\}, \forall i, k \in N \quad (9\text{-}5)$$

式(9-1)是目标函数,即网络总运输成本最低,它由三部分组成:起点到枢纽节点的成本,枢纽节点之间的运输成本和枢纽节点到终点的运输成本;式(9-2)表示每个非枢纽节点只能与一个枢纽节点相连;式(9-3)表示该网络中共建设 p 个枢纽节点;式(9-4)表示所有的非枢纽节点只能分配给枢纽节点,不允许与其他非枢纽节点相连;式(9-5)表示 x_{ij} 为(0,1)决策变量。其中 $x_{ij}=1$ 等于表示节点 i 与枢纽 k 相连,否则为 0;$x_{ij}=1$ 表示在节点 k 处建立枢纽。

2)多重分配轴辐式网络优化模型

对于多重分配轴辐式网络,网络中的非枢纽节点可以和一个或者多个枢纽相连接,即当非枢纽节点上的货流量较大时,其货物可以分配到多个枢纽节点,采用多分配模型可以有效降低网络总成本,提高运输服务效率。多重分配轴辐式网络问题的基本假设和单分配问题相同,其具体的数学模型如下:

$$\min \sum_{i \in N} \sum_{j \in N} \sum_{k \in N} \sum_{m \in N} f_{ij}(c_{ik} + \alpha c_{km} + c_{mj}) x_{ijkm} \tag{9-6}$$

$$\sum_{m \in N} x_{ijkm} \leqslant y_k, \forall i,j \in N \tag{9-7}$$

$$\sum_{k \in N} x_{ijkm} \leqslant y_m, \forall i,j \in N \tag{9-8}$$

$$\sum_{k \in N} y_k = p \tag{9-9}$$

$$\sum_{k \in N} \sum_{m \in N} x_{ijkm} = 1, \forall i,j \in N \tag{9-10}$$

$$x_{ijkm} \geqslant 0, \forall i,j,k,m \in N \tag{9-11}$$

$$y_k \in \{0,1\}, \forall k \in N \tag{9-12}$$

式(9-6)为目标函数,式(9-7)和式(9-8)表示节点 i 到节点 j 之间通过某枢纽进行运输的前提是该枢纽要建立,式(9-9)表示网络中总的枢纽个数为 p,式(9-10)表示从节点 i 到节点 j 的运输必须经过枢纽进行中转,不允许直接运输。其中 y_k 和 x_{ijkm} 为决策变量,$y_k = 1$ 时,表示节点 k 被选为枢纽,否则 $y_k = 0$;$x_{ijkm} = 1$ 时,表示节点 i 和节点 j 之间的货物是通过枢纽 k 和 m 进行运输,否则 $x_{ijkm} = 0$。

3)考虑容量约束的轴辐式网络优化模型

根据是否考虑枢纽容量和运输工具设备承载能力,并在以上两种分类的基础之上,轴辐式网络优化模型又可以分为无容量约束和有容量约束的网络优化问题。前者在运输中转和分配过程中不考虑枢纽容量大小和运输工具的运输能力等因素的限制,而后者却将这些因素作为轴辐式网络优化的重要约束条件。上文中提出的单一分配和多重分配网络优化问题都是属于无容量约束的问题。

在单一分配轴辐式网络优化问题中考虑容量约束因素,原模型中增加定义容量限制变量 U_{km},它表示枢纽 (k,m) 之间由于运输工具的能力限制等因素而只能承受的中转货物流量的最大值,例如公式 $\sum_i \sum_j f_{ij} X_{ij} \leqslant U_{km}$。另外,用 U_{kk} 表示中转枢纽容量限制变量,如公式 $\sum_i \sum_j (\sum_k f_{ij} X_{ik}) \leqslant U_{kk} X_{kk}$。当货物的流量超过这两个限制时,就不能选择这一枢纽或路径进行中转运输,只能通过其他枢纽或路径进行正常的货物运输或分配。因此,在上述两种类型的模型中增加式(9-13)和式(9-14)两个限制条件,就可以转化为有容量约束的轴辐式网络优化模型。

$$\sum_{i,j,k,m} f_{ij} X_{ij} \leqslant U_{km} \tag{9-13}$$

$$\sum_i \sum_j (\sum_k f_{ij} X_{ik}) \leqslant U_{kk} X_{kk} \tag{9-14}$$

2. 多式联运网络路径优化问题

多式联运路径优化问题,是根据产生运输需求的出发地与目的地之间位置关系以及运输过程中重点关注的目标,在运输流量、运输货物量等实际运输过程中的限制条件下,进行路径规划的选择以及优化,使得在满足约束的条件下目标能够达到最优。在数学分析模型中,运输目标表示为目标函数,可以为单目标,也可以双目标,一般为各种成本的最小化或者效益的最大化;各种限制条件表示为约束条件,是对所有可能影响到目标函数中涉及的参数的变量的限制。路径优化的结果反映在决策变量上,多式联运路径优化的决策变量一般为表示路径中路段是否被选择的 0-1 变量和表示运输方式的是否被选择的 0-1 变量,具体模型可以表示如下:

$$\min Z = \sum_{i,j \in V} \sum_{m \in M} \sum_{n \in N} C_{ij,n}^m x_{ij}^m \tag{9-15}$$

$$c_{ij} \leqslant C_a \tag{9-16}$$

$$x_{ij}^m = \begin{cases} 1, \text{节点} i \text{到节点} j \text{中间采用运输方式} m \\ 0, \text{其他} \end{cases} \tag{9-17}$$

上述基本模型中,式(9-15)代表目标函数,为最小各类成本之和,成本构成根据研究具体考虑的成本类型,其中 $C_{ij,n}^m$ 代表以运输方式 m 从 i 运输到 j 的第 n 类成本的大小, n 为构成总成本的成本个数; x_{ij}^m 为从 i 运输到 j 的运输方式的0-1变量,采用了方式 m 即为1,否则为0。式(9-16)为约束条件,表示路段流量限制,路段流量小于最大允许流量。约束条件还可能会有其他,比如车辆运输货物量的限制等,根据具体情况进行分析。整体构成多式联运路径优化的基本模型。

多式联运路径问题研究,目的在于寻找最优的运输路径以及相应的运输方式,通过改变运输过程中的各种外部条件,来变化相应的各种实际因素,从而使得模型的成本构成以及约束条件发生变化,求得的最优路径也发生相应变化。目前对于多式联运路径优化的研究一般为考虑运输过程碳排放的多式联运路径优化、考虑不确定条件的多式联运路径优化、考虑运输时间窗的多式联运最优路径优化、考虑运输安全的多式联运路径选择、特殊物品的多式联运路径优化。

1)考虑运输过程碳排放的多式联运路径优化问题

考虑运输活动产生的碳排放,进行多式联运路径优化,一般是引入碳税机制,在传统的运输成本的基础上加上碳排放成本,并以总成本最小为目标函数,根据政府正常的管控,加入碳排放的限制,建立相应的优化模型,进行最优路径的选择。并可进行碳税率与碳排放成本和运输成本的关系分析与研究,给政府的碳排放管控提供相关参考和建议。

2)考虑不确定条件的多式联运路径优化问题

考虑不确定因素,是因为某些运输条件是变化的或者不明确的,无法进行准确的数学表示以及建模和求解,因此大多数对于不确定条件的研究,是找到这些不确定因素的分布规律以及特性,主要是对变量的随机性和模糊性的研究,或者两者相结合的研究,并进行随机或者模糊处理来量化相关变量的不确定性,相应的目标函数和约束条件也进行转化。不确定因素又分为单一不确定因素和混合多重不确定因素,建立相应的路径优化模型。还有许多研究对模型的求解算法进行改进研究,根据模型以及变量的特点进行求解算法的设计,使求解算法更加适应相应条件下模型的求解。

3)考虑运输时间窗的多式联运路径优化问题

时间窗是对于运输时间的约束,一类是对联运枢纽的工作时间段的限制,另一类是客户对于运输时间的要求,根据这个限制,对于超出时间窗的运输过程进行惩罚,相应的运输成本会增大,路径总成本发生变化,建立时间窗约束下的路径成本模型,从而进行最优路径选择。也可对不在时间窗内进行的惩罚机制与路径选择的相关关系分析,进行惩罚机制研究。

4)考虑运输安全的多式联运最优路径选择

运输安全事故虽然为偶然事件,但也时有发生,道路运输随着机动车数量的增加,交通事故逐年增加,而海运、空运等的安全性也受天气状况的影响较大,因此在运输分析中考虑运输安全是合理且必要的。现有研究中,考虑运输安全时,是将运输安全事故发生的概率,以及相应的货物破损赔偿的成本等融入模型中,尽可能多地考虑运输过程中的风险,为客户提供更加贴近现实的最优路径。

5)特殊物品的多式联运路径优化

特殊物品的运输需要考虑物品的特性或者对于运输过程的要求,比如对冷藏物品和应急救援物品的运输,冷藏物品的运输需要考虑运输过程中对物品的冷藏保存,防止物品在运输过程中发生变质,因此可能会使运输过程的储存成本增大,各路径的成本发生变化且各不相同;应急救援物品的运输需要考虑对于物品需求的紧急性,对于运输时间的要求较高,相应的目标函数中运输时间成本为主要构成。根据运输物品的特性和运输过程分析,形成目标函数和约束条件构成特殊物品多式联运的路径优化模型。也有学者对相应的求解算法进行研究和改进。

第三节　集装箱陆桥运输

陆桥是指以铁路或公路作为中间"桥梁",将大陆两端的海运航线连接起来的运输通道。大陆桥运输是以铁路为主体,以集装箱为媒介,海运、公路、内河、航空等多种方式相结合,横跨洲际大陆,实行海陆衔接的国际联运。主要的大陆桥运输有西伯利亚大陆桥、亚欧第二大陆桥和北美陆桥三个。

1. 西伯利亚大陆桥

西伯利亚大陆桥(也叫亚欧大陆桥)是将集装箱货物由远东海运到俄罗斯东部港口,经跨越欧亚大陆的西伯利亚铁路运至波罗的海沿岸港口;然后再采用铁路、公路或海运运到欧洲各地的国际多式联运的运输线路。该大陆桥自1967年开始试运营,1971年正式运营,全长12243km,包括"海铁铁"(图9-11)、"海铁海"(图9-12)、"海铁公"(图9-13)和"海公空"等四种运输方式,由俄罗斯的过境运输总公司担当总经营人,它拥有签发货物过境许可证的权利,并签发统一的全程联运提单,承担全程运输责任。参加联运的各运输区段,采用"互为托/承运"的接力方式完成全程联运任务。这条线路比经过苏伊士运河的上海运输线缩短运距1/3,运费减少20%~30%,运期节省35天。

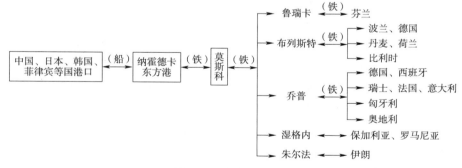

图9-11　"海铁铁"线路图

2. 亚欧第二大陆桥

亚欧第二大陆桥也称新亚欧大陆桥,是世界三大陆桥中最"年轻"的大陆桥。它东起中国的日照、连云港等太平洋西岸沿海港口城市,西行穿越哈萨克斯坦等中亚地区,经俄罗斯、波兰、白俄罗斯、德国、乌克兰等欧洲国家,抵达大西洋东岸的鹿特丹、比利时的安特卫普等欧洲口岸,横贯亚欧的中国、俄罗斯等国家,波兰、德国、荷兰,沿线辐射盖上面积为5071万km²的40个国家和地区(占全球面积的22%和全球人口的38%),全程长达10870km。大陆桥的东端直接与东亚地区及东南亚地区国家相连,并进而与美洲西海岸相同。

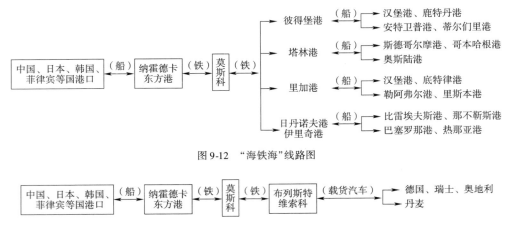

图 9-12 "海铁海"线路图

图 9-13 "海铁公"线路图

陆桥全程可分为四个部分:中国境内的铁路线(包括新疆维吾尔自治区线)、中亚洲地区的铁路线、俄罗斯西伯利亚大铁路的北线和欧洲铁路网。此外,韩国、日本、东南亚各国、一些大洋洲国家和中国的台湾、港、澳地区,都可以使用此走廊进行货物运输。因为新亚欧大陆桥较短的运输路线和优越的地理位置,它应成为连接亚欧大陆的最快捷、最经济的运输通道。

1)新亚欧大陆桥运输的优势

与西伯利亚大陆桥相比,新亚欧大陆桥具有明显的优势:

(1)地理位置和气候条件优越。整个陆桥避开了高寒地区,港口无封冻期,自然条件好,吞吐能力大,可以常年作业。

(2)运输距离短。新亚欧大陆桥比西伯利亚大陆桥缩短陆上运距2000～5000km,到中亚、西亚各国,优势更为突出。从远东到西欧的货物,经新亚欧大陆桥比绕过好望角的海上运输线缩短运距15000km,比经苏伊士运河的海上运输线缩短运距8000km,比经巴拿马运河的海上运输线缩短运距11000km,比经北美大陆桥缩短运距9100km。

(3)辐射面广。新亚欧大陆桥辐射亚欧大陆30多个国家和地区,总面积达5071万km²,居住人口占世界总人口的75%左右。其中,在我国境内长达4100多公里,横贯我国的苏、鲁、皖、豫、晋、陕、甘、宁、青、新等10个省(自治区、直辖市),其腹地范围可扩大到全国80%左右的地区。

(4)对亚太地区具有吸引力。大新亚欧大陆桥吸引范围除我国大陆地区外,日本、韩国、东南亚各国、一些大洋洲国家和我国的台湾地区、香港特别行政区、澳门特别行政区,均可利用此线开展集装箱运输。俄罗斯、哈萨克斯坦、白俄罗斯、乌克兰等国家因直接受益,也始终保持合作的态度。

2）新亚欧大陆桥发展的战略作用

（1）有利于促进沿桥国家和地区的经贸合作与繁荣，对于亚欧两大洲经济走廊的形成，扩大亚太地区与欧洲经贸合作，促进亚欧经济的发展，开创世界经济的新格局，具有重要意义。

（2）有利于促进我国区域经济平衡协调发展，促进我国南方与北方、东部与中西部的协调发展和全国生产力布局的合理化，对提高综合国力具有重要意义。

（3）陆桥运输进入中亚地区，可充分利用交通优势和地缘优势，开拓中亚各国市场，对于扩大我国对外经贸合作，有着不可忽视的作用。

（4）新亚欧大陆桥的发展，有利于提高我国沿海港口体系的国际地位，为开展国际贸易运输创造有利条件。

3. 北美陆桥

北美地区的陆桥运输包括北美大陆桥、小陆桥运输和微桥运输。

1）北美大陆桥

北美大陆桥（Land-bridge）是指利用北美的大铁路从远东到欧洲的"海陆海"联运，包括美国大陆桥和加拿大大陆桥。美国大陆桥有两条运输线：一条是从西部太平洋沿岸至东部大西洋沿岸的铁路和公路运输线；另一条是从西部太平洋沿岸至东南部墨西哥湾沿岸的铁路和公路运输线。

2）小陆桥运输

小陆桥运输（Mini-bridge）从运输组织方式上看与大陆桥运输并无大的区别，只是其运送货物的目的地为沿海港口。

北美小陆桥运输是指日本经美国太平洋沿岸各港的海铁联运，它与大陆桥运输的区别是运输终点为美国东海岸，而不再下海。采取这样的运输方式，使海运和陆运结合起来，从而达到运输迅速、降低运输成本的目的。

北美小陆桥主要运送从日本经北美太平洋沿岸到大西洋沿岸和墨西哥湾地区港口的集装箱货物，也承运从欧洲到美国西部及海湾地区各港口的大西洋航线的转运货物。北美小陆桥在缩短运输距离、节省运输时间上效果是显著的。北美小陆桥运输还刺激美国铁路发展了双层集装箱列车与超长列车，以提高运输效率，降低运输成本。

尽管如此，小陆桥运输的本质特征与大陆桥一样，毕竟它是从大陆桥中发展过来的。它也是国际多式联运，至目的地港口之前的运输使用一张海运提单，由海运承运人支付铁路运费并承担风险。采用这种运输方式，使海运和陆运结合，同样可以节约时间和运输成本，取得显著的经济效益。

3）微桥运输

微桥运输（Micro-bridge）与小陆桥运输基本相似，只是其交货地点在内陆地区。

微陆桥运输就是利用陆桥铁路的部分段落进行运输，与小陆桥运输的主要区别，仅在于内陆交货，不通过整条陆桥，所以又称"半陆桥运输"。

北美微桥运输是指经北美东、西海岸及墨西哥湾沿岸港口到美国、加拿大内陆地区的联运服务。例如，往来于日本和美国东部内陆城市匹兹堡的集装箱货，可从日本海运至美国西海岸港口（如奥克兰），然后通过铁路直接联运至匹兹堡，这样可完全避免进入美国东部的费城港,从而节省了在该港的港口费支出。

所以,微型陆桥比小陆桥的优越性更大,它既缩短了时间,又节省了运费,近年来发展非常迅速,我国也已开始采用。微桥运输与小陆桥运输的区别在于港口至目的地的运费和责任承担不同。微桥运输,港口至最终目的地的运费和责任由承运人负责,而小陆桥运输,港口至最终目的地的运费和责任由收货人承担。

第四节 集装箱多式联运管理体系

集装箱多式联运的发展面临很多问题,如多经营主体的协作问题、相关制度规范的标准化问题、基础设施和设备的支持能力问题、信息网络完善问题等,此外,针对我国运输网络和贸易特征还应推动更适合本国特征的多式联运模式,所以,集装箱多式联运的管理应依托全面的法律法规、完善的基础设施、先进的信息支持系统以及优化的集装箱多式联运模式,使多式联运体系得到完善和发展。

一、法律法规

1. 法律法规支撑

为了大力推动我国国际集装箱多式联运的发展,加强对国际多式联运业务的管理,统一多式联运单证的格式,明确多式联运经营人的责任,我国有关部门一直在寻求制定一个关于国际多式联运的行业法规。1995年6月29日,对外贸易经济合作部发布了《国际货物运输代理业管理规定》,其第四章第十七条将国际多式联运列入了货代企业的业务范围。但从严格意义上讲,该规定对开展国际多式联运不具有实质性的指导意义。1997年3月14日,交通部和铁道部联合制定发布了《国际集装箱多式联运管理规则》,共分8章43条,对多式联运的定义、多式联运经营人的管理、多式联运单据、托运人责任、多式联运经营人的责任、诉讼、处罚等方面予以了明确的规定。此外,1993年7月1日生效的《中华人民共和国海商法》以及前后颁布生效的《中华人民共和国合同法》《中华人民共和国出口商品检验法》《中华人民共和国海关法》《中华人民共和国国际海运条例》《中华人民共和国外商投资道路运输管理规定》等也对集装箱多式联运的部分区段及经营人给予了相应的法律保障。

2. 制度优化

为有效促进多式联运发展,政府应该依据多式联运体系中制度的是阻碍,针对性地优化相关制度,进一步完善集装箱运输制度体系。

在引导培育经营主体方面,对运输企业从单一公路货运向多式联运模式转变过程中出现经济损失的可以给予补偿,使得发展公铁联运、公水联运的企业在集装箱化发展减轻资金压力;对于减少长途运输而增加短途接驳服务的多式联运卡车给予税收减免或资金补贴,如免缴公路使用税。

在构建服务系统方面,支持多式联运枢纽建设,在政府主导的物流园区规划建设中,考虑将多式联运中转功能作为必要条件,对联运设施设备给予财政补贴;放宽对多式联运的各种限制:如放松对运输市场的管制,允许承运人灵活定价,鼓励拓展跨运输方式的联运,放宽对多式联运卡车限重、禁行时段规定等准入标准要求;通过政策、法规等方式,对快速转运设施设备、换装转运设备等规定详细的技术标准,为多式联运发展奠定标准化基础。

通过这些制度安排,在流程各个环节中进行优化,促使多元化的多式联运经营主体及其多式联运全程服务网络逐步形成,促进了多式联运市场的繁荣。

二、基础设施建设

目前我国交通运输基础设施网络已日趋完善,综合交通网络总里程突破 600 万 km,"十纵十横"综合运输大通道基本贯通,高速铁路运营里程翻一番,对百万人口以上城市覆盖率超过 95%,高速公路对 20 万人口以上城市覆盖率超过 98%,民用运输机场覆盖 92% 左右的地级市,港珠澳大桥、北京大兴国际机场、上海洋山港自动化码头、京张高速铁路等超大型交通工程建成投运。战略支撑能力不断增强,中欧班列开行列数快速增长,集装箱铁水联运量年均增长超过 20%,快递业务量翻两番,稳居世界第一。新技术新业态蓬勃发展,跨海桥隧、深水航道、自动化码头等成套技术水平跻身世界前列,高速公路省界收费站全面取消,交通物流降本增效成效显著。

未来我国将在以下几个方面继续完善基础设施系统建设:

(1) 建设综合货运枢纽系统。优先利用现有物流园区以及货运场站等设施,规划建设多种运输方式高效融合的综合货运枢纽,引导冷链物流、邮政快递、分拨配送等功能设施集中布局。完善货运枢纽的集疏运铁路、公路网络,加快建设多式联运设施,推进口岸换装转运设施扩能改造。实施邮政快递枢纽能力提升工程,加强邮政普遍服务和快递处理中心等设施建设,与铁路、公路、民航等枢纽加强统筹。

构建以高速铁路、国家高速公路、民用航空等为主体的快速网,完善以普速铁路、普通国省道、港口航道等为主体的干线网,提高基础网保障能力。

(2) 建设现代化铁路网。坚持客货并重、新建改建并举、高速普速协调发展,加快普速铁路建设和既有铁路扩能改造,着力消除干线瓶颈,推进既有铁路运能紧张路段能力补强,加快提高中西部地区铁路网覆盖水平。加强资源富集区、人口相对密集脱贫地区的开发性铁路和支线铁路建设。推进高速铁路主通道建设,提升沿江、沿海、呼南、京昆等重要通道以及京沪高速铁路辅助通道运输能力,有序建设区域连接线。综合运用新技术手段,改革创新经营管理模式,提高铁路网整体运营效率。统筹考虑运输需求和效益,合理规划建设铁路项目,严控高速铁路平行线路建设。

(3) 完善公路网结构功能。提升国家高速公路网络质量,实施京沪、京港澳、京昆、长深、沪昆、连霍、包茂、福银、泉南、广昆等国家高速公路主线繁忙拥挤路段扩容改造,加快推进并行线、联络线以及待贯通路段建设。合理引导地方高速公路有序发展。加快普通国省道低等级路段提质升级,将西部地区普通国道二级及以上公路比重提高到 70%,实现对重要口岸、枢纽、产业园区、旅游景区有效覆盖,强化安全设施配置。

(4) 优化畅通水运设施网络。建设京津冀、长三角、粤港澳大湾区世界级港口群,支持山东打造世界一流的海洋港口,推进东北地区沿海港口一体化发展,优化港口功能布局,推动资源整合和共享共用。有序推进沿海港口专业化码头及进出港航道等公共设施建设。适度超前建设粮食、能源、矿产资源的接卸、储存、中转设施,推进沿海沿江液化天然气码头规划建设。提升内河港口专业化、规模化水平,合理集中布局集装箱、煤炭、铁矿石、商品汽车等专业化码头。加强内河高等级航道扩能升级与畅通攻坚建设,完善长江、珠江、京杭运河和淮河等水系内河高等级航道网络,进一步提升珠三角高等级航道网出海能力,全面加强长三角、珠江—西江高等级航道网未达标段建设。推动重要支流航道和库湖区航道、内河旅游航道、便民码头建设。

(5)扩大航空网络覆盖。推动区域机场群协同发展,建设京津冀、长三角、粤港澳大湾区、成渝等世界级机场群。适时启动能力紧张枢纽机场改扩建工程,强化枢纽机场综合保障能力。合理加密机场布局,稳步建设支线机场和专业性货运枢纽机场,提升综合性机场货运能力和利用率。

(6)建设高效货运服务网络。完善与产业布局、消费格局相适应的大宗货物、集装箱物流网络,建设大容量、低成本、高效率物流骨干通道,保障化肥等重要农资季节性运输。有序发展铁路双层集装箱运输,探索开行定制化的铁路直达货运班列,充分利用富余运力和设施能力发展高速铁路快运等铁路快捷货运产品。大力发展货物多式联运。推进大宗货物和集装箱铁水联运系统建设,扩大铁水联运规模。以长江干线、西江航运干线为重点,提升江海联运组织水平。深入推广甩挂运输,创新货车租赁、挂车共享、定制化服务等模式。推动集装箱、标准化托盘、周转箱(筐)等在不同运输方式间共享共用,提高多式联运换装效率,发展单元化物流。鼓励铁路、港航、道路运输等企业成为多式联运经营人。

三、集装箱多式联运模式优化

我国幅员辽阔,地理特征复杂,运输需求不均衡,国际贸易运输方式多样,这都使我国应建设更适合我国贸易需求和交通网布局的集装箱多式联运模式,其中,建设无水港和发展中欧班列就是模式优化的典型代表。

1. 无水港

无水港,顾名思义即为"不临海、建立在内陆地区的港口",是一个综合性的物流中心,并且具有同港口相同服务功能,例如检疫、报验、签发提货单、包装等功能。相关的政府监管部门在无水港都建有各自的分管中心,针对货物进行动植物检疫、卫生检查、商标检查等监督工作,为港口通关提供了极大的便利。同时在无水港内,设立有船运、货代等相关的运输机构,提前完成收货、签发提货单、还箱、订舱、检疫等运输手续和多式联运工作。在无水港完成相关操作,极大减少了发货公司来往港口的次数,提高了工作的效率。

内陆无水港连接着内陆地区与国际市场,与沿海港口具有同等重要的对外开放功效,在发展内陆无水港的过程中,在发展集装箱集散、存储功能,运输衔接功能,报关、检验、检疫等通关功能,货运代理功能,以及综合仓储功能和配送功能都有很大的空间。

(1)集装箱集散、存储功能。

内陆无水港是集装箱运输在内陆的重要节点,起到连接内陆地区与海港、空港或沿边口岸的纽带作用。作为集装箱货物的集散点,内陆无水港可以将分散的小批量货流集中,形成大批量货物,然后通过铁路或公路将货物运到港口、空港或沿边口岸。

无水港货物的集装箱化水平也可以提升货物的运输效率,借助无水港可以形成内陆集装箱运输高效的货流组织体系。无水港是对传统的散货内陆运输网络体系的一种完善。

(2)运输衔接功能。

内陆无水港是国际、国内物流的重要节点,是内陆进出口货物和国内货物的重要集散地,应该具有中转转换的运输衔接功能。内陆无水港应该根据自身所处的交通位置,主动对接与其他交通方式,为多式联运的进一步发展提供配套的软硬件基础。同时,在国家大力发展多式联运的利好政策下,也倒逼无水港基础设施继续完善,尤其是连接周边的交通运输网络。

(3)报关、检验、检疫等通关功能。

内陆无水港内进驻海关和检验检疫等监管机构提供报关和检验检疫等通关服务,是无水港与普通集装箱内陆站、物流中心的最大区别,也是无水港吸引货流量的优势所在。将货物的报关、报检等工作内移至内陆地区,可便利货主或其代理人对货物进出口相关手续的办理,加速货物的流转效率。

2. 中欧班列

中欧班列(CHINA RAILWAY Express)是由中国铁路总公司组织,按固定车次、线路、班期和全程运行时刻开行,往来于中国与欧洲及"一带一路"沿线各国的集装箱国际铁路联运列车,是深化我国与"一带一路"沿线国家经贸合作的重要载体和推进"一带一路"建设的重要抓手。中欧班列依托西伯利亚大陆桥和新亚欧大陆桥,在空间布局设计中已初步形成西中东中欧班列三大运输通道,分别为经陇海线、兰新线等铁路干线运输由新疆阿拉山口(霍尔果斯)口岸出境的西通道、经京广线、集二线等铁路干线运输由内蒙古二连浩特口岸出境的中通道和经京沪线、哈大线等铁路干线运输由内蒙古满洲里(黑龙江绥芬河)口岸出境的东通道。图9-14为中欧班列。

图9-14 中欧班列

中欧班列作为一种快速、高效的铁路货运方式,自开行以来,已经成为中欧间重要的贸易和物流通道。它在促进中欧贸易往来、提升物流效率、推动区域经济发展等方面发挥着重要的价值和作用,具体表现在以下五个方面:

(1)中欧班列极大地促进了中欧两地的贸易往来。由于中欧班列具备较高的运输速度和可靠性,相较于海运和航空运输,更适合紧急、敏感性较高的货物运输。中欧班列的开通,使得中国企业能够更快捷地将产品送达欧洲市场,同时也使得欧洲企业能够更及时地将产品送达中国市场。这对于促进中欧贸易的发展,扩大双方的市场份额具有重要意义。

(2)中欧班列有助于提升物流效率。相较于传统的海运方式,中欧班列的运输时间更短,通常只需要 10~15 天就可以将货物从中国送达欧洲。这大大缩短了货物的运输周期,有助于降低企业的库存成本,提高资金周转率。同时,中欧班列运输具备较高的可靠性和安全性,避免了海上运输中可能出现的海盗袭击、天气影响等问题,有助于减少货物损失和延误。

(3)中欧班列能够推动区域经济的发展。中欧班列线路经过的城市和地区,通过与中欧之间的贸易和物流往来,不仅能够获得经济效益,还能够促进基础设施建设、产业升级和就业增长。例如,中欧班列经过的中国城市如郑州、重庆等,通过发展班列物流,推动了当地物流业的发展,并带动了相关产业链的升级。同时,中欧班列也为欧洲一些中小企业提供了更便捷、高效的通道,使得它们能够更好地利用中国市场的机遇。

(4)中欧班列还具备环保的优势。相较于航空运输,中欧班列的二氧化碳排放量较低,对环境的影响更小。这符合全球环境保护的趋势和要求,有助于减少温室气体的排放,缓解环境污染问题。

(5)中欧班列作为一种快速、高效的铁路货运方式,在促进中欧贸易往来、提升物流效率、推动区域经济发展等方面发挥着重要的价值和作用。随着中欧班列的不断发展和壮大,相信它将在未来继续发挥更重要的作用,为中欧两地的经济合作和交流做出更大的贡献。

四、信息技术支持

先进的信息技术可赋能交通基础设施,从而进行精准感知、精确分析、精细管理,成为加快多式联运的有力信息支撑。推动感知设施、先进传输网络、北斗时空信息服务在交通运输行业深度覆盖,数据中心和网络安全体系建立为集装箱多式联运管理提供了有效支撑。

在信息技术推动方面,为使电子数据交换(Electronic Data Interchange,EDI)发展实现有法可依,有规可查,《海上国际集装箱运输电子数据交换管理办法》等法规可有效支持集装箱运输 EDI 系统的正常运作,以发挥港口信息中心的功能,同时进一步推动与国外港口的 EDI 服务系统合作以及国内 EDI 中心的密切配合,而且需要交通运输、邮电等政府主管部门的大力支持。

在信息化平台建设方面,集装箱多式联运中的各个部门对各自领域的信息化建设都给予高度重视,信息化程度较高,我国多个沿海港口都建立了本港的信息化平台,如上海港的包括大口岸物流信息系统和电子商务统一平台以及上海国际航运中心信息网络的信息中心、深圳的 EDI 中心和深圳电子口岸、宁波的电子口岸信息平台、青岛港的信息中心等,这些港口基本都可以通过联网以港口为中心的各业务方的数据交换等功能。同时对推动多式联运"一单制"、推动国际货运单证信息交换、普及集装箱多式联运电子运单、加快多式联运信息共享、强化不同运输方式标准和规则的衔接都提供了平台支持。

在强化智能监控监管方面,引入北斗卫星定位技术实施全程定位,增加集装箱安全智能防盗设施;保持与沿途国家的密切沟通,建立安全合作机制,提高运输全程监控能力,保障货物运输安全。建设行业北斗卫星定位系统高精度地理信息地图,整合行业北斗系统时空数据,为综合交通规划、决策、服务等提供基础支撑。推进北斗系统短报文特色功能在船舶监管、应急通信等领域应用。探索推动北斗系统与车路协同、电子不停车收费(Electronic Toll Collection,ETC)等技术融合应用,研究北斗自由流收费技术。鼓励在道路运输及运输服务新业态、航运等领域拓展应用。

在第五代移动通信技术(5G)等协同应用方面,结合5G商用部署,统筹利用物联网、车联网、光纤网等,推动交通基础设施与公共信息基础设施协调建设。逐步在高速公路和铁路重点路段、重要综合客运枢纽、港口和物流园区等实现固移结合、宽窄结合、公专结合的网络覆盖。在重点桥梁、隧道、枢纽等应用适用可靠、经济耐久的通信技术,支撑设施远程监测、安全预警等应用。

复习思考题

1. 按照运输方式、货物种类和箱体结构的不同,集装箱有哪些类型?
2. 多式联运运输形式有哪些?采用集装箱多式联运对开展国际运输有哪些优势?
3. 理解多式联运网络优化模型的数学表达和求解算法。
4. 什么是路桥运输?集装箱路桥运输中,我国参与的有哪些?以什么形式参与?
5. 中欧班列对"一带一路"发展建设有哪些影响?

参考文献

[1] 郭晓汾,王国林.交通运输工程学[M].北京:人民交通出版社,2006.
[2] 胡思继.交通运输学[M].北京:人民交通出版社,2011.
[3] 邵春福.交通运输学[M].北京:北京大学出版社,2019.
[4] 陈唐民.汽车运输学[M].北京:人民交通出版社,1996.
[5] 李维斌.汽车运输工程学[M].北京:人民交通出版社,1987.
[6] 于英.交通运输工程学[M].2版.北京:北京大学出版社,2019.
[7] 国家统计局国民经济综合统计司.新中国50年统计资料汇编[M].中国统计出版社,1999.
[8] 邢文训,谢金星.现代优化计算方法[M].北京:清华大学出版社,1999.
[9] 李军,郭耀煌.物流配送车辆优化调度理论与方法[M].北京:中国物资出版社,2001.
[10] 邵毅明.道路交通运输安全学[M].北京:人民交通出版社,2008.
[11] 交通运输部道路运输司.道路旅客运输企业安全管理规范(试行)释义[M].北京:人民交通出版社,2012.
[12] 贾顺平.交通运输经济学[M].3版.北京:人民交通出版社股份有限公司,2019.
[13] 严作人,杜豫川,张戎.运输经济学[M].2版.北京:人民交通出版社,2009.
[14] 王庆云,崔鹏.运输链是供应链管理的基本要素[J].综合运输,2010,(5):8-12.
[15] 胡思继,邵春福.交通运输学[M].2版.北京:人民交通出版社股份有限公司,2017.
[16] 张会娜.交通运输服务标准体系构建策略和框架初探[J].交通节能与环保,2015,11(2):87-89.
[17] 赵传涛.我国交通运输业服务能力评价研究[D].武汉:武汉理工大学,2011.
[18] 姜景玲,郭茂威,郝喜兰.交通行业服务标准体系研究[J].交通标准化,2010,(8):30-33.
[19] 徐玉萍,魏堂.运输经济学[M].长沙:中南大学出版社,2014.
[20] 魏道新.关于交通运输基本公共服务的思考[J].交通运输部管理干部学院学报,2013,23(3):23-27.
[21] 张广厚.充分发挥交通运输对共同富裕的促进作用[J].中国发展观察,2022(01):70-72,97.
[22] 过秀成.交通运输工程学[M].北京:人民交通出版社股份有限公司,2017.
[23] 徐吉谦,陈学武,任福田.交通工程总论[M].4版.北京:人民交通出版社股份有限公司,2015.
[24] 袁振洲.城市交通管理与控制[M].2版.北京:北京交通大学出版社,2022.
[25] 王明生.城市轨道交通概论[M].北京:人民交通出版社,2012.
[26] 王志强.城市轨道交通运营管理[M].北京:清华大学出版社,2019.
[27] 邵伟中,宋博,刘纯洁.城市轨道交通组织运营[M].2版.北京:中国建筑工业出版

[28] 中华人民共和国建设部.城市公共交通分类标准:CJJ/T 114—2007[S].北京:中国建筑工业出版社,2007.

[29] 中华人民共和国住房和城乡建设部.城市轨道交通市域快线120km/h～160km/h车辆通用技术条件:GB/T 37532—2019[S].北京:中国标准出版社,2019.

[30] 中华人民共和国住房和城乡建设部.地铁设计规范:GB 50157—2013[S].北京:中国建筑工业出版社,2013.

[31] 田晓,关晓萍,程晓玲.城市公共交通运营管理[M].北京:中国财富出版社,2015.

[32] 姜辉.关于定制公交基本问题的探讨[J].城市公共交通,2021(6):42-44.

[33] 孙倩.城市定制公交线路优化与车型适配[D].西安:长安大学,2023.

[34] 魏晨曦,刘爽,李金海.城市定制公交研究综述[J].综合运输,2022,44(5):59-65.

[35] 马昌喜,郝威,沈金星,等.定制公交线路优化综述[J].交通运输工程学报,2021,21(5):30-41.

[36] 张敏捷,冯偲,吕晨曦,等.定制公交线路优化模型及求解算法[C]//中国智能交通协会.2014第九届中国智能交通年会大会论文集.电子工业出版社(Publishing House of Electronics Industry),2014:166-173.

[37] 韩彪,聂伟,何玲.出租车市场体系研究——理论与实践[M].北京:人民交通出版社,2010.

[38] 冯树民.城市公共交通[M].北京:知识产权出版社,2012.

[39] 苗骥,朱学军.网约车运营管理[M].北京:机械工业出版社,2021.

[40] 应畅.网约车时代出租车运价定价机制研究[J].价格理论与实践,2016(10):98-101.

[41] 汤諹,潘海啸.中国城市公共自行车系统发展特征及作用研究[M].上海:同济大学出版社,2015.

[42] 黄建德.城市公共自行车系统发展研究[D].武汉:华中科技大学,2013.

[43] 付泽坤.城市有桩公共自行车系统可达性与公平性研究[D].西安:长安大学,2022.

[44] 徐冠宇.城市公共自行车调运优化问题研究[D].成都:西南交通大学,2017.

[45] 秦茜.公共自行车租赁系统调度问题研究[D].北京:北京交通大学,2013.

[46] 杨浩.铁路运输组织学[M].北京:中国铁道出版社,2011.

[47] 王宇.铁路货物运输发展演化机理研究[D].西南交通大学,2016.

[48] 宗会明,黄言,季欣.2000年以来中国铁路货物运输格局演化特征与影响因素[J].经济地理,2021,41(7):128-137.

[49] 杨浩.铁路运输组织学[M].北京:中国铁道出版社,2011.

[50] 逯长翔.基于可持续性和适应性的我国货运结构优化研究[D].北京:北京交通大学,2023.

[51] 陈一梅,郝建新.绿色航道建设理论与技术[M].南京:东南大学出版社,2021.

[52] 柯水平.集装箱港口陆域集疏设施规模优化配置[D].天津:天津大学,2017.

[53] 童孟达.港口研究与实践[M].宁波:宁波出版社,2019.

[54] 孙季红.基于改进粒子群算法的远洋气象航线规划研究[D].长春:吉林大学,2023.

[55] 宋云婷.集装箱班轮的港口运行时间规律及其应用研究[D].大连:大连海事大学,2021.

[56] 关峰.基于运营环境不确定性的不定期船调度研究[D].大连:大连海事大学,2018.

[57] 伊莱亚斯·卡拉基索斯,兰布罗斯·瓦纳维兹,徐冬根,等.宏观航运经济学[M].上海:上海人民出版社,2020.

[58] 徐冬根,赵劲松,甘爱平.船舶运营管理[M].上海:上海人民出版社,2021.

[59] 杜剑.基于航行与在港时间调节的内支线班轮船期优化研究[D].大连:大连海事大学,2021.

[60] 朱金福.航空运输组织[M].北京:科学出版社,2018.

[61] 朱金福.航空运输规划[M].西安:西北工业大学出版社,2009.

[62] 张辉.我国大型民用飞机产业发展战略研究[D].上海:上海交通大学,2008.

[63] 夏洪山.现代航空运输管理[M].北京,科学出版社,2021.

[64] 董襄宁,赵征,张洪海.空中交通管理基础[M].北京,科学出版社,2011.

[65] Richard de Newvile, Amedeo R Odon. Airport System:Planning, Design and Management[M]. McGraw-Hill Companies Inc.,2003.

[66] ASHFORD N. Airport Operations[M]. 3rd edition. Toronto. 2013.

[67] JOHN G WENSVEEN. Air Transportation:A Management Perspective Eighth Edition[M]. Taylor & Francis Group,2016.

[68] LUCY BUDD, STEPHEN lSON. Air Transport Management:An International Perspective[M]. Taylor & Francis Group,2017.

[69] MOHRI,SEYED S. Airline Hub-and-spoke Network Design Based on Airport Capacity Envelope Curve: A Practical View[J]. Computers & Industrial Engineering. 125(2018):375-393.

[70] SALLAN,JOSE M,ORIOL L. Air Route Networks Through Complex Networks Theory[M]. Elsevier,2019.

[71] DIETER S,VOLKER G. Air Transport System[M]. Springer. 2015.

[72] ANTONÍN KAZDA,ROBERT E. CAVES. AIRPORT DESIGN AND OPERATION Second Edition[M]. Elsevier. 2007.

[73] IATA's Annual Review 2023. International Air Transport Association, Montreal, Canada. https://www.iata.org/en/publications/annual-review. Accessed June 2023.

[74] KUPFER,FRANZISKA. The Origin-destination Airport Choice for All-cargo Aircraft Operations in Europe[J]. Transportation Research Part E:Logistics and Transportation Review 87(2016):53-74.

[75] WANG C,WANG X. Why Do Airlines Prefer Multi-hub Networks?[J]. Transportation Research Part E:Logistics and Transportation Review. 2019 Apr 1;124:56-74.

[76] WANG X,MIAO S,TANG J. Vulnerability and Resilience Analysis of the Air Traffic Control Sector Network in China[J]. Sustainability 12.9 (2020):3749.

[77] ZHALECHIAN M,TORABI S A,MOHAMMADI M,Hub-and-spoke Network Design Under

Operational and Disruption Risks[J]. Transportation Research Part E:Logistics and Transportation Review 2018;109,20-43.

[78] WEN X,SUN X,SUN Y,et al. Airline Crew Scheduling:Models and Algorithms[J]. Transportation Research Part E:Logistics and Transportation Review. 2021 May 1;149:102304.

[79] 全国集装箱标准化技术委员会(SAC/TC 6).系列1集装箱 技术要求和试验方法 第1部分:通用集装箱:GB/T 5338.1—2023[S].北京:全国集装箱标准化技术委员会,2023.

[80] 全国集装箱标准化技术委员会(SAC/TC 6).系列1集装箱 技术要求和试验方法 第2部分:保温集装箱:GB/T 5338.2—2023[S].北京:全国集装箱标准化技术委员会,2023.

[81] 全国集装箱标准化技术委员会(SAC/TC 6).系列1集装箱 技术要求和试验方法 第4部分:无压干散货集装箱:GB/T 5338.4—2023[S].北京:全国集装箱标准化技术委员会,2023.

[82] 全国集装箱标准化技术委员会(SAC/TC 6).系列1集装箱 技术要求和试验方法 第5部分:平台和台架式集装箱:GB/T 5338.5—2023[S].北京:全国集装箱标准化技术委员会,2023.

[83] 全国集装箱标准化技术委员会(SAC/TC 6).集装箱术语:GB/T 1992—2023[S].北京:全国集装箱标准化技术委员会,2023.

[84] 李慧芳,胡大伟,陈希琼,等.考虑碳排放的混合轴辐式多式联运网络枢纽扩增选址-路径问题[J].交通运输工程学报,2022,22(4):306-321.

[85] 刘丽艳,王宇楠,相飞,等.集装箱运输与多式联运[M].2版.北京:清华大学出版社,2022.

[86] 朱鸿国.公铁模式下的区域城际旅客出行链问题研究[D].西安:长安大学,2018.

[87] 姜瑞森.基于实时行程时间预测的公交动态多站协同控制策略研究[D].西安:长安大学,2024.

[88] 胡大伟.道路交通运输类专业新工科建设研究与实践[R].西安:长安大学,2020.